suhrkamp taschenbuch
wissenschaft 1433

Mythos ist heute Gegenstand ganz heterogener Denktraditionen: Wir müssen mindestens einen anthropologisch-ethnologischen, einen religionswissenschaftlich-theologischen, einen literar- bzw. diskurstheoretischen und einen psychologischen Mythenbegriff unterscheiden. Jeder dieser Begriffe hat eine Einzelgeschichte; eine Gesamtgeschichte *des* Mythos gibt es nicht. Den Geschichten gemeinsam ist ein großes Interesse an Struktur und Ablauf der kulturellen Prozesse. Gesucht wird ein Verhältnis zu den anthropologischen Grundlagen, auf denen so etwas wie Vernunft überhaupt entstehen kann. Damit wird der Mythos zu einem Gegenstand auch der Philosophie. Mythische Erfahrungsformen sind für das gegenwärtige Denken attraktiv, weil der Mythos einen anderen Typus von Vernunft als das instrumentelle Denken repräsentiert. Am Mythos konturieren sich Umfang und Grenzen der Vernunft. Der Mythos ist ein diagnostisches Instrument zur Auslotung des Raumes unsrer Rationalität, mit dessen Hilfe wir auch die historische Genese der heutigen Differenzierungen aufarbeiten können.
Jammes Arbeit sucht den Grundgedanken einer Rede vom Mythos jenseits der gängigen Dichotomie Mythos versus Logos durchzuhalten. Dabei werden nicht nur die wichtigsten Positionen aktueller philosophischer Mythos-Theorien kritisch gesichtet, sondern auch eigene systematische Konzepte entwickelt.

Christoph Jamme, geb. 1953, ist seit 1997 Professor für Philosophie an der Universität Lüneburg (zuvor an der Friedrich-Schiller-Universität Jena). In der stw hat er mehrere Bände herausgegeben: (mit Helmut Schneider) *Mythologie der Vernunft. Hegels »ältestes Systemprogramm des deutschen Idealismus«* (stw 413) und *Der Weg zum System. Materialien zum jungen Hegel* (stw 763); (mit Otto Pöggeler) *Phänomenologie im Widerstreit* (stw 843); zuletzt: *Grundlinien der Vernunftkritik* (stw 1324).

Christoph Jamme

»Gott an hat ein Gewand«

Grenzen und Perspektiven
philosophischer Mythos-Theorien
der Gegenwart

Mit einem Vorwort
zur Taschenbuchausgabe

Suhrkamp

Die Deutsche Bibliothek – CIP-Einheitsaufnahme
Jamme, Christoph:
»Gott an hat ein Gewand« :
Grenzen und Perspektiven philosophischer
Mythos-Theorien der Gegenwart ;
mit einem Vorw. zur Taschenbuchausg. /
Christoph Jamme. –
1. Aufl. – Frankfurt am Main :
Suhrkamp, 1999
(Suhrkamp-Taschenbuch Wissenschaft ; 1433)
Zugl.: Bochum, Univ., Habil.-Schr., 1990
ISBN 3-518-29033-9

suhrkamp taschenbuch wissenschaft 1433
Erste Auflage 1999

Druck: Wagner GmbH, Nördlingen
Printed in Germany
Umschlag nach Entwürfen von
Willy Fleckhaus und Rolf Staudt

1 2 3 4 5 6 – 04 03 02 01 00 99

Inhalt

Für C.

Volo ut sis

»Les dieux sont de retour, compagnons. Ils viennent à l'instant de pénétrer dans cette vie; mais la parole qui révoque, sous la parole qui déploie, est réapparue, elle aussi, pour ensemble nous faire souffrir.«

René Char

Vorwort zur Taschenbuchausgabe

Die Arbeit skizziert die Schwierigkeiten aktueller philosophischer Theorien des Mythos. Weit davon entfernt, für alle Probleme Lösungen anbieten zu können, sucht die Arbeit doch eine Übersicht über die Bedingungen zu geben, denen eine philosophische Mythentheorie gehorchen muß, will sie Anspruch auf Allgemeingültigkeit haben und auch jenseits ihres Fachgebietes gehört werden. Der Wert der philosophischen Mythologie liegt in der Möglichkeit eines erweiterten Erklärungsmotivs des Wesens von Rationalität, letztlich menschlicher Kultur überhaupt.

Alle zentralen philosophischen Mythentheorien der Gegenwart kommen weitgehend ohne Berücksichtigung anthropologischer und paläontologischer Forschungsergebnisse aus, vor allem die deutschen Theorien. Die bisherigen philosophischen Mythentheorien zeichnen sich durch eine doppelte Beschränkung aus, die sich verhängnisvoll auf ihre Ergebnisse auswirkt: historisch blendet man die Prähistorie aus, kulturell beschränkt man sich auf Europa – der Vordere Orient oder andere Kulturkreise wie etwa China etc. bleiben unberücksichtigt. Grundlegend für meinen eigenen Entwurf ist der Versuch, die Bedeutung des Aufkommens der Schrift für den Mythos zu erweisen und die »Anerkennung, daß auch vor den Mythen der Griechen eine lange Epoche der Nicht – Schriftlichkeit lag, ein Schock, auf den die Romantiker schon zu Beginn des 19. Jahrhunderts reagierten«[1]. Dieser Beschränkung läßt sich entgehen, wenn man, wie ich es in der vorliegenden Arbeit versucht habe, »den Mythos-Begriff in der Spannung von Mündlichkeit und Schriftlichkeit«[2] erörtert, worin die Kritik, neben dem Aufbrechen der »klassizistischen Blickverengung«[3], den Schwerpunkt der Arbeit gesehen hat. Diese beiden Zentralthesen hängen aber aufs eng-

1 A. Anglet, in: AZP 18 (1993), N. 3, S. 49.
2 U. J. Beil, in: Arbitrium 3/1992, S. 258.
3 E. Torra, in: Frankfurter Allgemeine Zeitung Nr. 233 v. 8. 10. 1991, S. L 26.

ste zusammen und sind ihrerseits abhängig von einem symboltheoretischen Mythenverständnis, das ich im Anschluß an Cassirer und Langer entwickelt habe. Es geht um die These, daß der Mythos ein komplexes Repräsentationssystem sei, das die frühe Welterfahrung *symbolisch* darstelle. Nicht nur ist die mythische Denkweise eine der für das gesamte primitive Denken charakteristischen Grundzüge, nicht nur verkörpert der symbolbildende Mensch – wie die Warburg-Schule uns gelehrt hat – die elementare Stufe der Rationalität, sondern die Kultur insgesamt wird hier verstanden als ein Symbolsystem zur Ordnung der erfahrenen Wirklichkeit (in Worten, Ritualen, Bildern). Aus diesem symboltheoretischen Mythenverständnis ergeben sich dann die beiden eben erwähnten Konsequenzen: 1) Die grundlegende Erweiterung der Materialbasis für die Mythendiskussion[4], eine »klassizistische« Verengung ist von vornherein ausgeschlossen; 2) Die Entwicklung eines eigenen geschichtsphilosophischen Mythosmodells: Wir gehen nicht mehr von einem festen archaischen Mythos aus, sondern wir versuchen, »den ›Mythos‹-Begriff historisch zu unterscheiden, genauer: zwischen Mythischem, Mythos und Mythologie zu differenzieren und diese drei Gestalten jeweils verschiedenen Menschheitsepochen zuzuordnen« (S. 175).

Das hier vorgeschlagene Dreiphasenmodell ist in mehrerer Hinsicht problematisierbar. Differenzierter gesehen werden muß etwa die Erfindung der Schrift. Zwar ist sie gewiß die größte Revolution in der Geschichte der Menschheit[5], doch haben sich ihre Wirkungen auf alle Bereiche des öffentlichen Lebens vielleicht sehr viel langsamer entwickelt, als wir dies anzunehmen gewöhnt sind. So hat sich die Oralität noch lange gehalten, vor allem in der oralen Literatur, die insge-

4 Vgl. L. Wiesing, in: Philosophische Rundschau 40 (1993), N. 4, S. 335.

5 Vgl. E. Gellner: Pflug, Schwert und Buch. München 1993. 81 passim. G. stellt die These auf, daß die Schriftkultur, obwohl bereits seit Jahrtausenden erfunden, erst mit dem Übergang zur Industriegesellschaft eine besondere Rolle zu spielen begann. G. sieht in der Durchsetzung der Schriftkultur in einer Gesellschaft den entscheidenden Akt ihrer Nationbildung.

samt eine »Gedächtniskultur« gewesen ist.[6] Aber auch der große Bereich der öffentlichen Rede zeigt, daß in der Antike die »Kunst des Schreibens (...) nicht alle Probleme des Gedächtnisses und der Gedächtniskultur lösen« konnte.
Auch für eine Hochkultur wie die Ägyptens muß die Funktion der Schriftkultur differenzierter gesehen werden, als ich dies getan habe. Am Beispiel dreier Kulturen (Ägypten, Israel und Griechenland) beschreibt Jan Assmann die Wechselbeziehung zwischen Schrift, Erinnerung und politischer Identität[7]. In vielen Punkten gelangt Assmann zu gleichen oder ähnlichen Ergebnissen, besonders was die Funktion des Mythos in frühen Hochkulturen angeht. So sieht er die Hauptleistung des Mythos in der Transformierung faktischer Geschichte in erinnerte und definiert ihn daher als »kulturelles Gedächtnis«[8]. Dieses kulturelle Gedächtnis steht in einer engen Beziehung zum Heiligen, etwa zu Fest und Ritus als Orten der Vermittlung und Weitergabe des identitätssichernden Wissens der Gruppe. Eine der wichtigsten Formen kultureller Erinnerung ist das Totengedenken. Was das problematische Verhältnis von Mythos und Geschichte angeht, so verweist Assmann darauf, daß jede Vergangenheit, die zur fundierenden Geschichte verinnerlicht wird, Mythos sei, unabhängig davon, ob sie fiktiv oder faktisch ist (auch Stücke von Geschichte können als Mythen dienen). Innerhalb des grundgelegten *funktionellen* Mythos-Begriffs unterscheidet Assmann zwei Funktionen des Mythos: 1. fundierend (aitiologischer Mythos), 2. kontrapräsentisch (heroischer Mythos). In beiden Fällen hat der Mythos orientierende Kraft für eine Gruppe (»Mythomotorik«[9]). In der Schrift sieht Assmann dann den Übergang von *ritueller* zu *textueller* Kohärenz. Die Repetitivität oraler Kulturen hört auf; das kulturelle Gedächtnis organisiert sich in Kanones, als Umgang mit fundierenden Texten. Jetzt entsteht auch die Ge-

6 H. Weinrich: Gedächtniskultur – Kulturgedächtnis, in: Merkur No 508/1991, S. 569. Zum folgenden vgl. ebd. 570.
7 J. Assmann: Das kulturelle Gedächtnis. München 1992.
8 Ebd. S. 52. Das folgende S. 52 f., 56 ff., 60 ff., 75-78.
9 Ebd. S. 80. Das folgende ebd. S. 87 ff., 96 f.

schichtsschreibung. An die Stelle von Wiederholung tritt Variation. Allerdings verlegt Assmann die Scheide zwischen ritengestützter Repetition und textgestützter Interpretation erst in die ›Achsenzeit‹, lokalisiert sie also erheblich später, als ich dies versucht habe. Ein größeres Gewicht als ich legt Assmann überdies auf die *Kanonisierung* der fundierenden Texte in den frühen Hochkulturen und deren Bedeutung für die identitätsbildende und -sichernde Funktion des kulturellen Gedächtnisses[10]. Den Untergang der alten Welt überdauert haben nur Israel und Griechenland, und dies aufgrund ihrer *Produktion* fundierender Texte (8.-5. Jahrhundert) und der *Kanonisierung* dieser Texte.[11] Babylonien und Ägypten haben es nicht vermocht, ihre Traditionsströme in eine Israel und Griechenland vergleichbare zeitresistente Form zu bringen. Das alte Ägypten, und hier müßte mein Entwurf korrigiert werden, bringt zwar das *repräsentative* Element der Schrift zur reinsten Anschauung: in der »Riesenschrift seiner Monumente« (Jacob Burckhardt) wird die neue Form politischer Identität sichtbar gemacht. Das Geheimnis der kulturellen Kontinuität beruht jedoch nach wie vor auf den Riten, die im Tempel begangen werden, und nicht auf den Texten und ihrer Auslegung. Das alte Ägypten basiert trotz Schriftgebrauchs auf »ritueller Kohärenz«. Die Identitätssicherung geschah nicht durch Bildung eines Schriftkanons (wie in Israel), sondern durch den Bau von Tempeln, der sich auch als Akt der Kanonisierung verstehen läßt. Der Sakralität der kulturellen Erinnerung und dem Verhältnis zwischen Mythos und Erinnerung gilt ein Großteil der Ausführungen dieses wichtigen Buches, das mit dem Problem der Entstehung abendländischer Rationalität in den sog. ›Achsenzeiten‹ eine der zentralen Fragen gegenwärtigen kulturphilosophischen Nachdenkens behandelt. Am wichtigsten erscheint die These, daß Hochkulturen auf Bedrohung der eigenen Identität mit Kanonisierungen antworten, was – konsequent zu Ende gedacht – zu einem neuen Mythos-Begriff führen müßte.

10 Vgl. ebd. S. 93 f., 103 ff., 163.

11 Ebd. S. 163. Das folgende ebd. S. 164 f., 143, 159, 165 f.

Vor besondere, auch und gerade methodische, Schwierigkeiten sieht sich auch derjenige gestellt, der versucht, die erste, von mir mit dem Terminus des »Mythischen« charakterisierte, Phase der Symbolisierung näher zu beschreiben. Hier muß die Philosophie Schritt zu halten suchen mit den Fortschritten bei der Erforschung der vorgeschichtlichen Kunst (von ihrem Aufkommen vor etwa 40 000 Jahren bis um etwa 10 000 v. Chr.). Die Entwicklung geht heute dahin, Kunstwerke nicht so sehr unter archäologischen und technischen Aspekten als vielmehr unter ›ästhetischen‹ und kulturanthropologischen zu betrachten. Kunst wird (so etwa von Denis Vialou[12]) verstanden als eine der frühesten »symbolischen Kommunikationsarten«, deshalb wird der Symbolik der prähistorischen darstellenden Kunst ein besonderes Gewicht zugewiesen. Die Symbolik des Tiers oder »Leben, Tod und ihre symbolische Erhöhungen« sind Themen, mit deren Hilfe sich der Autor die Höhlenmalerei zu erschließen versucht. Ein eigenes Kapitel fragt nach den Ursprüngen schöpferischer Formgebung. Wie kommt es zur Schaffung »symbolischer Formen«? »Die Umwandlung natürlicher Dinge in unendlich vielerlei Gegenstände war die Voraussetzung dafür, daß auch symbolische Formen entstanden, wie dies seit etwa 40 000 Jahren an verschiedenen Orten auf der Welt geschah (...) Den ersten Platz und auch den breitesten Raum innerhalb dieser neuen, vom Homo sapiens in Gang gesetzten Entwicklung der Symbolik und ihrer stofflichen Umsetzung belegt in Eurasien das Schmuckhandwerk, das bei vielen vorgeschichtlichen Völkern anderen künstlerischen Ausdrucksformen vorausging.«[13] Die nächste Stufe bildeten unbekleidete, aber mit Schmuck ausgestattete Frauenstatuetten, ehe dann Felsbilder auftraten und schließlich die Höhlenmalerei. Die hinter dieser Malerei stehende reiche Mythologie (etwa der australischen Aborigines) wird aber ebenso gewürdigt wie die architektonischen technischen Mittel. Von besonderer Wichtigkeit ist der Versuch Vialous, Ordnung in die Vielfalt der paläolithischen Zeichen zu brin-

12 D. Vialou: Frühzeit des Menschen. Munchen 1992.

13 Ebd. S. 20 f. Das folgende ebd. S. 338.

gen. Von ihrer Gestalt her bilden diese Zeichen »drei Gruppen: einfache Zeichen, zusammengesetzte, nur regional verbreitete Zeichen und außergewöhnliche Zeichen. (...) In der paläolithischen und vorgeschichtlichen Kunst insgesamt stellen die Zeichen mit ihrer ursprünglichen und ihrer besonderen Bedeutung die am meisten beladenen Sinnträger dar. Da beide Bedeutungen in ihnen überaus symbolisch ausgedrückt sind, braucht man ein doppeltes Wissen, um sich in der reinen Form zu verständigen, die nichts nachahmt und keinem figürlichen Zwang unterliegt. Neben der Schönheit der Tiere und der mystischen Widerspiegelung von Glaubensüberzeugungen machen die Zeichen deutlich, daß die Kunst dem Reich der Gedanken angehört, das auf ewig im Universum verankert ist.« Noch aber sind wir weit davon entfernt, das Zeichenrepertoire der paläolithischen Kunst und damit auch ihre mögliche mythische Funktion hinreichend zu entschlüsseln. Voreiligen Schlüssen bei der Deutung der Symbolik der Höhlenkunst ist zu mißtrauen; so weist etwa B. M. Fagan darauf hin, daß die Künstler von Lascaux nur ein einziges Rentier verewigten, »obwohl 90 % der Tierknochen am Ort dieser Art angehören«.[14] Neue Entdeckungen wie die der Grotte Chauvet komplizieren das Bild zusätzlich. Diese Grotte ist einzigartig, weil Nashorn, Löwe, Bär die am häufigsten dargestellten Tierarten sind und diese gefährlichen Tiere nicht zum Verzehr gejagt wurden.[15]

Auch an vielen anderen Stellen der (zwischen Mitte April und Ende Juli 1989 geschriebenen) Arbeit wären inzwischen, vor allem aufgrund neuer Forschungsarbeiten, Korrekturen und Ergänzungen anzubringen, von denen ich im folgenden wenigstens einige exemplarisch nennen will. Festhalten und bekräftigen würde ich allerdings meine in der Einleitung geäußerte These, der Mythos sei heutzutage ein probates Mittel, um die Rede von Religion bzw. das Sprechen von

14 B. M. Fagan: Aufbruch aus dem Paradies. Ursprung und frühe Geschichte der Menschen. München 1991. S. 181.

15 M. Chauvet u. a.: Grotte Chauvet. Sigmaringen 1995. S. 114. Zu den symbolischen Zeichen als wichtigem Bestandteil der paläolithischen Kunst vgl. ebd. S. 5, 95.

Gott zu hinter- bzw. zu umgehen. Schon Heidegger faßte in den *Holzwegen* die »Entgötterung« als eines der Kennzeichen der Neuzeit. »Die Entgötterung ist der Zustand der Entscheidungslosigkeit über den Gott und die Götter. (...) Ist es dahin gekommen, dann sind die Götter entflohen. Die entstandene Leere wird durch die historische und psychologische Erforschung des Mythos ersetzt.«[16] Festhalten möchte ich auch an meiner These, es handle sich bei dem Mythos um einen Spezialfall der Fremderfahrung, wobei allerdings die philosophische Grundlegung einer Theorie der Fremderfahrung seit dem Erscheinen der Arbeit erheblich ausgebaut worden ist, besonders in den Arbeiten von Bernhard Waldenfels.[17]

Wichtige Ergänzungen und Modifikationen sind an anderen Theoremen des Buches anzubringen. Solche Korrekturen werden inzwischen vor allem deshalb notwendig, weil sich mittlerweile auch Ethnologen zunehmend an der Debatte um das ›Wesen des Mythos‹ beteiligen, die sie anfangs »mit einiger Skepsis« verfolgt hatten.[18] Gerade aber von der Ethnologie wird darauf hingewiesen, daß die Bestimmung des Mythos am Spannungsverhältnis von Logos/Mythos aufzubrechen ist zugunsten einer näheren Bestimmung der Differenz von Oralität und Literalität: »Was man lange Zeit übersah, war der Umstand, daß die Mythen durch ihre schriftliche Fixierung aus ihrem ureigensten Medium, nähmlich dem der mündlichen Mitteilung, herausgelöst wurden. Verschriftlichung bedeutet den Transport der mythischen Überlieferung in einen ihr fremden Kommunikationszusammenhang.«[19] Die Gefahr bei der Konzentration auf die *schriftliche* Fixie-

16 M. Heidegger: Holzwege. 4. Aufl. Frankfurt a. M. 1963. S. 70.

17 B. Waldenfels: Der Stachel des Fremden. Frankfurt a. M. 1990. Vgl. jetzt die »Studien zur Phänomenologie des Fremden«. (Frankfurt a. M. 1997 ff.). Eine systematisierende Übersicht bietet I. Därmann: Fremdgehen: Phänomenologische »Schritte« zum Anderen. In: Die Herausforderung durch das Fremde. Hg. v. H. Münkler. Berlin 1998, 461-544.

18 K. H. Kohl: Einleitung. In: Mythen im Kontext. Ethnologische Perspektiven. Hrsg. v. K.-H. K. Frankfurt a. M./New York 1992. S. 8.

19 Ebd. S. 9.

rung des Mythos besteht in der Herauslösung des Mythos aus dem ihn konstituierenden sozialen und kulturellen Umfeld. Mythen einzelner Gesellschaften können sinnvoll nur *kontextuell* interpretiert werden. Diese Einsicht in die Signifikanz der Umdeutung der schriftlich fixierten Mythen gegenüber den ursprünglich oral tradierten hat mittlerweile, wenn auch nur sehr zögerlich, die Philosophie erreicht; so weist etwa Emil Angehrn darauf hin, daß Homer und Hesiod die (dem ursprünglichen Kult fremde) Dichotomie zwischen oberen/olympischen und unteren/chthonischen Göttern eingeführt hätten und damit die Geschlechterdifferenz, was zur Verdrängung des Weiblichen und zur Überformung eines ursprünglichen Matriarchats durch einen Androzentrismus geführt habe.[20] Allerdings macht gerade auch das Buch von Angehrn *Die Überwindung des Chaos* deutlich, daß von einem wirklichen Gespräch der Philosophie mit anderen Disziplinen bei der Bestimmung des Wesens des Mythos noch keine Rede sein kann.[21] Angehrn spricht zwar von »Abstützung«[22] auf Ergebnisse anderer Disziplinen, eine explizite Auseinandersetzung mit diesen Ergebnissen erfolgt jedoch nicht. Orientiert an Schelling und Hegel, rekonstruiert das Buch am Leitfaden der Polarität von Ordnung und Chaos den »Mythos als Vorgeschichte der Metaphysik«. Es geht um den Aufweis tragender Gemeinsamkeiten zwischen beiden, z. B. das »Anliegen einer denkenden Weltaneignung«, außerdem – als wichtigstes – die Funktion der »Chaosbewältigung, durch die das Denken Stand gewinnt und die Wirklichkeit erschließbar, beherrschbar macht«. Weil der Mythos die dem Denken zugrundeliegenden »existentiellen Motive« zur Sprache bringe, trage er zur »Selbstaufklärung des rationalen Denkens« bei. Dabei versteht Angehrn unter

20 E. Angehrn: Die Überwindung des Chaos. Zur Philosophie des Mythos. Frankfurt a. M. 1996. (S. 195; unter Berufung auf C. Meier-Seethaler: Ursprünge und Befreiungen. Eine dissidente Kulturtheorie. Zürich 1988.)

21 Vgl. meine Rezension in: Neue Zürcher Zeitung Nr. 106 (10./11. 5. 1997), S. 68.

22 E. Angehrn: Die Überwindung des Chaos. S. 11. Das folgende ebd. S. 9, 103, 10, 181.

Mythen eine narrative Form einer allgemeinen Wirklichkeitstheorie (zentriert auf genealogische Mythen). Im Unterschied zur Metaphysik bringe der Mythos noch die Erfahrung des Negativen zur Geltung, beschäftige sich mit dem »dunklen Untergrund, mit dem Chaos und der Leere«, der Metaphysik hingegen sei eine Tendenz auf ein bloß Affirmatives hin eigen. Der Mythos bringe die Negativität zur Sprache und zeige damit an, daß sich die Welt nicht endgültig konstituieren lasse. Das Negative sei nur partiell und vorläufig beherrschbar.

Weiter zu arbeiten wäre auch an den Theorien über das Opferritual (151 ff.). Hier wäre es nicht nur notwendig, die aktuellen Erkenntnisse aus dem ur- und frühgeschichtlichen Bestattungswesen zu berücksichtigen (erstaunlich ist die Vielfalt der Riten und Bräuche)[23], sondern auch, philosophische, psychologische, humanmedizinische, ökonomische, soziologische, religionswissenschaftliche und theologische Aspekte des Opfers und des Opferns miteinander zu konfrontieren.[24] Im Anschluß an Batailles Theorie der Begründung der Kultur über das Opfer versucht auch Heinz Reinwald eine kulturanthropologische Mythenbegründung.[25] In der Kultur, so die These Reinwalds in seiner parallel zu meiner Studie erschienenen Arbeit *Mythos und Methode*, begründe der Mensch »eine symbolische Ordnung«, und diese Ordnung werde »durch eine rituelle Tauschbeziehung zwischen Mensch und Natur garantiert und über das Opfer vermittelt«. »Die primäre Form der Darstellung der menschlichen Ordnung und seiner Beziehung zur Natur ist der Mythos, der selbst zugleich Darstellung, also Ritus ist. Der Kern des Mythos ist wiederum die fundamentale Tauschbeziehung zwischen Mensch und Natur, dargestellt im *Symbol*

23 F. Horst/H. Keiling (Hgg.): Bestattungswesen und Totenkult in vor- und frühgeschichtlicher Zeit. Berlin 1991. – Vgl. zur symbolischen Bedeutung der Bestattungen M. Eliade: Geschichte der religiösen Ideen. Bd. I. Freiburg/Basel/Wien 1993. S. 20 ff.

24 Vgl. dazu jetzt den Sammelband R. Schenk (Hg.): Zur Theorie des Opfers. Stuttgart/Bad Cannstatt 1995.

25 G. Bataille: Die Aufhebung der Ökonomie (1983). H. Reinwald: Mythos und Methode. München 1991. S. 208 ff.

des Weges. Die Funktion des Mythos ist die *Genealogie*, welche die Rückbindung an die *Macht des Ursprungs* garantiert (...).«[26] Der Kern des Mythos ist der Agon, der Mythos ist ein »*Kampf-Spiel* zwischen Chaos und Ordnung, zwischen Leere und Raum, zwischen Gott und Mensch«. An Parmenides macht Reinwald dann deutlich, daß der Logos ein »zur Syntax geformter agonaler Ritus« ist, doch der Preis für diesen radikalen Kampf gegen das Nicht-Sein ist hoch, er besteht in der »gedanklichen Ausgrenzung von Tod, Mangel und Fremdheit (...), (der) Ablehnung eines jeglichen, anders gearteten Seins«.[27] Wichtig an der Reinwaldschen Arbeit ist vor allem die Einsicht, daß die Wirklichkeit (oder besser die Wirklichkeiten) jeweils symbolisch konstruiert (etwa via Sprache) werden. Wirklichkeit wird geradezu definiert als »die symbol- und institutionenvermittelte Wahrnehmung von Gegenwart im Horizont von Kultur und Geschichte«.[28] Die »Wahrheit« des Mythos, so Reinwald, bestehe gerade darin, »daß unsere Vorstellungen von Wahrheit an ihm zerbrechen, eben weil der Mythos sichtbar macht, was unsichtbar ist«. Die Kantische, Humesche und Cartesische Aufspaltung in die verschiedenen Formen der Anschauung, zumindest im Bereich der Subjekt-Objekt Beziehung, wird gerade durch eine Analyse der mythischen Welterfahrung hinfällig. »Das Wirkliche ist nicht das Objekt, sondern das Phänomen in einer Welt von Phänomenen, in dem das Bewußtsein selbst Phänomen ist. Das Feld der primären Formen, in denen der Mensch als Phänomen den Phänomenen ›begegnet‹, ist die *Wahr-Nehmung.*« Reinwald fragt deshalb nach den »anthropologischen Grundlagen von Logik« und versucht in seiner Arbeit, »die Frage nach einer Anthropologie der Logik aus der *Perspektive des Mythos* zu beantworten«. Dabei geht es ihm wie mir um den Nachweis, »daß sich der Bewußtseinshaushalt des ›modernen Menschen‹ nicht so sehr von dem des ›archaischen‹ Menschen unterscheidet, wie dieser glaubt. Die zentralen Symbole, deren

26 Ebd. S. 208. Das folgende S. 209.
27 Ebd. S. 291. Das folgende S. 259, 296.
28 Ebd. S. 170. Das folgende S. 168, 23, 20.

sich der Mensch zur Bewältigung elementarer Erfahrungen bedient, sind seit dem Paläolithikum nachweisbar und nach wie vor in unserem Alltagsleben virulent.« Von Reinwalds Ansatz her läßt sich auch meine im Kapitel III vertretene These vertieft begründen, der Mythos gehe »parallel mit den Etappen der Naturbeherrschung« (176). Hier stehen wir noch erst ganz am Anfang der Forschung.[29]

Einer völligen Neubearbeitung in einem umfassenderen systematischen Zusammenhang bedürfte das im Kapitel V angesprochene Verhältnis von Kunst und Mythos. Die Grundthese, die Überlebensfähigkeit des Mythos in der Kunst lasse sich nicht an der Tradierung bestimmter mythischer *Inhalte* ablesen, sondern der Mythos sei in der Moderne Form, Zeichen, »Spur« geworden – diese Grundthese ist inzwischen in der Literaturwissenschaft[30] wie in der Kunstwissenschaft[31] aufgenommen und weiterentwickelt worden. Inzwischen konnten auch die Grundzüge einer Theorie des formalen Mythos – im Ausgang von Clemens Lugowskis im Jahre 1932 veröffentlichtem Buch *Die Form der Individualität*

29 Eine Differenzierung meines Ansatzes unternimmt S. Jambon: Ökologie und Mythos. Zur Prosa der Gegenwart. Magisterarbeit, Düsseldorf 1994. S. 24 ff. – Am Beispiel von Isis: Demeter, Sarapis: Zeus zeigt sich zwischen ägyptischen und griechischen Mythen eine Art Urverwandtschaft, weil in den Mythen Riten von ackerbauenden Gesellschaften dargestellt werden, die in engem Zusammenhang mit dem Kreislauf der Jahreszeiten stehen. Die Vorgänge in der Natur werden durch ein Schema von Tod und Wiederaufleben erklärt: In den Mysterienkulten werden solche Mythen gespielt (Vgl. R. Merkelbach: Isis regina-Zeus Sarapis. Die griechisch-ägyptische Religion nach ihren Quellen dargestellt. Stuttgart/Leipzig 1995).

30 Vgl. M. Winkler: Mythisches Denken zwischen Romantik und Realismus. Zur Erfahrung kultureller Fremdheit im Werk Heinrich Heines. Tübingen 1995.

31 Zum Verhältnis von Mythos und Kunst (am Beispiel von Delacroix) – mit kritischer Bezugnahme auf mein Buch – vgl. R. Floetemeyer: Das Bild des zweifelnden Thomas bei Delacroix und Rubens. In: Zeitschrift für Ästhetik und allgemeine Kunstwissenschaft 35 (1990), S. 95-130, bes. S. 127 ff. – Vgl. auch die Forschungsarbeiten v. E. Wolf im Anschluß an ihre Dissertation: Jochen Gerz: Arbeit am Mythos. Braunschweig 1992.

im Roman – entwickelt werden.[32] Das Interessante an diesem Ansatz ist der Aufweis, wie sich mythisches Denken gerade in den künstlerischen *Formen* und nicht in den Inhalten von Literatur erhalten habe. Der Mythos ist heute ästhetische *Struktur* geworden.[33] Die »poetische Form«, so die These Lugowskis, konstituiert Sinn und setzt so die Deutungsaufgabe des Mythos fort. Zentral ist bei Lugowski der Begriff vom »mythischen Analogon«, das ihm zufolge die Form der Individualität im frühneuzeitlichen Roman prägt; gemeint ist z. B. die mythosanaloge Form der Künstlichkeit. Dichtung sei ein »mythisches Analogon« in einer nicht mehr mythischen Zeit, ein gemeinschaftstiftender und gemeinschaftvoraussetzender »formaler Mythos«[34].

Die Plausibilität dieses Ansatzes müßte nun in ästhetisch-poetischen Einzelanalysen verifiziert werden; in der vorliegenden Studie bleibt sie noch bloße Behauptung. Ein viel größeres Gewicht hätte etwa der Musik zu gelten, ist diese doch, wie Adorno in seinen nachgelassenen Beethoven-Fragmenten ausführt, »Entmythologisierung *und* Mythos zugleich«[35]. Im 18. Jahrhundert ist die Oper »die wichtigste Überlieferungsträgerin des antiken Mythos«[36], ihr an die Seite zu stellen ist die mythologische Malerei.[37] Frei verfügbar wird der Mythos für die Moderne dann vor allem durch die mythopoetische Wende der (vor allem deutschen und englischen) Romantik, was sich an William Blake und No-

32 M. Martinez (Hg.): Formaler Mythos. Beiträge zu einer Theorie ästhetischer Formen. Paderborn/München/Wien/Zürich 1996.

33 Vgl. dazu meine Jenaer Antrittsvorlesung: Geschichten und Geschichte. Mythos in mythenloser Gesellschaft. Erlangen und Jena 1997. S. 18 f.

34 C. Lugowski: Die Form der Individualität im Roman. Frankfurt a. M. 1976. S. 83.

35 T. W. Adorno: Beethoven. Frankfurt a. M. 1993. S. 235.

36 H. Flashar: Inszenierung der Antike. Das griechische Drama auf der Bühne der Neuzeit 1585-1990. München 1991. S. 47.

37 Über die mythologische Malerei von Watteau bis David vergleiche den Katalog des Pariser Grand Palais 1990: Les amours des dieux. Paris 1991.

valis aufweisen läßt. Diese Mythopoesie bzw. neue Mythologie zeichnet sich vor allem durch drei Merkmale aus: eine Allegorisierung des Mythos; einen kreativ-eklektischen Umgang mit alten Mythologemen und durch einen semiotischen Pluralismus.[38] Vor allem das letzte Merkmal wird für die weitere Entwicklung bedeutsam, was sich, worauf ich ja bereits einen Hinweis gegeben hatte, etwa an Kafkas Umdeutung des Prometheusmythos (285) aufweisen läßt[39], aber auch bei einem Autor wie Thomas Mann, dessen erstaunlicher Weise am wenigsten gekannte und erforschte Schöpfung, nämlich die *Joseph*-Tetralogie, ein einziges Spielen mit dem Mythos ist, ein Spielen aber, das einen zeitgenössischen, kulturpolitischen Sinn hatte.[40] Die *Joseph*-Tetralogie wurde von Thomas Mann konzipiert als positiver Gegenentwurf zu Wagners *Ring des Nibelungen.*[41]

In der Moderne bestätigt sich auch der schon früh aufgewiesene Zusammenhang von Mythos und Naturbeherrschung; so erweist sich die Vergöttlichung der Natur in der modernen Malerei als Protest gegen die moderne technisch-wissenschaftliche Ausbeutung der Natur.[42] Ähnliches gilt für die Literatur, so für Aragons Begriff einer »mythologie moderne«, die zu Eingang des *Paysan de Paris* als eine Theorie des »alltäglichen Wunderbaren« ausgelegt ist. Die neuen Mythen sind »Tagträumerei über die absonderlichen Gegenstände«.[43] Die neuen Mythen, so Aragon, seien den »antiken

38 Zur Mythopoesie in der deutschen und englischen Romantik vgl. gut M. Engel: Neue Mythologie in der deutschen und englischen Frühromantik. In: Arcadia 26 (1991), 225-245.

39 Vgl. R. Karst: Kafkas Prometheussage oder das Ende des Mythos. In: The Germanic Review LX (1985), N. 2, S. 42-47.

40 Vgl. E. Heftrich: Geträumte Taten. Joseph und seine Brüder. Über Thomas Mann, Bd 3. Frankfurt a. M. 1993.

41 Vgl. A. Grimm: Joseph und Echnaton. Thomas Mann und Ägypten. Mainz 1992. S. 67.

42 Vgl. L. Dittmann: Horizonte des Mythischen in ungegenständlicher Malerei. In: Gegenwart-Ewigkeit. Spuren des Transzendenten in der Kunst unserer Zeit. Hg. von W. Schmied. Katalog Berlin 1990. Stuttgart 1990. S. 55-64.

43 Vgl. dazu K. H. Bohrer: Naturgefühl ist kein Gefühl der Natur: die

Naturmythen« verwandt, denn sie bezögen ihre »Macht, ihre Magie aus derselben Quelle« wie jene: sie leben fort in der »ganzen Natur«. Die Natur aber ist das Unbewußte. »Naturgefühl« ist »nur ein anderer Ausdruck für mythisches Empfinden.«[44] Überhaupt war der Surrealismus eine Hochzeit mythischer Empfänglichkeit; beeinflußt waren die Surrealisten vor allem durch lateinamerikanische Volkskunst und präkolumbianisch-indianische Kunst (zugänglich durch Ausstellungen und durch Reisen): Südamerika galt als Ort der Mythen, als imaginärer Ort.[45] So war jemand wie Max Ernst höchst empfänglich für indianische Kunst wegen deren emblematischer Denkweise.[46] Von besonderer Bedeutung wurde die Sammlung von indianischer Bildwelt im New Yorker Museum of Natural History und im Museum of American Indians 1941. In den Bann geschlagen wurden neben Max Ernst auch André Breton, Seligman, Matta, Tanguy und Masson, die Lévi-Strauss in ihren Kreis gezogen hatten; es kam sogar zur Anlage von kleinen Völkerkundemuseen in den jeweiligen Wohnungen.[47] Der Kreis zur Wissenschaft schließt sich, wenn wir erfahren (worauf ich S. 293

surrealistische Evokation der Natur mit Rücksicht auf das romantische Erhabene. In: Ästhetik und Naturerfahrung. Hg. v. J. Zimmermann. Stuttgart/Bad Cannstatt 1996. S. 419 bis 440, bes. S. 432 f.

44 Ebd.

45 Vgl. dazu den Katalog: Lateinamerika und der Surrealismus. Bochum 1993. Zugänglich war die südamerikanische Kunst z. B. auf der Kolonialausstellung Paris 1931; dann durch Reisen: als erster geht B. Péret 1929 für drei Jahre nach Brasilien. Bereits im März 1926 war es zur ersten Ausstellung ›primitiver‹ Kunst durch die Surrealisten gekommen (»Tableaux de Man Ray et objets des îles« [= Ozeanien]), im Mai 1927 folgte die erste Ausstellung indianischer Kunst in Paris. Viele Surrealisten waren leidenschaftliche Sammler primitiver Kunst, vorzugsweise auch solcher der Indianer (Breton, Eluard, deren Sammlung im Juli 1931 öffentlich verkauft wurde).

46 Vgl. S. Metken: »Zehntausend Rothäute ...«. Max Ernst bei den Indianern Nordamerikas. In: Max Ernst: Retrospektive zum 100. Geburtstag. Hg. und mit einer Einführung v. W. Spies. München 1991. S. 357-362.

47 Vgl. ebd. S. 357 ff.

schon hingewiesen hatte), daß Lévi-Strauss Max Ernst als Modell der eigenen strukturalistischen Methode zitiert.[48] Bei allen historischen Einzelfragen, von denen ich hier nur einige exemplarisch nennen konnte, sollte aber nicht aus den Augen verloren werden, worum es bei der Beschäftigung mit der philosophischen Theorie des Mythos heute gehen muß. Bei meinem Versuch, den Begriff des Mythos in sich systematisch und historisch zu differenzieren, geht es weniger um eine Rettung des Mythos, als vielmehr um »die Radikalisierung eines Selbstverständigungsproblems abendländischer Rationalität«[49]. Am präzisesten hat dieses Anliegen Wolfgang Müller-Funk in seiner Besprechung meines Buches auf den Punkt gebracht: »Der Mythos als negative Kontrastfolie wird zu einem Testfall für das moderne Bewußtsein, sich selbst nämlich als historisch-kulturelles Phänomen zu verstehen – wie eben der Mythos, den Jamme als eine Form symbolischer Bearbeitung begreift, die Traditionsbildung ermöglicht und den Prozeß der Sozialisation begleitet.«[50] Sehr zu Recht hat deshalb Ferdinand Fellmann meine Forderung an die Philosophen, bei der Analyse des Mythos die Forschungsergebnisse der Prähistorie, der Ethnologie und der Antropologie stärker als bisher zu berücksichtigen, durch die Forderung ergänzt, »ein offenes Mythos-Modell zu entwickeln, das zur Aufnahme des ethnographischen Materials überhaupt erst befähigt. Denn sicherlich kann die Materialaufnahme nicht in Form der bloßen Induktion erfolgen, sondern erfordert ein über den Idealismus Cassirers hinausweisendes kulturantropologisches Modell, das sowohl der pragmatischen als auch der symbolischen Seite des Mythos gerecht wird.«[51]

48 Vgl. C. Lévi-Strauss: Le regard éloigné. Paris 1983. S. 338. (dt. Der Blick aus der Ferne. München 1985. S. 355.)

49 K. P. Liessman, in: Falter (Wien) 11.-17. Oktober 1991.

50 W. Müller-Funk, in: Die Presse (Wien) 8./9. 2. 1992, S. X.

51 F. Fellmann: Alles ist voller Götter. Philosophische Mythos-Theorien und ethnologische Erfahrungen. In: Der Mensch als homo pictor? Die Kunst traditioneller Kulturen aus der Sicht von Philosophie und Ethnologie. Hg. v. H. Kämpf u. R. Schott. Bonn 1995. S. 1-19, hier 6.

Einleitung

Der Mythos ist ins Gespräch gekommen; dies um so stärker, je mehr die Idee der »Postmoderne« seit den 60er Jahren eine zunehmend kulturkritische Bedeutung gewonnen hat. Die aktuelle Situation hat Ähnlichkeiten mit der Stimmung der 20er Jahre, als schon einmal auf eine Modernitätskrise mit dem Ruf nach ganzheitlicher Weltsicht und Daseinsgestaltung geantwortet wurde. Die gegenwärtige Diskussion über den Mythos übernimmt aber auch zentrale Postulate aus der romantisch-idealistischen Kritik an der Aufklärung, weshalb das 18. Jahrhundert zunehmend ins Zentrum des Interesses rückt.[1] Nicht von ungefähr beginnt die Geschichte der neuzeitlichen philosophischen Mythentheorie mit Vicos Angriff gegen den Cartesianismus, also zum Zeitpunkt einer Krise der neuzeitlichen Rationalität.[2] Das Wiederaufleben ›romantischer‹ Denkfiguren in der Gegenwart zeigt Proteste gegen eine Verkümmerung des aufklärerischen Vernunfttypus an; die Mythen scheinen eine Denk- und Handlungsorientierung zu bieten, die den wissenschaftlichen Weltbildern fehlt.

1 Vgl. nur die Studien von H. Gockel: Mythos und Poesie. Frankfurt a. M. 1981; M. Frank: Vorlesungen über die Neue Mythologie. Teil I: Der kommende Gott. Frankfurt a. M. 1982; M. Cometa: Iduna. Mitologia della ragione. Palermo 1984. – In diesem Zusammenhang von Bedeutung ist die – von Jauß angestoßene – Diskussion um den Beginn der Modernität; vgl. H. R. Jauß: Der literarische Prozeß des Modernismus von Rousseau bis Adorno. – In: Adorno-Konferenz 1983. Hg. v. L. v. Friedeburg und J. Habermas. Frankfurt a. M. 1983. 95-130; J. Habermas: Der philosophische Diskurs der Moderne. Frankfurt a. M. 1985.

2 Der Begriff der ›Rationalität‹ bezeichnete ursprünglich eine Philosophie, die die Form und den Inhalt alles Wissens aus der *ratio*, unabhängig von aller Erfahrung oder unter Vernachlässigung der empirischen Forschung, ableiten wollte. Heute wird der Begriff weiter gebraucht und steht für den »Logos« überhaupt. Vgl. dazu die Sammelbände Rationalität. Philosophische Beiträge. Hg. v. H. Schnädelbach. Frankfurt a. M. 1984; Rationalität. Ihre Entwicklung und ihre Grenzen. Hg. v. L. Scheffczyk. Freiburg i. Brsg. 1989. Vgl. außerdem unten Kap. IV.

Aufschlußreich ist besonders die Entwicklung innerhalb der Theologie. Vor 40 Jahren hat Bultmann das mythische »Weltbild« für erledigt erklärt,[3] heute ist von den mythischen Potentialen des Glaubens die Rede. Deutlichstes Indiz eines Rehabilitationsversuches des Mythos von theologischer Seite war der 6. Europäische Theologenkongreß im September 1987 in Wien, der unter dem Thema »Mythos und Rationalität« stand.[4] Im katholischen Raum ist es vor allem Eugen Drewermann, der mit seinem – kritisch vor allem gegen Bultmanns Entmythologisierungs-These gerichteten – neuen Ansatz, die biblische Überlieferung tiefenpsychologisch zu erschließen (und in diesem Zusammenhang auch hinter den biblischen Geschichten die Struktur archetypisch mythischer Symbole zu entdecken), Aufsehen erregte, in der Wissenschaft aber vornehmlich Skepsis hervorgerufen hat.[5] Daß die Rede vom Mythos vielleicht eine Möglichkeit darstellt, die Rede von Religion zu hinter- und zu umgehen, wurde auf dem Kongreß der »Deutschen Vereinigung für Religionsgeschichte« 1984 in Berlin deutlich, wo nicht die »neue Religiosität«, sondern der »Untergang von Religionen« zur Diskussion stand. Im Gegensatz zu dem häufig untersuchten

3 Vgl. R. Bultmann: Neues Testament und Mythologie. Nachdr. d. 1941 ersch. Fassung. Hg. v. E. Jüngel. München 1985.

4 Vgl. den Sammelband: Mythos und Rationalität. Hg. v. H. H. Schmid. Gütersloh 1988. – Viele weitere Indizien ließen sich nennen; so behandelt etwa ein Sonderheft (Nr. 4/1987) der Zeitschrift »Evangelische Theologie« das Verhältnis von »Mythos und Religionskritik«. Zu erinnern ist auch an die Aufwertung der Mariologie in der katholischen Kirche.

5 E. Drewermann: Tiefenpsychologie und Exegese. Bd. 1: Die Wahrheit der Formen Traum, Mythos, Märchen, Sage und Legende. 2. Aufl. Olten/Freiburg i. Br. 1984. Bd. 2: Wunder, Vision, Weissagung, Apokalypse, Geschichte, Gleichnis. Freiburg 1987. – Vgl. dazu jetzt: Tiefenpsychologische Deutung des Glaubens? Anfragen an Eugen Drewermann. Hg. v. A. Görres und W. Kasper. Freiburg i. Br. 1988. – Weniger von C. G. Jung und C. Lévi-Strauss als von der Kritischen Theorie bei seiner Bibel-Exegese leiten läßt sich J. Ebach, vgl.: Leviathan und Behemoth. Eine biblische Erinnerung wider die Kolonisierung der Lebenswelt durch das Prinzip der Zweckrationalität. Paderborn/München/Wien/Zürich 1984.

Problem, wie neue Religionen entstehen, sind die Bedingungen des Untergangs von Religionen bisher in der Tat kaum erforscht. Neben der Beschäftigung mit den antiken Religionen des Mittelmeerraumes und Vorderasiens (deren Untergang zum Teil im Zusammenhang mit dem Sieg des Christentums gesehen werden muß) bildete die sogenannte Säkularisierungsproblematik einen Schwerpunkt des Kongresses. Seit der Aufklärung werden Religion und Wissenschaft als konkurrierende Mächte angesehen; in Wahrheit jedoch – und das zeigen alle neueren Studien zur Vernunftreligion der deutschen Aufklärung – spielen Philosophie und Naturwissenschaft in der säkularisierten neuzeitlichen Gesellschaft eher die Rolle von Testamentsvollstreckern als von Liquidatoren von Religion. Damit entsteht auch die Frage, wie ein Glaube aussehen soll, der der Aufklärung gewachsen ist, und welche Mechanismen die Wissenschaft zur Abwehr des »wilden Denkens« entwickelt hat. Ursprünglich erfand der Mensch seine Mythen als Mittel in der Auseinandersetzung mit der ihm unwirtlichen Natur; später mußte er die Mythen verdrängen, um die Natur endgültig seiner Subjektivität unterwerfen zu können.

Der Mythos ist legitim als Gegenmodell, um nach den Defiziten unserer eigenen Rationalität bzw. unseres Naturverhältnisses zu fragen. Die Vorstellung vom Mythos als Widerpart des Logos und der Episteme bzw. als dessen Vorstufe ist dagegen heute obsolet. Vielmehr muß der Mythos in ältesten Stufen eine frühe Form der Rationalität repräsentiert haben (aitiologische Mythen sind hoch rationale Formen). Wichtig in diesem Zusammenhang sind die mit Blumenbergs *Arbeit am Mythos* gestellten Fragen, vor allem die, ob die Rationalität des Mythos gewisse wesentliche Elemente enthält, die durch die Idee einer epistemischen Weltdeutung nur partiell oder überhaupt nicht abgedeckt bzw. ersetzt werden können. Weiterhin wäre zu untersuchen, welche kryptische Existenzform mythisches Denken nach seiner »offiziellen« Entthronung gemeinhin annimmt. Ist Religion notwendig ein Mythos? Oder verbergen sich die Mythen heute (wie man seit Hegel immer wieder gesagt hat, etwa Konrad Fiedler oder Aby Warburg) in der Kunst? Im Gefolge Heideggers wird

Dichtung (Hölderlin) zum Garanten des Weiterwirkens des Mythos. Ernst Jünger vermutete kürzlich, das Kunstwerk entspringe aus dem Numinosen.[6] Eine der vier über »Mythen« abgehaltenen Tagungen des Turiner Goethe-Instituts handelte im Juni 1986 über »Literatur und Mythos«. Welche Rolle, so fragte Hans Küng auf dem internationalen Symposion über »Theologie und Literatur«,[7] das im Mai 1984 in Tübingen stattfand, spielt die Literatur zur Erhellung der Bedingungen, unter denen heute Religion erlebt und Theologie getrieben wird. Küngs Frage beinhaltete die Hoffnung, einen neuen »Paradigmenkandidaten«, d. h. nach Aufklärung und Postmoderne ein neues Denk- und Epochenmodell mit Hilfe literarischer Texte zu entdecken, welche als Seismographen der Zeit das Neue am frühesten aufzeichnen.

Andere Stimmen beharren gegen solche Vermittlungsversuche auf der Unhintergehbarkeit der Moderne. In Frankfurt beriet man 1987 über die »Zukunft der Aufklärung«. Hier konstatierte der Theologe Metz in der Gegenwart eine Gefährdung der Aufklärung durch eine »sekundäre Unmündigkeit«, und den heute überall zu beobachtenden Remythologisierungsprozessen machte er den Vorwurf, sie dienten »nicht der Überwindung, sondern der Bestätigung der zweiten Unmündigkeit«. Sie propagierten »eine Entlastung vom Einheitsdenken der Vernunft im Namen der Buntheit, der umständlichen Zerstreutheit und Vielfalt des Lebens und seiner Geschichten. [...] Nistet nicht gerade in einer Welt der beziehungslosen und handlungsfernen Vielfalt neue Gewalt?«[8] Die Vernunftkritik, so sekundierte Habermas, dürfe

6 E. Jünger: Autor und Autorschaft – Nachträge. – In: Scheidewege 16 (1986/87), 187-204, bes. 198-200.

7 Vgl. Theologie und Literatur. Zum Stand des Dialogs. Hg. von W. Jens, H. Küng, K.-J. Kuschel. München 1986. Vgl. darin vor allem den Aufsatz von W. Barner: Literaturtheologie und Literaturmythologie? Ebd. 146-163. Vgl. außerdem den (aus einer Vorlesungsreihe hervorgegangenen) Band W. Jens / H. Küng: Dichtung und Religion. München 1985.

8 J. B. Metz: Wider die zweite Unmündigkeit. Zum Verhältnis von Aufklärung und Christentum. In: Die Zukunft der Aufklärung. Hg. v. J. Rüsen, E. Lämmert, P. Glotz. Frankfurt a. M. 1988. 81-87, hier 82,

nicht modernitätsunfähig (d. h. deren Differenzierungen unterbietend) sein. Die Rehabilitierung des Fremden, Nichtidentischen dürfe sich der Verwirklichung in vernünftigen Diskursen nicht entziehen, die moderne Differenzierung zwischen Ästhetischem und Theoretischem dürfe nicht unterlaufen werden. Die radikale (französische) Vernunftkritik konstruiere das Jenseits der Metaphysik nicht als andere Vernunft, sondern als das (ästhetisch) Andere der Vernunft; jenseits der Metaphysik gibt es demnach nur Formen des Darstellens und Erfahrens, deren Paradigma das Ästhetische ist.[9]

Die Ästhetisierung des Mythos (Bohrer spricht von einem »Überschuß des ästhetischen Potentials«[10]) ist in der Tat deshalb mit Argwohn zu betrachten, weil sie eine Erbschaft der faschistischen bzw. nihilistischen Extrapolation des »abstrakten«, angeblich ursprünglich »ästhetischen« Menschen aus dem politischen, ethischen und gesellschaftlichen darstellt.[11] Bei dieser Extrapolation beruft man sich gerne auf die Mythos-Debatte des Idealismus und der Frühromantik, ohne zu beachten, daß bei Hölderlin ebenso wie beim frühen Hegel oder Schelling in Kategorien des Ästhetischen und Mythischen Revolutionär-Gesellschaftliches abgehandelt wurde; die »neue Mythologie« hatte eine utopische Dimension.[12] Erst in der Spätromantik gewinnen restaurative Momente die Oberhand, und Philippe Lacoue-Labarthe hat in seinem Heidegger-Buch überzeugend nachgewiesen, daß der Nationalsozialismus in dieser (spät-)romantischen Tradition steht, die

83. – Vgl. in diesem Zusammenhang auch die von Günter Grass initiierte Veranstaltungsreihe der Berliner Akademie der Künste zum Thema »Vom Elend der Aufklärung« (vgl. Der Traum der Vernunft. 2 Folgen. Darmstadt und Neuwied 1985-1986. Vgl. hier besonders das Vorwort von Grass, in: Folge 1. 8f.: »Es kann das Elend der Aufklärung nur mit hauseigenen Mitteln behoben werden.«).

9 Vgl. J. Habermas: Nachmetaphysisches Denken. Frankfurt a. M. 1988.

10 K. H. Bohrer: Vorwort. – In: Mythos und Moderne. 7-11, hier 7.

11 Vgl. M. Cometa: Pensiero mitico e filosofia della mitologia. In: La Politica I (1988), N. 3-4, 59-67.

12 Vgl. Mythologie der Vernunft. Hegels »Ältestes Systemprogramm des deutschen Idealismus«. Hg. v. Ch. Jamme, H. Schneider. Frankfurt a. M. 1984.

Technik bzw. Politik als »Fiktion« erklärte – »la dernière tentative de ›mythation‹ de l'Occident. Mais non, probablement, la dernière esthétisation du politique«.[13] Nach 1945 wurde in Deutschland über den Mythos ein Tabu verhängt; seitdem haben alle Versuche der Rehabilitierung des Mythos auch eine politische Dimension. Deutlich wird diese Dimension bei den aktuellen Remythisierungsbestrebungen etwa von Odo Marquard, der den Lobgesang eines diesseitigen Polytheismus anstimmt. Daß dies durchaus nicht politisch unschuldig ist, sondern im Gegenteil zur Legitimation der Konkurrenzgesellschaft, die die aufklärerische Emanzipationsgeschichte verabschiedet, dient, ist mehrfach aufgewiesen worden.[14] Marquard popularisiert damit aber nur Hans Blumenberg, dessen im Zentrum der *Arbeit am Mythos* stehende Formel »nemo contra deum nisi deus ipse« man unschwer als Programm einer »Politischen *Poly*theologie«,[15] die gegen den dem Monotheismus inhärenten Absolutismus kämpft, entziffern kann.

13 Ph. Lacoue-Labarthe: La fiction du politique. Heidegger, l'art et la politique. Paris 1987. 132f.

14 Vgl. A. von Bormann: Mythos und Subjekt-Utopie. Bemerkungen zur gegenwärtigen Mythos-Diskussion. In: L'80. Heft 34 (Juni 1985), 29-45. Vgl. auch die Kritik von R. Faber, in: Gnosis und Politik. Hg. v. J. Taubes. München/Paderborn 1984. 91-96; J. Habermas: Die Einheit der Vernunft in der Vielheit ihrer Stimmen. In: Merkur 42 (1988), N. 467, 9. Vgl. auch Habermas' Kritik der Remythisierung als »neuheidnische Regression hinter jenes Selbstverständnis von Autonomie und Individualität« (in: Merkur 42 (1988), 154). Schon R. Barthes (Mythen des Alltags. Frankfurt a. M. 1964. 138ff.) kennzeichnete die modernen Mythen als politisch rechtslastige Ideologie.

15 Vgl. R. Faber: Der Prometheus-Komplex. Zur Kritik der Politheologie Eric Voegelins und Hans Blumenbergs. Würzburg 1984. 75-84, hier 76. Im Hintergrund steht Carl Schmitts Definition des Politischen, der Blumenberg zu entgehen sucht. Blumenbergs und Marquards Ansätze zur Rehabilitierung des Mythos sind überdies in der Debatte um die Gnosis lokalisiert. Im Hintergrund steht der Angriff Voegelins gegen die Redivinisierung der Welt bei den modernen Gnostikern (z. B. Hegel, Marx). Vgl. dazu W. Jaeschke: Gnostizismus. In: Archiv für Begriffsgeschichte XXVII (1984), 269-280.

Mythos ist heute, wie dieser kurze Überblick zeigen sollte, Gegenstand ganz heterogener Denktraditionen; wir müssen mindestens einen anthropologisch-ethnologischen, einen religionswissenschaftlich-theologischen, einen literar- bzw. diskurstheoretischen[16] und einen psychologischen Mythenbegriff unterscheiden. Jeder dieser Begriffe hat eine *Einzel*geschichte; eine Gesamtgeschichte *des* Mythos gibt es nicht.[17] Den Geschichten gemeinsam aber ist heute ein großes Interesse an Struktur und Ablauf der kulturellen Prozesse. Gesucht wird ein Verhältnis zu den anthropologischen Grundlagen, auf denen so etwas wie Vernunft überhaupt entstehen kann. Damit wird der Mythos zu einem Gegenstand auch der Philosophie. Mythische Erfahrungsformen sind deshalb für das gegenwärtige Denken attraktiv, weil der Mythos einen anderen Typus von Vernunft als das instrumentelle Denken repräsentiert, weil er andere Vorstellungen von Wirklichkeit ermöglicht. Am Mythos konturieren sich Umfang und Grenzen der Vernunft.[18] Der Mythos ist ein diagnostisches Instrument zur Auslotung des Raumes unserer Rationalität, mit dessen Hilfe wir auch die historische Genese der heutigen Differenzierungen aufarbeiten können.[19] Mit dem Thema »Mythos« steht deshalb zugleich das Wesen der Philosophie insgesamt in Frage. Das Irrationale des Mythos werde heute, so H. Poser, nicht mehr, wie von Plato, als durch die Philosophie geschichtlich überholt angesehen, sondern entweder als vorrational oder als andere Form des Rationalen, die in unserer durch moderne Wissenschaft geprägten Welt zu kurz

16 Vgl. den Sammelband: Bewegung und Stillstand in Metaphern und Mythen. Fallstudien zum Verhältnis von elementarem Wissen und Literatur im 19. Jahrhundert. Hg. v. J. Link u. W. Wülfing. Stuttgart 1984.

17 Vgl. G. von Graevenitz: Mythos.

18 Vgl. H. Poser: Mythos und Vernunft. Zum Mythenverständnis der Aufklärung. In: Philosophie und Mythos. 130-155.

19 So C.-F. Geyer: Rationalitätskritik und »Neue Mythologien«. In: Philosophische Rundschau 33 (1986), 210-241; G. Plumpe: Das Interesse am Mythos. In: Archiv für Begriffsgeschichte XIX (1975), 236-253, bes. 249.

komme.[20] Der Mythos ist nicht zu diskutieren ohne eine Neubestimmung des Verhältnisses von Lebenswelt und Rationalität und ohne die Gewinnung von Klarheit über die Entstehungsbedingungen der »klassischen« Rationalität.[21] Mythos wie Philosophie versuchen, den Schrecken zu bannen, Ordnung in das Chaos zu bringen (schon die Archai der Vorsokratiker waren Hypostasierungen mythischer Gestalten). Aus gebanntem Schrecken entsteht aber neuer Schrekken, aus dem Mythos die Tyrannei des Begriffs.

Bei ihrer Beschäftigung mit dem Mythos ist Philosophie aufgrund ihrer eigenen Geschichte allerdings stets in Gefahr, den Gegenstand zu verfehlen. Seit Plato gibt es eine Kritik an den Mythen, die dann in der christlichen Tradition theologisch noch verschärft wurde.[22] Der Aufklärung schließlich galt der Mythos als Primitivstadium abergläubischer Unvernunft; der Rationalismus sprach dem Mythischen jede Eigenständigkeit ab. Gemäß dem »geschichtsphilosophischen Grundschema« der »Überwindung des Mythos durch den Logos«[23] gehörte die Mythologie zur Finsternis der Abgötterei. Die Einführung von Polytheismus und Abgötterei sah man als das Werk machthungriger Priester.[24] Die Denkschemata der Aufklärung wirken bis heute nach, und zwar in zwei

20 H. Poser: Mythologie als Logomythie. – In: Einheit und Vielheit. XIV. Deutscher Kongreß für Philosophie, Gießen 21. – 26. September 1987. Hg. v. O. Marquard in Verb. m. P. Probst und F.-J. Wetz. Hamburg 1989. (Dem Verfasser danke ich für die freundliche Überlassung des Manuskripts vor der Veröffentlichung.)

21 Vgl. dazu nur die Sammelbände: Philosophie und Mythos; Wissenschaftliche und nicht-wissenschaftliche Rationalität; Rationalitätskritik und neue Mythologien; Zur Kritik der wissenschaftlichen Rationalität.

22 Die Entgötterung der Welt durch das Christentum hält Picht (Kunst und Mythos. 7ff.) für entscheidender als die Aufklärungsbewegung des 18. Jahrhunderts.

23 H.-G. Gadamer: Wahrheit und Methode. 3. Aufl. Tübingen 1972. 257.

24 Vgl. Voltaire: Dictionnaire philosophique (1764). Art. »Dieu«, »Dieux« und »Religion«; P. T. Holbach: System der Natur. Frankfurt a. M. 1978. 491; Encyclopédie. Hg. v. Diderot/d'Alembert. Bd. 27. 2. Aufl. 1780. 345 ff. (Art. »prêtre«).

Gefahren: einmal im Abstempeln des Mythos zum Prä-Logischen, zum Ausdruck einer durch Wissenschaft längst überholten Kindheitsstufe der Menschheit (Lévy-Bruhl),[25] zum anderen in der Transformierung des Mythos in uns vertrautes wissenschaftliches Denken (Lévi-Strauss). Im ersten Fall bleibt die Frage der Bedeutung der Mythen für die Gegenwart unbeantwortet, im zweiten Fall wird die Fremdheit des mythischen Denkens eliminiert. Die Fluchtbewegung einer Abschiebung ins Historische ist besonders typisch für das 19. Jahrhundert. Ihr gegenüber ist festzuhalten, daß der Mythos eine grundlegende menschliche Erfahrung ist und nicht einfach historisch wegrationalisierbar. Ausdrücklich verzichtet werden muß auch auf die Ursprungsfrage, da diese nur das Mittel einer Ausgrenzung von bestimmten Phänomenen (wie etwa des Mythos) aus unserem Kulturkreis darstellt. Es gibt kein (romantisches) Zurück zu den (mythischen) Ursprüngen (Urpoesie, Uroffenbarung). Der Ursprung ist präsent, solange an ihm gearbeitet wird. Nicht vorweltlich ist der Mythos, sondern er gehört – wie Blumenberg gezeigt hat – zu unserer Welt. Nur in dieser doppelten Frontstellung – gegen die Aufklärung und gegen die Romantik – findet die heutige philosophische Mythentheorie ihren Ort. Es gilt, die Komplizenschaft mit dem Mythos (d. h. Restitutionsversuche à la Schelling) ebenso zu verweigern wie seine Verdammung im Dienst rationaler Kontrolle (Voltaire, Diderot). Wie die Kindheit, so ist der Mythos jetzt immer noch da – in der Weise, in der wir mit ihm umgehen.

Woher die anhaltende Attraktivität der Beschäftigung mit dem Mythos – in Deutschland markiert durch das Erscheinen des Sammelbandes *Terror und Spiel* (1971) – kommt, d. h. die Insuffizienzgefühle unserer rationalen Gesellschaft, steht in

25 Schon Vico konstruierte den Mythos geschichtsphilosophisch als Vorstufe des wissenschaftlichen Logos. Eine historisierende Variante liefert Piaget, nach dem wir nicht berechtigt sind, die noch unentwickelten Vorgehensweisen des kindlichen oder naiven Denkens der Primitiven als unvernünftig zu betrachten, aber es gebe eine notwendige Teleologie, ein letztes Ziel der vernünftigen Entwicklung der Kulturen wie auch des einzelnen (= sukzessive Einbettung einfacher Strukturen in immer komplexere). Vgl. unten Kap. II.

den folgenden Überlegungen nicht im Zentrum. Kritisch beleuchtet werden soll vielmehr, *wie* die gegenwärtige Debatte geführt wird, um aus dieser Analyse Grundbausteine bzw. Merkmale mythischer Erzählungen zu gewinnen, auf denen eine philosophische Theorie des Mythos aufbauen könnte. Angesichts der Unerschöpflichkeit des Themas beschränkt sich die Arbeit im folgenden auf gegenwärtige Diskussionen und auch hier nur auf Grundlinien. Es geht um exemplarische Hinweise in negativer Richtung auf die Schwierigkeiten, denen sich jede philosophische Mythentheorie gegenübersieht, und in positiver Richtung darauf, wie inhaltlich eine philosophische Theorie des Mythos aussehen könnte, die den Ergebnissen der modernen – insbesondere ethnologischen – Forschung gerecht würde. Aus dieser doppelten Zielrichtung ergibt sich der Aufbau der folgenden Untersuchung. Die ersten beiden Kapitel suchen die Schwierigkeiten einer philosophischen Mythentheorie zu skizzieren, wie sie sich einmal im Ausgang von den von ihr verwendeten Begriffen und Methoden, zum anderen angesichts der offenkundigen Defizite der maßgeblichen aktuellen theoretischen Ansätze nahelegen. Das dritte Kapitel will eigentlich eher die Schwierigkeiten dadurch noch vergrößern, daß es die gegenwärtig meist vernachlässigten Forschungsergebnisse der Ethnologie und (Palä-)Anthropologie mit zu berücksichtigen sucht, als daß es schon in der Lage wäre, die Grundlagen für eine den heutigen Standards des Wissens angemessene Theorie des Mythos zu liefern. Eine geschichtliche Konstruktion verschiedener, aufeinanderfolgender Mythisierungsformen, wie sie hier vorgeschlagen wird, gerät notwendig in Konflikt mit heutigen Theorien der Weltbildrationalisierung, wie sie vor allem Jürgen Habermas im Ausgang von Max Weber vorgetragen hat; im vierten Kapitel geht es deshalb vor allem um Habermas' Konstruktion des Verhältnisses von Mythos und Logos. Eine Lösung der aufgewiesenen Aporien versucht dann das Schlußkapitel; jenseits der fruchtlosen Alternative von Re- bzw. Entmythologisierung wird die Kunst nicht nur als immer gegenwärtige »Arbeit am Mythos«, sondern auch als Alternative zum Mythos in der Gegenwart diskutiert.

Von diesem Schlußkapitel her soll auch der Sinn des Titel-Wortes deutlich werden, das der dritten Fassung von Friedrich Hölderlins *Griechenland*-Fragment entnommen ist:

»Alltag aber wunderbar zu lieb den Menschen
Gott an hat ein Gewand.
Und Erkenntnissen verberget sich sein Angesicht
Und deket die Lüfte mit Kunst.«[26]

Hölderlins dichterische Vision des deus vestitus, des im Alltag eingehüllten Gottes, hat unmittelbar mit unserem Thema zu tun; den Menschen zuliebe, um die Sterblichen nicht zu verzehren, umhüllt sich Gott mit Mythen. Wir können nur diese Zeichen deuten.

Mythos wird heute zunehmend verstanden als fundamentales Bedürfnis des Menschen, das uns »erklärt«, was sich rationaler Erkenntnis entzieht. Eine Analyse der Wirkungsweise der mythischen Elemente, die unser Sprechen und Denken bestimmen, kann aber nicht allein Aufgabe der Philosophie sein; es ist allerdings primär die Philosophie, welche die *normative Frage* zu beantworten hat, »welche Funktion mythische Vorstellungen in unserem Denken haben *dürfen* und *sollen*«.[27] Der Mythos ist ein theoretisches Konstrukt; seit Plato gibt es deshalb eine Reflexion auf sein Wesen. Methodisch müßte heute die Fragestellung umgekehrt werden: die bisherigen Studien zum Mythos gehen von einem (mehr oder weniger) verschwiegenen Begriff von Rationalität aus und geben vor, den Mythos zu beschreiben. Fruchtbarer wäre es, von einer Beschreibung des Mythos (wobei in jedem Falle, wie Heideggers Kritik an Cassirer exemplarisch gezeigt hat,[28] die Wahl des Beschreibungsrasters des mythischen Weltbildes von größter Wichtigkeit ist) zu einer neuen Bestimmung von Rationalität resp. einer Unterscheidung verschiedener »Rationalitäten« zu gelangen. Lévi-Strauss ist – bei allen

26 Hölderlin: Sämtliche Werke. Kleine Stuttgarter Ausgabe. Hg. v. F. Beissner. Bd. 2. Stuttgart 1953. 267f.

27 H. Poser, in: Philosophie und Mythos. V.

28 M. Heidegger: (Rezension von) E. Cassirer: Philosophie der symbolischen Formen. 2. Teil. In: Deutsche Literaturzeitung. Berlin. N. F. 5 (1928), 1000-1012.

grundlegenden Differenzen – nicht weit entfernt von Foucault, wenn er die Analyse der unbewußten Formationsregeln von Wissensformen in einer bestimmten Epoche zur Aufgabe der Ethnologie und der (strukturalen) Mythenanalyse erhebt. Nur so ist vielleicht der Konflikt zwischen der zunehmenden Rationalisierung der (Alltags-)Welt (zu erinnern ist nur an die Verrechtlichung) und der zunehmenden Irrationalität und Heilserwartung des einzelnen auszuhalten und nicht durch quasi-mythische Konstrukte zu überbrücken. Die »Dialektik der Aufklärung« darf nicht zu früh abgebrochen werden. Noch unentschieden ist die Frage, ob es einen ›Bruch‹ zwischen dem modernen Denken und dem Mythos gibt (so etwa Gehlen), ob der Mythos irgendwo begraben ist in der versunkenen Prähistorie der Hochkulturen, oder ob er weiterlebt, auch im modernen Bewußtsein, das sich einbildet, aufgeklärt zu sein (Picht), ob man also den Mythos als Bewußtseinsform noch für heute behaupten kann (Kolakowski). Das heuristische Grundproblem liegt darin, daß der gelebte Mythos keine Bedeutung benötigt und keine erlaubt, während der wissenschaftlich betrachtete (und damit tote) Mythos durch eben den Akt, der ihn tötete, kaum wiederbelebt werden kann.[29] Doch nicht nur die »Wissenschaftlichkeit« des Themas ist ungeklärt (im Blick etwa auf Topitschs radikale Entmythologisierung implizierenden Wissenschaftsbegriff), sondern auch der Begriff des »Mythos« selbst.

29 W. F. Otto: Das Wort der Antike. Stuttgart 1962.

Kapitel I
Schwierigkeiten einer philosophischen Mythentheorie

I. Begriffe und Verstehensmodelle

1. Probleme einer Begriffsbestimmung

Die Beschäftigung mit dem Mythos ist ebenso aufregend wie schwierig; aufregend, weil das Thema, wie anfangs wenigstens angedeutet, zu der Frage gehört, wie sich die Moderne transformiert, schwierig allein schon deshalb, weil es keine allgemein verbindliche Definition dessen gibt, was unter Mythos zu verstehen sei. In Abwandlung eines Diktums von Lévi-Strauss könnte man sagen, es sei eine Eigentümlichkeit dieser Arbeit, »keinen Gegenstand zu haben«.[1] Schon der Versuch einer Einigung auf eine Minimaldefinition ist mit Risiken behaftet. Versucht man es trotzdem, wäre der Mythos als mündlicher Kommentar einer Kulthandlung zu bestimmen. Er hat eine Erzählstruktur;[2] erzählt werden bestimmte wiederholbare Ereignisse, die außerhalb von Raum und Zeit liegen und ansetzen an bestimmten Knotenpunkten der menschlichen Existenz. Sallust hat dies auf die berühmte Formel gebracht, der Mythos spreche von dem, »was nie geschah und immer ist« (ταυτα δε εγένετο μὲν οὐδέποτε, ἔστι δε ἀεὶ).[3] Mythen treten immer auf im Zusammenhang mit Ritualen; sie sind der kognitive Teil zur kultischen Praxis. Aber schon diese minimale Bestimmung legt den Verdacht nahe, ob sie nicht zu sehr an der griechischen Kultur orientiert und daher nicht oder nur begrenzt universalisierbar ist. Der griechische Kultus jedenfalls kennt neben den ursprünglichen rituellen Handlungen ein Handeln mit Worten, das

1 C. Lévi-Strauss: Mythologica I, 15.

2 G. S. Kirk: Myth. Its meaning and functions in ancient and other cultures. Berkeley, L. A. 1970. »Traditional tale« ist der Rahmen, in den »myth« einzuordnen ist (28, 72-75, 282).

3 Sallust: περι θεῶν και κοσμου IV, 9.

ursprünglich »Hymnos« geheißen hat, bei Herodot τα ϑεῖα und später (bei Pausanias) ἱερος λόγος. Als eine – mit magischer Kraft ausgestattete – rituelle (Ersatz-)Handlung ist der Mythos Teil des Kultus.[4]

Als solches »autoritatives Überlieferungswort«[5] steht der Mythos in einem – systematisch zuerst von der sophistischen Aufklärung herausgestellten – Gegensatz zum Logos als dem durch verstandesmäßige Beweise in seiner Wahrheit erwiesenen Wort. Ein Blick auf die Wortgeschichte[6] zeigt, daß μυϑος ursprünglich dasselbe wie λογος bedeutete: nämlich ›Wort‹, gesprochene Rede. Deutlich ist das etwa bei Heraklit. Der ewige Wechsel, der dauernde Fluß aller Dinge folgt einem Weltgesetz, einem Plan. Dieses Maß ist eine mythische, alles einigende und regelnde Gegebenheit; Heraklit bezeichnet sie mit dem Wort ›Logos‹. Die Menschen jedoch verstehen weder den Logos noch seine Bedeutung.[7] ›Mythos‹ stammt nicht aus der Alltagssprache, sondern ist ein Kunstwort des attischen Epos, dessen Etymologie unsicher ist. Bei Homer ist der Begriff von einer ungewöhnlichen Polysemie; so begegnet er in der *Odyssee* als Meinung (Bericht, Antwort, Befehl, Drohung) des Sprechenden[8] oder – in Verbindung mit νόημα, νοεῖν – als Rat, Gedanke (lat. cogitatio).[9] Im 5. Jahrhundert erhielt dann der Begriff ›Mythos‹ einen negativen Beigeschmack.[10] Die Antithese Mythos vs. Logos ist erstmals

4 Vgl. Paulys Realencyclopädie der classischen Altertumswissenschaft. Neue Bearb. v. G. Wissowa. 32. Halbbd. Stuttgart 1935. 1397f. – Das Historische Wörterbuch der Philosophie macht allerdings darauf aufmerksam: »Geheimlehren in Mysterien heißen ἱερος λογος, nicht μυϑος.« (Bd. 6. 282.)

5 Lexikon für Theologie und Kirche. 2., völlig neu bearb. Aufl. Bd. 7. Freiburg i. Br. 1962. 746.

6 Die Wortgeschichte bis zum Jahre 400 gibt die Dissertation von E. Hofmann: Qua ratione ’επος, μυϑος, αινος, λογος et vocabula ... Göttingen 1922. Kap. 2. 28-48.

7 Heraklit: B1 und B2.

8 Vgl. vor allem Odyssee λ 561: ἔπος και μυϑος.

9 Vgl. Od. δ 675ff.

10 Vgl. Historisches Wörterbuch der Philosophie. Bd. 6. Darmstadt 1984. 282.

bei Pindar (476 v. Chr.) nachweisbar.[11] Von nun an steht der Begriff »Mythos« – in Verbindung mit Worten des Lügens und Täuschens – für die unwahre Geschichte (fabula), eine »Erzählung, für die niemand mehr einstehen kann«[12] (zum Beispiel bei Demokrit, Euripides, Herodot und Xenophanes). »Mythos« steht im Unterschied zum »Logos« als der verantworteten Rede, dem zur Überzeugung dienenden, sinnerfüllten Wort.

In Deutschland wurde das Wort ›Mythos‹ zu Beginn des 16. Jahrhunderts aus dem Griechischen übernommen als »Fabel, erfundene Geschichte«. Dann taucht das Wort erst zweihundert Jahre später wieder auf, jetzt in der Bedeutung »Erzählung von Göttern«.[13] Daneben entsteht mit dem Göttinger Philologen Heyne ein (theologischer) Mythos-Begriff als eine durch Mangel an Wissen, Ausdrucksvermögen und Bewußtsein gekennzeichnete Vorstufe menschlichen Weltverständnisses, der bis Bultmann wirksam bleibt.[14] In der heutigen Umgangssprache ist der Ausdruck ›Mythos‹ inflationär geworden; er steht für massenpsychologisch wirksame Vorstellungen ebenso wie für Märchen und Fabeln und für verpflichtende Vorstellungen. Dies gilt ebenso für Frankreich und England: im Französischen sind »fable«, »légende« und »mythologie / mythe« gleichbedeutend, das englische »fable« ist ebenfalls – im Sinne von unwahrer, fiktiver Geschichte –

11 Pindar: Ol. I 28 b.

12 W. F. Otto: Gesetz, Mythos, Urbild. In: W. F. O.: Die Gestalt und das Sein. 2. Aufl. Darmstadt 1959. 66.

13 Vgl. W. Betz: Vom ›Götterwort‹ zum ›Massentraumbild‹. Zur Wortgeschichte von ›Mythos‹. In: Mythos und Mythologie in der Literatur des 19. Jahrhunderts. Frankfurt a. M. 1979. 11-24; ders.: Zur Wortgeschichte von ›Mythos‹. In: Deutsche Sprache: Geschichte und Gegenwart. Festschrift für F. Maurer. Hg. v. H. Moser, H. Rupp, H. Steger. Bern / München 1978. 21-31.

14 Vgl. Ch. Hartlich / W. Sachs: Der Ursprung des Mythos in der modernen Bibelwissenschaft. Tübingen 1952. – Zum englischen und französischen Sprachgebrauch vgl. The New Encyclopedia Britannica. Vol. 24: Macropaedia. 15th Edition. 710-727, hier 711; Le Grand Robert de la Langue Française. 2ème Edition. T. IV. Paris 1985. 671 f.

mit »myth« synonym. Die sogenannten ›originären‹ Mythen (als erzählte Geschichten, mittels derer ein von Generation zu Generation wachsendes Wissen weitergereicht wurde) müssen deshalb von »Trivialmythen« sorgfältig unterschieden werden; solche »Trivialmythen« hat beispielsweise Andy Warhol 1981 in seiner Serie *Myths* als die »müden Mythen« der USA zusammengefaßt: Superman, Mickey Mouse, Uncle Sam, Mammy u.s.w.

Der griechische Begriff μυθολογία geht ursprünglich zurück auf μυθους λέγειν (»Mythen sagen«); im deutschen Sprachgebrauch wird der Begriff der ›Mythologie‹ seit Creuzer äquivok verwendet: für die Gesamtheit mythischer Vorstellungen und für die Wissenschaft von diesen.[15] Das Adjektiv ›mythologisch‹ wird entsprechend einmal (korrekt) für die Perspektive oder das Verfahren der Wissenschaft der Mythen gebraucht, häufig aber für den Gegenstand dieser Disziplin (›mythologisch‹ statt ›mythisch‹). ›Mythisch‹ wäre entsprechend zu reservieren zur Kennzeichnung einer bestimmten Perzeptionsweise von Wirklichkeit, die zugleich Ausdrucksweise ist.[16]

Der Mythos-Begriff gehört somit »zum Unbestimmtesten, was in der philosophischen Terminologie je Verwendung gefunden hat«.[17] Es nimmt deshalb nicht Wunder, wenn die aktuelle philosophische Mythentheorie der Frage nach dem »Wesen« des Mythos auszuweichen sucht und statt – vermutlich fruchtloser – Definitionsversuche sich auf die Beschreibung seiner Funktionen (auch in der Gestalt einer Phänomenologie des Mythischen im Sinne Cassirers) beschränkt.

Der Mythos hat nie nur *eine* Funktion ausgeübt; aber die bisherigen Versuche, den Umfang des Mythos erschöpfend zu definieren, sind unbefriedigend geblieben. In allen »natur-

15 A. Horstmann: Der Mythosbegriff vom frühen Christentum bis zur Gegenwart. In: Archiv für Begriffsgeschichte 23 (1979), 30 (Anm. 48).

16 Vgl. zur Begriffsverwendung W. Barner: Literaturtheologie oder Literaturmythologie? In: Theologie und Literatur. 146-163. Zum Unterschied Mythos/Mythologie vgl. H. Gockel: Mythos und Poesie. 53f.

17 H. Poser: Mythologie als Logomythie.

völkischen« Ethnien vereinigt der Mythos verschiedene Grundfunktionen: ›kultisch-religiös‹ vermittelt er heilige Wahrheiten und entscheidet über Schuld und Unschuld; ›historisch-sozial‹ erzählt er von den Ursprüngen gegenwärtiger Ordnung im Bereich der Natur (Weltschöpfung) wie der Gesellschaft (Geschichte eines Volks, einer Institution, eines Ritus oder einer gesellschaftlichen Entwicklung), d.h. Geschichten berichten eingehend über den Ursprung detaillierter Formen des natürlichen und sozialen Lebens (aitiologischer Mythos);[18] ›politisch‹ sind Mythen der Ausdruck eines primären kollektiven Narzißmus (Ethnozentrismus) und dienen der Autorepräsentation, dem »Identitätsbewußtsein menschlicher Gemeinschaft«.[19] Gulian unterscheidet vier Funktionen des Mythos: seine magisch-religiöse Funktion, seine Funktion als Kristallisationspunkt ethischer und juridischer Normen, seine Funktion als eine der Formen archaischen Denkens und als Form oder Gattung der primitiven Literatur.[20] Doch auch diese Grundfunktionen bzw. -formen sind bestreitbar. Eine Analyse des Programms der großen Panathenäen und der städtischen Dionysien, wo die Erzählungen von Mythen einen wichtigen Platz einnahmen, macht z.B. deutlich, daß neben der religiösen, politischen und ethischen Dimension des Mythos die ästhetische nicht übersehen werden darf, die aber vielleicht wiederum nur ein Spezifikum der griechischen Kultur ist. Jedenfalls ist gerade dieser Aspekt heute aktuell; so kommen die Beiträge in Bohrers Band *Mythos und Moderne* in dem Interesse überein, eine Ebene der Rezeption und Kritik des Mythos einzurich-

18 A.E. Jensen (Mythos und Kult bei Naturvölkern. 2. Aufl. Wiesbaden 1960. 82-91) und H. Baumann (Mythos in ethnologischer Sicht I. In: Studium Generale 12 [1959], H. 1, 7) trennen allerdings die »echten Mythen« von der »aitiologischen Erzählung«. Vgl. zur Kritik der Aitiologie E. Drewermann: Tiefenpsychologie und Exegese. Bd. 1. 310f.; H. Blumenberg: Arbeit am Mythos. 184.

19 W. Dupré: Mythos. In: Handbuch philosophischer Grundbegriffe. Hg. v. H. Krings u.a. München 1973. Bd. 4. 948-956, hier 950.

20 C.I. Gulian: Mythos und Kultur. Zur Entwicklungsgeschichte des Denkens. Frankfurt a.M. 1981. 18, 26ff., 56ff., 73ff., 87ff.

ten, auf der das ›ästhetische Potential‹ dominiert.[21] P. Philippson und K. Heinrich sehen in der Genealogie (analysiert am Beispiel Hesiods) die zentrale Funktion des Mythos, nämlich das Wirkliche abgeleitet aus dem heiligen Ursprung zu rechtfertigen.[22] Dörrie[23] betont – allerdings wiederum nur in bezug auf die Spätstufe des Mythos, nämlich den griechischen Mythos von Homer, bzw. bezogen auf die mythischen Erfindungen Platons – die lehrhafte Funktion des Mythos (als »exemplum«). Den *normativen* Charakter mythischer Traditionen hat Malinowski herausgestellt, wodurch sie eine wichtige Funktion für den sozialen Zusammenhalt der Gruppe bekämen.

Dafür, daß – wie die vergleichende Mythenforschung gezeigt hat – ähnliche Themen und Geschichten an ganz verschiedenen Plätzen und zu ganz verschiedenen Zeiten auf der Welt auftreten, sind bislang – sieht man einmal von der irrationalistischen Theorie (G. Sorel, A. Rosenberg) ab – vor allem zwei Erklärungsmodelle aufgeboten worden: psychoanalytische (Otto Rank, C. G. Jung) und strukturalistische (Lévi-Strauss). Trotz aller Einschränkungen, die man gegenüber beiden Theorien machen muß, sind sie jedenfalls erfolgversprechender als Klassifikationsversuche der Mythen-Typen nach ihrem Inhalt.[24] H. Joly hat eine Typologie der Mythologien des griechischen Denkens entwickelt und mit der Geschichte der Entwicklung der Rationalität in Beziehung gesetzt.[25] Eine wirkliche Entwicklungsgeschichte der Mythologie fehlt aber bisher, was zusammenhängt mit der wachsen-

21 Mythos und Moderne. Hg. v. K. H. Bohrer.

22 P. Philippson: Untersuchungen über den griechischen Mythos. Zürich 1944. 7ff.; K. Heinrich: Parmenides und Jona. Verb. Neuaufl. Basel/Frankfurt a. M. 1982. 9ff.

23 H. Dörrie: Sinn und Funktion des Mythos in der griechischen und der römischen Dichtung. Opladen 1978. 13f.

24 Vgl. z. B. die Versuche in: Die Religion in Geschichte und Gegenwart. 3., völlig neubearb. Aufl. Bd. 4. Tübingen 1960. 1271f. – Kritik an solchen Klassifikationsversuchen übt C. Lévi-Strauss: Mythologica I, 15.

25 H. Joly: Die Rationalität im griechischen mythischen Denken. In: Wissenschaftliche und nicht-wissenschaftliche Rationalität. 69-95.

den Einsicht in die Geschichtlichkeit von wissenschaftlichen Aussagesystemen.[26]

Andere Versuche einer Begriffsbestimmung des Mythos suchten ihren Gegenstand einzukreisen auf dem Weg über eine Abgrenzung von Ritus und Kultus bzw. von Magie und Animismus.[27] A. Jolles hat 1929 den Versuch unternommen, die Mythen als eine der Grundformen des volkstümlichen Erzählgutes von anderen »einfachen Formen« der Prosaüberlieferung wie Legende, Sage, Rätsel, Spruch, Märchen und Schwank zu unterscheiden, wobei er die Mythen verstand als Wissensantwort auf eine Frage nach dem Weltwesen. Diese Gattungsarchetypik ist aber nicht unwidersprochen geblieben.[28] U. Hölscher versucht, den Begriff des Mythos in anderer Weise von Sage und Märchen abzugrenzen, als es die Gattungsdefinitionen leisten, indem er nach dem Träger der erzählenden Formen fragt. Ist der Ausgangspunkt der Handlung des Märchens die Familie und wird die Sage ursprünglich auf Geschlechter- oder Stammesebene gepflegt, so erscheint »als Träger des Mythos [...] die Nation«.[29] Nur so gewinnen jene einfachen Geschichten erst die Qualität einer universellen Weltdeutung.

Hans Blumenberg nähert sich dem Wesen des Mythos über eine Auflistung von Stilmerkmalen der mythischen Erzählung, zu denen er vor allem die Inkonsistenz (in einen Rahmen können immer neue Elemente eingeschoben werden), die Wiederholung (Transformation, Metamorphose), die »Umständlichkeit« und die »ikonische Konstanz« rechnet.[30]

26 Vgl. H. Poser (s. Anm. 17).

27 Zu dieser Diskussion vgl. unten S. 151ff.

28 A. Jolles: Einfache Formen. 1929. Jolles empfahl, ›Mythos‹ nicht mit ›Wort‹ oder ›Rede‹ zu übersetzen, wie es üblich ist, sondern mit ›Wahrsage‹. Damit wollte er den Mythos mit dem Orakelwesen verbinden. Diese Verbindung war ein Irrtum, sie hat keine Grundlage in der antiken Überlieferung. Vgl. 97: »Wo sich (...) aus Frage und Antwort die Welt dem Menschen erschafft (das ist die eigentümliche Geistestätigkeit des Mythos) – da setzt die Form an, die wir Mythen nennen wollen.«

29 U. Hölscher: Die Odyssee. 25ff., hier 30.

30 H. Blumenberg: Wirklichkeitsbegriff. In: Terror und Spiel. 21, 32,

Alle diese Techniken dienen dazu, das unerhört Fremde mittels einer anthropomorphen und oikomorphen Weltsicht (am Modell der Familie und des Hauses) vertraut zu machen. Der Wiederholungsstruktur kommt dabei wohl die entscheidendste Rolle zu, sichert sie doch die geschlossen-bedeutsame Figuration der Mythologie.[31]

Aus der Perspektive der Sprechakttheorie stellt der Mythos sich als ein System von Symbolen dar, das weiter und unspezifischer ist als ein Zeichensystem.[32] Die Entdeckung der neuen Mythos-Diskussion, daß das Modell der Repräsentation (Wahrheit vs. Zeichen) insofern problematisch wird, als der Mythos nichts als sich selbst aussagt (Schelling), ist nicht ohne Wirkung auf die neuere französische Text-Theorie geblieben.[33] Die Betonung des diskursiven Elementes findet sich heute am ausgeprägtesten in der strukturalistischen Mytheninterpretation. Mythen, so die Grundthese von Lévi-Strauss, sind überall nach einem Grundmuster aufgebaut, das im Detail sehr komplex ist, sich aber in vier Hauptthemen auflösen läßt. In Mythen bzw. Mythengruppen sind »ein Thema, sein Gegenteil und ihre Umkehrungen ein[ge]schlossen«; es entstehen somit »Strukturen mit vier Termini, die miteinander verschränkt sind und untereinander eine Homologiebeziehung bewahren«.[34] Die vier Hauptthemen zerfallen wiederum in zwei Gegensatzpaare, von denen die zentralsten sich darstellen lassen als

A. 1. eine vollkommene Schöpfung
   2. eine unvollkommen gegenwärtige Welt
B. 1. Erfolg
   2. Mißerfolg.

Diese Hauptthemen enthalten wiederum unterschiedliche

43ff., 50f.; ders.: Arbeit am Mythos. 145, 70, 46, 159, 165. Vgl. auch ders.: Matthäus-Passion. Frankfurt a. M. 1988. 166, 241.

31 Vgl. Lexikon für Theologie und Kirche Bd. 7, 746; C. Lévi-Strauss: Strukturale Anthropologie I. 253. Vor allem M. Eliade: Mythos und Wirklichkeit. 36ff.; K. Hübner: Wahrheit des Mythos. 137ff.

32 M. Frank: Der kommende Gott. 107f.

33 Vgl. J. Derridas Interpretation von Lévi-Strauss, in: Die Schrift und die Differenz. 422-442.

34 Vgl. C. Lévi-Strauss: Mythologica IV, 762.

Sonderthemen. Bei einigen ethnischen Gruppen fehlen Elemente des vierfachen Komplexes, obwohl man bei benachbarten Stämmen mit ähnlicher Kulturtradition diese Elemente kennt (z. B. besaß nicht jeder Stamm eine spezifische Schöpfungsgeschichte). Bei anderen ethnischen Gruppen findet man zum Teil gegensätzliche Versionen desselben Themas, was weitere Komplikationen mit sich bringt (so entstammen zum Beispiel die heimischen nordamerikanischen Mythen einem Gebiet, in dem nicht weniger als 236 bekannte ethnische Gruppierungen leben. Im allgemeinen besitzt – oder besser besaß – jede ethnische Gruppe ihre charakteristische Mythologie und Religion, die eng verwoben war mit den regionalen typographischen Verhältnissen und auch die örtliche Fauna und Flora widerspiegelte). Derart widersprüchliche Variationen befinden sich jedoch noch im Einklang mit dem generellen vierfachen Schema. Eine Eigenheit von Mythen, die manche verwirrend finden, ist die Tatsache, daß die mythologischen Elemente unterschiedlich kombiniert werden können. Dies führt dazu, daß spezifische Themen ineinander übergehen und es unmöglich ist, ganze Geschichten systematisch zu klassifizieren. Gerade diese Möglichkeiten, das Thema zu variieren, führen dazu, daß Angehörige derselben ethnischen Gruppe unterschiedliche Versionen einer Geschichte erzählen, die in der Betonung von Details variieren oder sogar einander widersprechen. Mythische Geschichten in allen, noch so verschiedenen Erzählkulturen operieren mit einer vergleichsweise kleinen Anzahl immer gleicher Elemente, die unendlich variiert werden (was Blumenberg »ikonische Konstanz«[35] nennt). Mit einer genialen Metapher bezeichnet daher Lévi-Strauss den mythischen Erzähler als den »mythischen Bastler«: »Der Bastler ist in der Lage, eine große Anzahl verschiedenartigster Arbeiten auszuführen; doch im Unterschied zum Ingenieur macht er seine Arbeiten nicht davon abhängig, ob ihm Rohstoffe oder Werkzeuge erreichbar sind, die je nach Projekt geplant oder beschafft werden müssen; die Welt seiner Mittel ist begrenzt, und die Regel seines Spiels besteht immer darin, jederzeit mit dem, was ihm

35 H. Blumenberg: Arbeit am Mythos. 165.

zur Hand ist, auszukommen.«[36] Die Kernfabel des Mythos ist ein zeitloses Muster, in das – situationsgemäß – jeweils gegenwärtige Bedeutungen eingepaßt werden können (als Muster für eine aktuelle Lebenssituation). Auf das Prozeßhafte, die unentwegte Veränderung und Unabgeschlossenheit dessen, was Mythos ist, haben schon Schelling und Friedrich Schlegel hingewiesen.[37] Der Mythos konstituiert sich immer wieder neu in seiner momentanen Re-präsentation. M. Fuhrmann stellt dieses Verfahren der fortwährenden Repräsentation und Wiederholung als das grundlegende Kompositionsprinzip der griechischen Tragödie[38] heraus und führt diese Besonderheit mythischer Sageweise auf die beiden Quellen der Tragödie, auf den Kult und die literarische Tradition des Mythos, zurück.

Wenn aber »das mythische Denken [...] dem Wesen nach transformierend« ist,[39] kann es niemals einen ›Originaltext‹ geben; das lange gängig gewesene Verfahren eines sorgfältigen Quellenstudiums, um möglichst die früheste Urfassung eines Mythos zu finden, ist prinzipiell zum Scheitern verurteilt. Es gibt *den* Mythos nicht; jeder Mythos ist an einen bestimmten Ort und an eine bestimmte Kultur gebunden. Die Bemühungen um eine Lokalisierung des mythischen Geschehens (die von K. O. Müller in Gang gesetzt[40] und in unserem Jahrhundert vor allem von Georges Dumézil[41] weiterentwik-

36 C. Lévi-Strauss: Das wilde Denken. 30; vgl. ders.: Mythologica IV, 753. Vgl. auch H. Blumenberg: Arbeit am Mythos. 40.

37 Vgl. F. W. J. Schelling: WW XI, 193. – F. Schlegel: Schriften zur Literatur. München 1970. 305.

38 M. Fuhrmann: Mythos als Wiederholung in der griechischen Tragödie und im Drama des 20. Jahrhunderts. In: Terror und Spiel. 121–143, hier 139. Vgl. auch A. Gehlen: Urmensch und Spätkultur. 220f.

39 C. Lévi-Strauss: Mythologica IV, 793.

40 Im Zuge seiner umfassenden historischen Forschungen wurde Müller die Bindung der griechischen Mythen an Stämme, Landschaften und Orte bewußt. Vgl. K. O. Müller: Geschichte hellenischer Stämme und Städte. Bd. 1. Breslau 1820, ²1844. Bd. 2 und 3. Breslau 1824, ²1844. Er zeigte hier z. B., daß Apoll ein dorischer Stammesgott ist und nicht – wie Creuzer annahm – ein orientalischer Lichtgott.

41 Dumézils religionswissenschaftliche Studien konzentrierten sich vor

kelt wurden) galten in den letzten Jahrzehnten vor allem den griechischen Mythen, deren Zusammenhang mit kleinasiatischen (vor allem hethitischen und kretisch-mykenischen) Mythen inzwischen immer deutlicher wird.[42] Ursprünglich hatten die Götter in Griechenland ihre festen Sitze. Bei der Einwanderung der Griechen in ihre historischen Siedlungsräume (wobei die Forscher sich bis heute über die Besiedlungsgeschichte Griechenlands uneins sind[43]) vermischte sich ihre Religion mit den vollausgebildeten Gottesvorstellungen und Kulten der vorgriechischen autochthonen Bevölkerung. Diese ursprünglich lokal gebundenen Kulte wurden ›exportiert‹ und über sämtliche Städte und Dörfer Griechenlands verbreitet, bis die Götter in Ionien schließlich zu Göttern des Mythos werden konnten. So ist die griechische Religion eine Synthese aus einem bodenständigen Substrat und indogermanischer Überlagerung. Deutlich wird dies besonders an den beiden Göttergestalten des delphischen Apollon und des kretischen Zeus.[44]

Ein anderes, vielleicht noch gewichtigeres Problem ist mit der vergleichenden Mythenforschung verbunden und wird be-

allem auf den Vergleich der Entwicklung indo-europäischer Kulturen, bei denen er dreiteilige Denkformen und Weltordnungen entdeckte; vgl. sein Spätwerk: Mythe et Epopée (3 Bde, Paris 1966-78). Seine Thesen stießen vor allem bei Iranisten auf Widerspruch. Ein wichtiger Anreger war er für Lévi-Strauss.

42 Vgl. z. B. V. Haas: Vorzeitmythen und Götterberge in altorientalischer und griechischer Überlieferung. Vergleiche und Sozialisation. Konstanz 1983. Vgl. die Übersicht über die aktuelle Forschung bei R. Muth: Einführung in die griechische und römische Religion. Bes. 72ff. – Natürlich ist auf diesem Gebiet auch wilden Spekulationen Tor und Tür geöffnet; vgl. R. Ranke-Graves: Die Weiße Göttin. Sprache des Mythos. Berlin 1981.

43 Sprachgeschichtliche Forschungen haben ergeben, daß die traditionelle »Dreiwellentheorie« (Ionier, Achäer, Dorer) nicht mehr zu halten ist. Zum Problem der Einwanderung vgl. R. Muth: Einführung. 28ff.

44 Vgl. M. P. Nilsson: Geschichte der griechischen Religion. Bd. 1: Die Religion Griechenlands bis auf die griechische Weltherrschaft. Zweite durchges. u. erg. Aufl. München 1955 (= Handbuch der Altertumswissenschaft. V, 2, 1). 389ff. (Zeus); 529ff. (Apollon).

sonders bei der Beschäftigung mit der griechischen Mythologie virulent. Wir können die griechischen Mythen (deren Entstehung Nilsson in manchen Zügen bis in die minoisch-mykenische Kultur zurückverfolgen konnte) erst deuten, wo sie literarisch gestaltet wurden, aber wie die Griechen selbst ihre Götter erlebten, erfahren wir auf diesem Wege nicht. Homer stellt eine von den Untergründen merkwürdig gereinigte olympische Götterwelt, einen konsolidierten Götterhimmel vor. In den Mythen zeigt sich längst die Ratio, sie sind kein religiöser Ausdruck, weshalb Nilsson die griechischen Mythen als Grundlage für die Erforschung der griechischen Religion weitgehend ausschloß (was den Protest von W. F. Otto hervorrief).[45] Gegen Hölderlin und die deutsche Klassik muß man festhalten, daß neben der ionisch-kolonialgriechischen »Kunstreligion« (Hegel) Homers die alten Kultorte in Griechenland weiterbestanden. Der griechische Mythos, wie wir ihn kennen, ist selbst schon das Zeugnis einer Brechung, ist schon Auslegung, Reflexion, schon Produkt einer »Arbeit am Mythos«. Er ist spätzeitlich und nicht archaisch-früh. Blumenberg fordert daher »die Korrektur der Zeitperspektive, nach der unser Frühestes etwas seiner immanenten Gestalt nach schon Spätes war«.[46] In seiner Systematisierung (Hesiod) gleicht der Mythos der frühen Philosophie. Homer und Hesiod ordneten den chaotischen Wirrwarr der hellenischen polytheistischen Götterwelt; sie (und die Bildhauer) haben damit nach Herodot den Griechen ihre Götter erst geschaffen.[47] Die wichtigsten Götter der homerischen Dichtung sind zugleich die bedeutendsten im polytheistischen System der griechischen Religion der archaischen und klassischen Zeit. Die klassische Antike hat die griechische Mythologie als Mythen, die ihrer kultischen Tabuierung entkleidet und ihrer bisherigen Kultmagie entleert waren, weitergegeben. Wenn Mythen etwas sind, was die Riten einer Gesellschaft bestimmt und als Charta der sozialen Struktur fungiert,

45 Vgl. zu dieser Kontroverse E. Picht: Kunst und Mythos. 539ff.

46 H. Blumenberg: Arbeit am Mythos. 169, vgl. 133.

47 Herodot: Historien. II 53, 2. Vgl. dazu F. W. J. Schelling: WW XI, 15ff.; G. W. F. Hegel: TWA 15, 335.

dann ist der griechische Mythos schon gegen Ende der klassischen Zeit, ja, teilweise schon sehr viel früher, kein Mythos in diesem Sinne mehr, was die Deutung griechischer Mythen sehr erschwert.[48] Zu unterscheiden ist in Griechenland also stets zwischen den eigentlichen Kult-Mythen (von denen wir wenig wissen, weil ihre Ausbreitung über einen kleinen Kreis von Eingeweihten hinaus nicht erlaubt war, weshalb Herodot oder Pausanias etwa über die Mysterien im thebanischen Kabirion schweigen) und den mythischen Geschichten, die jeder kultischen Bindung entbehrten und freies Eigentum des Volkes (und seiner Dichter) waren (sog. heroische Mythen).

Die Überlieferung mythischer Stoffe war durch mehrere Jahrhunderte mündlich. Hesiod unternahm erst um 700 v. Chr. den ersten Systematisierungsversuch des Mythos, ehe dann im 8. Jahrhundert das alte Liedgut zu großen Epen zusammengestellt wurde, die ganze Sagenkreise um ein hervorstechendes Ereignis zusammenschlossen.[49] Hesiod, der das Pantheon der bis dahin noch wenig zusammenhängenden Götter, Mythen und Kulte in ein genealogisches System[50] zu bringen suchte, hat mit seinen Anschauungen die spätere Zeit so beeinflußt, daß diese fast dogmatische Geltung erlangt haben. Die *Theogonie* steht nicht am Anfang, sondern am Ende eines Prozesses systematischer Aufarbeitung und rationaler Durchdringung ganz unterschiedlicher Berichte, wobei es galt, anthropomorphe Götterwesen, furchterregende Un-

48 Vgl. B. Malinowski: Sex, Culture, Myth. London 1963; M. Eliade: Schöpfungsmythos und Heilsgeschichte. In: Antaios 9 (1967), 329ff. – In welcher Stufe der ursprünglich als sprachlicher (Ersatz-)Ritus funktionierende griechische Mythos aus den Bindungen des Kultus befreit und profaniert wurde, wird deutlich bei Pauly/Wissowa (vgl. Anm. 4), Bd. 32, 1399ff.

49 G. Murray: The Rise of the Greek Epic (Repr. Oxford 1967) hat die verschiedenen Schichten freigelegt, aus denen die uns bekannte Fassung Homers entstanden ist: ein Prozeß, der von chthonischen Mächten der Tiefe beherrschte Zustände in die Helle einer späteren Zivilisation führt.

50 Vgl. zur Funktion der Göttergenealogie K. Heinrich (vgl. Anm. 22); H. Blumenberg: Arbeit am Mythos. 47f., 136.

geheuer, Naturkräfte und abstrakte Begriffe auf einen Nenner zu bringen.[51] Die anthropomorphisierende Tendenz der Götterdarstellung ist – neben der Parodie und Ironie – auch das wichtigste Kunstmittel der Homerischen »Arbeit am Mythos«;[52] der olympische Unernst der Götterszene der *Ilias* ist bereits in der Antike aufs Schärfste kritisiert worden.[53] Die Schar der Götter in ihren Palästen auf dem Olymp spiegelt die gesellschaftlichen Verhältnisse der Heroenzeit, denn ihrer Erscheinungsform nach waren die Götter Menschen, die sich stritten, liebten und Feste feierten. Wegen dieses Spiels des Dichters mit den Göttern ist es »schwer vorstellbar, daß Homer seine Götter einem Publikum hätte zumuten können,

51 Vgl. J. Duchemin, in: Problèmes du mythe et de son interprétation. Ed. par J. Hani. Paris 1978. 51ff.; F. Graf: Griechische Mythologie. 79ff. Vgl. auch die strukturalistische Analyse von J. P. Vernant (A la table des hommes. Mythe de fondation du sacrifice chez Hésiode. In: La cuisine du sacrifice au pays grec. Ed. par M. Detienne u. J. P. Vernant. Paris 1979. 37-132).

52 Vgl. zum Spiel des Dichters mit den Göttern W. Burkert: Götterspiel und Götterburleske in altorientalischen und griechischen Mythen. In: Eranos-Jahrbuch 1982, 335-368, bes. 351ff.; H. Blumenberg: Arbeit am Mythos. 149-51. Zur Funktion der Götter insgesamt vgl. G. M. Calhoun, H. Erbse. Übersicht bei R. Muth: Einführung. 56ff., bes. 63ff. Zwischen den Göttern herrscht allerdings in der »Odyssee« viel seltener Streit und Kampf als in der »Ilias«.

53 Ps-Longinus: De sublimitate. Ed. D. A. Russel. Oxford 1968. 9, 7. – Der Vorwurf, Homer sei irreligiös und aufgeklärt, galt bis in die Mitte des 20. Jahrhunderts. Der entscheidende Wandel setzte mit W. F. Otto (Die Götter Griechenlands, 1929) und K. Kerenyi ein. B. Snell, P. Friedlaender und K. Reinhardt (Das Parisurteil. Frankfurt a. M. 1938) schlossen sich an. – Wenn auch die religionsgeschichtliche Bedeutung der Homerischen Epik durch die Forschung sehr uneinheitlich beurteilt wird, darf man doch in keinem Fall – wie W. F. Otto – die griechische Religion mit der Homerischen gleichsetzen; vgl. dazu R. Muth: Einführung. 56ff. In den Homerischen Epen spiegelt sich nicht der Glaube (oder Volksglaube) der Zeit; vielmehr haben Homerische Vorstellungen alle Bereiche griechischer Religionsausübung tief beeindruckt und verwandelt (vgl. Erbse).

das an sie ›glaubte‹«.[54] Gerade so aber konnte die *Ilias* innerhalb des Prozesses der Panhellenisierung eine wichtige Rolle spielen: Homer wurde zum »Mythos der Nation«.[55]
Die griechische Tragödie aber zeigt, daß der olympische Mythos der Homerischen Adelsgesellschaft den »älteren chthonisch-dionysischen«[56] nicht vollständig verdrängt hat, wiewohl der Bruch zwischen der minoisch-mykenischen Kultur (über die wir durch die Linear-B-Texte unterrichtet sind) und der klassisch-griechischen Welt der Homerischen Religion tief war.[57] Davon zeugt auch Hesiods *Theogonie*, in der es um das Problem der Entstehung der Welt nur nebenbei ging; im Vordergrund stand »das Thema des Kampfes um das Königtum über das Universum [...]. Der Mythos [...] antwortet auf die Frage: Welcher Gott ist der Souverän?« Er trennt zwischen dem zeitlich Ersten, von dem die Gestaltwerdung der Dinge ihren Anfang genommen hat, und dem, was gegenwärtig das Universum beherrscht und regiert. »Innerhalb dieser Distanz konstituiert sich der Mythos [...].«[58] Das Universum ist eine Hierarchie von Mächten, nur erfolgt die Ordnung des Kosmos jetzt, nach dem Sturz des mykenischen Königtums, von der Funktion des Königs und vom Ritus unabhängig. Erinnerungen an die archaische Religion der mykenischen Epoche enthält auch die Tragödie, allerdings durch die neue Polis-Religion rational geläutert und überlagert. Die griechische Tragödiendichtung ist die Frucht der Bemühung, den älteren Mythos (der Allmutter Erde) mit dem neuen (Homerischen) Mythos (von Vernunft und Polis) in Einklang zu bringen. Das berühmteste Symbol hierfür ist die Versöhnungstat der Stadtgöttin Athena, durch die die Erinnyen zu Eumeniden verwandelt wurden, was der letzte Teil

54 H. Blumenberg: Wirklichkeitsbegriff. In: Terror und Spiel. 57. Vgl. a. ders.: Arbeit am Mythos. 22f., 154.
55 U. Hölscher: Die Odyssee. 169.
56 K. Hübner: Die Wahrheit des Mythos. 215.
57 J. P. Vernant: Entstehung des griechischen Denkens. 8: Der Zusammenbruch des mykenischen Systems im 12. Jahrhundert v. Chr. »betrifft den griechischen Menschen selbst«.
58 Ebd. 116.

von Aischylos' *Orestie* als politisches Lehrstück gestaltet.[59] Eine solche »Humanisierung des Mythos« – als Humanisierung des Feindbildes – findet sich auch in Sophokles' *Ödipus Rex*, parallel zum Bildprogramm der Parthenonmetope und zu den Theorien des Sophisten Antiphon.[60]
Homer und Hesiod und die frühe Philosophie sind somit nur zwei Seiten ein und derselben Aufklärungsbewegung: ein Abschied vom Alten, der das Alte in einer freieren Weise zu bewahren sucht. Einer der Gründe für diesen Prozeß liegt gewiß darin, daß der Mensch in dem Maße, in dem er Stadtbewohner wird, sich zunehmend dem mythischen Welterleben entfremdet. Schon die ältesten Mythen (der mesopotamischen Epik, die auf Hesiod und Homer gewirkt hat) enthalten kritische Distanz des Dichters gegenüber der Götterwelt und ironisches Umkippen (so spielen Götter gegeneinander und lassen sich gegeneinander ausspielen).[61]

2. Verstehensmodelle

2.1 Philosophie

Mit der (oben an Griechenland exemplifizierten, jedoch für alle Mythen der verschiedenen Kulturkreise gleich gültigen) Erfahrung, daß die Ursprünge sich entziehen, sind für eine philosophische Mythologie tiefgreifende Folgen verbunden, die hier nur angedeutet werden können. H. Joly weist darauf hin, daß mit jeder *Mythologie* eine *Interpretation* einhergeht, die die »Idee der Vernunft« ins Spiel bringt, indem die Mythendarstellungen »tatsächlich immer unter der Kontrolle

59 Vgl. Ch. Meier: Aischylos' Eumeniden und das Aufkommen des Politischen. In: Ders.: Die Entstehung des Politischen bei den Griechen. Frankfurt a. M. (1979) 1983. 144-246; vgl. auch ders.: Die politische Kunst der griechischen Tragödie. München 1988. 151; vgl. auch 9f. Vgl. K. Hübner: Wahrheit des Mythos. 199ff., 268.
60 Vgl. W. Schindler: Mythos und Wirklichkeit. 107, 110.
61 Vgl. W. Burkert, in: Eranos 51 (1982), 356ff. (im mesopotamischen Epos ist allerdings keine Aufklärung am Werke, sondern der fundamentale mythische Typ des »Tricksters« zu beobachten).

einer bestimmten Idee, die sich die Vernunft vom Mythos und von sich selbst gemacht hat«, erfolgt.[62] Nimmt man dies ernst, so müßte die seit dem 18. Jahrhundert zu beobachtende Abfolge jeweils scheiternder Suchen nach Unmittelbarkeit (vor allem bei Nietzsche und dann bei Heidegger), die man in der Natur oder in der Frau, dem ›edlen Wilden‹, Exotismus, dem Kind oder eben dem Mythos (zuerst der Griechen, dann der Inder, schließlich der Prähistorie) zu finden hoffte, endgültig an ihr Ende gekommen sein. Heute gibt es jedenfalls Stimmen in der Philosophie, die auf alle Ursprungshoffnungen verzichten und deshalb im Hinblick auf den Mythos nur noch von der »Abwesenheit von Mythen« (Bataille) sprechen bzw. das Wesen des Mythos als »Unterbrechung« definieren. In dem Augenblick, wo wir *über* den Mythos zu reden beginnen, sind wir schon von ihm abgeschnitten: »Über den Mythos reden, hieß immer nur über sein Abwesen reden [...]. Daraus besteht die Unterbrechung: der ›Mythos‹ ist von seinem eigenen Sinn und auf seinen eigenen Sinn zerschnitten.«[63] Die heutige Mythenforschung betont denn auch gerade den Charakter unaufhebbarer Fremdheit der Mythen und macht sie zu Zeugnissen des »ganz Anderen«, denen dann höchstens noch ein kompensatorischer Charakter zufällt.[64] Arbeiten wie die von Moses I. Finley, Pierre Vidal-Naquet oder Jean-Pierre Vernant setzen eine Bereitschaft voraus, eine Andersartigkeit und Fremdheit auch der Antike zu akzeptieren, wie sie für außereuropäische Völker mittlerweile als selbstverständlich vorausgesetzt wird. Daß »das

62 H. Joly: Die Rationalität im griechischen mythischen Denken. In: Wissenschaftliche und nicht-wissenschaftliche Rationalität. 69-95, hier 71.

63 J.-L. Nancy: Der unterbrochene Mythos. Stuttgart 1985. 9.

64 Vgl. J. P. Vernant: »Der Mythos ist immer die Rückseite, das Andere des wahren Diskurses.« (In: Mythos ohne Illusion. 9); P. Smith: Mythen sind »Erzählungen der Andersheit. Sie teilen uns kollektive Vorstellungen mit, die nicht die unsrigen sind, und deren Triebfeder uns fremd erscheint.« (ebd. 49, vgl. 47); C. Lévi-Strauss: »Die Ethnologie studiert den Menschen stets vom anderen Ende« (in: Mythos und Bedeutung. 206).

Eine des Ursprungs [...] unwiederbringlich entzogen [ist]«,[65] ist aber – und das lehrte schon die immanente Dialektik von Hegels berühmtem Satz vom »Ende der Kunst« – gerade die Bedingung der Möglichkeit einer – und zwar eben jetzt mytho-logischen, nicht mehr mythischen – Beschäftigung mit den mythischen Phänomenen. Der Mythos ist *als* Mythos erst erkennbar nach der Entmythologisierung (die von der Entmythisierung strikt zu unterscheiden ist), so Ricœur: »[...] gerade weil wir nach der Trennung von Mythos und Geschichte leben und denken, kann die Entmythologisierung unsrer Geschichte umschlagen in ein Verständnis des Mythos als Mythos und kann uns erstmals in der Geschichte der Kultur die mythische Dimension zu fassen geben. [...] Ist aber der Mythos als unmittelbarer Logos dahin, so kann er als Mythos wiedergefunden werden. Nur auf einem Umweg freilich, unter Einsatz des philosophischen Deutens und Verstehens, kann der Mythos eine Peripetie des Denkens hervorrufen.«[66]

Daraus erwächst dann aber auch die Herausforderung, das Fremde zu verstehen – Ricœur entwickelt in diesem Zusammenhang seine Hermeneutik der Symbole (auch den Mythos versteht er, der Religionsphänomenologie Eliades folgend, als Erzählung symbolischer und nicht etwa aitiologischer Art), die zunehmend zu einer Hermeneutik zu Texten erweitert wurde. Die neue Aufwertung der Hermeneutik ergibt sich aus dem paradoxen Faktum, daß der Erkenntnis der Rationalität des Mythos eine tiefgreifende Einsicht in die Begrenztheit wissenschaftlicher Rationalität korrespondiert. Den hermeneutischen Ausweg versperrt sieht J. P. Vernant; er fordert »eine andere Logik als die Logik des *logos*«, um ein Verständnis der spezifischen Funktionsweise der Mythen zu ermöglichen.[67] Cassirer hatte auf die Gefahr einer »falsche[n] Rationalisierung des Mythos« hingewiesen und diese darin

65 D. Henrich: Der Gang des Andenkens. Beobachtungen und Gedanken zu Hölderlins Gedicht. Stuttgart 1986. 182.

66 P. Ricœur: Symbolik des Bösen. 186. Zum folgenden vgl. 190.

67 J. P. Vernant: Mythos und Gesellschaft im alten Griechenland. Frankfurt a. M. 1987. 242.

gesehen, daß man »eine Scheidung, die wir auf der Stufe der denkenden Betrachtung, der Reflexion und der wissenschaftlichen Erkenntnis vornehmen und die wir hier notwendig vornehmen müssen, in ein Gebiet des geistigen Lebens hineinträgt, das dieser Scheidung vorausliegt und ihr gegenüber indifferent bleibt«.[68] Picht formuliert das Problem theologisch um: »Man muß in ihren [sc. den der religiösen Phänomene] Bannkreis eintreten, um sie zu verstehen; um das zu leisten, muß man die religionslose Wissenschaft hinter sich lassen.«[69] Die Argumente sind nicht neu. Schon 1875 hatte Nietzsche erklärt, es gebe »Gebiete, wo die ratio nur Unfug anrichten würde, und der Philolog, der nichts weiter hat, damit verloren ist und nie die Wahrheit sehen kann, z. B. bei Betrachtung der griechischen Mythologie«.[70]

Die Diskussion über das Verstehen fremden Denkens wiederholt die Hauptkontroversen, die in der Gegenwartsphilosophie ausgetragen werden, zuallererst die zwischen der Aufweichung rationaler Wissenschaft und den diese Tendenzen bekämpfenden Versuchen einer Neubegründung von Wahrheitsansprüchen. In Weiterentwicklung von Poppers wissenschaftstheoretischem Fallibilismus gibt es für Paul Feyerabend keine Wahrheitskriterien und normativ-prozeduralen Maßstäbe rationaler Wissenschaft mehr;[71] der französische Poststrukturalismus verstärkt diese Tendenz, z. T. durch Nietzsche, z. T. durch Heidegger inspiriert. Dagegen stehen etwa Apels Programm einer transzendentalsemiotisch begründeten empirischen und normativ-kritischen Hermeneutik[72] oder Habermas' Begründungsversuche einer kom-

68 E. Cassirer: Philosophie der symbolischen Formen II; 89, 32.

69 G. Picht: Kunst und Mythos. 486; 501.

70 F. Nietzsche: SW IV/1, 145f.

71 Vgl. P. Feyerabend: Wider den Methodenzwang. Frankfurt a. M. 1976; ders.: Erkenntnis für freie Menschen. Frankfurt a. M. ³1983.

72 Vgl. K. O. Apel: Die »Erklären-Verstehen«-Kontroverse in transzendental-pragmatischer Sicht. Frankfurt a. M. 1979; Types of Rationality. To-Day. In: Rationality Today. Hg. v. Th. Geraets. Ottawa 1979. 307-340; D. Böhler: Rekonstruktive Pragmatik. Frankfurt a. M. 1985; ders.: Hermeneutik und Sprachpragmatik: Freiburg i. Brsg. 1986. – Interessant ist, daß beide Positionen sich auf Husserl

munikativen Rationalität. Gadamers Hermeneutik scheint hier einen Ausweg zu bieten. In *Wahrheit und Methode* fordert Gadamer, die traditionelle Auffassung der Überwindung des Mythos durch den Logos zu überwinden; wir müßten erkennen, daß »alles mythische Bewußtsein schon Wissen ist« und als »Wissen« über »ein bloßes Zittern vor der Macht« sowie über »ein in magische Rituale gebanntes Kollektiverleben« hinausgeht.[73] Die Welterfahrung des Mythos wird mit der der Kunst parallelisiert: »Daß im Mythos eine eigene Wahrheit vernehmlich wird, verlangt freilich die Anerkennung der Wahrheit von Erkenntnisweisen, die außerhalb der Wissenschaft liegen. Sie dürfen nicht in die Unverbindlichkeit bloßer Phantasiegestaltungen abgedrängt bleiben.«[74] Nach der Aufklärung hat der Mythos allerdings bisher noch keine uns geläufige Organisationsform und Sprache gefunden. Aber gerade das macht die Faszination des hermeneutischen Universums aus. Mit dem Hinweis darauf, daß auch außerhalb des Bereiches (wissenschaftlicher) Rationalität gesichertes Wissen erworben werden kann, ist aber noch nichts über die Verstehbarkeit der mythischen Wahrheit gesagt.

Dieses Verstehen der Mythen stellt uns vor vielfältige methodologische Probleme. Einmal richtet es sich »nicht nach dem

berufen, Derrida etwa auf die »Krisis«, Apel rekurriert auf Husserls Evidenz-Theorie (vgl. K. O. A.: Das Problem der phänomenologischen Evidenz im Lichte einer transzendentalen Semiotik. In: Die Krise der Phänomenologie und die Pragmatik des Wissenschaftsfortschritts. Hg. v. M. Benedikt und R. Burger. Wien 1986. 78-99, bes. 86).

73 H.-G. Gadamer: Wahrheit und Methode. 258. – Gadamer kann sich dabei auf Heideggers Ansatz bei einer »Hermeneutik der Faktizität« berufen, nach der die Grundstrukturen der Existenz des Daseins von sich aus nach der hermeneutischen Auslegung verlangen; daß das Dasein nach einer solchen Auslegung verlangt, so begründet L. Landgrebe (Faktizität und Individuation. Hamburg 1982. 110) den Heideggerschen Gedanken, zeige die Tatsache, »daß es sie schon immer vor aller Philosophie in bildhafter *und* mythologischer Weise gegeben hat« (Hervorhebung nicht original; C. J.).

74 H.-G. Gadamer: Kleine Schriften IV, 53.

cartesianischen Prinzip [...], die Schwierigkeit in so viele Teile zu zerlegen, wie zu ihrer Lösung nötig sind. Für die Mythen-Analyse gibt es keinen wirklichen Abschluß [...]«;[75] zum anderen hängt die Schwierigkeit der Mythenerkenntnis mit der Transformierung unserer *Wahrnehmungs*fähigkeit zusammen.[76] Sind Mythen möglicherweise gebunden an ein magisches Weltverständnis, nach dessen Zerfall wir sie höchstens noch ihrem verbalen Inhalt nach kennen? Stephen Toulmin wiederum knüpft an Vico und Collingwood an, wenn er die Möglichkeit des »Verstehens [...] der Menschen aus anderen Verhältnissen [...] nicht auf der Gemeinsamkeit von ›Empfindungen‹ oder ›Vorstellungen‹ [...], sondern von *Bedürfnissen und Problemen*« beruhen sieht.[77]

Vor grundsätzlichere Schwierigkeiten stellt ein anderes Problem, das – vor allem in England – zu einer ausgedehnten Debatte geführt hat. Es geht, kurz gesagt, um die Frage, ob das moderne Weltverständnis Universalität beanspruchen darf, ob die Rationalitätsstandards, von denen sich die Wissenschaftler intuitiv leiten lassen, universelle Geltung beanspruchen dürfen.[78] Jedes hermeneutische Vorgehen beinhaltet Rationalitätsstandards. Wir müssen beim Verstehen fremder Äußerungen von der »präsumptiven Rationalität« dieser Äußerungen ausgehen.[79] Darin liegt aber die Gefahr, die P. Winch viktorianischen Anthropologen (wie Evans-

75 C. Lévi-Strauss: Mythologica I, 16f.

76 Vgl. A. Wildermuth: Rationalität und Mythos – Versuch einer Orientierung am Leitfaden des Nihilismus. In: Rationalitätskritik und neue Mythologien. 14-36, bes. 32.

77 St. Toulmin: Kritik der kollektiven Vernunft. Frankfurt a. M. 1983. 568. – Vgl. zu diesem Problem insgesamt auch den Sammelband: Der Wissenschaftler und das Irrationale. Bd. 2. Hg. v. H. P. Duerr. Frankfurt a. M. 1981.

78 Vgl. dazu den Sammelband: Rationality. Ed. by B. R. Wilson. Oxford 1970. Vgl. auch die Übersicht in der Einleitung von H.-G. Kippenberg zur deutschen Präsentation dieser englischen Debatte, in: Magie. Die sozialwissenschaftliche Kontroverse über das Verstehen fremden Denkens. Hg. v. H. G. K. und B. Luchesi (1978). Frankfurt a. M. 1987. 9-51. Vgl. auch J. Habermas: TKH I, 85-102.

79 J. Habermas: TKH I, 88.

Pritchard) ankreidet, daß wir allgemeine Rationalitätsstandards der eigenen Kultur fremden Kulturen bloß überstülpen.[80] Nach Winch ist es sinnlos, zu unterstellen, beide Seiten (der Ethnologe und das Volk der Zande) gingen von demselben Konzept der Welt aus. Vielmehr herrsche zwischen den Weltbildern beider eine grundsätzliche Differenz, und zwar hinsichtlich des *sprachlich* fundierten Wirklichkeitsverständnisses: »Rationality is not *just* a concept *in* a language like any other [...]. It is a concept necessary to the existence of any language: to say of a society that it has a language, is also to say that it has a concept of rationality.«[81] Auf die Frage, was diese Tatsache für »the possibilities of understanding primitive social institutions«[82] bedeute, habe er, so räumt Winch ein, noch keine zureichende Antwort. In jedem Fall habe der Ethnologe kein Recht, Hexenglauben und Magie nach Maßstäben wissenschaftlicher Rationalität zu beurteilen. Weltbilder strukturieren Lebensformen, die in ihrem Wert unvergleichbar sind, vergleichbar höchstens im Hinblick auf die in allen Kulturen wiederkehrenden existentiellen Themen (Husserl nennt dies dann das »Urgenerative«) und ihre damit gegebene Potenz der Sinnstiftung, weshalb wir von fremden Kulturen lernen können: »What we may learn by studying other cultures are [...] different possibilities of making sense of human life, different ideas about the possible importance that the carrying out of certain activities may take on for a man, trying to contemplate the sense of his life as a whole.«[83]

Bei seiner These, daß verschiedene Sprachen auch verschiedene Denksysteme implizieren, stützt sich Winch vor allem auf Wittgensteins Theorie der verschiedenen Sprachspiele. Verhältnismäßig wenig bekannt ist die Tatsache, daß Wittgenstein seine Erkenntnis, daß der Gebrauch von Sprachspie-

80 Vgl. P. Winch: The Idea of a Social Science. London/New York 1958; ders.: Understanding a Primitive Society. In: Rationality. 78-111.

81 P. Winch, in: Rationality. 99.

82 Ebd. 83.

83 Ebd. 106.

len durch soziale Regeln bestimmt wird und daß wir Sprachspiele nur dann verstehen, wenn wir den Lebenszusammenhang der Sprechenden teilen und kennen, u. a. auch in Auseinandersetzung mit der Ethnologie gewonnen hat. So schrieb er um 1931 Bemerkungen über den Kronzeugen der vergleichend-ritualistischen Methode des 19. Jahrhunderts, James G. Frazer und sein Hauptwerk (*The Golden Bough*, 1890), nieder. Was Wittgenstein an Frazer kritisiert, ist dessen britisch-viktorianische Arroganz bei seiner Darstellung »primitiver« Mythen und Rituale. »Man muß beim Irrtum ansetzen und ihn in die Wahrheit überführen. [...] Frazers Darstellung der magischen und religiösen Anschauungen der Menschen ist unbefriedigend; sie läßt diese Anschauungen als *Irrtümer* erscheinen. [...] Schon die Idee, den Gebrauch – etwa die Tötung des Priester-Königs – erklären zu wollen, scheint mir verfehlt. Alles was Frazer tut ist, sie Menschen, die so ähnlich denken wie er, plausibel zu machen. Es ist sehr merkwürdig, daß alle diese Gebräuche endlich sozusagen als Dummheiten dargestellt werden. Nie wird es aber plausibel, daß die Menschen aus purer Dummheit all das tun.«[84] Die Methode einer ›Erklärung‹ wird verworfen; Wittgenstein setzt statt dessen seine Hoffnung auf die reine Beschreibung (»Nur *beschreiben* kann man hier und sagen: So ist das menschliche Leben«[85]), wodurch er kommunikative Austauschprozesse zwischen den Kulturen theoretisch ausgrenzt. In letzter Konsequenz führt dieser Deskriptionismus zu einem Kulturrelativismus, der heute – neben Lyotard – vor allem von Rorty vertreten wird. Wir verstehen fremde (*und* vergangene) Kulturen nicht, so auch die These von Kuhn, wenn wir der Kultur »zu viele« unserer eigenen Meinungen zuschreiben. Rorty gelangt in seiner Kritik an dem Monopolanspruch des Rationalitätsbegriffs der Erkenntnistheorie zu der These, »daß wir nicht annehmen sollten, das bisher verwendete Vokabular werde für alles, was jemals auftreten wird, geeignet sein«. Es sprächen viele Gründe gegen die

84 L. Wittgenstein: Bemerkungen über Frazers »Golden Bough«. Hg. v. R. Rhees. Retford 1979. 1.
85 Ebd. 3.

Annahme, »unser Geist verfüge jetzt und heute über das beste Vokabular zur Bildung von Hypothesen, all die anderen Geister zu erklären und zu prognostizieren«.[86]

Habermas sieht die Schwächen dieser relativistischen bzw. kontextualistischen Sicht – etwa von Winch – darin, daß sie den »indirekten Wahrheitsbezug« der Weltbilder nicht berücksichtige: »Zwar sind Weltbilder durch ihren Totalitätsbezug der Dimension enthoben, in der eine Beurteilung nach Wahrheitskriterien sinnvoll ist. [...] Daraus folgt aber nicht, daß die Idee der Wahrheit selbst partikularistisch verstanden werden dürfte. Welches Sprachsystem wir auch immer wählen, stets gehen wir intuitiv von der Voraussetzung aus, daß Wahrheit ein universaler Geltungsanspruch ist.« In deutlicher (für ihn typischer) Abwertung des Ästhetischen (das er für wahrheitsindifferent hält) gelangt Habermas zu der These, »daß Weltbilder nicht nur unter den quasi-ästhetischen [...] Gesichtspunkten der Kohärenz [...] miteinander verglichen werden können, sondern auch unter dem Gesichtspunkt *kognitiver Angemessenheit*. Die Angemessenheit eines sprachlich artikulierten Weltbildes ist eine Funktion der wahren Aussagen, die in diesem Sprachsystem möglich sind.«[87] Die Frage bleibt, ob man wirklich die Rationalität von Weltbildern und Lebensformen an *formalen* Eigenschaften ablesen kann oder ob man nicht vielmehr – wie Winch dies tut – inhaltlich argumentieren muß. Überzeugender scheint mir die Position, die D. Henrich entwickelt hat. Wie Habermas hält er fest an der »Universalität des Vernunftsinnes«, daran, daß »der Vernunftsinn selbst invariant gehalten wird«, argumentiert aber, daß »Rationalität [...] in Wahrheit immer in [...] Rahmenbedingungen gebunden [ist]«. D. h. daß »verschiedene Kulturen die Entfaltungsbedingungen und die Selbstbegrenzungen der Rationalität auf die unterschiedliche Weise normieren«. Er sieht hier eine Aufgabe für das »Rie-

86 R. Rorty: Der Spiegel der Natur. Eine Kritik der Philosophie. Frankfurt a. M. 1981. 379, 380. Vgl. G. Dux: Die Logik der Weltbilder. 105; E. Topitsch: Ursprung und Ende der Metaphysik. 15f.

87 J. Habermas: TKH I, 92f.

senfeld einer Kulturtheorie, die in einem Theorie von Rationalität und Bewußtheit zu sein hätte«.[88]
In jedem Fall bedingen die universalistische bzw. relativistische Position unterschiedliche Einschätzungen des weltgeschichtlichen Prozesses der Weltbildrationalisierung (worauf noch ausführlich zurückzukommen sein wird). Habermas' universalistisches Apriori »zwingt [ihn] zu der mindestens im Ansatz evolutionstheoretischen Annahme, daß sich die Rationalisierung von Weltbildern über Lernprozesse vollzieht«.[89] Daß dem »modernen Weltverständnis [...] allgemeine Rationalitätsstrukturen« zugrundeliegen, steht für ihn außer Frage; was die Begegnung mit fremden (außereuropäischen) Kulturen gleichwohl fruchtbar mache, sei die Erfahrung der Vereinseitigung und Degenerierung der modernen Rationalität. Wir können und sollen aus dem Verständnis vormoderner Lebensformen somit etwas *lernen*, nämlich »uns [...] der Verluste erinnern, die der eigene Weg in die Moderne gefordert hat«.[90] Diese Verluste hat Habermas mit dem einprägsamen Bild vom »Mobile« aus (instrumenteller) Rationalität, Ethik und Ästhetik beschrieben, das sich »hartnäckig verhakt« habe und wieder ins Lot gebracht werden müsse.[91] Vernünftigkeit, so will er das Bild gedeutet wissen, lasse sich nur in Teilbereichen dingfest machen – das Ganze der Lebenswelt aber zeichne sich durch Unvernunft, sprich einseitige Dominanz der Zweckmittelrationalität, aus.

2.2 *Ethnologie*

Diese – aporetisch unabgeschlossene – philosophische Diskussion um die Frage, wie weit der wissenschaftliche Wirklichkeitsbegriff tauglich sei zu einem angemessenen Ver-

88 D. Henrich: Rahmenbedingungen der Rationalität. In: Funktionen des Fiktiven. Hg. v. D. H. und W. Iser. München 1983. (= Poetik und Hermeneutik X.) 537-546, hier 544, 542, 545.
89 J. Habermas: TKH I, 103.
90 Ebd. 101.
91 J. Habermas: Die neue Unübersichtlichkeit. Frankfurt a. M. 1985. 137.

ständnis der magischen und religiösen Vorstellungen traditionaler Gesellschaften, entzündete sich nicht von ungefähr an einem ethnologischen Paradigma, nämlich an der Monographie des Malinowski-Schülers Evans-Pritchard über *Witchcraft, Oracles and Magic among the Azande* (1937), das als methodisches Paradigma für das Verstehen und Erklären fremder Denkformen auch intendiert war. Insofern kann es nicht Wunder nehmen, daß diese Diskussion ihrerseits nicht ohne Rückwirkungen auf die moderne Ethnologie geblieben ist. Auch hier ist die Auseinandersetzung über das Verstehen fremden Denkens intensiv in Gang gekommen. Es geht um die Frage, wie sowohl das mythische Bewußtsein als auch die Lebenswelt (vermeintlich) ›exotischer‹ Gesellschaften zu einem Gegenstand der wissenschaftlichen Reflexion zu machen ist. Gerade die Glaubensvorstellungen fremder Ethnien zu verstehen bzw. in ihrem gesamtkulturellen Kontext zu erfassen, erweist sich als besonders schwierig, ist ja Kultur – ein Symbolsystem (mittels Bildern, Worten und Ritualen) zur Ordnung der erfahrenen Wirklichkeit – direkter Beobachtung nicht zugänglich; was beobachtbar ist, sind Handlungen oder Verhaltensweisen von Individuen oder Gruppen.[92] Außerdem ist durchaus unklar, wann der Mensch phylogenetisch gedacht hat, wann er mit der Natur wirklich schonend umgegangen ist und wann der Sündenfall der Herrschaft über sie begann.

Bis ins 20. Jahrhundert hinein war die Ethnologie von Eurozentrismus (der von Ethnozentrismus zu unterscheiden ist[93]) geprägt, der zwischen Angst und Anziehung schwankte. Man sah fremde Kulturen entweder zivilisationskritisch als ›Natur‹ gegenüber der eigenen Kultur oder – seit Bacons Abwertung fremder Mythen als ›Idola‹ (Trugbilder) – als ›Unnatur‹ im Namen des eigenen aufklärerischen Fortschrittspathos.[94]

92 Zum Kultur-Begriff vgl. G. Weiss: Elementar-Religionen. Eine Einführung in die Religionsethnologie. Wien/New York 1987. 8f.

93 Vgl. dazu K. H. Kohl: Abwehr und Verlangen. 124f. (Kohl definiert den »Ethnozentrismus« als Ausdruck der Identität einer geschlossenen sozialen Gruppe, den »Eurozentrismus« als Ausdruck eines kulturellen Einheitsbewußtseins).

94 Zur Geschichte der ethnographischen Mythologie vgl. W. E. Mühl-

Das Interesse der Aufklärung an außereuropäischen Gesellschaften war selektiv und eurozentrisch. Die gewaltsame Aneignung fremder Kulturen, die im 19. Jahrhundert die Ethnologie zur Begleitwissenschaft von Kolonialismus und Imperialismus werden ließ,[95] steht unmittelbar neben einer Idealisierung der exotischen Fremde.[96] Die Anziehungskraft exotischer Kulturen beruhte für viele der frühen europäischen Zivilisationsflüchtlinge vor allem auf den Bedingungen, »unter denen sie vor ihrer Flucht in der eigenen Gesellschaft hatten leben müssen«.[97] Zu diesem Abstoßungseffekt der eigenen Herkunftsgesellschaft kam erst ab der zweiten Hälfte des 19. Jahrhunderts das Verlangen nach vollkommenerer Trieberfüllung, als es im eigenen Milieu noch möglich schien. Allerdings ist wohl nur den allerwenigsten Überläufern die »kulturelle Konversion« im Sinne einer spannungsfreien Integration in die Exotik gelungen.[98] Erst zu Beginn des 20. Jahrhunderts wollte man die »imaginäre Ethnologie«[99] überwinden und die fremden Gesellschaften so objektiv wie möglich beschreiben. Durch den Nachweis großartiger Kulturleistungen (Diffusionismus) und durch die Beschreibun-

mann: Geschichte der Anthropologie. 4. Aufl. Wiesbaden 1986. 204 ff. – Von analoger Ambivalenz ist auch das Verhältnis des modernen Menschen zur (äußeren) Natur; vgl. Natur als Gegenwelt. Beiträge zur Kulturgeschichte der Natur. Hg. v. G. Großklaus und E. Oldemeyer. Karlsruhe 1983.

95 Die Ethnologie etablierte sich in der zweiten Hälfte des 19. Jahrhunderts als eigenständige akademische Disziplin parallel zur letzten großen Phase des Kolonialismus. Vorherrschend war ein von zivilisatorischem Optimismus geprägter Evolutionismus. Vgl. zur Geschichte des Faches J. Stagl: Kulturanthropologie und Gesellschaft. Wege zu einer Wissenschaft. München 1974. 2. durchges. Aufl. Berlin 1981.

96 Vgl. Europamüdigkeit und Verwilderungswünsche. – Die edlen Wilden. – Exoten durchschauen Europa. Hg. v. G. Stein. Frankfurt a. M. 1984.

97 K. H. Kohl: Abwehr und Verlangen. 23. Zum folgenden vgl. 26 ff. Zur Anziehungskraft primitiver Kulturen vgl. a. J. Stagl: Kulturanthropologie und Gesellschaft. 68 ff.

98 K. H. Kohl: Abwehr und Verlangen. 36 ff.

99 So der Untertitel des Buches von F. Kramer: Verkehrte Welten.

gen von überraschend vernünftigen Sozialbeziehungen (Funktionalismus) suchte man die sogenannten »Primitiven« zu rehabilitieren. Von besonderer Bedeutung war der Funktionalismus Malinowskis. Der Schüler Frazers wurde nicht nur zum Begründer der systematisch durchgeführten ethnographischen Feldforschung, die mit seiner Arbeit auf den Trobriand-Inseln (1914-18) begann, sondern er behauptete auch, mit der Entwicklung der Methode der »teilnehmenden Beobachtung« eine Möglichkeit geschaffen zu haben, authentische Lebensformen erfahren zu können, ohne den Anspruch auf Wissenschaftlichkeit aufgeben zu müssen.[100] Die Person des Forschers selbst wurde zum Instrument der systematischen Erforschung fremder Gesellschaften. Malinowski sah die Fremderfahrung dialektisch: er glaubte, die Trobriand-Insulaner dann richtig verstanden zu haben, wenn er sehen konnte, wie sie ihn, den Feldforscher, sahen. Die Ethnologie bemüht sich um das Verstehen fremder Lebenswelten, umgekehrt tritt auch der Ethnologe selber als Fremder auf (Lévi-Strauss hat dies in *Traurige Tropen* als das »ethnographische Dilemma« bezeichnet). »Ethnographie als Selbstauslegung im anderen«[101] heißt seitdem das Programm bewußter Empirie.

Damit stellt sich aber das Problem der adäquaten Wiedergabe: wie lassen sich Fremd- und Selbsterfahrung trennen? Im Fall Malinowskis machte erst die Veröffentlichung seiner *Tagebücher* 25 Jahre nach seinem Tode klar, wie wenig es ihm gelungen war, den eigenen Ansprüchen zur Teilnahme »im Feld« wirklich gerecht zu werden.[102] Die Tagebücher zeigen, wie Malinowski sich während seines Aufenthaltes auf den Trobriand-Inseln täglich mit der schmerzlichen Einsicht in

100 Vgl. K. H. Kohl: Der Verdammte der Inseln. In: Ders.: Abwehr und Verlangen. 39-62.

101 F. Kramer: Verkehrte Welten. 82ff.

102 Vgl. B. Malinowski: Ein Tagebuch im strikten Sinn des Wortes. (1967) Frankfurt a. M. 1986. (= B. M.: Schriften in vier Bänden. Hg. v. F. W. Kramer. Bd. 4/1.) – Zum Problem des »ethnologischen Verstehens« im Ausgang von Malinowskis Tagebuch vgl. C. Geertz: Dichte Beschreibung. Beiträge zum Verstehen kultureller Systeme. Frankfurt a. M. 1987. 289-309.

die scheinbar unüberwindbaren Schranken der eigenkulturellen Konditionierungen und Normen konfrontiert sah.
In der modernen Ethnologie ist man inzwischen der Gefahr innegeworden, daß bei der Beschreibung außereuropäischer Gesellschaften und deren Glaubensvorstellungen der Blick des Beobachters nicht unwesentlich von dessen eigenen gesellschaftlichen Erfahrungen, Wünschen, Ängsten und auch theoretischen Voreingenommenheiten gelenkt ist. Das Verstehen (einer fremden Lebenswelt) ist immer ein situatives Verstehen; das Interaktionsfeld zwischen Objekt und Beobachter ist bestimmt durch die Persönlichkeit des Beobachters, vor allem durch seine ethnische Zugehörigkeit und sein geschlechtsgebundenes Verhalten. Weil das Urteil über fremde Kulturen immer schon von den Wertvorstellungen der eigenen Kultur geprägt ist, gibt es auch für eine Rangskala der Kulturen keine objektiven Kriterien.[103] Übereinstimmung herrscht heute darüber, daß »wertfreie« Beobachtungssituationen eine Illusion sind und daß deshalb auch eine »eurozentrismusfreie Betrachtung fremder Kulturen« grundsätzlich unmöglich ist.[104] Wir müssen also zugestehen, daß das Fremde letztlich immer auch wir selber sind[105] und daß unsere Beobachtungsprotokolle eigentlich viel mehr über uns und die je zeitgenössischen Bedingungen ihrer Entstehung aussagen als über den eigentlichen Gegenstand deskriptiver Bemühungen. Bücher, die von den Motiven professioneller Aufmerksamkeit für das »wilde Denken« Rechenschaft ablegen, sind die *Traurigen Tropen* von Claude Lévi-Strauss und die *Chronik der Guayaki* von Pierre Clastres.[106] Beide handeln ebenso von einer Gruppe von Wilden wie von den Erfahrungen des Ethnologen.

103 Vgl. den Kulturrelativismus von Boas.
104 K. H. Kohl: Abwehr und Verlangen. 123, vgl. 141.
105 B. Waldenfels (Jenseits des Subjektprinzips. In: Tod des Subjekts? Hg. v. H. Nagl-Docekal und H. Vetter. Wien/München 1987. 83): Mir selber haftet das Andere und der Andere an – anfängliche »Enteignung des Subjekts«. »Das Fremde im Eigenen unserer Erfahrung, das Fremdartige im Eigenartigen unserer Erfahrungsordnungen« (ebd. 84f.).
106 München 1984.

So sehr heute Einigkeit herrscht über die Notwendigkeit, den anderen als den »anderen unserer selbst«[107] zu erkennen und anzuerkennen, ethno- und eurozentrische Vorurteile abzulegen, so sehr gehen die Meinungen darüber auseinander, wie dies am überzeugendsten zu bewerkstelligen sei. Noch Lévi-Strauss' rigide Algebraisierung der Sozialstrukturen und Mythen der fremden Gesellschaften ist ein Versuch der Lösung dieses Dilemmas. Die größte Schwierigkeit besteht darin, unsere wissenschaftlichen Standards von Rationalität zu relativieren,[108] ja, sie überhaupt nur erst *bewußt* zu machen. Daß schon in dieser Bewußtmachung ein Fortschritt liegt, betont Alisdair MacIntyre: »As a matter of fact no one can avoid using clues drawn from their own society; and as a matter of exposition analogies from the anthropologist's society will often be helpful. [...] Since we cannot avoid doing this it is better to do it self-consciously. Otherwise we shall project on to our studies [...] an image of our own social life.«[109] Entsprechend plädiert der Ethnologe K. H. Kohl für die Bewußtmachung der eigenen Präsuppositionen in einem aufgeklärten und »*reflektierten* Eurozentrismus« nach dem Modell von Duerrs *Traumzeit,* der sich – vor allem in Ländern der Dritten Welt – immer der aktuellen Frage bewußt ist, »was wir von ihnen über uns für uns lernen können«.[110] Größtes Mißtrauen hegt Kohl deshalb gegenüber ethnologischen Universalbegriffen wie etwa Fetisch/Totem/Tabu oder Naturreligion. Es handele sich um »begrifflich[e] Schimären [...], die weit mehr über die Entwicklung unserer Gesellschaft aussagen als über die Realität, auf die sich zu beziehen sie vorgeben«.[111]
Eine solche Fruchtbarmachung des Eurozentrismus in erkenntniskritischer Absicht für ein besseres Selbstverständnis kann auch zu einem völligen Verzicht auf das Verstehenwollen führen; an seine Stelle tritt dann eine strikt äußerliche

107 H.-G. Gadamer: Das Erbe Europas. Frankfurt a. M. 1989. 34.
108 Vgl. P. Winch, in: Rationality. 81.
109 A. MacIntyre, in: Rationality. 71.
110 K. H. Kohl: Abwehr und Verlangen. 141.
111 Ebd. 104.

Beschreibung und Beobachtung.[112] Dabei bleibt aber eine Frage wiederum unbeantwortet, wie sich nämlich überhaupt ethnographische Erfahrungen in Texte umsetzen lassen. Jeder Text besteht aus Wörtern, Stilmitteln, Anspielungen, die auf ein (hier: europäisches Kollegen-)Publikum abzielen. Kommt dabei nicht »dem Fremden« sein eigenes Recht abhanden?[113] Eine Lösung scheint die von der modernen Ethnologie (von K. L. Pike in Analogie zur »phonemischen« und »phonetischen« Analyse in der Linguistik) entwickelte Unterscheidung zwischen emischer und etischer Struktur zu bieten. Während *emische* Beschreibung die Weltsicht und das Handeln des Beobachteten nach dessen eigenen Vorstellungen und Begriffen (also die Innensicht der jeweiligen Kultur) wiederzugeben versucht, wird als *etisch* die Darstellung derselben Sachverhalte in den Kategorien des Beobachters bezeichnet. Dabei wird aber leicht übersehen, »daß auch in die Kategorien von Erklärungsmodellen des Wissenschaftlers notwendig die emischen Vorstellungen der eigenen Kultur einfließen«.[114] Eine Alternative wäre die ethnologische Poetologie, wie sie Michel Leiris – in Orientierung an den surrealistischen Künstlern – in *L'Afrique fantôme* definiert.[115] Als Vermittlung zwischen eigener und fremder Kultur dient hier eine Theorie des Heiligen. Leiris' Ideal ist der

112 Vgl. etwa G. Graß: Zunge zeigen. Darmstadt 1988.

113 Vgl. Dan Sperber: Das Wissen des Ethnologen. Frankfurt a.M. 1989. 20-61. Sperber plädiert – in Auseinandersetzung vor allem mit Clifford Geertz – dafür, daß sich Ethnographie (deren Hauptaufgabe in der Interpretation liegt) und Ethnologie (deren Aufgabe wesentlich explikativ ist) voneinander freimachen. – Geertz diskutiert die Besonderheiten des ethnographischen Schreibens in: Die künstlichen Wilden. Anthropologen als Schriftsteller. München/Wien 1990. 11-30.

114 K.H. Kohl: (Rezension von) M. Harris, in: FAZ Nr. 88 v. 15.4. 1989, 31. M. Harris (Kulturanthropologie. Frankfurt a.M. 1989) greift auf die Unterscheidung emisch/etisch zurück. Vgl. E.W. Müller: Die Verwendung der Begriffe emisch/etisch in der Ethnologie. In: Mélange de culture et de linguistique africaines. 1983.

115 K. Heinrichs: Einleitung. In: M. Leiris: Die eigene und die fremde Kultur. Bd. 1. Frankfurt a.M. 1985. 7-48, hier 30.

»totale Mensch«: dem Psychoanalytiker vergleichbar, ist er mit seiner *ganzen* Person am Prozeß der Analyse beteiligt. Dieses ethnopoetische Verständnis (»ethno-esthétique«) verleugnet das eigene Ich nicht. In Pierre Bourdieus *Theorie der Praxis* wiederum sind die Probleme der ethnologischen Fremdwahrnehmung in mehrere Blickwinkel aufgelöst. Die Lösung sieht er in einer »Praxeologie«.[116] Für einen neuartigen, rationalistischen Königsweg zwischen Eurozentrismus und Kulturrelativismus plädiert Dan Sperber. Er führt – in Weiterentwicklung von B. Russells Definition des Glaubens als »propositionaler Einstellung« – den Begriff der »semipropositionalen Repräsentation« ein und sucht zu zeigen, daß man kulturell bedingte Glaubensvorstellungen nicht leichthin als »irrational« abstempeln dürfe, sondern daß sie alle (es handele sich entweder um faktische oder repräsentationale Glaubensvorstellungen) einen echt propositionalen Inhalt haben. Beide Typen sind durchaus rational, »faktische Glaubensvorstellungen mit semi-propositionalem Inhalt«.[117] Diese Position verstrickt sich aber in die gleichen Aporien, die auch Habermas' kommunikationstheoretischen Versuch der Widerlegung des Relativismus auszeichnen.

Diese – zwangsläufig sehr lückenhafte – Übersicht über die aktuelle Diskussion innerhalb der Ethnologie darüber, wie sie bei ihren Versuchen, im Feld die hier zutiefst rätselhaften Verhaltensweisen oder auch nur Gegenstände auf ihren kulturellen Symbolgehalt hin zu dechiffrieren, ihren Aporien entkommen kann, läßt zwar keine Lösung des Problems erkennen, vermag aber doch deutlich zu machen, daß der Ethnologie eine Sonderrolle zukommt. In Foucaults *Die Ordnung der Dinge* erhält die Ethnologie einen »privilegierten Platz« zugesprochen, weil sie mit ihren die Beschränktheit der eigenen Kultur übergreifenden Ergebnissen dazu dienen kann, die anderen Humanwissenschaften in Frage zu

116 Vgl. P. Bourdieu: Entwurf einer Theorie der Praxis auf der ethnologischen Grundlage der kabylischen Gesellschaft. Frankfurt a. M. 1976 (zuerst frz. Genf 1972).

117 D. Sperber: Scheinbar irrationaler Glauben (1982). In: D. C.: Das Wissen des Ethnologen. 62-107, bes. 86ff., hier 99.

stellen. Als allgemeines Problem jeder Ethnologie bestimmt Foucault »das der Beziehungen (Kontinuitäts- oder Diskontinuitätsbeziehungen) zwischen der Natur und der Kultur«. Dabei geht es nicht um eine Wiedergewinnung des Natürlichen. Seine eigene Diskursanalyse versteht Foucault als Ethnologie der »unbewußten Prozesse« in der eigenen Kultur: eine derartige Ethnologie »würde als System des kulturellen Unbewußten die Gesamtheit der formalen Strukturen definieren, die die mythischen Diskurse signifikant machen, die den Regeln, die die Bedürfnisse steuern, ihre Kohärenz und Notwendigkeit geben und anders als in der Natur und auf etwas anderem als auf reinen biologischen Funktionen die Normen des Lebens begründen«.[118] Mit seiner Forderung einer »Ethnologie unserer eigenen Gesellschaft«[119] nimmt Foucault einen Gedanken Merleau-Pontys auf, der 1959 in seinem Aufsatz *De Mauss à Lévi-Strauss* geschrieben hatte: »L'ethnologie n'est pas une spécialité définie par un objet particulier, les sociétés ›primitives‹; c'est une manière de penser, celle qui s'impose quand l'objet est ›autre‹, et exige que nous nous transformions nous-mêmes. Aussi devenons-nous les ethnologues de notre propre société, si nous prenons distance envers elle.«[120] Auch Lévi-Strauss, dessen Anthropologie sich entschieden gegen alle Spielarten von Ethnozentrismus, Kolonialismus und Rassismus in der Ethnologie wendet,[121] hat von einer Sonderrolle der Ethnologie unter den (empirischen) Wissenschaften gesprochen, weil sie Fremdheitserfahrungen zu bewältigen habe. Diese Fremdheit

118 M. Foucault: Die Ordnung der Dinge (1966). Frankfurt a. M. 1978. 447-456, hier 447, 452, 454.

119 Ebd. 451.

120 M. Merleau-Ponty: De Mauss à Claude Lévi-Strauss. In: Signes. Paris 1960. 143-157, hier 150. Vgl. auch die erste deutsche Übersetzung des Aufsatzes von B. Waldenfels, in: Leibhaftige Vernunft. Spuren von Merleau-Pontys Denken. Hg. v. A. Métraux und B. W. München 1986. 13-28, hier 20.

121 Vgl. C. Lévi-Strauss: Rasse und Geschichte. Frankfurt a. M. 1972. 16ff.; 80f. Vgl. dann auch ders.: De près et de loin. 204ff.

zwinge zu einer Technik des »dépaysement«[122] als Durchbrechung der Selbstverständlichkeiten der natürlichen Einstellung. Wir dürfen nicht übersehen, »daß die anderen Gesellschaften über Lebens- und Kunstformen, Weltbilder und Erfahrungsweisen verfügen, die *wir nicht hätten erfinden* können. [...] Der ›Stil‹ einer anderen Kultur läßt sich weder erträumen noch nachahmen, deshalb ist die ethnographische Erfahrung singulär.«[123] Das ethnologische Denken hat es mit einem »Anderen« zu tun, und der Austausch von Eigenem und Fremdem bringt es mit sich, daß wir uns selbst dabei umgestalten.[124]

2.3 Fremderfahrung

Viele der hier nur skizzierten Aporien könnten einer Lösung zugeführt werden, wenn es eine zureichende philosophische Theorie der Fremderfahrung gäbe, die auch die mit der Fremdwahrnehmung entstehenden besonderen erkenntnistheoretischen Probleme lösen würde. Diese steht aber bisher noch aus, obschon die abendländische Philosophie eine lange Tradition der Auseinandersetzung mit fremden Inhalten (wobei zwischen zeitlicher, örtlicher, kultureller und physischer Fremdheit unterschieden wird) kennt[125] (erinnert sei nur an Vico, der das Problem der Verstehbarkeit der früheren Zeitalter der eigenen Kultur [des archaischen Menschen] bzw. fremder Kulturen über das verum-factum-Prinzip – und damit über die Sprache – und über den »senso commune« als weitere intersubjektive Instanz – unter der Voraussetzung der Parallelität von Onto- und Phylogenese – zu lösen suchte). Am fortgeschrittensten erscheinen noch die Theorien zu sein, die im Umfeld der phänomenologischen Philosophie und der

122 Vgl. C. Lévi-Strauss: Anthropologie Structurale I. Paris 1958. 132f.; ders.: Anthropologie Structurale II. Paris 1973. 320/306.

123 F. Kramer: Verkehrte Welten. 8.

124 Vgl. B. Waldenfels: In den Netzen der Lebenswelt. Frankfurt a. M. 1985. 31.

125 Vgl. den Art. »Fremdwahrnehmung« von B. Streck, in: Wörterbuch der Ethnologie. Hg. v. B. S. Köln 1987. 56-60.

Hermeneutik entwickelt worden sind.[126] H. G. Gadamer hatte schon in *Wahrheit und Methode* das Programm einer hermeneutischen Erkenntnis des Anderen von einer Apologie des Vorurteils (der Tradition) her zu lösen gesucht, das zu einer Bedingung des Verstehens wird.[127] Jedes Verstehen bewege sich notwendig in einem »Zirkel«. Das »hermeneutische Verhalten«, so präzisiert Gadamer in seinem jüngsten Buch, »hat [...] seine ganz wesentliche Seite darin, daß das Andere zunächst als das Andere begegnet. Es ist nicht mein Dominium, nicht mein Herrschaftsgebiet [...].« Einzelindividuen wie die Völker und Staaten lernen in ihrer Geschichte, mit den Anderen zu leben. Gadamer sieht es hier als einen »besondere[n] Vorzug Europas« an, »daß es mehr als andere Länder hat lernen können und lernen müssen, mit anderen zu

126 Vgl. B. Waldenfels: Phänomenologie in Frankreich. Frankfurt a. M. 1987. 491 ff. – Zu Plessners Weg von der Proximität über die Alienität zur Intimität vgl. F. Rodi: Das Nahe-bringen von Überlieferung. Über die kulturellen Lebensbezüge der »Vertrautheit« und »Fremdheit«. In: Philosophisch-theologische Grenzfragen. Festschrift für R. Schaeffler. Hg. v. J. Kirchberg und J. Müther. Essen 1986. 219-231. – Phänomenologische und hermeneutische Verfahren haben bisher innerhalb der Ethnologie eine nur geringe Rolle gespielt; eine Ausnahme bildet der Sammelband: Grundfragen der Ethnologie. Beitrage zur gegenwartigen Theorie-Diskussion. Hg. v. W. Schmied-Kowarzik u. J. Stagl. Berlin 1981. J. Stagl (Szientistische, hermeneutische und phänomenologische Grundlagen der Ethnologie. 1-38) reflektiert, ausgehend von der ethnologischen Forschung, die wissenschaftstheoretischen Grundlagen der Ethnologie und weist in diesem Zusammenhang auf die Wichtigkeit von Husserls Konzept der »Lebenswelt« für die »Bewältigung von Fremdartigem durch die Wissenschaft« (8) hin. In Korrespondenz mit dem Eröffnungsbeitrag wollen Knorr (107-24) und Masson (125-49) phänomenologische und hermeneutische Verfahren (wie sie durch die Ethnomethodologie und die interkulturelle Interpretation fortentwickelt worden sind) für die Erforschung archaischer Kulturen fruchtbar machen.

127 H. G. Gadamer: Wahrheit und Methode. 261 ff. Zum folgenden vgl. ders.: Das Erbe Europas. 28 f., 30, 32. Auch die Natur muß in dieser Konzeption als das Fremde, »der Andere, mit dem wir zusammenleben« (28), verstanden werden.

leben, auch wenn die anderen anders sind«. Es sei »gerade die Andersheit, die Wiedererkennung unserer selbst, Wiederbegegnung mit dem Anderen, die Sprache, Kunst, Religion, Recht und Geschichte, was uns zu wahren Gemeinsamkeiten zu führen vermag«. Daraus ergebe sich die Aufgabe beständiger Sprachkritik.

Gadamers Neubegründung der Hermeneutik stützt sich auf Heidegger, daneben aber wesentlich auch auf Dilthey. Innerhalb der Geschichte des Verstehens fremder Lebenswelten hatte Dilthey in der Tat eine Schlüsselrolle insofern, als sich mit seiner Inthronisierung des Begriffs der »Einfühlung«[128] anstelle des Kausaldenkens naturwissenschaftliche (hominide) und geisteswissenschaftliche (humanide) Anthropologie trennten und innerhalb letzterer »szientistische Tatsachenforschung« von »phänomenologischer Wesenserforschung«. Im Unterschied zu Diltheys (Gadamers) Hermeneutik des Verstehens (eines Fremden, der nicht in meinen Möglichkeitshorizont integriert werden kann), aber nicht unbeeinflußt von ihm, geht es Husserl um die Frage, was das Fremde *als* Fremdes ist und *wie* das Andere ist, also um eine Transzendentaltheorie. Dabei läßt Husserl sich zunächst von der Überzeugung leiten, daß echte Fremderfahrung nur möglich ist, wenn zwei Individuen miteinander reden. Von der individuellen Fremderfahrung sucht Husserl dann den Überstieg zur kulturellen Fremderfahrung über eine Analogie, deren Bindeglied Personalitäten elementarer und höherer Stufe darstellen. Das bedeutet: die Egologie setzt sich als Wir-Zentrierung fort, d. h. es handelt sich um eine Art von transzendentaler Ethnozentrik.[129] Das Fatale an der Husserlschen Position auf dieser Stufe ist, daß sie das wahrhaft, komplett Fremde nicht zuläßt, es vielmehr durch Ähnlichkeitserfahrung und Analogien entgegen ihrer Absicht wegerklärt.[130] In der Begegnung mit dem Fremden gibt es aber Brüche, die nicht defizient, sondern konstitutiv sind.

128 Vgl. W. Dilthey: Der Aufbau der geschichtlichen Welt in den Geisteswissenschaften. Frankfurt a. M. 1970. 258ff., 263ff.

129 E. Husserl: Cartesianische Meditationen. Hg. v. E. Ströker. Hamburg 1977. 91ff.

130 Vgl. B. Waldenfels: Erfahrung des Fremden in Husserls Phänome-

Weiterführender erscheint dagegen Husserls Ausweitung der Intersubjektivitäts-Thematik von der Ebene der Beziehungen zwischen Einzelpersonen auf die Ebene der Beziehungen zwischen Kulturen, exemplifiziert an dem Problem des Zusammenwachsens der Menschheit.[131] Sein jetzt genetischer Ansatz nimmt das im § 58 der fünften *Cartesianischen Meditation* bloße Skizze gebliebene Problem der Begegnung mit einer fremden Kultur wieder auf. Es geht nunmehr darum, »ein anderes, fremdes Menschentum mit seiner fremden Heimwelt im Unterschied von der meinen zu verstehen«. Bei dem Problem des Verstehens »primitiver Menschen« und Kulturen[132] geht es Husserl um die Bedeutung der Begegnung mit der Fremdwelt für das Bewußtsein von der *einen* Welt.[133] Das Husserl dabei beunruhigende Problem ist das der Konfrontation mit fremden Mythen, wobei er unter »Mythos« ein den Generationswechsel überbrückendes Erzählen versteht, das die Identität und damit den Fortbestand der fremden Heimwelt sichert. Das unerreichbar Fremde bleiben die eigenen Vorfahren der Angehörigen der Fremdwelt. Das heimweltliche Bewußtsein erblickt aber auch im fremden Territorium das Walten einer aus fremder Generativität (d.h. Tod und Geburt) erwachsenen Normalität, nämlich das dem Mythos zugrundeliegende »Urgenerative«:[134] die Periodizität der Bedürfnisbefriedigung (im Wechsel der Generationen) ist die Brücke zur Apperzeption des Fremden »als meines gleichen«.[135]

Wie stark Husserl in den 30er Jahren durch das Phänomen des Mythos beunruhigt war, belegt sein Brief an Lévy-Bruhl vom

nologie. In: Profile der Phänomenologie. Hg. v. E.W. Orth. Freiburg/München 1989. 39-62.

131 Vgl. Hua XV, 140ff.

132 Ebd. 215, 233.

133 Vgl. dazu B. Waldenfels: Das Zwischenreich des Dialoges. Den Haag 1971. 217, 328, 334, 362; K. Held: Le monde natal, le monde étranger, le monde un. In: Husserl-Ausgabe und Husserl-Forschung. Hg. v. S. Ijsseling. Den Haag 1990. 1-21.

134 Hua XV, 432.

135 Ebd. 135.

11. März 1935.[136] Lévy-Bruhl wollte das Denken der Primitiven nicht mehr rationalistisch reduzieren, sondern suchte in der Nähe des Surrealismus der 20er und 30er Jahre die Logik ›jenseits‹ der Logik einer scharfen Trennlinie. In seinen Hauptwerken (dessen letztes, *L'âme primitive*, er Husserl zusandte) entwickelte er die wirkungsvolle These, der Mythos sei prä-logisch. Husserl begrüßt Lévy-Bruhls Forschungen lebhaft und entwickelt daraus für sich die Aufgabe einer historischen Psychologie – einmal für geschichtslose Naturvölker, zum anderen für geschichtliche Gemeinschaften. In der Geschichtslosigkeit der Primitiven sieht er das, was er selber als Frühstufe eines »Lebens, das nur strömende Gegenwart ist« bezeichnet, bei den geschichtlichen Gemeinschaften stellt sich das Problem der Europäisierung der Menschheit.[137] Husserl bleibt bei seinen Versuchen der Bewältigung dieser verstörenden Erfahrungen aber auf halber Strecke stehen; in der *Krisis* etwa wird das gesamte Problem der außereuropäischen Kulturen ausgeblendet. Zwar suchte er in seiner Spätzeit kulturelle Fremdheit und den Überschritt über europäische Erfahrung als Kontrastphänomene, aber das Fremde bleibt ihm letztlich doch nur eine relative Bestimmung innerhalb eines allgemeinen Logos. Sein Ansatz zur Lösung des Problems der Fremderfahrung ist deshalb in verschiedener Weise weitergeführt worden, einmal durch die phänomenologische Soziologie von Alfred Schütz, zum anderen innerhalb der Ethnologie durch die interkulturelle Hermeneutik von R. Thurnwald und W. E. Mühlmann. Auch Cassirers »Phänomenologie des mythischen Bewußtseins« nimmt explizit auf Husserl Bezug.[138]

136 Vgl. zu diesem Brief B. Waldenfels: Phänomenologie in Frankreich. 551 f. (Anm. 12); Ch. Jamme: Überrationalismus gegen Irrationalismus. Husserls Sicht der mythischen Lebenswelt. In: Phänomenologie im Widerstreit. Hg. v. C. J. und O. Pöggeler. Frankfurt a. M. 1989. 65-80.

137 Vgl. K. Held: Husserls These von der Europäisierung der Menschheit. In: Phänomenologie im Widerstreit. 13-39. Vgl. dazu auch die Kritik von E. Holenstein, ebd. 40-64.

138 E. Cassirer: Philosophie der symbolischen Formen II; 186, 16 (Anm. 1).

Eine philosophische Theorie des Mythos müßte vor allen inhaltlichen Fragen die Bedingungen der Möglichkeit von Fremdverstehen wenigstens thematisieren, wenn auch eine Lösung noch nicht in Sicht ist. Sie könnte sich dabei orientieren an der aktuellen phänomenologischen Diskussion um das Verstehen der Fremdheit von Kindern, wo das Problem der Überwindung der Trennung von Eigenem und Fremdem in besonderer Weise relevant wird.[139] Wie die mythische, so ist auch die kindliche Rationalität nicht einfach logozentrisch auszugrenzen als eine bloß defiziente Vorform der Vernunft oder zu integrieren in eine Totalvernunft, sondern anzuerkennen in ihrer Andersheit, zu der das Eigene in ein »Grenzspiel«[140] gebracht werden kann. Kinder (und Mythen) sind uns fremd und vertraut zugleich (Husserl hat darauf aufmerksam gemacht, daß »alles noch so Fremde, noch so Unverständliche [...] einen Kern der Bekanntheit hat, ohne das es überhaupt nicht, auch nicht als Fremdes erfahren werden könnte«[141]): »Nur weil sie Fremde in der Nähe sind, ist ihre Andersheit für uns eine besondere, beunruhigende. Die Mehrdeutigkeit von Vertrautheit im Verstehen ihrer Gesten und ihrer Sprache und Fremdheit ihrer Abweichungen kann unsere Verstehensarbeit in Bewegung halten, wenn wir diese Unbestimmtheiten, diese Risse in Subjektivität und Intersubjektivität, als positiv betrachten und nicht durch Aneignung zum Schweigen bringen oder durch Enteignung gar nicht erst zur Sprache kommen lassen.«[142]

139 Die Diskussion knüpft vor allem an Merleau-Pontys Vorlesung über »L'enfant vu par l'adulte« (1964) an. Vgl. K. Meyer-Drawe: Zähmung eines wilden Denkens? In: Leibhaftige Vernunft. 258-75; dies./B. Waldenfels: Das Kind als Fremder. In: Vierteljahrsschrift für wissenschaftliche Pädagogik 64 (1988), H. 3, 271-287.

140 K. Meyer-Drawe/B. Waldenfels: Das Kind als Fremder. 277. – Vgl. dazu jetzt auch K. Meyer-Drawe: Illusionen von Autonomie. München 1990. Bes. 36ff.

141 Hua XV, 432.

142 K. Meyer-Drawe/B. Waldenfels: Das Kind als Fremder. 286. – Vgl. dazu auch B. Waldenfels: Fremderfahrung zwischen Aneignung und Enteignung. In: Ders.: Der Stachel des Fremden. Frankfurt a. M. 1990. 57-71.

Nicht nur die Begriffe und ineins mit ihnen die Modelle des Verstehens des Anderen, des exotischen Teils, sondern auch die Geschichtsbilder (selbst wiederum natürlich auch Modelle des Verstehens) sind unscharf geworden, was die Einordnung des Mythos zusätzlich erschwert. Das Modell der Kindheit spielt auch hier wieder eine herausragende, diesmal aber die wahre Sicht verstellende (und nicht, wie bei der phänomenologisch-hermeneutischen Analyse, erhellende) Rolle. Mit Heynes aufklärerischem Topos des »sermo mythicus« als geschichtsnotwendiger Entwicklungsstufe einer »infantia generis humani«[143] wird die Mythentheorie abhängig von einer bestimmten Anthropologie. Parallel zum späten Vico (ohne daß eine Beeinflussung nachweisbar wäre) und beeinflußt von der englischen Präromantik eines R. Wood beziehen Heynes Homer-Vorlesungen (deren Beginn 1766 noch vor die allgemeine Homer-Renaissance fällt) zum ersten Mal die Mythologie in den Umkreis der philologischen Forschung ein, indem sie die »aetas mythica« als Geschichtsquelle (für das Verständnis vor allem der frühen Dichter) anerkennen, was auf die folgende Generation der Schlegels, Humboldts und Creuzers, die zu den Hörern seiner Vorlesung gehörten, von immenser Wirkung war.[144] Die These von der Mythe als Kindheitsalter der Menschheit hat das von Heyne begründete Fachgebiet der neuen Mythologie lange unheilvoll geprägt, weil sie ein Bündnis einging mit der (ebenfalls der Aufklärung des 18. Jahrhunderts entstammen-

143 Erstmals formulierte Heyne seine These in einem Vortrag vor der Göttinger Akademie 1763: Temporum mythicorum memoria a corruptelis nonnullis vindicata. In: Comm. Soc. Reg. Gott. 8 (1787), 3 ff. – Vgl. zu Heyne A. Horstmann: Mythologie und Altertumswissenschaft. Der Mythosbegriff bei Christian Gottlob Heyne. In: Archiv für Begriffsgeschichte 16 (1972), 60-85.

144 Vgl. zur Wirkung exemplarisch die Studie von C. Menze: Wilhelm von Humboldt und Christian Gottlob Heyne. Ratingen 1966. 11 ff. Zu Heynes philologischem Humanismus vgl. ebd. 23 ff. Die Mitschrift W. v. Humboldts ist (auszugsweise) abgedruckt in der Akad.-Ausg. VII 2, 550-53.

den, aber seit Platos Dichterkritik vertrauten) These von der allmählichen zeitlichen Ablösung des Mythos durch den Logos, wie sie in der eingängigen Formulierung W. Nestles populär geworden ist.[145]
Problematisch erscheint heute, ob die zwei Begriffe wirklich zwei geschichtliche Stufen menschlichen Denkens bezeichnen.[146] Der Prozeß der Ablösung des rationalen Denkens von mythischen Ideen und Begriffen vollzog sich im Laufe von Jahrhunderten und führte nicht zu einer vollständigen Trennung beider Welten. Es war in unserem Jahrhundert vor allem Heidegger, der das Schema der Ablösung des Mythos durch den Logos gründlich destruiert hat, wobei er sich vor allem auf W. F. Otto berief. Für W. F. Otto ist der Mythos »offenbar gewordene Urerfahrung«, von allgemeiner Gültigkeit diesseits von richtig und falsch, ohne Unterscheidung zwischen Wort und Geschehen.[147] Solche »Urerfahrungen« aber sind nichts anderes als jenes sich zeigende Erlesene, dem das menschliche Auslesen und Sammeln entspricht, als das Heidegger den Logos definiert.[148] Der Logos im engeren Sinne, wie er bei Homer verstanden wird – »›Wort‹ als das Bedachte, Überlegte, zur Überredung Dienende«[149] –, bleibt innerhalb des Mythos, der mit dem Logos im weiteren Sinne zusammenfällt.[150] Wenn Logos allgemein die Bedeutung des »Achthabens, Bedenkens, Rücksichtnehmens« – »verwandt mit

145 Stuttgart 1940.
146 Vgl. A. Horstmann: Der Mythosbegriff vom frühen Christentum bis zur Gegenwart (2. Teil). In: Archiv für Begriffsgeschichte 23 (1979), 197-245, hier 213ff. – Vgl. jetzt auch K. J. Narr: Mythos und Logos bei »Primitiven«. In: Rationalität. Hg. v. L. Scheffczyk. Freiburg/München 1989. 13-44, bes. 42ff.
147 W. F. Otto: Der Mythos und das Wort. In: W. F. O.: Das Wort der Antike. Stuttgart 1962. 348-373, hier 359.
148 Vgl. M. Heidegger: Vorträge und Aufsätze. 4. Aufl. Pfullingen 1978. 199-221; ders.: Heraklit. Frankfurt a. M. 1979 (= GA 55). 267f., 290.
149 W. F. Otto, in: Das Wort. 357.
150 Vgl. M. Heidegger: Parmenides. Frankfurt a. M. 1982. (= GA 54). 103f.

lateinisch legere und religio«[151] – hat,[152] so ist nichts ›logischer‹ als der Mythos, dessen Wesen das Beachten und Bedenken von Urerfahrung ist. Beharrend auf dieser ursprünglichen Zusammengehörigkeit von Dichten und Denken wendet sich Heidegger gegen die These, das Denken sei nichts anderes als die »Entmythologisierung« des Mythos bzw. »der Bodensatz des entmythisierten Mythos«.[153]

Heute hält man allgemein »die Grenzlinie zwischen Mythos und Logos [für] [...] imaginär«.[154] Wir sehen mittlerweile deutlich, daß dies Schema »der Selbstauffassung der Philosophie von ihrer eigenen Geschichte und Leistung« entstammt[155] und daß »die Erkenntnis des Mythos nicht Herr [wird], indem sie ihn einfach außerhalb ihrer Grenzen verbannt«.[156] Das philosophische Denken, das am »Übergang vom mythologischen Denken zum logischen Denken« festhält, greift zu kurz, weil es die Natur symbolisch-metaphorischen bzw. poetischen Sprechens, als die der Mythos seit Vico gilt, verkennt.[157] Der Mythos wird in der Geschichte so wenig restlos überwunden wie das Imaginäre, wie Fiktion, »weil dann überhaupt keine Wahrheit mehr übrigbliebe, wenn man es täte«.[158] Paul Veyne hat – Foucault folgend – die beden-

151 Vgl. W. F. Otto: Religio und superstitio. In: W. F. O.: Aufsätze zur römischen Religionsgeschichte. Meisenheim 1975. 92-113, 114-130.

152 W. F. Otto, in: Das Wort. 357.

153 M. Heidegger: Hölderlins Hymne »Der Ister«. Frankfurt a. M. 1984. (= GA 53). 138. – Ähnlich argumentiert auch B. Liebrucks.

154 H. Blumenberg: Arbeit am Mythos. 18; vgl. auch 188 (zu Nestle: 34, 57). Vgl. B. Liebrucks: »Und«. 79; G. Picht: Kunst und Mythos. 13; E. Topitsch: Erkenntnis und Illusion. 107. So schon E. Cassirer: Philosophie der symbolischen Formen II, 18f.

155 H. Blumenberg: Wirklichkeitsbegriff. In: Terror und Spiel. 65.

156 E. Cassirer: Philosophie der symbolischen Formen II, XI.

157 J. Bollack: Mythische Deutung und Deutung des Mythos. In: Terror und Spiel. 67-120, hier 96.

158 P. Veyne: Glaubten die Griechen an ihre Mythen? 140-154. – Veyne folgt auch Husserls Beschreibung der Welt des Imaginären (in »Erfahrung und Urteil«), kritisiert aber dessen Auffassung, es gebe »einen transhistorischen Boden der Wahrheit« (108). Im Hintergrund steht überdies Schütz' Theorie von der Verteilung des Wissens.

kenswerte These aufgestellt, daß der Mythos in die Geschichte der Wahrheitsprogramme gehört, die durch die Jahrhunderte hindurch einer ständigen Veränderung unterworfen sind. Wenn wir aber die Idee der Wahrheit historisch behandeln, wenn wir sehen, wie die Kriterien, mit denen wir zu wahren Vorstellungen gelangen, sich ohne unser Wissen verändern, dann gibt es keine Wahrheit der Dinge, in deren Besitz wir Modernen uns oft wähnen, dann ist alles – wie der Mythos für die Griechen – »weder wahr noch falsch«.[159] Hat sich aber die »Pluralität der Glaubensmodalitäten« als »Pluralität der Wahrheitskriterien« entpuppt, dann ist der Mythos »kein transhistorisches Element, keine Invariante« mehr und der Gegensatz zwischen Vernunft und Mythos bricht zusammen:[160] »Die Auseinandersetzung über Tatsachen geschieht immer innerhalb eines Programms. [...] Um den Mythos oder die Sintflut zu widerlegen, bedarf es mehr als einer aufmerksamen Untersuchung oder einer besseren Methode: Man muß das Programm wechseln.«[161] Die Geschichte des Antagonismus von Vernunft und Mythos endet nicht mit einem Sieg der Vernunft; »das Problem des Mythos ist eher vergessen als gelöst worden«.[162] Von dieser Unmöglichkeit einer scharfen Grenzziehung zwischen Wahrheit und Fiktion, die auch die moderne Fiktionstheorie bestätigt,[163] ist auch Blumenbergs Konzeption getragen, die – wie vor ihm schon Cassirer – dem (griechischen) Mythos ein spezifisches Wirklichkeitsverständnis zugrunde liegen sieht, das einschließt, »daß das Wirkliche sich als solches von sich her darbietet«,[164] womit auch die Möglichkeit der Theophanie fraglos gegeben war. Die neuzeitliche Aufklärung bestand dann auf der Unmöglichkeit eines theophanen Sachverhaltes (Wunderkritik), wes-

159 Ebd. 153, 41.
160 Ebd. 136, 185, Anm. 210. Vgl. M. Foucault: Die Ordnung der Dinge. Frankfurt a. M. 178. 72 u. 170.
161 Ebd. 129.
162 Ebd. 92. – Die Lehre von der Geschichtlichkeit der Vernunft auch bei J. P. Vernant: Religions, Histoires, Raisons. Paris 1979. 97.
163 Vgl. den in Anm. 88 genannten Band: Funktionen des Fiktiven.
164 H. Blumenberg: Wirklichkeitsbegriff. In: Terror und Spiel. 38. Vgl. E. Cassirer: Philosophie der symbolischen Formen II, 186ff.

halb Heidegger (im Rückgang auf Hölderlin) auch auf einen radikalen Wandel dieser Wirklichkeitsstruktur hoffte.

Aber die Wirklichkeit der Welt kann nicht hinreichend aus der Bewußtseinsstruktur geklärt werden – schon Vico sah, daß die mythische Welt ihre Realität immer erst aus den Handlungen (Riten) erhält, in denen das mythische Denken institutionell Gestalt annimmt. Der soziologische Ansatz (vor allem von Durkheim und Mauss) hat deshalb hinsichtlich des Wirklichkeitsverständnisses der Primitiven die ergänzende These entwickelt, daß die Kriterien dessen, was als wirklich gilt, nicht universell gleich sind, sondern dem Kontext gesellschaftlicher Lebensformen entspringen.

Auch die Lévy-Bruhlsche Spielart einer teleologischen Sichtweise, die Annahme einer prä-logischen Mentalität der Primitiven[165] (die er dem »cartesischen« Denken der Europäer kontrastierte), wurde bereits von ihrem Erfinder gegen Ende seines Lebens widerrufen[166] und erhielt dann von Lévi-Strauss den endgültigen Todesstoß.[167] Lévy-Bruhl wird vor allem der Vorwurf gemacht, er suche außereuropäische Denkweisen unter einer globalen Optik des Fortschritts von Wissenschaft, Logik und Rationalität zu erschließen. Lévi-Strauss' Auffassung der mythischen Strukturen als Vertextung bedeutsamer Wirklichkeit hat demgegenüber deutlich werden lassen, daß die »Primitiven« sehr wohl über ein *abstraktes* Denken verfügen.[168] Das »wilde Denken« zeichne sich allerdings dadurch aus, daß es rebellisch bleibe gegen die Opposition zwischen mundus sensibilis und intelligibilis:[169] Es setzt konkretistisch an den sinnlich wahrnehmbaren Phänomenen an, ortet sie durch Kontrast- und Analogiebildungen und erzeugt so ein umfassendes Netz von anschaulichen Korrespondenzen.

165 Vgl. L. Lévy-Bruhl: Les fonctions mentales dans les sociétés inférieures. 1910 (dt. 1921); La mentalité primitive. 1922 (dt. 1927); L'âme primitive. 1927 (dt. 1930).

166 Carnets. Hg. v. M. Leenhart. 1949.

167 Vgl. dazu W. Lepenies: Lévi-Strauss und die strukturalistische Marxlektüre. In: Orte des wilden Denkens. 160-224, hier 213 f.

168 C. Lévi-Strauss: La pensée sauvage. 1966.

169 Ders.: De près et de loin. 155.

Ist Lévy-Bruhls Theorie also auch innerhalb der Ethnologie nur noch von wissenschaftsgeschichtlichem Interesse, so hat sie sich in einem anderen Fach ihre – allerdings verwandelte – Aktualität bewahrt, nämlich in Piagets genetischer Psychologie, hier als typologische Unterscheidung vorlogischen und logischen Denkens bei allen Menschen. Das Wachstum des kindlichen Geistes, das insgesamt ohne Bruch verläuft und sich etwa mit dem zwölften Lebensjahr stabilisiert, kann nach Piaget in folgende vier Abschnitte unterteilt werden: ein sensomotorisches und präoperatives Stadium, danach die beiden Stadien der konkreten und formalen Operationen. Das präoperative Stadium endet ungefähr mit dem Schuleintritt; erst im Grundschulalter sind Kinder zu elementaren logischen und mathematischen Operationen in der Lage. Vorschulkinder können noch nicht logisch denken; ihre Weltaneignung ist vielmehr von einem »Egozentrismus« geprägt, unter dem Piaget eine unvollkommene Differenzierung des eigenen Ichs von den Dingen versteht. Zwischen Ich und sachlicher Gegebenheit, Subjekt und Objekt, Geist und Materie bestehe eine Beziehung der »Partizipation«.[170] Wie besonders in seinem grundlegenden frühen Werk *Das Weltbild des Kindes*[171] deutlich wird, übernimmt Piaget dieses Theorem von Lévy-Bruhl, so daß sich Analogien zur Mentalität des primitiven Menschen ergeben: beide können nicht die äußere Welt von ihrem Ich unterscheiden (sinnfällig wird dies besonders am Problem der Namen). Piaget differenziert hier zwischen verschiedenen Formen bzw. Stufen der »Partizipation«, die er Realismus (der zur Magie führt, die ihrerseits zu Symbolismus tendiert[172]), Animismus und Artifizialismus nennt.

Entnahm Piaget den Begriff des »Animismus« (als Bezeichnung der Tatsache, daß den Dingen geistige Eigenschaften verliehen werden) unmittelbar der zeitgenössischen ethnologischen Diskussion um das Denken der Naturvölker (deren

170 Zur Kritik an Piagets Übernahme des Begriffs »Prälogisch« von Lévy-Bruhl vgl. G. Dux: Die Zeit in der Geschichte. 91.

171 J. Piaget: Das Weltbild des Kindes. (1926). München 1988. 132.

172 Vgl. ebd. 95.

Ergebnisse man heute als empirisch nicht gesichert verwirft), so sucht man heute umgekehrt, Piagets Erkenntnisse wieder für die Ethnologie fruchtbar zu machen. Der kanadische Kulturanthropologe Hallpike geht davon aus, daß der Typus des präoperativen Denkens, das der zweiten Stufe der kognitiven Reifung entspricht, exemplarisch für die von Ethnologen erforschten schriftlosen außereuropäischen Völker sei. In der Unfähigkeit, Subjektives und Objektives klar auseinanderzuhalten, kehre ein Realismus wieder, der ansonsten ein Reifestadium des Kindes bis zum siebten Lebensjahr ausmacht. Das präoperative Denken sei ein anschauliches, symbolisches Denken: »[...] Will man die primitive Gesellschaft verstehen, dann besteht das entscheidende Problem darin, solches nicht-verbales auf Bildern beruhendes Denken in eine verbale Form zu übersetzen.«[173] Alles, so Hallpikes Grundthese, was über die Eigenarten kindlicher Denkstrukturen in einer gewissen Entwicklungsstufe ausgesagt werden kann, könne mit wenigen Korrekturen auf der Seite des primitiven Denkens verbucht werden. Gegenüber Piagets entwicklungspsychologischer Methode werden die strukturale Mythenanalyse von Lévi-Strauss ebenso wie Malinowskis Funktionalismus und Durkheims soziologischer Ansatz als untauglich für die Erklärung des Verlaufs und der Zusammenhänge geistiger Funktionen erklärt.[174] Hallpike läßt sich dabei von der Einsicht leiten, daß das erkennende Zugehen auf die Welt für ein Lebewesen, das sich darin zurechtfinden will, eine Konstruktion und schöpferische Aufgabe ist. Die Intelligenz gelangt an einen Übergang, an dem die statische Konstruktion der Realität einer dynamischen weicht. Von der innerlichen Strukturierung des Vorstellungsvermögens gefördert, erringt sie Abstand vom Gegebenen und vollendet sich zu einer Transformationsmaschine. Das Denken verlagert seine Begabung von konkreten zu abstrakten Gehalten.

173 Ch. R. Hallpike: Die Grundlagen primitiven Denkens (1979). Stuttgart 1984. 66.

174 Vgl. dazu H. K. Erben: Episteme, Mythos und humane Zukunft. In: Zur Kritik der wissenschaftlichen Vernunft. Hg. v. H. Lenk. Freiburg/München 1986. 31-54, bes. 41 f.

Am Ende stehen die symbolisch aufgeladenen Einrichtungen des Gemeinschaftslebens.

Die Frage entsteht aber unabweislich, ob Hallpikes Konstruktion des »primitiven Denkens« nicht derselben Kritik verfallen muß, die man heute an Piagets Konzeption der Entwicklung von Rationalität übt. Zwar mag es, wie auch Cassirer vermutete,[175] eine Parallelität zwischen dem Sprachbewußtsein des archaisch-primitiven Menschen und dem Kind geben, das in seiner Entwicklung auch eine magisch-mythische Phase durchläuft, aber geprüft werden müßte doch, ob nicht »Piagets Begriff der *Dezentrierung* eines *egozentrisch geprägten Weltverständnisses«*, den Habermas in seiner *Theorie des kommunikativen Handelns* aufnimmt,[176] das überwunden geglaubte aufklärerische Schema des Weges »vom Mythos zum Logos« insofern revitalisiert, als er eine notwendige Teleologie bei Kindern und Primitiven vom Unvernünftigen zum Vernünftigen beinhaltet und insofern das Kantische System nur historisiert.[177] Zwar sind wir nach Piaget nicht berechtigt, die noch unentwickelten Vorgehensweisen des kindlichen oder naiven Denkens der Primitiven als unvernünftig zu betrachten, aber es gibt eine notwendige Teleologie, ein letztes Ziel der vernünftigen Entwicklung der Kulturen wie auch des einzelnen, nämlich eine sukzessive Einbettung einfacher Strukturen in immer komplexere. Folgt man etwa Merleau-Pontys Kritik am Intellektualismus der Entwicklungskonzeption Piagets in der *Phänomenologie der Wahrnehmung*, dann ergibt sich, daß »Piaget eine historisch bedingte Gestalt der Rationalität als naturgegeben [verabsolutiert] und [...] damit die Gelegenheit [versäumt], seine Perspektive und Entwicklung von Intelligenz selbst zu dezentrieren«.[178]

Problematisch ist überdies der von Lévy-Bruhl wie von

175 E. Cassirer: Philosophie der symbolischen Formen II, 33. Vgl. E. Topitsch: Erkenntnis und Illusion. 63f.

176 J. Habermas: TKH I, 104ff., hier 106.

177 So die Kritik von St. Toulmin: Kritik der kollektiven Vernunft. 490ff.

178 K. Meyer-Drawe: Zähmung eines wilden Denkens? Piaget und Merleau-Ponty zur Entwicklung von Rationalität. In: Leibhaftige

Piaget und Hallpike vorausgesetzte Begriff des Animismus, von dem sie annehmen, er sei lange, vielleicht Jahrtausende lang eine Hintergrundgewißheit der Menschen in allen Kulturen gewesen und somit anthropologisch invariant.[179] Von philosophischer Seite wird heute grundsätzlich Kritik an der »Rede vom frühkindlichen Animismus« vorgetragen, weil »die Scheidung in persönliche Andere und neutrales Anderes, traditionell gesprochen in Personen und Tieren, Pflanzen, Dinge, Elemente keinen definitiven Bruch bedeutet [...]«.[180] Aber auch innerhalb der ethnologischen Literatur, die lange von der Animismustheorie – neben der Präanimismus- und Ur-Monotheismus-Theorie eine der drei großen religionswissenschaftlichen Theorien – beherrscht wurde, findet sie nur noch wenig Anhänger.[181] Die These des Animismus, d. h. des Glaubens an Seelen und Verstorbene und Geister, als der vorherrschenden Religionsform bei den Naturvölkern, die dem Götter- und Gottesglauben vorausliege, entwickelte Edward B. Tylor 1871.[182] Ausgehend von einer Minimaldefinition der Religion als »belief in spiritual beings«[183] kanonisierte er ein Dreistadienschema der Entwicklung der Religion: von toten Seelen über Geister zu Hochkulturen. In der Folgezeit sah man eine kulturgeschichtliche Abfolge vom Animismus über den Polytheismus zum Monotheismus, bzw. man unterschied ein vormythisches Kulturstadium von einem mythenerzeugenden Zeitraum und einer nachmythischen Zeit. Die Belebung der Natur (Baum-Seelen, Quell-Nymphen in der griechischen Religion) steht am Anfang, gefolgt von – an den Fetisch gebundenen – Zauberhandlun-

Vernunft. München 1986. 258-275, hier 268. – Vgl. zur Kritik an Piaget auch dies.: Leiblichkeit und Sozialität. München 1984. 162ff.

179 Vgl. etwa auch A. Gehlen: Urmensch und Spätkultur. 170. – Schon Vico vertrat die These von einem Animismus des Urmenschen.

180 B. Waldenfels: Jenseits des Subjektprinzips. In: Tod des Subjekts? Wien/München 1987. 83.

181 Vgl. A. E. Jensen: Mythos und Kult. 315ff.

182 E. B. Tylor: Primitive Culture. Researches into the Development of Mythology, Philosophy, Religion, Art and Custom. 2 Bde. London 1871. Dt.: Die Anfänge der Cultur. 2 Bde. Leipzig 1873.

183 Ebd. I, 418.

gen der Magie (und dem Schamanismus als Monopolisierung der Magie). Es ist die Stufe eines Polydämonismus (jedes Kornfeld hatte in Griechenland einen Dämon [Demeter], jeder Garten einen Priaps). Unter Berücksichtigung der antiken Volksbräuche (wie sie W. Mannhardt dargestellt hatte) stellte H. Usener die These auf, daß die Menschen ursprünglich nur einfachste Geschehnisse als göttlich aufgefaßt haben, ja, zuallererst nur Ereignisse eines einzigen Augenblicks (»Augenblicksgötter«[184]). Indem diese nun jedesmal beim Auftreten derselben Veranlassung immer wieder in Erscheinung traten, bekamen sie einen dauernden Charakter (»Sondergötter«). Aus den Jahresdämonen wird Demeter in einem weltumfassenden Sinn, aus der Einmaligkeit wird Geschichte (es geschieht immer wieder). Die grundlegende Trennung zwischen ›heilig‹ und ›profan‹ hat sich eingestellt. Überwunden wird die mythische Bildwelt schließlich durch die Religion. Comte läßt dem animistischen ein präanimistisches Stadium vorhergehen, das durch den Glauben an ein unpersönliches »Mana« als urtümliche Form der Religion gekennzeichnet ist; ihm folgt K. Th. Preuß.[185] Max Weber[186] argumentierte ebenso: er sah die Ablösung expliziter Geistvorstellungen von den Objekten als einen Vorgang von eminent historischer Bedeutung.

In dieser (erweiterten) Form prägte das religionsgeschichtliche Schema lange Zeit auch die philosophische Diskussion über das Wesen der Mythologie; noch Adorno/Horkheimers *Dialektik der Aufklärung* geht von diesem Dreischritt aus: am Anfang stehen Präanimismus und Animismus, die Besetzung bestimmter Orte und Dinge mit Gottheiten und Dämonen. In dieser Aufspaltung von Bekanntem und Unbe-

184 Vgl. H. Usener: Götternamen. Versuch einer Lehre von der religiösen Begriffsbildung. (1896). 3. Aufl. Frankfurt a. M. 1948. 279ff. Usener hat längere Zeit einen tiefgreifenden Einfluß auf die Forschung ausgeübt. – Vgl. dazu B. Liebrucks: Sprache und Bewußtsein. Bd. 1. Bern 1964. 405-418.

185 A. Comte: Rede über den Geist des Positivismus (1844). Hamburg 1956. 7. K. Th. Preuß: Der Ursprung der Religion und Kunst. Braunschweig 1904/05.

186 M. Weber: Wirtschaft und Gesellschaft. Köln 1964. 2, 5, 1, 318.

kanntem sehen Adorno/Horkheimer die Urform dialektischen Denkens und den Ansatzpunkt für die Entwicklung von Mythos und Wissenschaft. Am Beispiel des zur Gottheit gewordenen Baumes wird in der *Dialektik der Aufklärung* dieser Prozeß erläutert: »Wenn der Baum nicht mehr bloß als Baum, sondern als Zeugnis für ein Anderes, als Sitz des Mana angesprochen wird, drückt die Sprache den Widerspruch aus, daß nämlich etwas es selber und zugleich etwas Anderes als es selber sei, identisch und nicht identisch. Durch die Gottheit wird die Sprache aus der Tautologie zur Sprache.«[187] Es ist ein Prozeß der Semiotisierung der als äußerlich erlebten Welt: der Baum funktioniert wie ein sprachlich heterologisches Zeichen, es steht in einem nicht identischen Verhältnis zu seinem Signifikat.[188] Der zweite Schritt besteht im Übergang der Dämonen (die mit den Elementen identisch waren) zur Vielzahl der olympischen Götter: sie *bedeuten* die Elemente nur noch. Der monologische Gott der Christen faßt diese unter seiner Einheit anschließend dann nochmals zusammen. Entscheidend sind die rationalitätskritischen Folgerungen, die Adorno/Horkheimer aus dieser Schematisierung ziehen: die Natur wird während dieses Prozesses immer mehr zur geschiedenen Objektivität. Der schaffende Gott und der ordnende Geist gleichen sich zur Beherrschung der Natur an, die beseelt wird mit der Entfremdung von dem, was beherrscht wird.[189]

Eine deutlich gegenwartskritische Perspektive bestimmt auch die Konstruktion Jean Gebsers, wenngleich von einem völlig unterschiedlichen Standpunkt aus; er hat dem Mythos die archaische und magische Ebene vorgeschaltet und das »Mentale« folgen lassen.[190] Allerdings will er diese vier »Bewußtseinsmutationen« nicht unter einer »Fortschrittsperspektive

187 T. W. Adorno/M. Horkheimer: Dialektik der Aufklärung. 17.

188 Adorno/Horkheimer folgen hier Hubert/Mauss: Théorie générale de la magie. 1902/03.

189 Vgl. T. W. Adorno/M. Horkheimer: Dialektik der Aufklärung. 12.

190 Vgl. J. Gebser: Ursprung und Gegenwart. Bd. 1: Die Fundamente der aperspektivischen Welt. Stuttgart 1959. 73ff. Vgl. dazu B. Liebrucks: »Und«. 107ff.

in der Richtung auf uns heutige«[191] verstanden wissen; alle archaischen Bewußtseinsstufen seien immer noch gegenwärtig. Doch werden dann bei seiner konkreten Beschreibung etwa der »unperspektivischen« Epoche der Menschheit (die bis zur Renaissance reicht) romantisierende Ganzheitsvorstellungen und Ursprungsdenkformen virulent.
Heute vertritt die Animismus-These am profiliertesten der Freiburger Soziologe Dux.[192] Eine selbstreflexive Ich-Kultur, so seine These, bilde sich vor allem in der Interaktion mit einer sorgenden Bezugsperson aus. Jedes Kind erlebt zuerst die Welt in der Mutter, und die Mutter ist sowohl widerständige, zu bearbeitende Natur als auch Kommunikationspartner. Dies sei menschheitsgeschichtlich eine so überwältigende Erfahrung gewesen, daß der Mensch zunächst die gesamten Weltdinge als beseelt und belebt angesehen habe. Endgültig habe sich dies erst mit dem Sieg der modernen Naturwissenschaft im 17. Jahrhundert geändert. Dux plädiert auch für die (Beibehaltung der) Unterscheidung »präanimistisch-fetischistische[r] Vorstellungen von animistischen [...]«.[193] Seiner Meinung nach gibt es eine »Logik« in der Abfolge der epochenspezifischen Weltbilder: auf die erste Stufe, den Primitivismus und Mythos, dessen Hauptkennzeichen eben der Animismus sei, folgen drei historisch entscheidende Umbrüche: der neolithische Übergang zu agrarischer Produktion, die Trennung von Natur- und Sozialordnung (Absonderung des Nomos) in der griechischen Antike und die Entstehung der Naturwissenschaften, die allesamt das Weltbild der Gegenwart vorbereiten.
Objekt- und Ereigniswahrnehmung des primitiven Denkens sieht Dux vom Subjektivismus als dem entscheidenden interpretativen Paradigma geprägt: Objekte werden im Schema des Subjekts wahrgenommen, für den Primitiven ist die ganze Welt beseelt. Wenn er die Kenntnisnahme von Dingen und

191 Ebd. 77.
192 G. Dux: Die Logik der Weltbilder. 184ff. – Dux bekräftigt die Animismus These jetzt in: Die Zeit in der Geschichte. 143.
193 Ders.: Logik der Weltbilder. 185. Zum folgenden 103ff.

Wesen affektiv besetzt sieht, kommt er mit Cassirer[194] und Topitsch[195] überein. Wie Cassirer sieht auch Dux beim Wissen über Relationen »kategoriale Schemata«[196] am Werk, zum Beispiel Kausalität, was die aitiologische Nötigung bedingt, einen Ursprung zu finden. Ereignisse, die einem widerfahren, werden als intentional bedeutsam verstanden,[197] Zufälle gibt es nicht.[198] Topitsch spricht von »intentionalen Modelle[n] in der Weltauffassung der Naturvölker« und versteht darunter »technomorphe« und »soziomorphe« Analogien, die noch »grundlegend [...] für das Weltbild eines großen Teils der traditionellen Philosophie«[199] seien. Dieses subjektivische Schema betrifft auch die Welterklärung: ausgehend von der Sammlung des ethnologischen und mythologischen Materials bei H. Baumann[200] analysiert Topitsch[201] die mythischen Interpretationen des Universums und seiner Ursprünge und unterscheidet »biomorphe« und »anthropomorphe« Modellvorstellungen: der Mensch bezieht alles, auch das Universum, auf das *eigene* Sein.

Doch bleibt das Schema brüchig, vor allem wegen der Abgrenzungsprobleme zwischen den einzelnen Stufen. Für Tylor überlappten sich Magie und Religion, Frazer und Malinowski setzten hier einen strengen Gegensatz. Magie und

194 E. Cassirer: Philosophie der symbolischen Formen II, 247.

195 E. Topitsch: Erkenntnis und Illusion. 54ff.

196 G. Dux: Logik der Weltbilder. 115.

197 Ebd. 120. Vgl. auch die Kategorie der »Bedeutsamkeit« bei Blumenberg (Arbeit am Mythos. 78-80, 109ff.). Daß die gesamte Umwelt (einschließlich des Menschen!) in traditionellen Gesellschaften als »Zeichentafel« der jenseitigen Mächte aufgefaßt wird, bestätigt auch die moderne Ethnologie; vgl. U. Ritz: Das Bedeutsame in den Erscheinungen. Divinationspraktiken in traditionalen Gesellschaften. Frankfurt a. M./New York 1988.

198 Vgl. auch Ch. R. Hallpike: Grundlagen primitiven Denkens. 529. So schon K. Rosenkranz: Die Naturreligion. Ein philosophisch-historischer Versuch. Iserlohn 1831. 103ff.

199 E. Topitsch: Ursprung und Ende der Metaphysik. 33, 29.

200 H. Baumann: Das doppelte Geschlecht. Ethnologische Studien zur Bisexualität in Ritus und Mythos. (1955) 2. Aufl. Berlin 1980.

201 E. Topitsch: Ursprung und Ende der Metaphysik. 18ff.

Religion lassen sich beide erklären als Suche des Zugangs zu Mächten, die das Geschehen bestimmen. Man hat versucht, religiöse und magische Verhaltensweisen so zu unterscheiden, daß es sich bei ersteren um solche handelt, mit denen sich die Praktikanten an den Willen eines numinosen Agens wenden, soweit sie diesen Willen prinzipiell als frei ansehen und respektieren (Bitte, Gebete, Opfer), bei letzteren um Maßnahmen, die auf das Agens in einer Weise einwirken, daß der Erfolg direkt kraft der Mechanik der Einwirkung herbeigeführt werden soll.[202] Tatsächlich aber sind Zauber, magische und religiöse Praktiken rituell ununterscheidbar (z. B. Regenzeremonien).[203] Schon der Artikel in Pauly / Wissowas Lexikon zieht daraus die Konsequenz, auf die Dreistufung magisch-mythisch-religiös grundsätzlich als Ordnungsschema zu verzichten: »Wir werden mit einer weitreichenden Verflechtung prälogischer Bewußtseinsvorgänge zu rechnen haben, in welcher dem Primitiven auch das, was wir Logik nennen, nicht eigentlich unbekannt ist.«[204] Die Theorie der entwicklungsschematischen Reihe ist auch durch die Forschung P. W. Schmidts (der sich an A. Langs ur-monotheistische Theorie anschloß) ins Wanken geraten.[205] Er konnte zwar nicht den Monotheismus gerade in frühen Kulturen nachweisen, aber er erwies die klare Stufenfolge vom Animismus zum Monotheismus als gedankliche Konstruktion des 19. Jahrhunderts, nicht aber der empirisch beobachteten Realität, in der zum Beispiel die frühen Ureinwohner Australiens hochabstrakte Ideen hatten. Innerhalb der Philosophie war Max Scheler der erste, der gezeigt hat, daß es falsch ist,

202 Vgl. dazu zusammenfassend: Magie und Religion. Hg. v. L. Petzold. Darmstadt 1978. Vgl. überdies E. Evans-Pritchard: Hexerei, Orakel und Magie bei den Zande. Frankfurt a. M. 1988. 246ff.; A. Gehlen: Urmensch und Spätkultur. 237ff.; E. Topitsch: Erkenntnis und Illusion. 83ff. Hubert/Mauss haben eine eindrucksvolle Statistik der typischen Magier und Zauberer aufgestellt.

203 Vgl. G. Dux: Logik der Weltbilder. 162.

204 Paulys Realencyclopädie der classischen Altertumswissenschaft. 32. Halbband. 1382.

205 Vgl. P. W. Schmidt: Der Ursprung der Gottesidee. 12 Bde. Münster 1912-1949.

religiöse Stufen historisch zu projizieren, daß diese Frage vielmehr metaphysischer Observanz sei.

Auch wissenschaftsgeschichtliche Untersuchungen haben gezeigt, daß am Ende der Magie zwar die kontrollierten Kausalketten der modernen Naturwissenschaft stehen, die Religionsgeschichte, daß die Magie mit dem Polytheismus und endgültig mit Monotheismus an ihr Ende gekommen ist. Gleichwohl wurden magische Praktiken lange konserviert, zum Teil wegen politischer Brauchbarkeit (wie z. B. die Astrologie in Rom[206]), zum Teil zur Beeinflussung des Naturgeschehens vor der wissenschaftlich-technischen Naturbeherrschung (wie etwa die Naturmagie in der Renaissance[207]). Die hermetische Tradition war eine mächtige Gegenbewegung zu den Transformationen der kulturellen und religiösen Semantik, die sich im Gefolge von Schrift, Alphabetisierung und Buchdruck eingestellt haben, und konnte die (platonische) Vorstellung des Kosmos als eines großen, sichtbaren und doch unergründlichen Lebewesens zu Beginn der Neuzeit noch einige Zeit (in letzter Konsequenz im Geheimen) neben der aufkommenden modernen Naturwissenschaft konservieren, ehe sie zerbrach.[208]

Auch die allen religionsgeschichtlichen Stufenschemata zugrunde liegende Vorstellung des Animismus wird von der heutigen vor- und frühgeschichtlichen Forschung nicht länger aufrechterhalten. Mittlerweile ist etwa festgestellt worden, »daß der Animismus bei Ackerbauvölkern, die der Entwicklungsstufe nach jünger sind, weit stärker entwickelt ist als bei älteren Wildbeutervölkern. Zudem ist Naturvölkern selten der abendländische Dualismus Leib-Seele vertraut (sie nehmen meist mehrere Seelen an) [. . .].«[209] Es gab keinen

206 Vgl. H. Stierlin: Astrologie und Herrschaft. Von Platon bis Newton. Frankfurt a. M. 1988.

207 Vgl. C. Merchant: The Death of Nature. San Francisco 1980. 100ff.

208 Vgl. A. J. Festugière: La révélation d'Hermes Trismégiste. 4 Bde. Paris 1950-54; F. Yates: Giordano Bruno and the Hermetic Tradition. Chicago 1964.

209 Neues Wörterbuch der Völkerkunde. Hg. v. W. Hirschberg. Berlin 1988. 28.

Animismus, höchstens einen »Animalismus«.[210] Die These Tylors wurde schon von Cassirer zurückgewiesen, und zwar mit dem gewichtigen Hinweis darauf, daß der Mythos wie jede symbolische Form »die Grenze zwischen Ich und Wirklichkeit nicht als ein für alle Mal feststehende im voraus *hat*, sondern daß sie diese Grenze selbst *setzt*« und daß »der Seelenbegriff für den Mythos keine fertige und feste Schablone ist«.[211] Die Frage, wie die *Wirklichkeit* für die war, die sie schufen, ist in der Tat auf dem Wege über das animistisch-subjektivische Paradigma nicht beantwortbar. Außerdem ist davor zu warnen, allzu eilfertig das Denken archaischer Völker unter dem Aspekt der Einheit (von Subjekt und Objekt) zu verorten; auch Differenzierung ist wichtig. So sieht Lévi-Strauss ein Bedürfnis des »wilden Denkens« nach »differenziellen Abständen« und analysiert dazu die »Logik der totemistischen Klassifikationen« (zum Beispiel die Einteilung der Pflanzen).[212]

Abschließend läßt sich feststellen, daß heute jede geschichtlich-lineare oder teleologische Stufenfolge verdächtig geworden ist und mit ihr – endgültig? – das Wesen auch des vorgeblich anfänglichen Mythos. Dies hat seinen Grund nicht zuletzt darin, daß man heute allen zur Geschlossenheit tendierenden Ordnungskonzeptionen mit größtem Mißtrauen begegnet. So untersucht B. Waldenfels kosmogonische Ordnungsmetaphern als »Pufferzone zwischen Mythos und Logos«.[213] Er unterscheidet zwei Register von Modellen der Entstehung eines Kosmos: »Modelle der *Herstellung*« (hierunter fällt Aristoteles' »technomorphes« Weltbild ebenso wie Kants Hypostasierung der Vernunft als Gesetzgeberin) und »Modelle eines *Erwachsens* von Ordnung«. Das Verhältnis von Ordnung und zu Ordnendem bzw. Ungeordnetem ist im ersten Falle, daß das »Ungeordnete durchweg der Ordnung

210 Vgl. K. J. Narr: Kultur, Umwelt und Leiblichkeit des Eiszeitmenschen. Stuttgart 1963.

211 E. Cassirer: Philosophie der symbolischen Formen II, 186.

212 C. Lévi-Strauss: Das wilde Denken. 92, 49ff.

213 B. Waldenfels: Ordnung im Zwielicht. Frankfurt 1987. 31-35, hier 31.

als negative Folie dient [...]. Das Chaos erscheint hier (etwa in Hesiods *Theogonie*) als hypostasierter Gegenpart der Ordnung«. Im zweiten Fall, für den etwa an alle Emanationsmodelle zu denken ist, »ist die Ordnung derart nahtlos in den Dingen verankert, daß der Selbstentfaltung im eigentlichen Sinne *nichts* vorausgeht [...]«.[214] Es sind stets die historisch sich wandelnden Erfahrungsstrukturen und Rationalitäts- (und Ordnungs-)Konzeptionen *unserer* Gesellschaft, die in unser Bild fremder Kulturen Eingang finden, wovon gerade die jahrhundertealte Diskussion über das Verhältnis von Mythos und Logos beredt Zeugnis ablegt. Unsere Distanz zum Mythos ist unüberbrückbar geworden. Auch die zweitausendjährige Geschichte der Mythenkritik hat daran nichts Wesentliches zu ändern vermocht.

214 Ebd. 33.

Kapitel II
Kritik heutiger Mythentheorien

I. Geschichtliches

Lévi-Strauss hat in den *Mythologica* den auf den ersten Blick polemisch erscheinenden Vorwurf erhoben, die Philosophie habe in der zweitausendfünfhundertjährigen Geschichte der Auseinandersetzung mit mythischem Denken (mit Ausnahme Plutarchs) kaum mehr als »Platitüden und Gemeinplätze« produziert,[1] und daraus die These abgeleitet, »daß die Wissenschaft der Mythen noch im Alter des Stammelns« sei.[2] Jacques Derrida, der die »Ouverture« zu den *Mythologica* interpretiert, hat dies mit dem Hinweis auf eine grundsätzliche methodische Schwierigkeit ergänzt, daß nämlich »im Gegensatz zum *epistemischen* Diskurs [...] der strukturelle Diskurs über die Mythen, der *mytho-logische* Diskurs selbst *mythomorph* sein« müsse.[3]

»Mythomorph« sind vor allem die Theorien der Mythenbildung, die – schon in der Antike ausgebildet – bis weit ins 19. Jahrhundert hinein Bestand hatten.[4] Besonders nachhaltig

1 C. Lévi-Strauss: Mythologica IV, 749.

2 Ders.: Mythologica I, 13.

3 J. Derrida: Die Struktur, das Zeichen und das Spiel ... In: Ders.: Schrift und Differenz. 433. Vgl. C. Lévi-Strauss: Mythologica I, 17 u. 26.

4 H. J. Rose gibt in der die Geschichte der Mythologie behandelnden Einleitung seines Werkes »Griechische Mythologie« (München 1955, ⁴1974, 1-12) eine systematische Übersicht über die Theorien der Mytheninterpretation von der allegorischen und symbolischen über die Naturmythentheorie bis zur Psychoanalyse. Vgl. zur Geschichte der Mythenkritik daneben vor allem die Forschungsberichte von J. de Vries: Forschungsgeschichte der Mythologie. Freiburg/München 1961; B. Feldman/R. D. Richardson: The Rise of Modern Mythology 1680-1860. Foreword by Mircea Eliade. Bloomington/London 1972; A. Horstmann: Der Mythosbegriff vom frühen Christentum bis zur Gegenwart. In: Archiv für Begriffsgeschichte 23 (1979), 7-54; 197-245. – In diesem Kapitel beschränke ich mich auf Grundlinien der Entwick-

gewirkt hat die allegorische Interpretation der (griechischen) Göttermythen, mit der der Neuplatonismus die Mythologie auf den Begriff zu bringen gesucht hatte. Diese philosophische Auslegung der Mythologie, die den Mythos zu einer philosophisch-funktionalen Metapher oder zur Allegorie macht, als »letzte radikale – als Rettung des Mythos intendierte – Entmythologisierung des Mythos durch die griechische Philosophie, hat ihn endgültig als ernst zu nehmendes religiöses Phänomen zerstört«.[5] Das Problem, wie Mythen (philosophisch) zu deuten seien, entzündete sich an der Interpretation der Homerischen Epen. Deutlich wird dies bereits bei Plato, der die anthropomorphen Göttermythen Homers durch eine vernunftorientierte »Rede über die Götter« (ϑεολογία) zu ersetzen versucht. Hier läßt sich insofern wohl mit Recht von einem Beginn der ›Aufklärung‹ sprechen, als er an den Mythos die Wahrheitsfrage richtet.[6] In der Dichterkritik der *Politeia* stellt Sokrates bei der Erörterung von Erziehungsfragen fest, daß man zuerst den Kindern »Mythen« erzähle; diese Mythen als das »Unwahre« seien dem »Wahren« entgegengesetzt (unter den »Mythenschöpfern« versteht Plato-Sokrates u. a. Homer und Hesiod). Im *Phaidros*[7] läßt Plato – anläßlich der Erörterung des griechischen Mythos

lung. Zu den Details der Geschichte einer philosophischen Mythologie vgl. L. Brisson/C. Jamme: Einführung in die Philosophie des Mythos. 2 Bde. Darmstadt 1991/92.

5 W. Beierwaltes: Hegel und Proklos. In: Hermeneutik und Dialektik II. Hg. v. R. Bubner, K. Cramer, R. Wiehl. Tübingen 1970. 247f.

6 Euthyphron; Politeia 368cff., 595aff.; Parmenides 134e. Die Diskussion um Platons Auffassung des Mythos ist umfangreich und widersprüchlich; hingewiesen sei nur auf K. Reinhardt: Platons Mythen. Bonn 1927 (sieht die platonischen Mythen als bloße Gedankenspielereien); P. Frutiger: Les mythes de Platon. Paris 1930 (unterscheidet zwischen Mythen und Gleichnissen); H.-G. Gadamer: Plato und die Dichter (1934). In: Gesammelte Werke 5 (1985), 187-211; M. Detienne: L'invention de la mythologie. Paris 1981. Bes. 155-189 (D. beleuchtet an Platons Weg von der radikalen Ablehnung mythischer Erzählungen in der *Politeia* zu deren Einbindung in das Erziehungsprogramm der *Nomoi* die Veränderung des platonischen Staatsverständnisses); L. Brisson: Platon, les mots et les mythes. Paris 1982.

7 Phaidros 229e-230a.

vom Raub der Oreithya durch Boreas – die Frage nach der Wahrheit des Mythos offen, weist aber mit gleich ironisch eingefärbtem Nachdruck auf die Schwierigkeiten hin, die ganz und gar keine geringen sind und eine interpretatorische Enthaltsamkeit empfehlen. Indes hat Plato selbst in seinen Dialogen Mythen erzählt – allerdings logisch geläuterte Mythen.[8] Aristoteles definiert den Logos – im Unterschied zu den »mythischen Spitzfindigkeiten«, die nicht verdienen, daß man sie einer ernsthaften Prüfung unterzieht – als beweisende Argumentation, d. h. er sieht im Logos eine methodisch-kritische Rechenschaftslegung.[9]

Blieb trotz allem bei Plato und Aristoteles insgesamt das Verhältnis von Mythos und Logos weitgehend unbestimmt, so ist in der Folge eine immer stärker werdende Festlegung dieses Verhältnisses zu beobachten. Die Stoiker spannten die Mythen auf das »Prokrustesbett«[10] der Allegorie, um sie dieser Wahrheit anzupassen: die Philosophen hielten in der Folgezeit lange den Mythos für eine Allegorie der philosophischen Wahrheiten.[11] Proklos ist der letzte Bedeutende unter den Neuplatonikern, die den antiken Polytheismus symbolisch und philosophisch zu deuten suchten (Creuzer nimmt diese Aufgabe zu Beginn des 19. Jahrhunderts wieder auf, doch Versuche wie der seinige, im Mythos wieder primär

8 Die These, daß der im Dialog geprüfte Logos im Mythos veranschaulicht werden soll, untermauert jetzt – im Rückgriff auf die älteren Studien von G. Müller (Die Mythen der platonischen Dialoge. Nachrichten der Gießener Hochschulgesellschaft 32 [1963], 77-92) und L. Edelstein (The Function of Myth in Plato's Philosophy. Journal of the History of Ideas 10 [1949], 463-481) – Th. Kobusch: Die Wiederkehr des Mythos: Zur Funktion des Mythos in Platons Denken und in der Philosophie der Gegenwart. In: Mythos – Erzählende Weltdeutung im Spannungsfeld von Ritual, Geschichte und Rationalität. Hg. v. G. Binder u. B. Effe. Trier 1990. 13-32.

9 Metaphysik 1000 a 19. Die Römer haben »logos« dann mit »ratio« übersetzt.

10 P. Veyne: Glaubten die Griechen an ihre Mythen? 81.

11 Die allegorische Deutung des Mythos ist viel älter als der Stoizismus und führt zur biblischen Allegorik; vgl. J. Pépin: Mythe et allégorie. Paris 1958.

das religiöse Phänomen zu sehen, bleiben von vornherein zum Scheitern verurteilt). Blieb in der Patristik, der die heidnischen Religionen als Entstellung der im Paradies geoffenbarten Urreligion galten, die Nutzung der Allegorese für die Schriftauslegung eine Ausnahme (Gregor von Nyssa), so wurde im Mittelalter das allegorische Auslegungsverfahren im Gefolge der karolingischen Renaissance bewußt differenziert (Remigius von Auxerre, Johannes von Salisbury, Bernhard Sylvester von Tours). Auch die Renaissance verteidigte den Wert paganer Fabeln mit dem allegorischen Sinn, der sich dahinter verbirgt, weshalb es auch für Christen von Gewinn sei, die Werke heidnischer Autoren zu lesen.[12] Daneben behauptete sich der Euhemerismus, der in Mythen den Niederschlag historischer Ereignisse und hinter Göttern menschliche Persönlichkeiten vermutete, die sich um die Menschheit besonders verdient gemacht haben und die deshalb nach ihrem Tode zu Göttern erhoben worden seien.[13]

Die allegorische Deutungsmethode wurde noch vom 19. Jahrhundert weitgehend benutzt. Auch die naturmythologischen und evolutionistischen Deutungen, die vor allem in den 50er Jahren zum Durchbruch kommen, sprechen den Mythen jede religiöse Funktion ab (A. de Maury, W. Mannhardt, F. L. W. Schwartz, Max Müller, G. W. Cox, M. Bréal).[14] In den Göttern sieht man personifizierte Natur-

12 Das wichtigste Dokument der Mythenrezeption in der frühen Renaissance ist Coluccio Salutati: De laboribus Herculis (1401; ed. B. L. Ullman, 2 Bde, Rurici 1951). Die allegorische Auslegung der Mythen erlebt mit der Welle mythographischer Handbücher nach der Mitte des 16. Jahrhunderts einen neuen Aufschwung. Zum mythologischen Denken der Renaissance vgl. K. Reich: Fortuna oder die Beständigkeit des Wechsels. Frankfurt a. M. 1985; W. Sparn: Hercules Christianus. Mythographie und Theologie in der frühen Neuzeit. In: Mythographie der frühen Neuzeit. Ihre Anwendung in den Künsten. Hg. v. W. Killy. Wiesbaden 1984. 73-107.

13 Euhemeros von Messene (ca. 340-260 v. Ch.) hat seine These in seiner Schrift Ἱερὰ αναγραφή zu einem System ausgebaut (erhalten nur in einem Exzerpt bei Lactantius). Ursprünglich geht es ihm aber um eine Staatsutopie, es ist kein Werk über historische Mythenbildung.

14 Vgl. J. de Vries: Forschungsgeschichte. 202-253.

mächte (Jupiter: Luft, Ceres: Korn, Dionysos: Wein etc.). Diese Sicht ist noch in der Ethnologie des beginnenden 20. Jahrhunderts (Frobenius, Ehrenreich) gültig.
Gegen die allegorische und euhemeristische Deutung opponierte im 19. Jahrhundert vor allem Schelling: in der von ihm begründeten »tautegorischen« Deutung soll der Mythos allein aus sich selbst begriffen werden. Mythologie muß »objectiv« als »Theogonie«, und »subjectiv« als »theogonischer Prozeß« im menschlichen Bewußtsein verstanden werden. Erkennbar ist dieser »mythologische Proceß« erst von der alle Entwicklungsmomente vereinigenden, daher selbst schon allgemeinen griechischen Mythologie her.[15] Die *Philosophie der Mythologie* weist alle aufklärerischen Interpretationen der Mythologie ab, indem sie versucht, die »Nothwendigkeit wirklicher Wesen, die zugleich *Principien, allgemeine und ewige Begriffe* – nicht bloß bedeuten, sondern *sind*«,[16] d.h. die Möglichkeit eines *realen* Umgangs der Menschen mit personifizierten Prinzipien (wovon die *Kunst* seit der Antike wußte und erfüllt war), *philosophisch* zu erweisen. Die mit Schelling abgebrochene Tradition der Romantik wurde im 20. Jahrhundert von W. F. Otto wiederaufgenommen. Auch Cassirer schließt sich an Schelling an, nämlich an dessen These, »daß das subjective agens der Mythologie nirgends anders als im menschlichen *Bewußtsein* zu suchen ist«;[17] er entwickelt allerdings eine neue Theorie des Bewußtseins, die Lehre von den symbolischen Formen.
Wird bei Schelling die Mythologie zur Ontologie, so beob-

15 Vgl. F. W. J. Schelling: Einleitung in die Philosophie der Mythologie. In: WW XI, 175-198, bes. 193, 198. Vgl. dazu neuerdings L. Procesi Xella: Ipotesi sulla mitologia nel tardo romanticismo tedesco: La Schellinghiana introduzione storico-critico alla filosofia della mitologia. In: Studi Storico Religiosi 6 (1982), N. 1-2, 253-285; X. Tilliette: La mythologie comprise. L'interprétation schellingienne du paganisme. Napoli 1984. 65-77. – Vgl. zu Schellings Mythologie insgesamt H. Freier: Die Rückkehr der Götter. Von der ästhetischen Überschreitung der Wissensgrenze zur Mythologie der Moderne. Stuttgart 1976.
16 WW XI, 242.
17 E. Cassirer: Philosophie der symbolischen Formen II, 15.

achten wir bei Hegel die Gegenposition einer konsequenten Historisierung des Mythos als Teil der Historisierung der Kunst. Hegel erkennt die Mythologie als »dem menschlichen Geist und Dasein entnommen« an:[18] er hält – im Gegensatz zu Schelling – die Göttergestalten für Projektionen der menschlichen Erfahrung und Reflexe auf jeweils zeitlich bedingte Zustände. Die romantische Konzeption einer Einheit von Mythologie und Geschichtsbewußtsein wird grundsätzlich verworfen. Hegel suchte zu verstehen, warum die Griechen auf der einen Seite dachten, die Athena im Parthenon *sei* die Gottheit (und repräsentiere sie nicht nur), auf der anderen Seite aber wußten und rühmten, daß Phidias die Statue geschaffen hatte. Einig ist sich Hegel mit Schelling allerdings in der Verwerfung der naturmythologischen Deutung; in dieser Richtung hat er auch dem Historismus (O. Gruppe) vorgearbeitet. Die neuaufkommenden religiös-psychologischen Deutungen (Welcker) sagten ebenfalls allen naturmythologischen Erklärungsmustern den Kampf an. Einen besonderen Aufschwung erlebte im 19. und 20. Jahrhundert die Entwicklungsgeschichte der religiösen Anschauungen, befördert durch Darwins Evolutionstheorie.

Daneben gab es – ebenfalls schon seit der Antike (vgl. Herodot II. 50ff.) – Versuche, Mythen etymologisch zu entschlüsseln und Verwandtschaften verschiedener Kulte durch Übertragung zu erklären. Mit der vergleichenden Mythologie (A. Kuhn, F. L. W. Schwartz, F. M. Müller) und vor allem mit

18 G. W. F. Hegel: Ästhetik. Ed. Bassenge. Bd. 1, 462. – Vgl. zu Hegels Mythos-Auffassung H. Rebstock: Hegels Auffassung des Mythos in seinen Frühschriften. Freiburg/München 1971; A. Gethmann-Siefert: Die geschichtliche Funktion der »Mythologie der Vernunft« und die Bestimmung des Kunstwerks in der »Ästhetik«. In: Mythologie der Vernunft. 226-261; C. Jamme: »Ist denn Judäa der Tuiskonen Vaterland?« Die Mythos-Auffassung des jungen Hegel (1787-1807). In: Früher Idealismus und Frühromantik. Der Streit um die Grundlagen der Ästhetik (1795-1805). Hg. v. W. Jaeschke u. H. Holzhey. Hamburg 1990. (= Philosophisch-literarische Streitsachen. 1.) 137-158. – Zum folgenden vgl. D. Henrich: Kunstphilosophie und Kunstpraxis. Ein Interview mit Fragen von F. Rötzer. In: Kunstforum International. Bd. 100 (1989), 162-179, bes. 164.

der – zuerst stark darwinistisch geprägten – Ethnologie entstehen im 19. Jahrhundert aber auch ganz neue Wissenschaften. Die aufkommende soziologische Mythenforschung (Bachofen) schließt in vielem an Creuzer an.[19]

Gleichwohl hat sich die Mythologie nach Creuzer grundlegend gewandelt: nicht nur hat erst mit der historischen Kritik die »Selbstverständlichkeit des Mythologischen« ihr wahres Ende gefunden,[20] sondern die Mythologie ist um 1830 auch institutionell ortlos geworden. Bis 1825 waren Creuzer und andere Altphilologen und Archäologen in einer Person; um 1830 gliederten sich dann aus der philologisch orientierten Altertumswissenschaft die Disziplinen der Altphilologie, Althistorie, Archäologie, Kunstgeschichte und besonders die Religionsgeschichte (Maury, R. Évide, Welcker, Usener) aus. So mußte sich etwa Ritschl in Rom entscheiden, ob er Archäologe oder Philologe werden sollte.[21] Die Mythologen bekamen an unserer Universität keinen Lehrstuhl (obschon die Mythologie Voraussetzung war für Homer wie für die antike Plastik und Architektur). Die Mythologie hat es schwer gehabt, sie hat, wie Lévi-Strauss gesagt hat,[22] am meisten gelitten. Drastisch beschreibt diesen Vorgang M. Detienne: »Die von der Religion sorgfältig geschiedene Mythologie mußte [...] auf niedere Rassen abgeschoben und den Naturvölkern zugeschrieben werden. Als vergessene Ursprungssprache, Gestalt des Irrsinns und der Wildheit, konnte die Mythologie jetzt nur noch als Überbleibsel gedacht werden: als exkrementelle Rede und bloßer Deutung überlassener Rest«.[23]

Die zunehmend ernsthafter werdende Beschäftigung mit dem Denken der Naturvölker – im Zeichen eines erschütterten

19 Vgl. zum 19. Jahrhundert allgemein H. Koopmanns Vorbemerkung zu dem von ihm herausgegebenen Band: Mythos und Mythologie in der Literatur des 19. Jahrhunderts. Frankfurt a. M. 1979. 7-10.

20 Vgl. P. Michelsen: Der Sog der Mythe. In: Heidelberg im säkularen Umbruch. Hg. v. F. Strack. Stuttgart 1987. 444-465, hier 444.

21 Vgl. O. Pöggeler: Die Frage nach der Kunst. Von Hegel zu Heidegger. Freiburg/München 1987. 87.

22 C. Lévi-Strauss: Strukturale Anthropologie I. 227.

23 M. Detienne, in: Mythos ohne Illusion. 20.

Fortschritts- und Zivilisationsglaubens ebenso wie angeregt durch die von S. Freud erneuerte Tiefenpsychologie – prägte dann das 20. Jahrhundert. Dabei profitierte die Mythologie von der »Krise des Historismus«.[24] Die Sonnen- und Mondmythologie des 19. Jahrhunderts lief langsam aus; an ihre Stelle trat die empirische ethnologische Forschung, etwa von Malinowski. Die »Kulturmorphologie« von Frobenius und (seinem Schüler) Jensen prägte erfolgreich für weitere Kreise des deutschen Bildungsbürgertums das Bild vom ›edlen Wilden‹.[25] Berühmt wurde Jensens Deutung des Mythos von Hainuwele (1951). Von besonderem Einfluß wurde rasch die soziologische Schule. Ausgehend von seiner Beschäftigung mit den totemistischen Systemen in Australien suchte Durkheim (zuerst 1907, dann ausführlich in seinem Buch von 1912) die symbolische Struktur des Heiligen zu klären; weder der Animismus noch der »Naturismus«, so seine These, sei die eigentliche Wurzel der Religion, sondern der soziale Verband. Im kollektiven Zusammenleben erfahre der einzelne die ihn übersteigende Kraft des Kollektivs, die er als objektivierte religiöse Gestalten sich vorzustellen sucht: so würden gesellschaftliche Tatsachen und Institutionen als Riten dramatisiert, als Mythen erzählt.[26] Der Neffe, Schüler und Nachfolger von Durkheim, Marcel Mauss, wurde zum Begründer der französischen Ethnologie; C. Lévi-Strauss entwickelte die Konzeption von Mauss weiter (heute gehört Bourdieu zu den führenden Vertretern der auf Durkheim zurückgehenden »École française« der Soziologie. In England galt A. R. Rad-

24 H.-G. Gadamer: Wahrheit und Methode. 480.

25 Vgl. zu Frobenius F. W. Kramer: Die Aktualität des Exotischen. Der Fall der »Kulturmorphologie« von Frobenius und Jensen. In: Die Restauration der Götter. 258-270. – Vgl. allgemein zum 20. Jahrhundert J. de Vries: Forschungsgeschichte. 295 ff.; M. Hochgesang: Mythos und Logik im 20. Jahrhundert. München 1965.

26 E. Durkheim: Die elementaren Formen des religiösen Lebens (Paris 1912). Frankfurt a. M. 1984. Einen Überblick über die Entwicklung und den Stand der religionssoziologischen Forschung mit ausführlicher Bibliographie bietet I. Mörth: Die gesellschaftliche Wirklichkeit von Religion. Stuttgart/Berlin/Köln/Mainz 1978. Vgl. auch J. Habermas: TKH II, 69 ff., bes. 75 ff.

cliffe-Brown als Anhänger Durkheims). Neben der Ethnologie wurde der Mythos vor allem Gegenstand der Psychologie:[27] W. Wundts *Völkerpsychologie* (1905 ff.) ist eine Sammlung aller Tendenzen und Hypothesen der Mythendeutung des 19. Jahrhunderts. Der Mythos wird hier als eine Aneinanderreihung von Assoziationen aufgefaßt und auf Gefühlsmomente zurückgeführt; für Freud und O. Rank dagegen sind Mythen der künstlerische Ausdruck sexueller Komplexe, und für Jung (und in seinem Gefolge Karl Kerényi) ist der Mythos – nach seiner Wende im Anschluß an seine Amerikareise 1909 (er liest die Bände von Creuzers *Symbolik und Mythologie*) – ein Grundelement (»Archetypus«) in unserer seelischen Struktur, die noch heute richtungweisend aus den Träumen hervortreten können.[28] Die psychoanalytische Theorie war auf die Mythenforschung von großer Wirkung, Jung etwa in den USA auf J. Campbell,[29] Freud prägt in starker Weise noch Blumenbergs *Arbeit am Mythos.* Man hat der psychoanalytischen Mythendeutung aber auch vorgehalten, sie drohe im Horizont aufklärerischen Denkens zu bleiben, indem sie den Mythos wieder distanziere.[30]

Neben den Ethnologen und Psychologen versuchten sich auch die Philosophen an Theorien über das primitive Denken, so vor allem E. Cassirer, der das Hauptkennzeichen des Mythos in seinem symbolhaften Charakter sah. Dieser An

27 Vgl. W. Schmidbauer: Mythos und Psychologie. München/Basel 1970 (zu Wundt: 43 ff.; zu Freud: 51 ff., zu Jung: 67 ff.); vgl. auch die Aufsätze von M. Schneider und M. Rutschky, in: Mythos und Moderne. 197-216, 217-241. Vgl. auch H. Blumenberg: Arbeit am Mythos. 654 ff.; 560 ff. – Zu Wundt vgl. jetzt auch H. u. L. Sprung: Wilhelm Maximilian Wundt. Vater der experimentellen Psychologie. In: Wunderblock. Eine Geschichte der modernen Seele. Hg. v. J. Claer, C. Pichler, W. Pircker. Wien 1989. 343-349.

28 Zu Jung vgl. vor allem die neuere Studie von T. Evers: Mythos und Emanzipation. Eine kritische Annäherung an C. G. Jung. Hamburg 1987.

29 J. Campbell: Lebendiger Mythos. München 1985.

30 Vgl. E. Unger: Wirklichkeit-Mythos-Erkenntnis. München/Berlin 1930. 25 ff.; M. Eliade: Ewige Bilder und Sinnbilder. 9 ff.; C. Lévi-Strauss: Die eifersüchtige Töpferin. 295 ff.

satz ist vor allem von Susanne K. Langer weiterentwickelt worden.[31]

Heute hat sich diese im Laufe von 150 Jahren ausgebildete Differenzierung sedimentiert: der Mythos ist Gegenstand der verschiedensten Wissenschaftsdisziplinen, vor allem der Psychologie bzw. Psychoanalyse (von Freuds *Totem und Tabu* bis zu Erich Fromm), der Ethnologie und Anthropologie (von Malinowski bis Lévi-Strauss), der Soziologie (von Durkheim bis Bourdieu), der vergleichenden Religionswissenschaft (Eliade und Pettazzoni), der klassischen Philologie und Altertumswissenschaft (von Wilamowitz und W. F. Otto bis Bollack), der Archäologie und Kunstgeschichte und schließlich der Philosophie (von G. F. Lipps und Cassirer bis Hübner und Blumenberg). Nach dem Zurücktreten von naturalistischen, rationalistisch-euhemeristischen, allegorischen und ritualistischen Methoden haben sich heute als die wichtigsten die funktionelle (Mythen rechtfertigen soziale Gegebenheiten), die symbolische (Mythen geben allgemeingültige Denkweisen wieder) und die strukturalistische (der Mythos wird in seine Elemente zerlegt) Methode durchgesetzt.

Im Bedeutungswandel und der Entwicklung der Mythologie spiegeln sich sich verändernde gesellschaftliche Bedingungen wider. Angesichts der konkurrierenden, vielfach völlig gegensätzlichen Deutungsmethoden, die die »Widersprüche der Mythologie selbst [spiegeln]«,[32] läßt sich nur schwer von einer einheitlichen Geschichte der Mythen-Deutung sprechen. G. v. Graevenitz ermittelte vier heterogene konstitutive Typen der neuzeitlichen Mythentradition und -rezeption: die »symbolische« der »neuen Mythologie« G. Brunos, die noch F. Schlegel bestimmt; die »topische« der Mythographen von Varro über Vico bis Lévi-Strauss; die »öffentliche«, die Gelehrtenmythologie popularisierende, deren Strukturen vor allem aus der Bild- und Festprogrammatik der Französischen Revolution erschlossen werden; schließlich die »romanti-

31 S. K. Langer: Philosophy in a New Key (1942; dt. 1965 [2. TB-Aufl. Frankfurt a. M. 1984] u. d. T. »Philosophie auf neuem Wege«).

32 H. Gockel: Mythos und Poesie. 37.

sche«, deren »Mythos« von ›Volk‹ und ›Nation‹, wie an A. v. Arnim, J. Grimm und R. Wagner nachzuweisen gesucht wird, sich in die drei anderen Überlieferungen auflösen läßt. Alle diese heterogenen, in sich synkretistischen und sich auch miteinander vermischenden Überlieferungen bildeten ihre Begriffe des Mythischen, indem sie das eigene Verständnis auf einen Gegenstand projizierten, dessen Wesen ihnen fremd blieb. So gelangt Graevenitz zu der – nur auf den ersten Blick gewagten – These, »daß das, was wir für ›Mythos‹ halten, eine große kulturgeschichtliche Fiktion ist«. Die »Idee« des Mythos ist nichts als das »Produkt von europäischen Wahrnehmungs- und Denktraditionen, die allein mit Methoden der Kulturgeschichtsschreibung zu erschließen sind«.[33] Die Mythologie selbst ist immer mythomorph.[34] Gerade dieser mythomorphe Charakter begründet aber auch ihre Faszination. Der Begriff »Faszinationsgeschichte« stammt von dem Berliner Religionswissenschaftler Klaus Heinrich, der diese als Konfliktgeschichte auffaßt, die nicht durch einen vorgegebenen geschichtsphilosophischen Rahmen rekonstruiert wird, sondern davon ausgeht, daß das, was heute fasziniert, Index dafür ist, daß es sich um geschichtsphilosophisch nicht gelöste große Gattungsprozesse handelt.

Auch die heutigen Mythentheorien sagen mehr aus über ihre Urheber und das Lesepublikum als über das Wesen der Mythen.[35] Im folgenden sollen die beiden für die aktuelle Diskussion wirkungsmächtigsten theoretischen Erklärungsmodelle mythischen Denkens, die untereinander aufs engste zusammenhängen, exemplarisch analysiert werden, nämlich die Herleitung der Mythengenese aus der Angst und die Plausibilisierung des Mythos durch Angleichung an den Logos.

33 G. v. Graevenitz: Mythos. IX, VIII.

34 Vgl. C. Lévi-Strauss: Mythologica I; 13, 16f., 17f. – Zum folgenden vgl. K. Heinrich: Das Floß der Medusa. In: Faszination des Mythos 335-370, hier 340.

35 So H. Poser: Logomythie.

1. Die Lehre von der Urangst

Die Vorstellung einer chaotischen Urangst als Ursprung des Mythos (der die Angst in Symbolen banne) begegnet in der Neuzeit zum ersten Mal bei Giambattista Vico. Der Mythos erscheint hier nicht mehr – wie in der alexandrinischen Homer-Allegorese – als Einkleidung einer Wahrheit, sondern als eine eigene Form der (Bilder-)Sprache, mittels derer der Mensch seine ursprüngliche Fremdheit in der Welt überwindet.[36] Vicos philosophisches Interesse am Mythos entspringt dem Bemühen –, unter Rückgriff auf Platon – Descartes' kritische Methode in einem »Umfangenderen« aufzuheben und somit zu erweitern; Vico sucht eine zu der traditionell-analytischen alternative Begriffsbildung und findet sie in der poetischen Funktion des menschlichen Geistes.

Seine Theorie vom Wesen des Mythos entfaltet Vico in der zweiten Abteilung des zweiten Buches der *Neuen Wissenschaft* unter dem Titel »Logica Poetica« als Lehre von der Entwicklung der frühen *Sprache*.[37] Vicos Behandlung der Sprache des Mythos als Analogon der dichterischen Sprache ist nicht ablösbar von seinem (Varro und Augustin verpflichteten) Versuch, Geschichte und Theologie zusammenzudenken;[38] seine »poetische Logik« ist in seine Geschichtsphilosophie eingebaut: Göttermythen spiegeln den Kampf des (»kindlichen«) Menschen mit der feindlichen Natur. Seine in der dritten Abteilung des ersten Buches skizzierte Theorie der Entstehung der mythischen Begriffsbildung als natur-

36 Vgl. zu Vico meine Darstellung in: Einführung in die Philosophie des Mythos II. Darmstadt 1991. Kap. I (dort auch weitere Literatur).

37 G. Vico: Prinzipien einer neuen Wissenschaft über die gemeinsame Natur der Völker. Übers. v. V. Hösle u. Ch. Jermann. 2 Teilbde. Hamburg 1990. Hier Bd. 2, 188.

38 Vgl. seine Definition der »Neuen Wissenschaft« als »una teologia civile ragionata della provvedenza divina« (G. Vico: Principj di Scienza nuova. A cura di Fausto Nicolini. 3 Bde. Torino 1976. Hier Bd. I, 122. Vgl. G. Vico: Prinzipien. Bd. 1, 150).

philosophische Götterallegorie, die erste anthropologische Deutung der Religion,[39] enthüllt das mythische Verfahren als Interpretation der Wirklichkeit. Die Mythologie wird gedeutet als Reaktionsform der Furcht vor den übermächtigen Naturkräften, denen man durch Projektion des eigenen Wesens in die Natur hinein ihren Schrecken zu nehmen suchte.

Seine Mythentheorie hat kaum direkte Nachfolger gefunden;[40] besonders wirkungsvoll erwiesen sich allerdings einzelne aus dem Gesamtzusammenhang herausgebrochene Elemente, so vor allem die völlig »innerweltliche« Begründung der (heidnischen) Religion aus dem Zustand der Furcht und Unwissenheit, die sich 1757 auch in Humes *Natural History of Religion* findet.[41] Hume will den faktischen Ursprung der Religion in der menschlichen Natur aufklären. Gegen die (deistische) Fiktion einer ursprünglichen (monotheistischen) Naturreligion, die den aufklärerischen Vernunftglauben zum Inhalt gehabt habe, sieht er im Polytheismus die ursprüngliche Form aller Religiosität und in der Mythologie deren unmittelbaren Reflex. Den Polytheismus deutet Hume als perfektes System der Absicherung gegen die Lebensangst.

Der Gedanke Humes von der Personifizierung von Naturerscheinungen als Urform religiösen Verhaltens wurde in der

39 M. Horkheimer: Die Anfänge der bürgerlichen Geschichtsphilosophie. Stuttgart 1930. 104.

40 F. Fellmann (Von der Sprache des Mythos zum Mythos der Sprache. In: Sprache, Wirklichkeit, Bewußtsein. Studien zum Sprachproblem in der Phänomenologie. Hg. v. E. W. Orth. Freiburg/München 1988. = Phän. Forschungen. 21. 114-132, hier 123) sieht die »einzig genuine Rezeption des mythischen Weltbegriffs der *Neuen Wissenschaft* (...) bei Sorel, dessen politische Mythologie inhaltlich und formal Vicos Positionen verpflichtet ist.« Das Politische werde als der Raum des Mythos begriffen.

41 D. Hume: The natural history of religion and Dialogues concerning Natural Religion. Ed. by A. W. Colver and J.-V. Price. Oxford 1976. 31; ders.: Die Naturgeschichte der Religion. Übers. u. hg. v. L. Kreimendahl. Hamburg 1984. 8. Vgl. J. C. A. Gaskin: Humes Philosophy of Religion. London 1978. 143-158.

Folgezeit oft wiederholt, z. B. von Ch. de Brosses (1760). Eine Wirkung Humes ist besonders bei Herder feststellbar, zuerst zustimmend, dann kritisch. Ob beim jungen Herder zusätzlich noch Vicosche Gedanken hineinspielen, ist umstritten.[42] In jedem Fall sah Herder in seinem *Reisejournal* von 1769 in der Mythisierung von Naturphänomenen den Ursprung der griechischen Göttererzählungen.[43] Auf der See erfährt er im Schauder des Sturms bei der Überfahrt nach Nantes unmittelbar die Urgewalt der Natur mit ihren schrecklichen wie tröstlichen Zeichen. Entscheidend von Herder beeinflußt und in auffälliger Parallelität zu Vico ist Heynes rhetorisch geprägte Analyse des Mythos.[44] Das apotropäische Argument vom Ursprung der Religion und der griechischen Mythologie aus Furcht begegnet auch bei ihm: der primitive Mensch wird beim Anblick der überwältigenden Naturerscheinungen ins Staunen versetzt und in eine religiöse Stimmung, die das objektiv Wahrgenommene zu einem sinnlichen Bild umformt (der »sermo symbolicus et mythicus«). Gegen Ende des 18. Jahrhunderts hat sich diese Theorie zu einem festen Topos der Mythengenese verfestigt, wie eine Passage aus einem Fragment des jungen Hegel zu belegen vermag.[45] Im 19. Jahrhundert begegnet er in allen relevanten Theorien; so sah Frazer[46] »Religion« als Besänftigung oder Versöhnung der den Menschen überlegenen Kräfte, Usener und die religionsgeschichtliche Schule gingen von einer archaischen Furcht der Menschen vor der bewegten

42 I. Berlin (Vico and Herder. Two Studies in the History of Ideas. New York 1977. 147) nimmt eine zumindest pauschale Kenntnis der *Scienza nuova* an.

43 J. G. Herder: Journal meiner Reise im Jahre 1769. Stuttgart 1976. 22. Vgl. dazu H. Gockel: Mythos und Poesie. 124f.

44 Vgl. zur Verwandtschaft von Humes Ansicht vom Ursprung der Religion zu Heynes Mythosauffassung Ch. Hartlich / W. Sachs: Der Ursprung des Mythos in der modernen Bibelwissenschaft. Tübingen 1952. 169-171. Zu Herder und Heyne vgl. ebd. 172ff. u. H. Gockel: Mythos und Poesie. 34.

45 Hegels theologische Jugendschriften. Hg. v. H. Nohl. Tübingen 1907. 376.

46 J. G. Frazer: The Golden Bough. London 1922. 50.

Natur ebenso aus wie die Warburg-Schule, die das Grundproblem darin sah, wie der urtümliche Mensch Distanz zum »universalen Schrecken seines Daseins« (Gombrich) schafft.[47] Freud gehört dann ebenso in die Traditionslinie wie Horkheimer/Adornos *Dialektik der Aufklärung*, nach der der archaische Schrecken Naturbeherrschung initiiert: am Anfang steht der Schrecken vor der unbeherrschten Natur, der sich die Menschen zunächst mimetisch (mittels Magie und Mythos) anzugleichen versuchten.[48]

2. H. Blumenberg

In der Gegenwart ist es Hans Blumenberg, der wieder bei Vico anknüpft, allerdings nicht ohne dessen Konstruktion (prä-)historisch zu korrigieren. Vico habe schließlich nur 3000 Jahre Geschichte gekannt; die Mythen seien in Wahrheit aber ungleich früher entstanden, nämlich zu dem Zeitpunkt (vor 1,5 Millionen Jahren), als der homo habilis sich zum homo erectus entwickelte und aus der Geborgenheit des Urwalds in die offene Savanne trat: »Es war noch kein Vorstoß der Neugierde, kein Lustgewinn an der Erweiterung [...] Es war ein Situationssprung, der den unbesetzten Fernhorizont zur dauernden Gegenwärtigung des bis dahin Unbekannten machte.«[49] Die hier aufbrechende Angst sieht er als eine Grundbefindlichkeit des Menschen an, eine ursprüngliche Bodenlosigkeit. Diese Kennzeichnung des vorgeschichtlich-archaischen »status naturalis« als unbeschränkte Herrschaft der Wirklichkeit, die ängstigt, ist epikuräische Tradition, die Blumenberg bei der Psychoanalyse

47 Vgl. A.M. Warburg: Schlangenritual. Ein Reisebericht. Berlin 1988 (Der Pueblo-Indianer ringt seiner Angst vor der todbringenden Schlange symbolische Züge ab); E. Cassirer: Philosophie der symbolischen Formen II, 239.

48 Vgl. G. Schmid-Noerr: Das Eingedenken der Natur im Subjekt: Jenseits der Aufklärung? In: Metamorphosen der Aufklärung. Vernunftkritik heute. Hg. v. G.S.-N. Tübingen 1988. 68-98, bes. 82f.

49 H. Blumenberg: Arbeit am Mythos. 10.

(Geburtstrauma), Kierkegaard und Heidegger (Angstanalyse) aufnimmt, verbunden mit Husserls Urstiftung. In seinem Buch *Höhlenausgänge* wird dies noch präzisiert; die Bedeutung der Krisen der Trennung und der Schwellen wird hier anhand einer Analyse des »Mythos vom Höhlenausgang«[50] – ausgehend vom platonischen Kunstmythos – nachzuweisen gesucht. Zum Beleg der These, »daß Trennungstraumata und Wirklichkeitsbegriffe etwas miteinander zu tun haben«,[51] dient wiederum die Vorgeschichte: das Heraustreten aus dem Regenwald auf die offene Savanne nötigt den Menschen zu aufrechtem Gang; seine jetzt aufkommende Urangst läßt ihn die schützende Höhle aufsuchen: dieser Übergang läßt sich deuten »als Entlastung vom ›Realismus‹ der freien Landschaft, als Wiedergewinnung des verlorenen Biotops in neuer Verdichtung«.[52] Aus dieser »Vollkommenheit von Bergen und Behagen«[53] entstehen die frühen Formen der Kultur: Mythen, magische Praktiken, vor allem die Höhlenmalerei. Die Überlebens- und Daseinsangst des Menschen wird nun mittels mythischer Erzählungen bewältigt; der Mythos will uns die gefürchteten höheren Mächte vom Leibe halten. Mythen werden – nach der gelungenen Formel von Odo Marquard – gedeutet als geglückte Versuche, »aus dem Schrecken in Geschichten über den Schrecken auszuweichen«.[54] Dabei spielt eine zentrale Dialektik eine Rolle, daß sich nämlich in der Höhle zwar leben läßt, nicht aber der Lebensunterhalt (d. h. die Jagd) gefunden werden kann. Diese »Lebensteilung in Höhle und freie Wildbahn« schafft eine »Lücke innerhalb der Rationalität der Selbsterhaltung«,[55] eine anti-instrumentelle, ästhetisch-kulturelle Sphäre, die gerade in dem geschützten Raum der Höhle entsteht: »Eigenschaften, die nur innerhalb der Höhle möglich und akzeptabel gewesen wären, schlüpfen kraft des gewonnenen Anse-

50 Ders.: Höhlenausgänge. 25.

51 Ebd. 24.

52 Ebd. 25.

53 Ebd. 26.

54 Terror und Spiel. 528.

55 H. Blumenberg: Arbeit am Mythos. 14; ders.: Höhlenausgänge. 34.

hens durch die Maschen der Selektion.« Kultur entsteht mithin aus »geduldeter Schwäche«.
Die Definition des Mythos, ja, der Kultur überhaupt als Entlastung, als Mittel, archaische Ängste zu bewältigen, hängt einmal von mindestens bestreitbaren (prä-)historischen Voraussetzungen ab. So ist der Topos vom »Urmenschen« als einem »Höhlenmenschen« historisch nicht haltbar: auch in der Altsteinzeit wurden die Höhlen nur sporadisch benutzt, für Stunden, Tage oder Wochen. Auf keinen Fall haben die Menschen sie lange bewohnt, wozu sie auch ungeeignet gewesen wären.[56] Zum anderen ist Blumenbergs Mythentheorie ganz auf der Konstruktion einer vorgeschichtlichen Angst des Menschen aufgebaut. Es erhebt sich aber unabweisbar die Frage, ob diese Theorie des Mythos nicht nur einen Mythos über den Mythos festschreibt. Dieser Vorwurf trifft auch schon die Konstruktion der *Dialektik der Aufklärung;* die Theorie von der Geburt der Mythen aus der Angst vor der Übermacht der Wirklichkeit verrät vielleicht weniger über den Mythos als »am meisten über uns [...] und über die Epoche, in der wir leben [...] Möglicherweise sind die variantenreichen mythischen Geschichten keine Geschöpfe der Notdurft, sondern des Erfindungsreichtums, des Übermuts, des freudigen Staunens angesichts des Reichtums dessen, was gegenwärtig ist.«[57] Daß bei Horkheimer, Adorno und Blumenberg eine psychologische, die Sache verstellende Sicht vorliegt, hat zu Recht K. Hübner betont. Für die Anthropologen (Mauss, Achèy, Morris, Meuli etc.) ist das rituelle Opfer der »Brennpunkt des mythischen Lebens«; sie kommen aber ihrerseits nicht nahe genug an das heran, was im sacri-ficium das Heilige ist, oder sie können nicht verständlich machen, warum gerade *der* Mythos, der ein Schuldpro-

56 Vgl. K. J. Narr: Von der Natur der frühesten Menschheit. In: Freiheit in der Evolution. Hg. v. W. Böhme. Karlsruhe 1984. 9-35, hier 23; vgl. ders.: Frühmensch und Sprache. In: Evolution und Sprache. Über Entstehung und Wesen der Sprache. Hg. v. W. Böhme. Karlsruhe 1985. 9-32, hier 12.

57 H. Hesse: Vernunft und Selbstbehauptung. Frankfurt a. M. 1984. 124f.

blem verarbeitet, der »Ursprung aller anderen gewesen sein soll«.[58] Vielleicht führt also nicht die Angst zu einer magisch-mythischen Weltsicht, sondern setzt diese gerade voraus, genauer: die Angst setzt womöglich das Opfer voraus.
Man kann die Urangst-Theorie auch symboltheoretisch kritisieren und ihres zirkulären Charakters überführen, setzt doch der Schrecken die »magische Verzauberung der Welt [...] bereits voraus [...] Protosprachliche Anzeichen elementarer Gefühle müssen bereits in ein Gefüge sinnlicher und sprachsymbolischer Repräsentanzen verwandelt worden sein«. Was G. Schmid-Noerr hier Adorno/Horkheimer ankreidet, läßt sich ohne weiteres auch auf Blumenberg ausdehnen: alle gehen methodisch so vor, daß sie das Denken »aus der Funktion der Angst anstatt aus der Logik des Symbols ableiten [...] Mit dem Übergang vom Schrecken zum Namen wird die Intentionalität sprachfähiger Subjekte schon vorausgesetzt.«[59] Wellmer hat dieser Theorie den Restbestand einer naiv-rationalistischen Namenstheorie der Sprache vorgehalten, ein intentionalistisches Vorurteil über die Sprache, »eine naturalistische Variante der Philosophie des sinn-konstitutiven Subjekts«.[60] Wenn Wittgenstein mit seiner These recht hat, daß die Praxis von »Sprachspielen« – nicht erst in der Gestalt von Mythen – gegenüber den Intentionen (z. B. Instrumentalität) sprachlicher Subjekte etwas *Primäres* ist, macht dies die Begründung Horkheimers und Adornos ebenso wie die Blumenbergs zirkulär.

58 K. Hübner: Die nichtendende Geschichte des Mythischen. In: Scheidewege 16 (1986-87), 16-29, hier bes. 17, 19-20.

59 G. Schmid-Noerr, in: Metamorphosen der Aufklärung. 91f.

60 A. Wellmer: Zur Dialektik von Moderne und Postmoderne. Frankfurt a. M. 1986. 87.

1. »Arbeit am Mythos« vs. »Dialektik der Aufklärung«

Blumenberg sucht seine These von der Urangstbewältigung qua Mythos dadurch abzusichern, daß er sie mit einer anderen Theorielinie verbindet, nämlich jener, die von der Rationalität des Mythos spricht. Indem der Mythos bestimmte Lebenssituationen und Ängste bewältigt, gewinnt er eine erste Distanz und ist so anfängliche Rationalität.

Daß der Mythos als eine frühe Form der Naturerkenntnis eine rationale Dimension hat, hat als einer der ersten Francis Bacon in *De sapientia veterum* (1609) herausgestellt.[61] Gegen die zeittypischen Vorurteile der Renaissance vermochte er die Mythen nicht mehr als bloße Fiktion abzutun, sondern würdigte sie als eigenständige Erkenntnisform (»ein Mittel der Belehrung«), eben als »Wissenschaft der Alten«.[62] Diese Herausstellung der *aufklärerischen* Seite des Mythos darf allerdings nicht – gegen das Verdikt von Adorno und Horkheimer[63] – dazu verleiten, Bacons Begriff des Mythos als Vorform instrumenteller Vernunft zu verstehen; vielmehr ist das mythische Denken hier eine utopische Erinnerung an eine Form müheloser Naturbeherrschung. An Orpheus etwa macht Bacon deutlich, daß schon im mythischen Zeitalter eine empirisch-praktische Naturerkenntnis geherrscht habe, die erst durch die modernen Wissenschaften wieder realisiert werden könne, die Idee nämlich einer gewaltlosen Herrschaft über die Natur (»gleichsam durch die Harmonie und den feinen Anschlag der Lyra«).[64]

Bei Blumenberg spielt der Mythos eine entscheidende Rolle

61 F. Baconi: De sapientia veterum liber (nach der Erstausgabe von 1609); engl.: The Wisdome of the Ancients. Übers. v. A. Gorges. London 1619. Repr. New York 1968. Dt. Ausg. u. d. T.: Weisheit der Alten. Hg. u. m. e. Essay v. Ph. Rippel. Frankfurt a. M. 1990.

62 F. Bacon: Weisheit der Alten. 12 (»Vorrede«).

63 T. W. Adorno / M. Horkheimer: Dialektik der Aufklärung. 7f., 10f.

64 F. Bacon: Weisheit der Alten. 36. – Vgl. dazu Ph. Rippel: Francis Bacons allegorische Revolution des Wissens. Ebd. 93-127, bes. 115, 121.

im Prozeß der Selektion für die Selbsterhaltung der menschlichen Gattung und das Überleben der stärksten Geschichten.[65] Die Mythen sind nicht vor-logisch, sondern »hochkarätig[e] Arbeit des Logos«;[66] mythisches Denken ist Arbeit im Dienst der Erkenntnis, Domestizierung der Einen übermächtigen Gewalt durch Differenzierung in eine Menge von begrenzten Einzelgewalten, Depotenzierung durch »Willkürentzug«.[67] Der Mythos ist – so verstanden – »Distanz zu dem [...], was er schon hinter sich gelassen hat«.[68] Der Mythos ist als Poesie schon Davongekommensein, Entronnensein.

Das wichtigste Mittel, Distanz zu schaffen zum »Absolutismus der Wirklichkeit«,[69] ist die Stiftung von »Bedeutsamkeit«, die – im Unterschied zur nivellierenden Indifferenz der theoretischen Wissenschaft – bestimmten Zeiten, Räumen und Dingen eine besondere Prägnanz, ein Relief verleiht und sie so der Gleichgültigkeit entreißt.[70] Neben dem Horizont der Überbesetzung von Erfahrungen gibt es eine Fülle von anderen »Verfahrensordnungen« zur Distanzierung des Unheimlichen, etwa das Verfahren der Namengebung. Diese mythischen Verfahren unterliegen innerhalb der schriftlos-oralen Vorgeschichte einer »intensiveren Erprobung aller Gehalte auf Sicherheit der Wirkung«; innerhalb dieses Selektionsprozesses wird der Mythos »optimiert«.[71] Die ikonische Konstanz der Mythen wird auf diese Weise evolutionstheoretisch erklärt.

Mit seiner Grundthese von der »Grundformel des Mythos« als »Entängstigung des Menschen vor allen ihm unbegreiflichen Gewalten«[72] kann sich Blumenberg wiederum auf die

65 Im Unterschied zur Selektion wird die Phantasie heruntergespielt; vgl. Arbeit am Mythos. 179.

66 Ebd. 18.

67 Ebd. 50.

68 Ebd. 49.

69 Ebd. 9ff.

70 Vgl. ebd. 78ff. Im Hintergrund dieser Lehre stehen Dilthey, Rothakker und Heidegger.

71 168; vgl. auch 182f.

72 Arbeit am Mythos. 597.

Dialektik der Aufklärung stützen, die ebenfalls von einer mythischen »Entmächtigung der Mächte«[73] gesprochen und schon im Mythos »Aufklärung« gesehen hatte, weil er alles Fremde und Unheimliche beseitige. Das vorweltliche Muster moderner Selbstbehauptung wurde hier vor allem an der *Odyssee* exemplifiziert. Odysseus ist das Urbild des bürgerlichen Subjekts, der seine Identität gewinnt in der Verleugnung der Natur. Die Schlüsselepisode zur Deutung des naturbeherrschenden Verhältnisses ist die Vorbeifahrt an den Sirenen.[74] In dieser Szene sei »die Verschlingung von Mythos, Herrschaft und Arbeit« aufbewahrt. Odysseus gerät in eine dreifache Distanz: er hält den Sirenen stand (äußere Natur), beherrscht sich selbst (innere Natur) und zwingt seine Ruderer zur Arbeit (Herrschaft über andere). Der instrumentale Geist muß also die Beherrschung der außermenschlichen Natur mit der Verleugnung der Natur im Menschen bezahlen; dies entspricht, wie jüngst J. Habermas aufgewiesen hat, genau der Position Nietzsches.[75] Der Mythos, in dem Nietzsche die Lebensbedingung jeder Kultur sieht (die in der Gegenwart durch ein Übermaß an Historie zerstört zu werden droht), ist für ihn selber schon ein »Denken«.[76] Daß der Mythos eine kritische Funktion gegenüber dem Fortschrittsglauben der Wissenschaft hat, ist auch für Horkheimer/Adorno eine leitende Überzeugung, für die »Aufklärung [...] in Mythologie zurück[schlägt]«.[77] Die These vom aufkläreri-

73 T. W. Adorno/M. Horkheimer: Dialektik der Aufklärung. 45, 5.

74 Vgl. ebd. 32ff.; 54f. Vgl. dazu N. Rath: Mythos-Auflösung. Kafkas »Das Schweigen der Sirenen«. In: Zerstörung, Rettung des Mythos durch Licht. Hg. v. Ch. Bürger. Frankfurt a. M. 1986. 86-110.

75 Vgl. J. Habermas: Die Verschlingung von Mythos und Aufklärung. In: Mythos und Moderne. 405-431, hier 420.

76 F. Nietzsche: Werke in 3 Bdn. Hg. v. K. Schlechta. München ⁷1963. Bd. 1. 413.

77 T. W. Adorno/M. Horkheimer: Dialektik der Aufklärung. 5. Vgl. auch T. W. Adorno: Negative Dialektik. Frankfurt a. M. 1970. 130. – Dabei muß zwischen der Position Adornos, der sich eng an Nietzsche (dessen Motive er vor allem in der Herrschaftskritik sah) anschloß, und der Horkheimers, der mehr Marx und Schopenhauer folgte, differenziert werden (vgl. hierzu M. Horkheimer: Gesammelte

schen Wesen des vorgeschichtlichen Mythos, der zur Scheidung von Zivilisation und Natur führt (dessen Vorgeschichte am Homerischen Epos expliziert wird), hat mithin die (Nietzschesche) These zur Voraussetzung, daß Vernunft je schon im Dienst der Machterhaltung steht. Damit verheißt auch erst eine vollständige Entmythologisierung Glück und Utopie, wie sich dem Aphorismus Nr. 144 aus den *Minima Moralia* – ein Seitenstück zur Analyse des Mythos in der *Dialektik der Aufklärung* – entnehmen läßt. Adornos Argumentation besteht hier aus zwei Beweisschritten: im mythischen Zeitalter dominiere die Magie, und diese Magie sei ein Instrument »früher Naturbeherrschung«. Die Aufklärung nun habe Magie und fetischistische Anbetung zerstört. Der Verzicht auf magischen Anspruch (Allmacht) der Dinge mache diese Dinge zu Bildern des Glücks, der Utopie des Endes von Naturbeherrschung. Gerade die Ohn-Macht (gegenüber der mythischen Macht der Magie) negiere die Welt des Zwecks und der Herrschaft (des Menschen über die Natur wie des Menschen über den Menschen): »Und nur kraft solcher Verneinung [...] wird bis zum heutigen Tage die existierende Gesellschaft einer möglichen sich bewußt.«[78]

Der hier zugrundegelegte Mythosbegriff als Korrelat einer (durch die Technik) vergewaltigten und unterdrückten (und

Schriften. Bd. 12. Frankfurt a. M. 1985. 563 ff.). Insgesamt halten sich – entgegen der Unterstellung von Habermas eines Weges von Marx zu Nietzsche (a.a.O. 417 f.) – in der *Dialektik der Aufklärung* beide Theorietraditionen (Marx und Nietzsche) die Waage. Diesen Hinweis verdanke ich N. Rath. – Der Streit, ob Nietzsche Gegenaufklärer war (Habermas, M. Funke) oder Aufklärer (Adorno), hält bis heute an; Adornos These ist von J. Salaquarda (Mythos bei Nietzsche. In: Philosophie und Mythos. 174-98, bes. 178) erneuert worden. Vgl. zum Verhältnis von Mythos und Aufklärung bei Nietzsche und Adorno R. Sünner: Ästhetische Szientismuskritik. Frankfurt a. M. 1986.

78 T. W. Adorno: Minima Moralia. Frankfurt a. M. 1971. 254. – Vgl. auch ders.: Noten zur Literatur III. Frankfurt a. M. 1971. 204; ders.: Ästhetische Theorie, Frankfurt a. M. 1970. 115, 198. Vgl. auch ders.: Gesammelte Schriften Bd. 16. Frankfurt a. M. 1978. 37.

damit furchtbaren) Natur und die auf ihn zurückgehende Theorie der Zivilisation muß aber von der modernen Ethnologie und Paläontologie her in Frage gestellt werden; wir sehen inzwischen, daß die *Dialektik der Aufklärung* »sich einige Interpretationen des mythischen Denkens zueigen-[macht], die größten Teils aus der Zeit vor dem Ersten Weltkrieg stammen«;[79] zu nennen wären vor allem die Theorie des Präanimismus oder Prälogismus von R. H. Codrington, R. R. Marett und L. Lévy-Bruhl. Die Idee eines engen Zusammenhangs von Naturreligion bzw. Heiligem und Furcht konnten Adorno und Horkheimer aus Hegels Interpretation der primitiven Religion ebenso ableiten[80] wie aus Rudolf Ottos Theorie des Heiligen. Ungleich komplexer gesehen werden müssen heute etwa der Begriff der Magie oder die Theorie des Opfers; von der Problematik des evolutionistischen Schemas war oben schon die Rede. Auch die Deutung der *Odyssee* hält einer kritischen Überprüfung ebensowenig stand[81] wie die aus ihr abgeleitete Theorie der Zivilisationsgeschichte, deren Schwächen sie mit dem Benjaminschen Frühwerk teilt: auf die Konkretion historischer Erfahrung läßt sich die *Dialektik der Aufklärung* nicht ein:

79 S. Cochetti: Mythos und »Dialektik der Aufklärung«. Königstein/Ts. 1985. XVI. Vgl. zum folgenden 77ff., 125ff.

80 Vgl. G. W. Hegel: TWA Bd. 16. 278 (»Furcht vor der Naturmacht«), 280.

81 Die Deutung der *Odyssee* steht in der Tradition, die Odysseus als eine Art Eroberer sieht (Dante, Tennyson); dies ist einseitig. Es gibt in der Tat mehrere Episoden, in denen Odysseus mit menschlicher Herrschaft über die Natur prahlt. Aber es gibt ebenso Episoden, in denen eine Harmonie zwischen menschlicher und äußerer Natur propagiert wird, zum Beispiel das berühmte Hochzeitsbett, das er aus einem Olivenbaum baut (XXIII, 183). – Diesen Hinweis verdanke ich Elliot Jurist. – Kritik an der Lektüre der *Odyssee* durch Horkheimer/Adorno üben auch H. Geyer-Ryan/H. Lethen, in: 40 Jahre Flaschenpost. »Dialektik der Aufklärung« 1947-1987. Hg. v. W. van Reijen u. G. Schmid-Noerr. Frankfurt a. M. 1987. 41-72: Die *Dialektik der Aufklärung* projiziert auf die *Odyssee* ein Strukturmodell zurück, dessen Konstruktion – via Hegel und Lukács – selbst auf der *Odyssee* fußt.

der wahre Gang der Aufklärung im 18. Jahrhundert bleibt ebenso verstellt[82] wie die zeitgenössischen Bildwelten.

An die Sicht des Heiligen als Echo der Furcht vor dem Unbekannten, an die Sicht des Mythos als Bewältigung der Furcht qua (namens-)magischer Transfiguration der Natur knüpft auch Blumenberg an. Doch darf man über den Parallelen die grundlegenden Differenzen nicht übersehen: insgesamt versteht Blumenberg seine *Arbeit am Mythos* als ein Gegenstück, als eine polemische Antwort auf die *Dialektik der Aufklärung*. Eine Kritik der instrumentellen Vernunft gibt es bei Blumenberg nicht;[83] ein ästhetisierender Blick entlastet vielmehr vom Ernst des Geschichtemachens; die Freiheit des Plauderns wird als Heilmittel gegen marxistische Eschatologie verstanden.[84] Dieser ästhetisierende Blick zeigt sich nicht nur in der Definition des Mythos als Distanzierung, sondern auch darin, daß Blumenberg die Arbeit *des Mythos* nur in einer nie endenden Arbeit *am Mythos* realisiert sieht. Im Mythos steckt eine zum Ästhetischen tendierende Depotenzierung archaischer Ängste. In ihrer Distanzfunktion gründet die poetische Affinität der Mythologie. Und erst die poetische Verarbeitung, die ästhetische Rezeption beruhigt

82 Vgl. G. Kurz: Höhere Aufklärung. Aufklärung und Aufklärungskritik bei Hölderlin. In: Idealismus und Aufklärung. Kontinuität und Kritik der Aufklärung in Philosophie und Poesie um 1800. Hg. v. C. Jamme u. G. Kurz. Stuttgart 1988. 259-282, hier 259. Kritik an einem halbierten Aufklärungsbegriff übt auch J. Habermas: Die neue Intimität zwischen Politik und Kultur. Thesen zur Aufklärung in Deutschland. In: Merkur 42 (1988), N. 468, 150-155, bes. 153. – A. Schmidt (Aufklärung und Mythos im Werk Max Horkheimers. In: Max Horkheimer heute: Werk und Wirkung. Hg. v. A. Schmidt u. N. Altwicker. Frankfurt a. M. 1986. 180-243) befragt die *Dialektik der Aufklärung*, ob das hier verhandelte Geschichtsschema wirklich dialektisch gedacht worden sei im Sinne eines sich weitertreibenden Prozesses.

83 Vgl. H. Blumenberg: Arbeit am Mythos. 183.

84 Auch die *Dialektik der Aufklärung* hatte allerdings einen versteckten ästhetischen Kern, sichtbar in Sätzen wie jenem von dem »Eingedenken der Natur im Subjekt« (a.a.O. 39), der erst in Adornos *Ästhetischer Theorie* realisiert ist; im Unterschied zur Konzeption Blumenbergs ist bei Adorno aber Ästhetik und Gesellschaftstheorie eins.

mit der Zusicherung, diese Bewältigung des alten Schreckens sei »zu Ende gebracht und schon ›lange her‹«.[85] Der Spielcharakter des Mythos macht dessen Faszination aus; in ihm sind die Ängste zwar gebannt, aber jeweils nur so lange, wie an ihm gearbeitet wird. Deshalb auch gibt es für Blumenberg keinen endgültigen Triumph der Aufklärung. Die Vernunft ist ihrer selbst nicht mächtig. Getrieben von der Angst vor sich selber, gesteht sie sich Bedürfnisse zu, »die sie selbst erweckt, ohne sie in ihrer regulären Disziplin erfüllen zu können, nicht um sich den versagten Überfluß heimlich doch noch anzueignen, sondern um die Unvernunft nicht Macht übers Unbesetzte gewinnen zu lassen.«[86] Ehe die Vernunft also Gefahr läuft, gar nichts in der Hand zu haben, zieht sie es vor, mythische Fermente zu akzeptieren und folgerichtig vor »Entmythologierung« zu warnen.[87]

Blumenberg will sowohl Selbstbehauptung[88] wie Glücksanspruch erhalten. Seine Theorie des Mythos beruht auf der Konzeption des Menschen als eines sich selbst behauptenden Wesens. Gemäß dieser Ausgangsthese rückt Blumenberg dann auch eine mythische Figur in den Vordergrund: Prometheus als Prototyp dessen, der sich selbst behauptet. Diese anthropologische Fundierung ist deutlich von Gehlens Kompensationsanthropologie inspiriert, auch wenn diese Quelle – wie die meisten anderen – kaum genannt wird.[89] Der Mensch

85 H. Blumenberg: Wirklichkeitsbegriff. In: Terror und Spiel. 57f.; vgl. auch 49f.

86 H. Blumenberg: Arbeit am Mythos. 437.

87 Vgl. ebd. 538. – Von hier aus erklärt sich auch die Kritik des Habermasschen Begründungsluxus: Der Mensch muß zur Kenntnis nehmen, daß ihm weder die Welt noch er selbst je wirklich durchsichtig sein werden (vgl. ebd. 303), daß er vielmehr mit einer »Lücke im Schirm der Rationalität« wird leben müssen (ebd. 181).

88 Dieser von Spinoza übernommene Begriff war schon in der *Legitimität der Neuzeit* zentral.

89 Vgl. H. Blumenberg: Arbeit am Mythos. 152. – Blumenberg unterschlägt seine Vorgänger; so hat er für seine Prometheus-Deutung F. Bacon *(The Wisdome of the Ancients)* ausgeschlachtet, wo Prometheus für den Menschen schlechthin steht. Außerdem findet sich bei ihm kein Verweis auf C. Schmitt, E. Voegelin, K. Balthasar. Vgl.

erscheint als das prinzipiell unangepaßte Wesen, als ein Mängelwesen, weshalb es zu »Überreaktionen«[90] der Anpassungsversuche kommt, woraus Kultur entsteht. W. Schmidt-Biggemann hat zu Recht darauf aufmerksam gemacht, daß das hier zugrunde gelegte Menschenbild zu einseitig ist; der humanen Selbstbehauptung, die durchaus nicht »anthropologisch absolut« sei, hat er die Selbsthingabe gegenübergestellt.[91] Vor dem Hintergrund dieser Anthropologie erklärt sich auch die starke politische Färbung, die Blumenbergs Mythendeutung prägt: es geht um Macht-Fragen (worauf allein schon das Vokabular von Herrschaftskategorien wie »Absolutismus« oder »Gewaltenteilung« deutet). Das ist aber eine zu einseitige Weichenstellung. Institutionen werden sozialdarwinistisch definiert.[92] Ob sich die Dinge für die Selbstbehauptung verfügbar machen lassen, bleibt fraglich; alternative Modelle von Mythisierung sind auch nicht ohne Wahrheitskern, wie etwa das von der Vergöttlichung der Dinge, das Rilke und Heidegger im Rückgriff auf Cézanne entwickelt haben.[93] Damit im Zusammenhang steht die zu einseitige Betonung des Moments der Distanzierung: gibt es neben dem Problem einer Über-Entfernung von der Wirklichkeit nicht auch das umgekehrte Problem der Annäherung? Blumenberg verabsolutiert einseitig das Ich; er müßte die »Übermacht«[94] viel ambivalenter beschreiben, nicht nur als »Übermacht des Anderen«, sondern auch als Übermacht

R. Faber: »Nemo contra deum nisi deus ipse«. Gegen Hans Blumenbergs Politische *Poly*theologie. In: Ders.: Der Prometheus-Komplex. 75-87.

90 Vgl. ebd. 12.

91 W. Schmidt-Biggemann: Diesseits namenlosen Entsetzens. In: Neue deutsche Hefte 28 (1981), N. 3, 570-579, hier 576.

92 Vgl. H. Blumenberg: Arbeit am Mythos. 184: »Wo eine Institution besteht, ist die Frage nach ihrer Begründung nicht von selbst ständig akut und liegt die Beweislast immer bei dem, der gegen die mit ihr gegebene Regelung aufsteht.« Auffällig an Sätzen wie diesen ist die – für die Ritter-Schule typische – Umkehrung der Beweislast.

93 Vgl. dazu C. Jamme: The Loss of Things. Cézanne-Rilke-Heidegger. In: Kunst & Museumjournaal. Amsterdam. Vol. 2, 1 (1990), 33-44.

94 H. Blumenberg: Arbeit am Mythos. 28.

des Selbst über das Selbst.[95] Zu ungeprüft steht hier das (Fichtesche) Modell einer zunehmenden Aneignung des Fremden im Hintergrund, was zur Folge hat, daß die Wirklichkeit einseitig als das Bedrohliche geschildert wird. Das Heilige ist aber ein ambivalentes Phänomen, »*fascinosum* et tremendum«, Angst erregend und *anziehend*.[96] Der ungeklärte Begriff von Wirklichkeit bedingt auch eine unzureichende Sicht der Sphäre des Ästhetischen. Die Kunst ist nicht eine zweite, spätere Stufe bloßer Antwort auf die Übermacht der Wirklichkeit, sondern der Mensch deutet von Anfang an seine Wirklichkeit; alles Geschehen steht in einem intersubjektiven – d. h. von Intentionen bestimmten – Zusammenhang, die Wirklichkeit ist immer schon gemalt (Höhlenmalerei) oder gedichtet (Mythos), also symbolisch gedeutet.

Um Blumenberg allerdings gerecht zu werden, muß darauf aufmerksam gemacht werden, daß seine Feststellung weit über eine neue Theorie des Mythos hinauszielt. Seine *Arbeit am Mythos* läßt sich vielmehr nur verstehen, wenn man sie als Teil seines schon 1958 skizzierten Programms einer Metaphorologie begreift, der Suche nach irreduziblen Bildern, die nicht logisch zu fassen sind. Mittels einer »historischen Phä-

95 Diesen Hinweis verdanke ich B. Waldenfels.

96 R. Otto suchte das »Heilige« mit einer Phänomenologie zu beschreiben, die der Husserls und Schelers verwandt ist; Husserl, durch Heidegger und dessen Freund Ochsner auf sein Buch *Das Heilige* (1917) aufmerksam gemacht, sah aber die Eidetik des Religiösen vernachlässigt. Vgl. Das Maß des Verborgenen. Heinrich Ochsner zum Gedächtnis. Hg. v. C. Ochwadt, E. Tecklenborg Hannover 1981. 157-60, 92, 266. Gleichwohl übte Ottos Buch mit seiner (in der Tradition Schleiermachers und Fries' stehenden) Wesensbestimmung des Numinosen als des Unheimlichen, das Schrecken und Grauen hervorruft, und gleichzeitig des Anziehenden, des Erhebenden, das sich im Sehnsuchtsgefühl offenbart, auf die Religionsphilosophie und Theologie des 20. Jahrhunderts einen entscheidenden Einfluß aus. – Die Grundthese der Ambiguität des Heiligen wurde seit 1939 von R. Caillois (L'homme et le sacré. Paris 1950; dt. München 1988, vgl. 37ff.) unterstützt. In R. Barthes' Beschreibung des »amoureusen Diskurses« kommen alle diese Ambivalenzen zum Ausdruck (vgl. R. Barthes: Fragmente einer Sprache der Liebe. Frankfurt a. M. 1981).

nomenologie«[97] will Blumenberg eine Typologie von Metapherngeschichten erarbeiten. Metaphern sind nicht nur »Leitfossilien einer archaischen Schicht des Prozesses der theoretischen Neugierde«, sie können vielmehr als eine »authentische Leistungsart der Erfassung von Zusammenhängen« gelten.[98] In der Metaphorologie sieht Blumenberg den »Leitfaden der Hinblicknahme auf die Lebenswelt«,[99] die Metapher liegt jeder Wahrnehmung von Wirklichkeit zugrunde, weshalb Blumenberg auch von der »Konfiguration« als der Form der Wahrnehmung spricht. »Welt« ist ein *ästhetisches* Phänomen. Weil der Mythos nun ein Potential von Vorstellungen enthält, das nicht ohne Substanzverlust in distinkte Begriffe überführbar wäre, rückt er in die Nähe der Metapher.[100] Was Blumenberg für die Philosophie erreicht sieht, will er nunmehr auch für die Theologie inaugurieren, nämlich die Metaphorisierung. Seine Rehabilitation des Mythos ist explizit gegen das Dogma gerichtet, d. h. gegen alle Versuche, in den religiösen Texten die metaphorische durch die realistische Ebene zu ersetzen, also gegen das, was den Monotheismus im Kern ausmacht (etwa das Bilderverbot).[101] Ist im Mythos die Erzählung des Mythos und seine Interpretation eins, so treten in den Hochreligionen Dogma und (immer neu zu leistende) Interpretation auseinander. Blumenberg wendet sich auch dagegen, daß Texte mit Offenbarungsanspruch auftreten. Die Theologie sei insofern terroristisch, als sie die Bilder noch als Realia lese. Gerade weil der Mythos eine Freiheit gewähre, die aus seiner Negation religiös-theologischer Zwangsschemata resultiere, sei er nicht

97 H. Blumenberg: Schiffbruch mit Zuschauer. Paradigma einer Daseinsmetapher. Frankfurt a. M. 1979. 86.

98 Ebd. 77.

99 Ebd. 83.

100 Vgl. H. Blumenberg: Mythos und Metaphorik. In: Paradigmen zu einer Metaphorologie. Frankfurt a. M. 1960. 84f. – Vgl. J. Villwock: Mythos und Rhetorik. Zum inneren Zusammenhang zwischen Mythologie und Metaphorologie in der Philosophie Hans Blumenbergs. In: Philosophische Rundschau 32 (1985), 68-91.

101 Wegen der Konkurrenz mit der Philosophie gibt es seit der Patristik eine christliche Dogmatik.

erledigte Vergangenheit. Daß für die Verabschiedung der Wahrheit ein hoher Preis zu zahlen ist, kann und soll hier nicht diskutiert werden.[102]

2. C. Lévi-Strauss

Obwohl es für Blumenberg – wie für die Autoren der *Dialektik der Aufklärung* – keinen endgültigen Triumph der Aufklärung gibt, bleibt seine *Arbeit am Mythos* doch einer teleologischen Geschichtsphilosophie verpflichtet, d. h. der traditionellen Vorstellung eines allgemeinen Ganges vom Mythos zum Logos, der in allen Kulturen beobachtbar sei. Daß andere Kulturen andere Wege gehen, bleibt außerhalb seines Blicks. Hier ist Lévi-Strauss' Theorie einer »konkreten Logik« einen entscheidenden Schritt weiter, weil sie das aufklärerische Deutungsmodell von der allmählichen Entwicklung vom Mythos zur modernen Wissenschaft (Lévy-Bruhl bis Nilsson) ablehnt, wenngleich sie in der Einsicht in die *logische* Verwandtschaft des Mythos zur neuzeitlichen Rationalität mit Blumenbergs These vom Mythos als Aufklärung letztlich wiederum doch übereinkommt. Lévi-Strauss ist ein Aufklärer insofern, als er Mythos und Ritual einseitig an Operationen des Intellekts knüpft; der Mythos, so heißt es in bewußter Absetzung von Lévy-Bruhl, ist nicht prä-logisch, sondern eine eigene *Logik* der Ordnung der Welt.[103] Die Grundstruktur des Mythos besteht in der Vermittlung logischer Widersprüche analog der binären Opposition in der Sprache: »Die Logik des mythischen Denkens erschien uns ebenso anspruchsvoll wie die, auf der das positive Denken beruht, und im Grunde kaum anders. [...] Vielleicht werden wir eines Tages entdecken, daß im mythischen und im wissenschaftlichen Denken dieselbe Logik am Werke ist, und

102 Vgl. die Hinweise bei K. M. Kodalle: Die Eroberung des Nutzlosen. Kritik des Wunschdenkens und der Zweckrationalität im Anschluß an Kierkegaard. Paderborn/München/Wien/Zürich 1988. 29-36.

103 Vgl. C. Lévi-Strauss: Mythologica IV, 807.

daß der Mensch alle Zeit gleich gut gedacht hat.«[104] Wegen ihres Grundziels, »scheinbar willkürliche Fakten auf eine Ordnung zurückzuführen«,[105] ist die vergleichende Mythologie an die Methode eines »Symbolismus mit mathematischer Inspiration«[106] gebunden; die Struktur des Mythos entwickelt sich mittels einer musikalischen Partitur.[107] Lévinas spricht von der »nostalgie du formalisme logique et des structures mathématiques dans la compréhension de l'homme«;[108] in der Tat beruht Lévi-Strauss' Anthropologie auf einer analogischen Logik[109] und wird getragen von der Voraussetzung, es gebe eine alles durchwaltende Rationalität, die der Welt immanent sei. Nicht die Triebe und Affekte, so hält er Freud vor, stellten Analogien und Korrespondenzen her, sondern das Denken mit seinen autonomen Armaturen.[110] Trotz seiner Kritik an Descartes, der für den Sündenfall der modernen Ratio verantwortlich sei, weil er die Zerstückelung als wissenschaftliches Bedürfnis institutionalisiert habe, dominiert in seiner Umgangsweise mit dem mythischen Stoffe ein Cartesianismus. Das Erkenntnisziel ist in sich gespalten: es geht um die Demonstration der universalen Identität des menschlichen Geistes, gleichzeitig will Lévi-Strauss der Behauptung von der Überlegenheit der abendländischen Rationalität den Boden entziehen. Das Rätselhafte an Lévi-Strauss ist die Verbindung zweier gegensätzlicher Traditionen, der szientifischen, daß es eine logische Homogenität der Wirklichkeit gebe, und der melancholischen des Flaneurs mit seiner Philosophie der Korrespondenzen, die dem

104 Strukturale Anthropologie I, 253f.
105 Mythologica I, 23.
106 Strukturale Anthropologie I, 241.
107 Strukturale Anthropologie I, 234; Mythologica I, 30f. – Zum Verhältnis von Mythos und Musik (Wagner!) vgl. auch C. Lévi-Strauss: Mythos und Bedeutung. 57ff.; Mythologica IV, 757ff.; De près et de loin. 242ff. Das vertragliche (Schatz-)Tauschsystem in Wagners *Ring*-Tetralogie untersucht Lévi-Strauss in: Der Blick aus der Ferne. 326ff.
108 E. Lévinas: Sans identité. In: L'Ephémère. 1970. N. 13, 28.
109 Vgl. Die eifersüchtige Töpferin. 275.
110 Vgl. ebd. 321.

Surrealismus nahe ist.[111] Um die Rationalität der Mythen zu erweisen, wird eine prima facie keineswegs überzeugende Methode gewählt,[112] nämlich das strukturalistische Verfahren, das ins Repertoire rhetorisch-topischer Einheitsbildungen gehört.[113] Entscheidend wurde die Begegnung mit Roman Jakobson, der Lévi-Strauss die Linguistik eröffnete; vor dieser Begegnung betrieb er »du structuralisme sans le savoir«.[114]

Das erste Werk, das – 1943 begonnen – unter dem Einfluß von Jakobson entstand, war das 1949 erschienene *Les structures élémentaires de la parenté*. Aufgenommen wird das Problem von Marcel Mauss *(Essai sur le don)* und Granet *(Catégories matrimoniales et relations de proximité dans la Chine ancienne)*, neuinterpretiert mit Hilfe der von der Linguistik (Phonologie) bereitgestellten strukturalen Methode. Herausgearbeitet wird in dieser ethno-soziologischen Studie die Rolle der Heiratsordnungen in der Organisationsform jener sekundären Einheiten, die von der traditionellen Soziologie zusammenfassend »Clan« bezeichnet wurden. Im Zentrum stand eine neuartige Interpretation des Inszesttabus: die Exogamieregel, der wechselseitige Austausch von Frauen ist der grundlegende Mechanismus (neben dem Austausch von Produkten), aus dem die Bildung von Verwandtschaftsverhältnissen erwächst. Sinnfällig wird hier, daß die »Untersuchungen zur Mythologie [...] nicht ein isoliertes Unternehmen [sind]«, sondern »ihren Ort [haben] innerhalb des Progresses

111 Diese These entfaltet R. Schlesier (in: Faszination des Mythos. 35-60, und in: Die Restauration der Götter. 271 ff.) im Rückgriff auf E. Steinwachs (Mythologie des Surrealismus oder die Rückverwandlung von Kultur in Natur. Neuwied/Berlin 1971), die die Beziehungen von Lévi-Strauss zum Surrealismus bekannt gemacht hat.

112 Vgl. A. Honneth: Ein strukturalistischer Rousseau. Zur Anthropologie von Claude Lévi-Strauss. In: Merkur 41 (1987), N. 463/464, 819-833, hier 832.

113 Vgl. G. v. Graevenitz: Mythos. 89-120.

114 De près et de loin. 63.

einer ›allgemeinen Theorie der Gesellschaft‹«.[115] Deutlich wird dies dann besonders in der ersten größeren Arbeit zum Thema »Mythologie«, dem 1955 erschienenen Reisebuch *Tristes Tropiques;* hier nimmt die strukturale Mythenforschung mit der Analyse des *einzelnen* Mythos ihren Anfang. Der *methodische* Sinn des Studiums der archaischen Gesellschaft liegt in der Gewinnung eines allgemeinen »theoretische[n] Modell[s] der menschlichen Gesellschaft«,[116] das zum Vehikel der Reform der eigenen Gesellschaft werden sollte. Lévi-Strauss entnimmt Rousseaus Schriften die methodologische Fassung der Konzeption des »Naturzustandes«;[117] die Idealisierung dieses »Naturzustandes« wird ebenso abgelehnt wie ein Evolutionismus. Schon die Lektion von Lévi-Strauss' berühmter Rede vor der UNESCO *(Rasse und Geschichte)* von 1951 war gewesen, daß die Ethnologie die Kultur in Kulturen aufsplittert, die gleichwertig sind, die jedenfalls nicht in eine hierarchische Ordnung gegliedert werden können.[118] Der ethnologische Blick in *Tristes Tropiques* ist – vor dem Hintergrund des Aussterbens der Indianervölker im Mato Grosso – bestimmt von Ehrfurcht vor den Anfängen menschlicher Vergesellschaftung; die Ethnologie soll die moralische Kraft der Sühne entfalten.

Der Mythos ist für Lévi-Strauss eine intellektuelle Leistung wie jede andere auch: Denken ist immer Denken, bei den Primitiven wie bei uns. Immer geht es um die Lösung von zwei Grundproblemen, die Erwerbung der Subsistenz und die Selbsterhaltung und Fortzeugung. Diese Motive kehren in jedem Mythos wieder, weshalb man den Mythos – wie die Wissenschaft – als Versuch einer Problemlösung definieren kann. Zwischen den ältesten Mythen und der intellektuellen

115 H. H. Ritter/W. Lepenies: Einleitung. In: Orte des wilden Denkens. 39.

116 Traurige Tropen. 387. – Vgl. zu diesem Buch C. Geertz: Die künstlichen Wilden. 33-51.

117 Ebd. 385. – Wie H. Ritter gezeigt hat (Claude Lévi-Strauss als Leser Rousseaus. In: Orte des wilden Denkens. 113-159) rumort bei Lévi-Strauss allüberall das Rousseau-Interesse am guten Wilden.

118 Vgl. neuerdings die Kritik von A. Finkielkraut: La défaite de la pensée. Paris 1987. 65 ff.

Leistung von Freud besteht kein wesentlicher Unterschied; hier wie dort ist dieselbe immanente Logik am Werk. Der berühmte Aufsatz *Die Struktur der Mythen* (1955/1957) sucht diese These vor allem über einen Vergleich des Mythos mit einem semiologischen System, einem Sprachgebilde auf hohem Niveau, überzeugend zu machen. Bei seiner These vom Mythos als integrierendem Teil der Ordnung der Sprache stützt sich Lévi-Strauss in erster Linie auf F. de Saussures *Grundfragen der allgemeinen Sprachwissenschaft* (1931); allerdings werden die von de Saussure getrennten Aspekte vereinigt: einerseits bezieht sich der Mythos auf vergangene Ereignisse, andererseits bilden diese Ereignisse eine »Dauerstruktur«,[119] sie haben die »Urzeit« gestaltet und gestalten die Gegenwart am Modell illius temporis. Der Mythos hat also eine doppelte Struktur: eine historische und eine ahistorische, er gehört sowohl zum gesprochenen Wort (und kann als solches analysiert werden) als auch zur Sprache (in der er formuliert ist), ist eine sich durchhaltende, immer identische Struktur (langue) wie historisch ausdifferenziert (parole), hat aber auf einer dritten Ebene den Charakter eines absoluten Objekts. Lévi-Strauss fugt der sprachwissenschaftlichen Hierarchie von Phonem, Morphem und Semantem als konstitutive Einheit des Mythos das *Mythem* hinzu: diese Einheit sei auf dem Satzniveau zu suchen; der Sinn *des* Mythos liegt dann in der Beziehung dieser Mytheme zueinander oder vielmehr in der Zusammenfassung mehrerer solcher Beziehungen zu Beziehungsbündeln. Lévi-Strauss hat versucht, diese Struktur am Ödipus-Mythos zu illustrieren, was ihm allerdings selbst schon bald zweifelhaft erschien,[120] weil man »einen griechischen Mythos nicht so behandeln darf wie den Mythos einer primitiven Gesellschaft«.[121] Grundsätzlich problematisch ist, ob das aus der Phonologie abgeleitete Modell

119 Die Struktur der Mythen. In: Strukturale Anthropologie I. 226-254, hier 230.

120 Der selbstkritische Satz S. 234 (Der Marktschreier erklärt das Funktionieren kleiner Maschinen) fehlt in der ersten Fassung von 1955 noch (The structural study of myth. In: Journal of American Folklore 68 [1955], 248ff.)

121 W. Schmidbauer: Mythos und Psychologie. 161.

für die Mythenanalyse überhaupt brauchbar ist.[122] Unter Aufnahme vielfältiger Kritik hat Lévi-Strauss sein Modell sieben Jahre später in *La pensée sauvage* modifiziert: nicht mehr von der Tiefenstruktur soll ausgegangen werden, sondern primär soll die Diachronie, die Oberflächenstruktur sein. Das Modell des »bricolage« impliziert eine neue Kombination der in den Mythen vorfindlichen alten Elemente und kehrt das Verhältnis von Struktur und Manifestation um.[123] Lévi-Strauss hält gleichwohl an seiner These fest, daß das archaische Denken nicht eine bloße Vorstufe, sondern eine alternative Form der wissenschaftlichen Weltauffassung sei. Als ein »System von Begriffen [...], die in Bildern verdichtet sind«,[124] erhebt das »wilde Denken« einen umfassenden Anspruch auf Totalisierung.

Das Modell des »bricolage« bleibt aber nur eine Episode für seine Mythenforschung; das Spätwerk rückt andere Theoreme in den Mittelpunkt. Zentrales Thema der strukturalen Mythenforschung seit Beginn der 60er Jahre ist die Deutung der Mythen als zusammenhängende Transformationssysteme. Bis in subtilste Details reicht das ungeheure System von Transformationen, das die *Mythologiques* in den vier voluminösen Bänden ausleuchten (1964–71). Lévi-Strauss sucht an 813 Mythen der nord- und südamerikanischen Indianer nachzuweisen, daß sich aus ihnen ein gemeinsames Paradigma, ein »einziger Mythos« herausdestillieren läßt, der vom Kampf zwischen den Menschen und den nicht-menschlichen Wesen um den Besitz des Küchenfeuers.

Lévi-Strauss spricht jetzt von drei Codes erster, zweiter und dritter Ordnung: auf den Code erster Ordnung, die Sprache, folgen die Mythen, und der Code dritter Ordnung ist dann die strukturale Mythen-Analyse, ein »Mythos der Mytholo-

122 A. Neschke-Hentschke (Griechischer Mythos und strukturale Anthropologie. Kritische Bemerkungen zu Claude Lévi-Strauss' Methode der Mythendeutung. In: Poetica 10 [1978], 135-153) nimmt die Schwachstelle der Deutung des Ödipus-Mythos zum Anlaß für eine grundsätzliche methodische Kritik.

123 Vgl. dazu K. Stierle: Mythos als »bricolage« und zwei Endstufen des Prometheus-Mythos. In: Terror und Spiel. 455-472, bes. 457.

124 Das wilde Denken. 304.

gie«.[125] Die *Mythologiques* sind deshalb auch wie ein Mythos extrem kunstvoll aufgebaut: der erste und letzte Band sind allein schon durch ihre Titel als Rahmen verknüpft (der letzte, *L'Homme nu,* nimmt das Anfangswort des ersten Titels *Le Cru et le cuit* wieder auf, »car le nu c'est, par rapport à la culture, l'équivalent du cru par rapport à la nature«[126]). Zudem folgen die Bände einer geographischen Bewegung (von Süd- nach Nordamerika und zurück) ebenso wie einer logischen (nach dem Prinzip zunehmender Komplexität) und einer musikalischen: »Le rapport à la musique traverse toute cette œuvre«, und zwar nicht nur in bezug auf die Bände, sondern selbst auf die Kapitel: »Les chapitres du premier volume sont composés sous forme de ›fugues‹ ou de ›symphonies‹«.[127]

Den Vergleich des Mythos mit der Musik sucht vor allem die *Ouverture* des ersten Bandes theoretisch zu erhärten.[128] Lévi-Strauss postuliert eine Isomorphie zwischen beiden Systemen: beide sind Apparate zur Beseitigung von Zeit. Musik und Mythos führen uns unsere Sterblichkeit (im platonischen Sinne) vor Augen: die Musik die des Individuums, der Mythos mehr die des Gesellschaftlichen.[129] Auch die Musik hat eine diachronische ([organischer] [Herz-]Rhythmus wie schnell/langsam) und eine synchronische Ebene (sie ordnet sich in das [hierarchische] Gefüge einer Tonleiter).[130] Lévi-Strauss erweist sich hier wie auch anderswo in seinem Werk als Wagnerianer; er spricht von sich als von jemandem, der »von Kindheit an auf den Altären des ›Gottes Richard Wag-

125 Mythologica I, 26. – Zur Interpretation des ungeheuren Systems von Transformationen in den *Mythologica* vgl. M. Oppitz: Notwendige Beziehungen. Frankfurt a. M. 1975.

126 De près et de loin. 186.

127 Ebd. 243.

128 Vgl. Mythologica I, 28 ff.

129 Vgl. ebd. 48.

130 Lévi-Strauss' Auffassung ist hier ganz konservativ; für ihn ist die Strukturierung der Töne durch Tonarten nicht aufhebbar (gegen Boulez und die serielle Musik).

ner‹« seinen Dienst geleistet hat.[131] Der dritte Code eines »Mythos der Mythologie«, den Lévi-Strauss in seinen Büchern gestaltet hat, entspräche somit dem, was Wagner in seinen Opern gestaltet hat. Der Liebe zur Musik entspricht eine Abneigung gegenüber der Malerei. Malerei habe ihren Anhaltspunkt in der Natur (sie entnehme dieser ihre Farben). Was Lévi-Strauss nicht beachtet, ist die Tatsache, daß für die Überlieferung des Mythos die Malerei eine ungeheure Bedeutung (Ikonographie) hat.[132] Fraglich ist auch, ob Malerei oder Plastik ihre Formen der Natur entnehmen (Klees Theorie etwa steht dem diametral entgegen). Die Theorie der Künste bedarf also vieler Korrekturen; ungleich bedeutsamer aber ist die Frage, ob man den Mythos so in die Nähe der Musik und damit in die Nähe der Mathematik und einer Art von Logik rücken darf. Ist der Mythos wirklich ein Problemlösungsverhalten dieser Art, wird damit das Entscheidende am Mythos nicht verfehlt?

Gegenüber seinem früheren Ansatz finden sich hier allerdings wesentliche Einschränkungen: Lévi-Strauss vergleicht den Mythos nicht nur mit einem Sternennebel[133] von diffusen Rändern, sondern betont auch die Unschärfe des Mikroskopierens, dem keine letzte Wirklichkeit feststellbar sei. Die Deutung des Mythos sei vielleicht selbst ein Mythos jenseits des Textes; eine Unabhängigkeit des Analytikers vom zu Analysierenden existiere nicht. Die Voraussetzung einer universellen Logik wird aber nicht preisgegeben. Eine zentrale Rolle spielt das Modell des »Kristalls«:[134] der Mythos ist wie ein Kristallgitter aufgebaut; sein Kern bildet keine Mitte (es gibt keine Einheit, diese wird nur konstituiert durch die Arbeit [des Mythenforschers]: das Form/Inhalt-Schema hat hier keinerlei Erklärungswert). Das Bild des Kristallgitters ist auch das Erklärungsmodell für die Einheit der südamerikanischen Mythen. Bei aller Pluralität (Lévi-Strauss sieht »im

131 Vgl. den Radiovortrag von 1977 über »Mythos und Musik«, in: C. Lévi-Strauss: Mythos und Bedeutung. 57-65.

132 Vgl. dazu: De près et de loin. 235 ff., bes. 246.

133 Mythologica I, 12. zum folgenden vgl. 64.

134 Vgl. ebd. I, 13, 21. – Vgl. auch Mythos und Bedeutung. 203.

indianischen Amerika ein Mittelalter [...], dem sein Rom fehlt«[135]) ist überall dieselbe Logik der Stellung des Menschen zur ihn umgebenden Wirklichkeit feststellbar – unabhängig von Nachbarschaften und gegenseitigen Beeinflussungen. Dahinter steht der Anspruch, diese Strukturen auf immer grundlegendere Universalien zu reduzieren (am Schluß auf biochemische Prozesse). Ob Lévi-Strauss deshalb hier wirklich – wie Manfred Frank vermutet – den Übergang vom klassischen Strukturalismus zum »Neostrukturalismus« vollzogen hat, ist daher füglich zu bezweifeln (auf die Zweideutigkeit, ob Lévi-Strauss dem Mythos oder der Struktur des Mythos das organisierende Zentrum abspricht, hat Frank selbst aufmerksam gemacht).[136] Allerdings kommt Lévi-Strauss neo- bzw. poststrukturalistischen Positionen insofern nahe, als von ihm das liebste Kind der Philosophie, die Subjektivität, abgesetzt wird. Auf die Frage, ob der Mythos aber nicht immer eine individuelle Schöpfung sei, nicht schöpferisches Fabulieren, antwortet Lévi-Strauss: »Um den Zustand des Mythos zu erreichen, darf eine Schöpfung nicht individuell bleiben.«[137] Der Mythos aber gibt den Ursprung unseres je geschichtlichen und individuellen Lebens. Er ist zwar ein kollektives Fabulieren, aber gültig nur für ein Volk und eine Zeit (wie K. Hübner gezeigt hat), d.h. für eine Epoche. Auch das Kollektive kann mithin individuell sein. Lévi-Strauss interessieren am Mythos allein die elementaren, logischen Strukturen, die »kristallinen Teile«, nicht die »probabilistische Ebene«.[138] Ihm geht es um eine »Logik der sinnlichen Qualitäten«.[139] Dieser Ansatz ist semiologisch; Ausgangspunkt ist der Begriff des Zeichens: die Zeichen legen sich in ihrer Sinnlichkeit als Analogie bzw. Opposition (roh – gekocht) gegenseitig fest, wobei die sinnlichen Zeichen sich nicht mehr auf zugrundeliegende Dinge beziehen. Der – allerdings kriti-

135 Ebd. I, 21.
136 Vgl. M. Frank: Was ist Neostrukturalismus? Frankfurt a. M. 1983. 66f., bes. 77: »Diese Zweideutigkeit schwindet erst in der *Semantique structurale* von Greimas [...].«
137 IV, 733; vgl. auch I, 25f.
138 Mythologica IV; 734, 733.
139 Mythologica I, 11.

sche – Anknüpfungspunkt ist hier Husserl: der Unterschied zwischen Zeichen und Bedeutung (wobei die Bedeutung in einem Evidenzphänomen erlebt wird, wie es Husserl sah) wird eingeebnet – hier kommt Lévi-Strauss mit Derridas Husserl-Kritik in *Die Stimme und das Phänomen* überein.[140] Diese Zeichen verweisen überdies zurück – womit Lévi-Strauss Vico nahekommt – auf gesellschaftliche und geschichtliche Realität (auf die Erfindung des Kochens bzw. des Kruges im Neolithikum). Der Mythos ist somit ein Zeichen für gesellschaftliche Wirklichkeit und hat als solches stets zwei Aspekte: einen technisch-ökonomischen (Verwandlung von Natur in Kultur) und einen sexuellen (Reproduktion durch Frauentausch). Weil das Subjektive hinter diese Techniken der Reproduktion zurücktritt, läßt sich auch von einem genuinen Materialismus bei Lévi-Strauss sprechen.

Dies nimmt sich aus wie eine Betrachtungsweise des Mythos, die vorweg entschieden hat, was an ihm wesentlich sein soll, und die daher bestimmte Elemente von vornherein als sekundär abtut. Lévi-Strauss bestreitet diesen Zirkel bei der Interpretation: nur die strukturale Analyse sei in der Lage, »sowohl *sich selbst* wie den anderen Rechnung zu tragen [...] Sich selbst offenbart, setzt die Struktur des Mythos ihren Leistungen ein Ende.«[141] Das ist ein offenkundiger Hegelianismus.[142] Sowohl Hegel wie Lévi-Strauss sind letztlich Alexandriner: man weiß, was die Sache ist, und findet dann im Mythos nur Einkleidungen. Paradigmatisch für diese Sicht der Götter, von denen die Mythen erzählen, als Abbilder des göttlichen Geistes ist der Delphische Apollon-Priester und Platoniker aus dem zweiten nachchristlichen Jahrhundert, Plutarch, dessen Schrift *Über Isis und Osiris* charakteristischerweise durch alle vier Bände der *Mythologica* hindurch leitmotivisch zitiert wird.[143]

140 Auf die Parallelen zwischen Lévi-Strauss und der Phänomenologie hat B. Waldenfels aufmerksam gemacht (Phänomenologie in Frankreich. 491-502).

141 Mythologica IV, 735. (Herv. nicht original, C. J.)

142 M. Douglas (Implicit Meanings. 1975. 153-72) erhebt überdies den Vorwurf einer zu starren Anwendung der Hegelianischen Dialektik.

143 Vgl. zu Lévi-Strauss und Plutarch R. Schlesier: Oedipus, Parzival

Diese Sicht des Mythos hat von Anfang an die Kritiker auf den Plan gerufen. Das *Finale* des vierten Bandes nutzt Lévi-Strauss deshalb zu einer Auseinandersetzung mit verschiedenen Einwänden[144] oder, besser, zu einer Selbstimmunisierung des eigenen Ansatzes. Lévi-Strauss vertritt hier einen weitgehend unerschütterlichen szientistischen Geist, orientiert am Modell der Naturwissenschaften, wobei er – unter Aufgabe allerdings des Total-Anspruchs der Wissenschaften auf letzte Erklärbarkeit der Phänomene[145] – von jedem Zweifel an den Leistungen neuzeitlicher Wissenschaft, an deren »absoluter Überlegenheit«[146] frei ist. Der Vorwurf des Intellektualismus ist nicht ausgeblieben, etwa von E. Leach, M. Fortes, T. O. Beidelman: Lévi-Strauss reduziere Erfahrung auf affektneutrale Symbole, verknüpfe Mythos und Ritual einseitig mit Operationen des Intellekts.[147] Besonders problematisch erscheint die von der Linguistik übernommene Methode. Lévi-Strauss macht den Fehler, daß er das Prinzip, daß es in der Sprache keine Bedeutung ohne binäre Opposition gibt, verabsolutiert: es gilt noch nicht einmal für die »langue« allein.[148] Am scharfsinnigsten ist die Kritik von Jacques Derrida,[149] der Lévi-Strauss noch im Logozentrismus verortet, allerdings bei

und die Wilden. In: Die Restauration der Götter. 171-189, bes. 281-84.

144 Vgl. Mythologica IV, 739ff. – Mit seinen Kritikern setzt sich Lévi-Strauss auch in einigen der in dem Band »Eingelöste Versprechen« (1988) erstmals veröffentlichten Vorlesungen auseinander.

145 Spuren. Nr. 17 (1986), 5f.

146 Mythologica IV, 745.

147 Vgl. Mythos und Totemismus. Beitrag zur Kritik der strukturalen Analyse. Hg. v. E. Leach. Frankfurt a. M. 1973. – Zum Vorwurf der Mathematisierung menschlicher Erfahrungen (bzw. des Formalismus) nimmt Lévi-Strauss Stellung in: Die eifersüchtige Töpferin. 320ff.; De près et de loin. 143ff.

148 Vgl. A. Neschke-Hentschke, in: Poetica 10 (1978), 135-153, bes. 147-49.

149 J. Derrida: Die Struktur, das Zeichen und das Spiel im Diskurs der Wissenschaften vom Menschen. In: J. D.: Die Schrift und die Differenz. 422-442; zum folgenden hier 436, 437, 424, 444. Eine Kritik an Lévi-Strauss findet sich auch in J. Derrida: Grammatologie (1967).

ihm auch bereits neo-strukturale Elemente ausmacht. Er sieht die Wissenschaft der Ethnologie insgesamt als Folgeerscheinung der im 19. Jahrhundert (mit Nietzsche, Freud, Heidegger) aufkommenden Dezentrierung der Metaphysik, gleichwohl bleibe sie dem Diskurs des Ethnozentrismus verhaftet. An Lévi-Strauss will Derrida die notwendige zentrische Fundierung der Dezentrierung illustrieren. Daß Lévi-Strauss in seiner Dezentrierung nicht radikal genug sei, illustriert Derrida vor allem an der *Ouverture* der *Mythologiques.* Lévi-Strauss stelle dort eine »doppelte Forderung«: seine Untersuchungen seien eine zu vervollständigende empirische Analyse wie eine grundsätzliche Kritik des Empirismus. Deshalb gebe es in seinem Werk zwei Arten, die Unmöglichkeit der Totalisierung zu denken: die Totalisierung kann – klassisch – wegen der Endlichkeit der Subjekte für unmöglich gehalten werden; die Unmöglichkeit der Totalisierung könne aber auch mit Hilfe des Begriffs des »Spiels« definiert werden. Was im Spiel völlig fehle, sei »ein Zentrum, das das Spiel der Substitutionen aufhält und begründet«. Lévi-Strauss bejahe dieses Spiel noch zu zaghaft, ganz im Gegensatz zu Derrida, der aus der im Vortrag über Freud aufgewiesenen Hysterese des Signifikats gegenüber dem Signifikanten weitreichende Konsequenzen zieht. Die »Abwesenheit eines transzendentalen Signifikats« befreit das Spiel der Struktur vom Diktat einer metaphysischen Teleologie, indem sie das fehlende Zentrum durch einen seinerseits ersetzbaren und insofern stets instabilen Signifikanten »supplementiert«. So findet man in den Mythen vieldeutige Signifikanten, die Lévi-Strauss in Analogie zum »Nullphonem« der Phonologie (d. h. einem Phonem, das kein einziges differentielles Merkmal und also keinen konstanten ›Wert‹ besitzt) als »symbolische Nullwerte« bezeichnet und die, weil es für sie kein privilegiertes Signifikat gibt, die Abwesenheit von Bedeutung überhaupt kompensieren (vgl. *Einleitung in das Werk von Marcel Mauss*). ›Mana‹ ist so ein

Frankfurt a. M. 1983. 178 ff. Derrida deckt bei Lévi-Strauss (und Rousseau) einen Ethnozentrismus auf, der in der Form der Kritik des Ethnozentrismus auftritt.

Zeichen, an dem sich recht gut der »Überschuß des Signifikanten im Verhältnis zu den Signifikaten, auf die jener sich beziehen kann«, beobachten läßt.
Diese methodologische Kritik ist von der Ethnologie und Anthropologie um wichtige Argumente ergänzt worden. Mythen lassen sich nur noch formal, nicht mehr inhaltlich von anderen Diskursformen abgrenzen. Die strukturale Theorie ist nur bezogen auf die Darstellungsformen, über die dahinterliegenden Bewußtseinslagen ist keine Aussage möglich. Der Strukturalismus sei nicht imstande, so der Vorwurf Hallpikes,[150] den Verlauf und Zusammenhang geistiger Funktionen hinlänglich zu erklären, denn die ideologischen und mythologischen Strukturen, deren elementare Gehalte durch den Einschuß regulativer logischer Schaltstücke unter sich verbunden sind, werden einfach als eine Vertextung bedeutsamer Wirklichkeiten angesehen, um so ausschließlich verbalen Niederschlag des kollektiven Geistes den Methoden und Prinzipien der Sprachwissenschaft gefügig zu machen. In der strukturalen Anthropologie werde den angeborenen Fähigkeiten ein Zuviel an Vernunft und Logik zugemutet, die der Welt ihr Netz überstreifen (und die das Verhalten und Nachdenken mit sich schleifen). Lévi-Strauss sieht Mythos und Religion zu einseitig vom Fetischismus her. Es ist sehr fraglich, ob der Zwang zur totalen schematisch-rationalistischen Gliederung des Kosmos und der ihm eingefügten sozialen Strukturen wirklich im Weltbild aller »wilden« Völker (und nicht nur der untersuchten Völker mit totemistischen Klassifikationssystemen wie die zentralaustralischen Aranda) ein so vorherrschendes Motiv darstellt, wie Lévi-Strauss das – vielleicht geprägt durch eine rationalistische Tradition und aufgrund ausgesuchter Beispiele »totemistischer Völker« – ihnen unterstellt.[151] Auch die Grundthese, daß der Mythos von einer zur anderen Gruppe übergehe und transformiert werde und daß die Eigensprache keine Rolle spiele, wird von der empirischen Ethnologie bestritten: es gibt eine heilige

150 Vgl. Ch. Hallpike: Die Grundlagen primitiven Denkens. 54ff., 93f.
151 Vgl. R. Schott: Das Geschichtsbewußtsein schriftloser Völker. In: Archiv für Begriffsgeschichte 12 (1968), 166-205, hier 191f.

Sprache, die bestimmte Indianerstämme (im Gegensatz zu Frauen) *nicht* austauschen.

Sartre hat diese Kritik um den Vorwurf der Ungeschichtlichkeit erweitert; Blumenberg spricht von einer »Ausfällung des Zeitfaktors« in der Struktur der Mythenanalyse.[152] Die zentrale Frage, die Sartre bereits 1966 in seinem Interview mit der Zeitschrift *L'Arc* gestellt hat,[153] ist die nach dem Verhältnis der Strukturen als Objekt der Erkenntnis zu ihrer realen Geschichte.[154] Marshall Sahlins hat gezeigt, daß Struktur und Geschichte nicht beziehungslos nebeneinander stehen müssen: daß Mythos und Geschichte, Struktur und Ereignis in einer umfassenderen Sicht integriert werden können.[155]

Trotz weitreichender Wirkung (den strukturalistischen Ansatz vertreten heute vor allem Vernant und Detienne, indem

152 H. Blumenberg: Arbeit am Mythos. 301. – Vgl. dazu I. V. Dalferth: Mythos, Ritual, Dogmatik. Strukturen der religiösen Text-Welt. In: Evangelische Theologie 47 (1987), N. 4, 272-291, bes. 279f.

153 J. P. Sartre antwortet. Interview mit Bernard Pingaud. In: alternative 54 (Juni 1967), 130f. – Mit Sartre hatte sich Lévi-Strauss vor allem im Schlußkapitel »Geschichte und Dialektik« von *Das wilde Denken* auseinandergesetzt (ebd. 282ff.). Lévi-Strauss verwirft alles lineare Geschichtsdenken. – Eine Zusammenstellung der wichtigsten Belege für das Bild Sartres in Lévi-Strauss' Werken und eine Rekonstruktion von Sartres Rezeption des Marxismus bietet A. Schmidt: Lévi-Strauss versus Sartre. In: Sartre. Hg. v. T. König. Reinbek b. Hamburg 1988. 297-333.

154 Vgl. zur Geschichtsauffassung von Lévi-Strauss die Einleitung in das Werk von Marcel Mauss, in: M. Mauss: Soziologie und Anthropologie. Bd. 1. Berlin 1978. 7-41. Außerdem: Histoire et ethnologie (geschr. 1946, veröff. 1949), in: Strukturale Anthropologie I, 11-40; Race et histoire. Ed. Unesco 1952 (dt. Rasse und Geschichte. Frankfurt a. M. 1972). Dann die Gespräche mit Didier Eribon, in: De près et de loin. 168ff. – Lévi-Strauss führte in Reaktion auf den Vorwurf der ahistorischen Konzeption des Funktionierens des Geistes die Unterscheidung zwischen »sociétés froides« (Objekt der Ethnologie) und »sociétés chaudes« (Objekt der Geschichtswissenschaft) ein (G. Charbonnier: Entretiens avec Claude Lévi-Strauss. Paris 1961).

155 M. Sahlins: Historical Metaphors and Mythical Realities. Ann Arbor 1981.

sie Lévi-Strauss' generelle These auf Religionsphänomene der Griechen anwenden[156]) erfährt Lévi-Strauss heute zunehmende Kritik, man wendet sich wieder ab vom strukturalistisch-typisierenden Ansatz und kehrt zu älteren (etwa kosmogonischen) Deutungsmodellen zurück; exemplarisch für diese ›Wende‹ ist der Beitrag des Afrikanisten Pierre Smith in dem Band *Mythos ohne Illusion*. Zwar wird dem Werk von Lévi-Strauss bescheinigt, sein wesentlicher Fortschritt liege darin, »daß endlich der Begriff des Mythos seine wahre Funktion erhält, indem er die logischen und semantischen Bezüge bezeichnet, mittels derer dieses mythische Denken seinen Einfluß spürbar werden läßt«,[157] aber auch die Defizite dieses Verfahrens werden deutlich gemacht, daß es etwa die Erzählform der Mythen einklammert oder – noch entscheidender – den notwendig fremdartigen Charakter des Mythos zum Verschwinden bringt. Daß Lévi-Strauss den Mythen das Fremde, Wilde rauben mußte, um sie verstehen zu können, räumt er selbst ein.[158] Dem Mythos wird auf der anderen Seite aber auch keine Gegenwärtigkeit zugesprochen; für Lévi-Strauss ist er nur noch historisch, ein längst ›gestorbenes‹ Phänomen, dessen Erbe sich zu Beginn der Neuzeit Musik (Bachs Fuge) und Literatur geteilt haben.[159] In seiner Konzeption ist kein Platz für eine Theorie des Heiligen,[160] die von einer bleibenden Bedeutung sakraler bzw. mythischer Zeiten und Räume ausginge (die Idee, Elemente des Mythos könnten

156 Vgl. vor allem den von M. Detienne u. J.P. Vernant gemeinsam verfaßten Band »Les Ruses de l'intelligence. La métis des Grecs« (1974) und den gemeinsam herausgegebenen Sammelband »La Cuisine du sacrifice en pays grec« (1979). Vgl. auch M. Detienne: L'invention de la mythologie. (1981). – Zur Wirkung der strukturalen Anthropologie auf die Deutungsmodelle der Sozialwissenschaften in Deutschland vgl. J.-L. Evard: West-Deutschland und die strukturale Anthropologie. In: Zeitmitschrift Nr. 3 (Sommer 1987), 123-35.

157 P. Smith: Stellungen des Mythos. In: Mythos ohne Illusion. 47-67, hier 66. Zum folgenden ebd. 150.

158 Mythologica I, 53.

159 Mythologica IV, 766.

160 Vgl. M. Meslin: Pour une science des religions. Paris 1973. 170-194.

für uns Heutige produktiv gemacht werden, wird sogar ausdrücklich abgelehnt[161]).

Die wohl größte und bleibende Leistung von Lévi-Strauss liegt – jenseits aller methodischen und inhaltlichen Einseitigkeiten – in dem Aufweis der Vermittlung von Natur und Kultur.[162] Vom Unbewußten her entwickelt Lévi-Strauss eine Logik des Sinnlichen bzw. Körperlichen, von der aus er die Alternative zwischen Soziologie und Psychologie aufzulösen sucht. Inspiriert ist Lévi-Strauss in dieser Forschungsrichtung von Marcel Mauss' These vom »fait social total«, in dem sich die Einheit des Allgemeinen mit dem Besonderen, des Ideellen mit dem Materiellen oder des Sozialen mit dem Individuell-Seelischen und des Seelischen mit dem Leiblichen realisiert.[163] Daß der Mensch Natur und Kultur zugleich ist, entwickelt Lévi-Strauss vor allem in seiner Untersuchung über den Ursprung der Küche (als Übergang von Natur zur Kultur) in den ersten beiden Bänden der *Mythologica*. Demonstriert wird hier, daß die Gegensätze sich immer auch ineinander verwandeln, z. B. stimuliert das Naturgut Honig (*vor* dem Kochen) den Menschen zum Kulturgut Tabak (*nach* der Küche).[164] Die südamerikanische Kultur zeichnet sich im Gegensatz zur europäischen (in der Tabak im Unterschied zum Honig erst spät eingeführt wurde) dadurch aus, daß in ihr immer Honig und Tabak zugleich vorgekommen sind,[165] weshalb sie die von Lévi-Strauss aufgewiesene Dialektik besonders deutlich hervortreten läßt: das, was Natur ist (der Honig), stimuliert die Luxusgüter; das, was Luxus ist, stimu-

161 Vgl. Spuren. Nr. 17 (1986), 5.

162 Vgl. Das wilde Denken. 284 Anm.; Mythologica I, 40.

163 Einleitung in das Werk von Marcel Mauss. 19ff. Vgl. M. Mauss: Soziologie und Anthropologie. Bd. 2. Frankfurt a. M. / Berlin / Wien 1978. 178f. – Zum Einfluß von Mauss' Modell des Gabentausches auf Konzepte von Lévi-Strauss vgl. H. Ritter, in: Orte des wilden Denkens. 154-158. – C. Lefort (Les temps modernes, 1951) kritisiert Lévi-Strauss' logozistische Verdünnung des Verhaltens, die den »gelebten Tausch« in den »gedachten Tausch« verwandelt.

164 Vgl. das Schema Mythologica II, 30: Honig als Stimulans zu Schmuck, Tabak als Stimulans zu Fleisch.

165 Vgl. Mythologica II, 15.

liert, daß man Natur (als Wildbret) für die Küche entdeckt – die Gegensätze schlagen ineinander um.[166] Obwohl auch inhaltliche Details dieser Deutung historischer Kritik gewiß nicht standhalten (die These, der Mensch sei sowohl Fleisch- wie Pflanzenfresser, trifft für die Urgeschichte nicht zu, sondern beides hat sich erst im Laufe der Geschichte vermischt), bleibt doch festzuhalten, daß es für die traditionalen Gesellschaften keine natürlichen Ereignisse gibt; physiologische Vorgänge wie Zeugung, Schwangerschaft, Geburt und Tod sind in keiner Gesellschaft ein bloß ›natürliches‹ Ereignis; immer verlaufen sie eingebettet in kulturelle Vorstellungen und Handlungen.

In dieser Betonung der gesellschaftlichen Verwurzelung natürlicher Vorgänge liegt auch eine Herausforderung an die Philosophie, der von Lévi-Strauss vorgeworfen wird, daß sie das Wahrnehmbare dem Intelligiblen opfere. Diese Kritik fußt auf Merleau-Ponty, der seinerseits vor allem in seinem Spätwerk, namentlich in *Le visible et l'invisible* und in den *Arbeitsnotizen*, eine bewußte Nähe zu den ethnologischen Strukturanalysen von Lévi-Strauss sucht.[167] Diese Herausforderung ist von der Philosophie bisher erst ansatzweise zur Kenntnis genommen worden.

3. E. Cassirer – K. Hübner

Philosophisch fruchtbar wurde aber inzwischen die strukturalistische These von der dem Mythos eigenen und durchaus präzisen Rationalität. Ausdrücklich knüpft K. Hübner an diese Einsicht in das Wesen des Mythos als eines »Instruments der Logik« an; er hält Lévi-Strauss allerdings vor, daß die Rationalität auf die äußeren logischen Operationen be-

166 Vgl. II, 36f.: Pflanzenfressende Aras und fleischfressende Jaguare.

167 Vgl. M. Merleau-Ponty: Phänomenologie der Wahrnehmung. Berlin 1966. 224. – Ders.: Das Sichtbare und das Unsichtbare. Hg. v. C. Lefort. München 1986. Bes. 219, 242 (Mythos: »Begriff 2. Ordnung«), 264f. – Vgl. dazu B. Waldenfels: Der Spielraum des Verhaltens. Frankfurt a. M. 1980. 115; ders.: In den Netzen der Lebenswelt. Frankfurt a. M. 1985. 56-75.

schränkt bleibe und daß er sich kaum mit der Frage befasse, »welchen *Wahrheitsgehalt* der Mythos hat«.[168] Diese Frage nach der »Wahrheit« des Mythos und nach dem Verhältnis von Mythos und Wissenschaft stellt nun Hübner in den Mittelpunkt seiner Überlegungen zur Rationalität des Mythos. Leitfaden des Strukturvergleichs zwischen Mythos und Wissenschaft ist die Analyse der wissenschaftlichen Vernunft. Mythos und Logos werden als zwei alterierende Formen der Wirklichkeitsbewältigung gesehen, als zwei unterschiedliche Subjekt-Objekt-Beziehungen. Für Hübner ist der Mythos nichts Irrationales, sondern ein bestimmtes historisch gewachsenes »Denk- und Erfahrungssystem«, das auf bestimmten Anschauungsformen und -kategorien a priori aufbaut. Deshalb kann von einer »mythischen Ontologie« gesprochen werden, die der wissenschaftlichen Ontologie völlig gleichwertig an die Seite gestellt werden muß.[169] Seine sich wissenschaftstheoretischer Methoden bedienende Grundthese, kurz zusammengefaßt, läuft darauf hinaus, daß nur *praktische* Gründe den Vorrang der Physik vor der mythischen Naturbetrachtung begründen.[170] Jede Tatsachenbehauptung, mithin auch (durch Erfahrung begründete) physikalische Aussagen, ist auf eine bestimmte Ontologie bezogen und kann nicht durch Erfahrung begründet werden. Es gibt weder eine empirische Wahrheit einer Ontologie noch eine theoretische Begründung für die Wahrheit oder Falschheit einer Ontologie. Diese These beruht auf zwei fundamen-

168 K. Hübner: Die Wahrheit des Mythos. 66-71, hier 69, 71. – K. Hübner berücksichtigt in seiner Übersicht über die Geschichte der Mythos-Forschung unverständlicherweise – neben *La pensée sauvage* – nur den frühen Aufsatz *Die Struktur der Mythen;* auf das zentrale Spätwerk *Mythologiques* geht er mit keinem Wort ein.

169 Vgl. die Selbstdefinition seines Anliegens in: Die religiöse Dimension der Gesellschaft. Religion und ihre Theorien. Hg. v. P. Koslowski. Tübingen 1985. 278.

170 Vgl. K. Hübner: Wissenschaftliche und nichtwissenschaftliche Naturerfahrung. In: Natur als Gegenwelt. Beiträge zur Kulturgeschichte der Natur. Hg. v. G. Großklaus / E. Oldemeyer. Karlsruhe 1983. 43-57. Am Beispiel Friedrich Hölderlins arbeitet Hübner hier die Grundzüge mythischer Naturerfahrung heraus.

talen Voraussetzungen: daß nämlich auch die Argumente der Wissenschaftsgeschichte gegen die Wahrheitsansprüche der Wissenschaft zutreffend sind (daß also die Historisierung seit Th. S. Kuhn zu Recht besteht) und zum anderen, daß Mythen etwas zugrunde liegt, was man kategorial als »mythische Erfahrung« einstufen darf. Diese Voraussetzungen sind ganz und gar gegenwartsspezifisch. Hübner will den Mythos gleichsam in Schutz nehmen gegen Vorwürfe von geheimnisvoller Vagheit oder Mangel an durchgängiger Logik (und betont demgegenüber, daß »Aussagen über Götter und Archái nicht geringere semantische Intersubjektivität haben können als solche über profane Gegenstände, Naturgesetze und Regeln«) und erklärt den Mangel an Logik damit, »daß der *Gegenstand* und die *Wirklichkeit*, mit der [der Mythos] es zu tun hat, eine solche Logik nicht zulassen«.[171] Präzision (die man wissenschaftlichen Aussagen im Gegensatz zu den vagen mythischen gern zuschreibt) ist kein absoluter, sondern ein relationaler Begriff; wir verstehen den Mythos nur deshalb nicht mehr, weil die ihn tragenden Götter aus unserem Leben verschwunden sind. Allerdings wendet sich Hübner in gleichem Atemzug vehement gegen einen möglichen Irrationalismus-Vorwurf und gegen alle Versuche einer Rückkehr zum Mythos. Sein Buch, so betont er im Vorwort wie im Schlußsatz, sei »kein Plädoyer für den Mythos«, sondern »nur eins für die sachliche Auseinandersetzung mit ihm«.[172] Zwei Problemkreise sind engstens miteinander verwoben: die Rehabilitation des von moderner Wissenschaft und Technik verdrängten (griechischen) Mythos und die Frage, *warum* sich die Menschen nicht mehr von Religion und Mythos, sondern von Wissenschaft leiten lassen. Die herkömmlichen wissenschaftlichen Erklärungen des Erfolges der abendländischen Wissenschaft sind zum Scheitern verurteilt. Weder subjektiv zwingende Erfahrungen noch evidente Vernunfteinsichten haben zum Aufbau des wissenschaftlichen Weltbildes geführt. Auch ontologisch garantiert Wissenschaft kein unerschütterliches Fundament: der Glaube daran führt in den

171 K. Hübner: Wahrheit des Mythos. 275, 277.
172 Ebd. 414.

Dogmatismus. Will man das wissenschaftliche Weltbild erklären, so bleibt nichts anderes übrig, als zu mythischen und religiösen Formen der Erfahrung zu greifen oder aber von Zufall zu sprechen.[173]

Hübners theoretische Grundorientierung wie viele inhaltliche Details entnimmt er, ohne dies im einzelnen wie im ganzen immer kenntlich zu machen, der Mythenanalyse von Cassirer.[174] Der Neukantianismus Marburger Prägung (Cohen, Natorp) hatte versucht, die *Kritik der reinen Vernunft* zu einer »Kritik der Kultur« zu erweitern. Der Cohen-Schüler Cassirer versuchte, die Aporien, in die der Neukantianismus sich bei seinem Versuch der Ausdehnung auf die Kulturwissenschaft verwickelt, zu lösen, indem er den Ansatz des Neukantianismus um das Problem der »symbolischen Form« der Sprache und des religiösen Bewußtseins erweiterte (woran dann Heidegger anknüpfen konnte). Obwohl Cassirer am neukantianischen Begründungsanspruch festhielt, führte sein Weg von einer Erkenntnistheorie zu einer übergreifenden, Sprache, Mythos und Technik einbeziehenden Philosophie der Kultur.[175] Den Plan einer Philosophie des Symbolbegriffs, die den Gesamtbereich menschlicher Wirklichkeitsdeutung in Sprache, Mythos, Religion, Kunst und Wissenschaft umreißen sollte, entwarf er zwischen 1911 und 1919/20;[176] in seinem in den Jahren 1923–29 geschriebenen und veröffentlichten Hauptwerk glaubte er, einen neuen philosophischen Ansatz gefunden zu haben, der, verschieden von den bisherigen philosophischen Ansätzen wie Erkennt-

173 K. Hübner: Warum gibt es ein wissenschaftliches Zeitalter? Hamburg 1984. 24.

174 J. Vahland (Die Quellen des Mythos. in: Zeno. Heidelberg. 1986, N. 9, 53-60) erhebt fast den Vorwurf eines Plagiats, zumindest erweckt er den Eindruck, daß nicht alles so bahnbrechend neu an der Hübnerschen wissenschaftstheoretischen Erforschung des Mythos ist.

175 Vgl. W. Marx: Cassirers Philosophie – Ein Abschied von Kantianisierender Letztbegründung. In: Über Ernst Cassirers Philosophie der symbolischen Formen. 75-88.

176 Vgl. T. Cassirer: Mein Leben mit Ernst Cassirer. Hildesheim 1981. 118f.

nistheorie, Phänomenologie, Metaphysik, die Grundfragen der Philosophie zu lösen versucht.[177] In den Jahren unmittelbar nach dem Abschluß der ersten drei Bände versuchte Cassirer, diesen Ansatz auszuarbeiten und zu vertiefen.[178] In diese Zeit fällt auch die Arbeit an dem heute noch unpublizierten vierten Band der *Philosophie der symbolischen Formen,* der sich mit dem Problem der Metaphysik (u. a. Heidegger) und dem im dritten Band zentralen Begriff des »Urphänomens« befaßt.[179]

Die Philosophie der symbolischen Formen, die Cassirer auch in Vorträgen erläutert hat,[180] geht von der These aus, daß der Mensch ein animal symbola formans ist. In seiner Standpunktbeschreibung im Verlauf der berühmten Davoser Debatte mit Heidegger 1929 hat Cassirer hervorgehoben, seine Philosophie der symbolischen Formen sei nicht in erster Linie eine Erkenntnistheorie; ihre Themen seien die Formen des »Weltverstehens« und der Verständigung durch die Sprache sowie durch andere symbolische Formen.[181] Cassirer faßt den Symbolbegriff im weitesten Sinne – parallel zu den übrigen Theorien der Jahre 1910–30 von Aby Warburg und C. G. Jung: er versteht unter dem »Symbolischen« »eine ganz bestimmte *Richtung* geistiger Auffassung und Kritik« und unter einer »symbolischen Form« eine polare Einheit von Sinnlichkeit und Sinn, eine »Energie des Geistes [...], durch

177 Vgl. PhsF II, VIIf. – Vgl. zu Cassirers Ansatz insgesamt J. M. Krois: Der Begriff des Mythos bei Ernst Cassirer. In: Philosophie und Mythos. 199-217; ders.: Cassirer. Symbolic Forms and History. New Haven/London 1987.

178 Vgl. die Aufsätze in dem Band: E. Cassirer: Symbol, Technik, Sprache.

179 Beinecke Library, Yale-University. Cassirer-Deposit Nr. 184. – Für diesen Hinweis auf den Nachlaß danke ich E. W. Orth (Trier).

180 Vgl. E. Cassirer: Das Symbolproblem und seine Stellung im System der Philosophie (1927); Zur Logik des Symbolbegriffs (1938).

181 Vgl. M. Heidegger: Kant und das Problem der Metaphysik. 4. erw. Aufl. Frankfurt a. M. 1973. 250. – Vgl. dazu T. Cassirer: Mein Leben. 181 ff.; K. Gründer: Cassirer und Heidegger in Davos 1929. In: Über Ernst Cassirers Philosophie der symbolischen Formen. 290-302.

welche ein geistiger Bedeutungsinhalt an ein konkretes sinnliches Zeichen geknüpft [...] wird«.[182] An Symbolarten unterscheidet er das mythisch-ästhetische Symbol, das anschauliche Symbol und das intellektuelle Symbol, die jedes einem verschiedenen Seinsbereich zugeordnet werden (dem Mythos bzw. der Kunst, der natürlichen Sprache und der Welt der [mathematisch orientierten] Wissenschaft). Das Modell bzw. die Urform aller symbolischen Formen ist für Cassirer – anknüpfend an Humboldt – die Sprache; daneben treten dann die Kunst und Wissenschaft und – ab 1930 – auch die Technik.[183] Im Rückgriff auf Usener und gefördert durch die Möglichkeit von Aby Warburgs Privatbibliothek mit ihrer interdisziplinären Ausrichtung und umfangreichen Photosammlung in Hamburg entsteht bei Cassirer auch ein starkes Interesse für die mythische Denkform. Der zweite Band der *Philosophie der symbolischen Formen* entwickelt – angeregt von Lücken im Husserlschen System[184] – eine »Phänomenologie des mythischen Bewußtseins«.[185] Heidegger sieht »das Verdienst Cassirers [...] darin, erstmals wieder seit Schelling den Mythos als systematisches Problem in den Gesichtskreis der Philosophie gestellt zu haben«.[186] Für Cassirer besteht zwischen den drei Bereichen von Mythos, Sprache und Wissenschaft eine Gleichursprünglichkeit; er folgert aus Husserls These, daß man logische Gesetze nicht auf psychologische

182 E. Cassirer: Der Begriff der symbolischen Formen im Aufbau der Geisteswissenschaften. In: Ders.: Wesen und Wirkung des Symbolbegriffs. Darmstadt [2]1983. 169-200, hier 174, 175.

183 Zur Architektonik der symbolischen Formen vgl. E. W. Orth: Zur Konzeption der Cassirerschen Philosophie der symbolischen Formen. Ein kritischer Kommentar. In: E. Cassirer: Symbol, Technik, Sprache. 165-202, bes. 196.

184 PhsF II, 16 Fn. – Zum Verhältnis Cassirers zu Husserl vgl. E. W. Orth: Einheit und Vielheit der Kulturen. In: Phänomenologie im Widerstreit. Frankfurt a. M. 1989. 332-351.

185 PhsF II, 186.

186 M. Heidegger: (Rezension von) E. Cassirer, Philosophie der symbolischen Formen. 2. Teil: Das mythische Denken. Berlin 1925. In: Deutsche Literaturzeitung für Kritik der Internationalen Wissenschaft N. F. 5 (1928), 1000-1012, hier 1011.

Daten zurückführen könne, daß man auch die Mythen nicht psychologisieren könne: der Mythos sei ein eigener Bereich mit eigenen Gesetzmäßigkeiten. Gleichwohl sieht Cassirer doch eine Stufenfolge der symbolischen Formen vom Mythos über die Sprache zu Kunst, Religion und Wissenschaft; er vertritt – wie viele seiner Zeitgenossen – das Modell des »Fortschritt[s] von der Stufe der *magisch-mythischen* Weltansicht«.[187] Der Mythos wird zwar gerechtfertigt, aber als Vorstufe für eine höhere Vernunft.[188] Cassirer kann die frühen Stufen retten, indem er den Fortschritt als Prozeß zunehmender Differenzierung einer anfänglichen Indifferenz versteht (wie heute Habermas). Beispielsweise wird der Totemismus so beschrieben, daß hier die (modernen) Unterschiede *noch nicht* gemacht seien. Cassirer steht somit insofern in der aufklärerischen Tradition, als es für ihn einen Menschen gibt, auf den sich alles hin entwickelt.

Zur Definition der anfänglichen Indifferenz formuliert Cassirer das »Gesetz der Konkreszenz«.[189] Der Mythos unterscheide (noch) nicht zwischen Idee/Begriff und Ding, zwischen Schein und Wahrheit, zwischen Bild und Sache, zwischen Ganzem und Teil: alle Wahrheit gehe in der bloßen »Präsenz« des Inhalts auf. Das Wesen des Mythos bestimmt Cassirer in Abgrenzung gegen die bisherigen Versuche von Metaphysik, Psychologie und Empirie als eine »Gesetzlichkeit des Geistes«:[190] der Mythos ist *keine* Reaktion auf Eindrücke, sondern eine *Aktion* des Geistes, eine Bearbeitung und Darstellung der Außenwelt via eines Zeichen- bzw. Symbolsystems. Dementsprechend sind nicht Inhalte, sondern ist die *Form* des Mythos wichtig. Die drei Hauptkapitel des Buches untersuchen nacheinander den Mythos als Denk-, Anschauungs- und Lebensform. Die Untersuchung des Mythos als »Denkform« setzt bei Kants Kopernikanischer

187 PhsF II, 32; vgl. auch 34.

188 H. Blumenberg: Arbeit am Mythos. 59. – Auch P. Feyerabend (Against Method. 297) übt an der Cassirerschen Entgegensetzung von Mythos und Wissenschaft Kritik; Vgl. dazu J. M. Krois, in: Philosophie und Mythos. 208 ff.

189 PhsF II, 82.

190 Ebd. 17.

Wende an, sucht aber die Kategorien »nicht nur in der theoretischen-intellektuellen Sphäre auf, sondern [...] geht davon aus, daß derartige Kategorien überall dort wirksam sein müssen, wo überhaupt aus dem Chaos der Eindrücke ein Kosmos, ein charakteristisches und typisches ›Weltbild‹ sich formt.«[191] Das Kantische System wird also historisiert und erweitert. Was bedeuten mythisch, so Cassirers Leitfrage, Raum und Zeit (das Zeit-Kapitel ist der Schwerpunkt des Buches), Zahl und Kausalität? Auch der mythisch denkende Mensch hat sich, so das Ergebnis der Cassirerschen Analysen, der Kantischen Kategorien bedient, er war sich dessen nur nicht bewußt: es bedurfte einer »logische[n] Genese«,[192] ehe dies – viele Jahrtausende später in der Transzendentalphilosophie – zu Bewußtsein kam. Die Kantische Theorie wird hier mit einer Art Evolutionstheorie verbunden (was problematisch ist, da Wissenschaftsgeschichte sich nicht als logische Genese beschreiben läßt[193]). In dieser Abhebung des neuzeitlichen Denkens (autonomes Subjekt, homogene Zeit, geometrischer Raum, reine Zahl, ferner Gott, naturgesetzlich-kausale Welt) von der mythischen Anschauungsform konkretistischer Weltinterpretation liegt eindeutig eine implizite logozentrische Bewertung; Cassirer selbst sah bei seiner Vorgehensweise die Gefahr einer »falsche[n] Rationalisierung des Mythos«.[194] Wir kommen heute zunehmend zu der Überzeugung, daß die Media wie Raum und Zeit, Kausalität etc. nicht – wie Kant (und mit ihm Cassirer) annahm – historisch invariant und universal sind.[195] Auch die »soziale Dimension des Mythos«[196] kommt in dieser Betrachtungs-

191 Ebd. 39.
192 Ebd. 20.
193 Vgl. K. Hübner: Wahrheit des Mythos. 65. – Eine Metakritik der Kritik Hübners findet sich bei H. Holzhey: Cassirers Kritik des mythischen Bewußtseins. In: Über Ernst Cassirers Philosophie der symbolischen Formen. 191-205, bes. 198.
194 PhsF II, 89.
195 Vgl. St. Toulmin: Kritik der kollektiven Vernunft.
196 F. Fellmann, in: Phänomenologische Forschungen 21, 123f. – Fellmann entwickelt die These, »daß der Mythos kein selbständiges kategoriales Erfahrungssystem bildet, sondern immer nur als Kom-

weise zu kurz. (Den Versuch, den Mythos-Begriff wertungsfrei einzusetzen, hat Cassirer allerdings später aufgegeben: nach seiner Übersiedlung in die USA im Sommer 1941 widmete er sich der Untersuchung von Mythos in bezug auf heutige Gesellschaften.[197])

Der Ansatz von Cassirer ist in vielfältiger Weise aufgenommen und weitergeführt worden; die Wirkungsgeschichte reicht von M. Merleau-Ponty und S. K. Langer bis zu N. Goodman und Blumenberg.[198] Bei Hübner sind die Abhängigkeiten von Cassirer besonders groß, vor allem wo dieser betont, er wolle nicht den mythischen mit dem wissenschaftlichen Begriff gleichsetzen, sondern lediglich ein beiden gemeinsames logisches Motiv aufdecken.[199] Der Aufbau des Denk- und Erfahrungssystems des griechischen Mythos im zweiten Teil seines Buches wird nach dem Vorbild Cassirers am Leitfaden der dieses System tragenden Kategorien dargestellt, allerdings ohne bzw. mit relativiertem Apriorismus und ohne die Symboltheorie. Überzeugend ist seine – Cassirer erweiternde – Analyse der Anschauungsformen von Raum und Zeit; bei der Darstellung der weiteren Kategorien folgt er Kantischem Systemzwang. Methodischer Leitfaden ist das mythische Gesetz der Einheit von Ideellem und Materiellem, was Cassirers Gesetz der »Konkreszenz« entspricht, anhand dessen, ebenfalls wie zu Beginn von Cassirers Buch,

plement zur Idee vom logischen Aufbau der Welt angesehen werden kann« (ebd. 128).

197 Vgl. E. C.: The Myth of the State (1946). – Vgl. dazu H. Lübbe: Cassirer und die Mythen des 20. Jahrhunderts. Göttingen 1975.

198 Vgl. die Skizze der Wirkungsgeschichte in meinem Artikel in: Philosophenlexikon. Hg. v. B. Lutz. Stuttgart 1989. 147-149. Zu Blumenberg vgl. H. B.: Ernst Cassirers gedenkend ... (zuerst 1974). In: H. B.: Wirklichkeiten in denen wir leben. Stuttgart 1981. 163-172; ders.: Wirklichkeitsbegriff. In: Terror und Spiel. 36; ders.: Arbeit am Mythos. 58ff., 185f. – Zur Wirkung von Cassirers Symboltheorie auf die Kunstwissenschaft (Brücke zwischen Warburg und Panofsky) vgl. G. Pochat: Der Symbolbegriff in Ästhetik und Kunstwissenschaft. Köln 1983. 127-135.

199 Vgl. E. Cassirer: Die Begriffsform im mythischen Denken. In: Ders.: Wesen und Wirkung des Symbolbegriffs. 1-70, bes. 11, 18.

der Unterschied zwischen mythischer und wissenschaftlicher Gegenstandskonstitution geprüft wird. Neben dem Anschluß an Cassirer folgt Hübner dem Aufweis der Grenzen der Mythenkritik, wie sie Topitsch vorgetragen hat.
Hübner begann seine Rehabilitation des Mythos bereits in seinem 1978 erschienenen Buch *Kritik der wissenschaftlichen Vernunft.*[200] Die Suspension der Wahrheitsfrage in den Wissenschaften schließt gerade die Widerlegung des Mythos als falsch aus. Vielmehr muß eine reflektierte Wissenschaftstheorie dem Mythos die gleiche apriorische Funktion zusprechen, wie sie die Wissenschaften auszeichnet. *Theoretisch* findet sich keine Möglichkeit, zwischen Mythos und Wissenschaft zu unterscheiden. Diese These wird in dem 1985 erschienenen Buch *Die Wahrheit des Mythos* wieder aufgenommen und auf einer erheblich erweiterten Material- und Argumentationsbasis erneut zu erweisen gesucht: *»Die Überlegenheit der Wissenschaft über den Mythos ist [...] allein eine faktisch-historische, nicht eine solche zwingender Rationalität«*, »der Mythos ist nicht weniger als die Wissenschaft Ausgangspunkt argumentierenden, empirischen Denkens, wenn er sich auch auf ganz andere Gegenstände richtet als diese.«[201] Nachdem Hübner im ersten Teil die Entwicklung einiger wichtiger Grundlagen der heute herrschenden (naturwissenschaftlichen) Ontologie herausgearbeitet hat, untersucht er im zweiten Teil die dem Mythos zugrundeliegende Ontologie, um zu zeigen, daß auch der Mythos »ein Erfahrungssystem, zugleich ein Mittel *systematischer* Erklärungen und Ordnung darstellt«.[202] An die Stelle kausaler Erklärungen der Wirklichkeit tritt im Mythos allerdings die aitiologische Rückführung mit finalem Anspruch; Geschichten vom Anfang, ἀρχαί, treten an die Stelle von Begründungen, αιτίαι.[203] Der Mythos beruht auf numinoser Erfahrung, weshalb er ›reine‹ Tatsa-

200 K. Hübner: Kritik der wissenschaftlichen Vernunft. 395-426. Vgl. auch seinen Aufsatz: Wie irrational sind Mythen und Götter? In: Der Wissenschaftler und das Irrationale. Bd. 2. Hg. v. H. P. Duerr. Frankfurt a. M. 1981. 11-36.
201 Wahrheit des Mythos. 270, 376.
202 Ebd. 257.
203 Die Archai sind in drei Gruppen geordnet (vgl. Kapitel IX, 174ff.).

chen nicht kennt, nicht zwischen Subjekt und Objekt, Ideellem und Materiellem, Name und Ding, Möglichkeit und Traum unterscheidet. Mythisch wird ein Allgemeines durch ein (numinoses) Individuelles, eine Gottheit, repräsentiert (in jeder Schlacht tobt Ares). Erst bei Plato wird dies Verhältnis logisch gedeutet. Auch die Anschauungsformen von Raum und Zeit werden in bezug zu göttlichen Dingen gebracht. Besonders sinnfällig wird diese numinose Besetzung bei dem Raum: wo Götter, Heroen oder Dämonen mit den Menschen in Berührung kommen, erscheint der Boden geweiht (oder verflucht): in heiligen Bezirken (τέμενοι), zu diesem Zweck aus dem Gemeindegebiet »herausgeschnittenen« (τεμνειν) Grundstücken, wurden Tempel (ναοί) errichtet.[204] Was *einmal* an diesen heiligen Orten geschieht, geschieht immer wieder: die mythische Zeit ist »zyklisch« als ständige »Wieder-holung eines Urereignisses«.[205]
Dem Nachweis der »Rationalität« dieses mythischen Kategoriensystems dient dann der dritte Teil von Hübners Buch. ›Rationalität‹ wird hier definiert als (semantische, empirische, logische, operative und normative) Intersubjektivität, und es geht um die Frage, »ob mythische Basissätze und mythische Allsätze empirisch intersubjektiv *begründet* werden können«.[206] Formal entspreche das mythische Erklärungsmodell dem wissenschaftlichen (soziologische, historische, psychologische Basissätze), es kenne zusätzlich allerdings noch die Erklärung durch »Einwirkung eines numinosen Wesens«.[207] Den axiomatischen Voraussetzungen in den Wissenschaften entsprächen die mythischen im Mythos; die empirische Bestätigung oder Verwerfung von mythischen Allsätzen sei die gleiche wie die von wissenschaftlichen Allsätzen (hier wie da sei ein »trial and error«-Verfahren am Werk). Die ontologischen Voraussetzungen wie der Erfahrungsbegriff seien in

204 Wahrheit des Mythos. 159ff., bes. 170. – Nach archäologischem Befund gab es schon in der minoisch-mykenischen Epoche Heiligtümer in Häusern und regelrechte Tempel, die wahrscheinlich als ἱερά bezeichnet wurden.

205 Ebd. 142.

206 Wahrheit des Mythos. 258. (Herv. nicht original, C. J.)

207 Ebd. 259.

Wissenschaft und Mythos identisch, mit dem Unterschied allerdings, daß die Wissenschaft Hypothesen erreiche, während der mythische Mensch »in der numinosen Erfahrung, in der *Epiphanie göttlicher Wirklichkeit Wahrheit* [...]« erkenne.[208] Der Mythos halte am Unterschied zwischen heiliger und profaner Erfahrung fest. Hier kann sich Hübner auf Durkheim, Cassirer und Eliade stützen, die die Aufteilung des Universums in zwei streng geschiedene Lebensbereiche zum Ausgangspunkt ihrer mythenanalytischen Überlegungen gemacht haben. Im vierten Teil seines Buches betont Hübner die Gegenwart des Mythischen in der modernen Malerei, im Christentum und in der Politik heute, vor allem jedoch illustriert er sie an zwei großen Versuchen, längst überwundenes mythisches Welterleben künstlerisch zu gestalten, nämlich der Dichtung F. Hölderlins und den Musikdramen R. Wagners.[209] Für die Zukunft kann Hübner sich »eine Kulturform vorstellen, in der Wissenschaft und Mythos weder einander unterdrücken noch unverbunden nebeneinander herbestehen, sondern in eine durch das Leben und Denken vermittelte Beziehung zueinander treten. Wie das aber möglich sein soll, davon wissen wir heute noch nichts.«[210]

Hübners Überlegungen sind auf breite Resonanz gestoßen.[211] Auch die Theologen schalten sich zunehmend in die Diskussion ein, weil Hübner in seinen letzten Veröffentlichungen vor allem den Unterschied zwischen Christentum und Mythos betont. Führt Hübner die religiöse Dimension der Gesellschaft darauf zurück, daß mythisches Anschauen und Denken auch durch aufgeklärte Wissenschaftlichkeit nicht ersetzt werden können, so geht H. Krings den umgekehrten Weg: er unternimmt den Nachweis, daß religiöse Existenz nicht (wie der Mythos) als eine Alternative zur aufgeklärten

208 Ebd. 266.

209 Vgl. ebd. 378ff.

210 Ebd. 410.

211 Vgl. die Diskussion in der Festschrift: Zur Kritik der wissenschaftlichen Rationalität. Hg. v. H. Lenk. Freiburg/München 1986. (Vor allem die Teile I, II.)

Wissenschaftlichkeit zu verstehen sei, sondern daß sie »als eine Weise vernünftiger und zugleich die Vernunft transzendierender Freiheit verstanden werden« könne.[212] Angezweifelt werden vor allem die Parallele zwischen wissenschaftlicher und mythischer Welterfahrung und die zu ihrem Aufweis gewählte Methode, die – hier Lévi-Strauss ähnlich – von allen Inhalten absieht und die Kommensurabilität als eine rein formale definiert. Exemplarisch deutlich wurden diese Zweifel auf einer CIVITAS-Tagung im Oktober 1985 in Hannover. Manfred Sommer machte geltend, daß bei Projektion Kantischer Theorien auf den Mythos einem vieles im Mythos entgehen müsse.[213] Spaemann pflichtete dem bei, indem er darauf verwies, daß der Mythos keine Theorie sei, »da er mit Eigennamen arbeite, die für ihn existierende Subjekte mit eigenem Selbstbewußtsein bezeichneten und die nicht als Ausdruck einer subjektiven Erfahrung von ihm interpretiert würden«.[214] Grundsätzlich problematisiert wurde Hübners Sicht des Verhältnisses von Mythos und Wissenschaft durch Dieter Henrich.[215] Hübner zwinge – durch die Anwendung der wissenschaftlichen Methode – Spezifika des Mythos in die Rolle von Gegenstandskategorien, was diese nicht seien. Wenn man den Mythos als Weltbeschreibung definiere, »programmiere man die Überlegenheit der Wissenschaft geradezu vor«. Der Mythos wolle aber gar keine Weltbeschreibung sein, sondern ein *Konzept* von Verhältnissen des Menschen zu seinen Erfahrungen, zur Welt (»Weltverhalten und Welt-

212 Vgl. K. Hübner: Die Theologie R. Bultmanns im Lichte der modernen Mythos-Rezeption. In: Die religiöse Dimension der Gesellschaft. 249-63 und 272-78 (Diskussion). Bultmanns These, daß für das wissenschaftliche Bewußtsein der Mythos radikal interpretiert werden müsse, beruht nicht nur auf einem Mißverständnis des Mythosbegriffs, sondern verliert auch durch das heutige neue Selbstverständnis der Wissenschaften ihren Sinn. Zu Krings vgl. ebd. 185-97, hier 192.

213 Vgl. Moderne oder Postmoderne? Zur Signatur des gegenwärtigen Zeitalters. Hg. v. P. Koslowski, R. Spaemann, R. Löw. Weinheim 1986. 89.

214 Ebd. 88.

215 Ebd. 89f.

entsprechen«). Die Unwiderstehlichkeit solcher Konzepte sei sicher mit ein Grund für die aktuelle Mythos-Euphorie. Die moderne Wissenschaft sei nun nicht nur, wie Hübner einseitig unterstelle, Referenzverschärfung, sondern vor allem »Selbstdistanzierung«: sie lehre den Verdacht vor dem allzu Selbstverständlichen, das wir in unsere Welt- und Selbstbeschreibung aufzunehmen und in unseren Erfahrungsbereich wieder einzubringen versuchten, während der Mythos »ein Konzept des Weltverhältnisses fraglos adaptiere«. Diese (philosophische) Selbstdistanzierung sei gerade aus der Kritik am Mythos hervorgegangen, womit Henrich – ohne dies explizit anzuführen – gewiß die Vorsokratiker im Blick hat. K. Held hat den Ursprung des wissenschaftlichen Denkens in der Selbstabgrenzung des philosophischen Denkens gegen die Doxa bei Heraklit und Parmenides identifiziert und gezeigt, daß hier erstmals ein Bezug des anfänglichen Denkens auf sich selbst, ein sich-Abstoßen von der lebensweltlichen Denkart vorliegt. Das anfängliche philosophische Denken ist mithin nicht aus dem Staunen (Plato) oder, wie Hübner unterstellt, aus der Weiterentwicklung der mythischen Ontologie, sondern aus einer *Krise* der Lebenswelt entstanden: die Perspektivenvielfalt der Einen Welt ging dem Menschen auf, und mit der wachsenden Einsicht in die Kultvielfalt, mit dem Anfang der historiae verlor auch der Mythos seine konzeptuelle Funktion, womit die Götter als das »ganz Andere« zugleich fremder wurden und ferner rückten.[216]

Henrichs Kritik zielt auf den problematischsten Punkt von Hübners Argumentation, nämlich den diese tragenden Rationalitätsbegriff. Kritik am vorausgesetzten (semantischen) Rationalitätsbegriff übt etwa F. Gniffke, der vor allem auf die zirkelhafte Begründung der Rationalität des Mythos verweist: »Rationalität ist nichts anderes als Legitimation eines Aussagensystems aus dem Nachweis, daß es bestimmten, intuitiv anerkannten Rationalitätskriterien genügt.«[217] Wegen

216 Vgl. K. Held: Heraklit, Parmenides und der Anfang von Philosophie und Wissenschaft. Berlin 1980. Bes. 74f.

217 F. Gniffke: (Rezension von:) K. Hübner, Die Wahrheit des Mythos. In: Philosophisches Jahrbuch 96 (1989), 186-91, hier 187; vgl. auch

des je situativen Abwägens zwischen mythischer und wissenschaftlicher Weltdeutung liegen überdies Vorwürfe des Relativismus oder Dezisionismus nahe.[218] Zudem ist, und dieser Punkt wurde bisher zu wenig beachtet, das von Hübner zugrundegelegte Ontologiensystem des Mythos unhistorisch gedacht: er sieht mythische Denk- und Erfahrungssysteme in der Wildbeuterperiode wie nach der neolithischen Revolution am Werk,[219] obwohl sich – wie noch zu zeigen sein wird – der Mythos tiefgreifend verwandelt und nach der neolithischen Wende zwar noch ›Mythos‹, aber vielleicht nichts Mythisches mehr ist. Völlig außer acht gelassen wird auch die poetisch-narrative Form des Mythos; was ebenso in den Hintergrund rückt, ist der Bereich der Handlungsnormierung. Schließlich ist auffällig, daß Hübners Buch – im Unterschied zu dem Blumenbergs – ganz ohne eine Auseinandersetzung mit der *Dialektik der Aufklärung* auskommt; jede Konfrontation mit historischen oder gesellschaftlichen Prozessen fehlt; die »Wahrheit des Mythos« soll besiegelt werden, »ohne auch nur ansatzweise kulturhistorische oder gesellschaftspolitische Überlegungen ins Feld zu führen«.[220]

IV. Kritik am Kognitivismus

Mythos wie Wissenschaft, so das Ergebnis der hier wenigstens oberflächlich vorgestellten zwei Theorielinien, verfügen über gleichrangige Rationalitätsstrukturen. Dabei wird doppelgleisig verfahren: man sucht einmal nachzuweisen – und in

A. Hoven: (Rezension von:) K. Hübner, Die Wahrheit des Mythos. In: Zeitschrift für allgemeine Wissenschaftstheorie 18 (1987), N. 1/2, 331-336, hier 335f. Zur Kritik an Hübners bloß ›formalem‹ Begriff von Rationalität vgl. G. Paul: Mythos, Philosophie und Rationalität. Frankfurt a. M./Bern/New York/Paris 1988. 46ff. – Zur Kritik an dem Begriff »Ontologien« vgl. J. Habermas: TKH I, 75.

218 Vgl. C. F. Geyer: Rationalitätskritik und »neue Mythologien«. In: Philosophische Rundschau 33 (1986), 210-241, hier 234ff., bes. 237.

219 Vgl. Wahrheit des Mythos. 263.

220 Vgl. D. Scholz, in: Frankfurter Rundschau v. 10. 12. 1985.

diesem Nachweis kommen Blumenberg, Lévi-Strauss und Hübner durchaus überein –, daß das Mythische nicht etwas schlechthin Irrationales ist, sondern eine bestimmte Art, die Wirklichkeit zu ordnen, und daß deshalb die Mythos und Wissenschaft regierenden (logischen) Prozesse nicht prinzipiell unterschieden sind. Zum anderen, und das ist besonders bei dem wissenschaftstheoretischen Ansatz Hübners deutlich, kritisiert man die Ausschließlichkeit des Anspruches der modernen Wissenschaft auf Rationalität.
Allerdings ist bei den erwähnten Autoren die Materialbasis charakteristisch verschieden. Lévi-Strauss will nachweisen, daß auch die *schriftlosen* Kulturen eine sehr komplexe Geschichte haben und vor denselben Problemen standen und stehen wie die westlichen Gesellschaften. Jede Kultur hat ein autonomes Denksystem, und dieses besitzt gesellschaftliche Rationalität. Dafür entwickelt Lévi-Strauss ein *logisches* Gerüst, um diese eine Schicht von Synchronizität nachzuweisen (die logische Struktur ergibt sich etwa aus dem Inzestverbot). Was Lévi-Strauss in seiner zu den *Mythologiques* gehörenden Studie über den Kampf um das Töpferfeuer, *La potière jalouse,* von der »nature de la pensée mythique« sagt, daß sie nämlich die Probleme nicht löse, sondern verschiebe, von einem in einen anderen Code übersetze, kommt Blumenbergs Begriff des Mythos als Abbau des Absolutismus der Wirklichkeit sehr nahe.[221] Im Unterschied zu Lévi-Strauss argumentiert aber Blumenberg (und noch mehr Hübner) ganz aus unserer Tradition; berücksichtigt wird ausschließlich die griechische Mythologie Homers und Hesiods, weshalb ihre Ergebnisse – trotz der Rede von »dem« Mythos – auch nur dort anwendbar sind. Graevenitz spricht deshalb zu Recht von einem »Fortleben des nach-Winckelmannschen *Klassizismus* in der modernen Mythenwissenschaft« und zeigt, daß Hübners Griechenbild »im Wesentlichen dasjenige Bachofens und seines Interpreten Alfred Baeumler und damit ein direkter Nachfahre der winckelmannschen Gräkomanie«

221 C. Lévi-Strauss: Die eifersüchtige Töpferin. 275 ff. Diesen Hinweis verdanke ich Markus Winkler (Genf).

ist.[222] Es ist allerdings nicht nur Winckelmannsches Erbe, sondern auch Schellings Urteil wirkt hier nach, nach dem die griechische Mythologie »die letzte aller Mythologien und das Ende des mythologischen Processes selbst ist« und sich deshalb in ihr »die Principien aller Mythologie finden« lassen.[223]

Bei Blumenberg folgt aus diesem Klassizismus eine methodische Beschränkung auf die Wirkung, Rezeption des Mythos, weil dessen Anfänge nicht faßbar seien.[224] Blumenberg steht in der Tradition der Hermeneutik und einer wirkungsgeschichtlichen Betrachtungsweise: *was* der Mythos ist, wird von vornherein gedeutet aus dem, was der Mythos *geworden* ist; Blumenberg interessiert nur die Verformung der Inhalte im Zuge der Rezeptionsgeschichte des Mythos. Eine Produktionsästhetik ist für Mythen nicht entwickelbar; von Mythenstiftung hält Blumenberg gar nichts: der Mythos ist etwas Archaisches, das man nicht wiederholen kann. Er kann nur »zu Ende gebracht« werden,[225] es gibt nur die »Arbeit am Mythos«. Dieses Ausweichen in Rezeption wird von Bruno Liebrucks als Ausweichen vor der Frage nach dem »Sein« und dem »Wesen« des Mythos attackiert, als Ausweichen vor allem vor dem im Mythos begründeten Glauben an die Möglichkeit der Theophanie. »Die wissenschaftliche Einstellung zum Mythos, insofern in ihm Götter erscheinen, ist die sich neutral gebende Ansicht von der Unmöglichkeit einer Epiphanie, in der mehr als Menschliches erscheint.« Das moderne Wahrnehmungsvermögen sei so beschränkt, daß es nur noch Objekte zu sehen vermöge und deshalb für Göttererscheinungen kein Verständnis mehr habe. Um den Mythos zu verstehen, müssen wir aus den »Grenzen objektiver Erfahrung« fliehen, den »Gesetzen der Notdurft« entrinnen, dürfen nicht länger das Feuer in der platonischen Höhle (d. h. die Objektivität der Wissenschaft) schon für die Sonne selbst

222 G. v. Graevenitz: Mythos. X.
223 F. W. J. Schelling: WW XII, 645.
224 Vgl. H. Blumenberg: Wirklichkeitsbegriff. In: Terror und Spiel 28.
225 Vgl. ebd. 31, 57f.

halten.[226] Wir müssen *logisch* an die Möglichkeit von Epiphanien glauben, was nichts mit der Idee einer Remythisierung gemein hat. Liebrucks hat mit dieser Kritik an den rezeptionsgeschichtlichen Ansätzen eines der wirkungsmächtigsten Tabus innerhalb der aktuellen Diskussion um den Mythos berührt: die Frage, *was* ein Gott ist, wird von der Religionswissenschaft ausgespart, Θεος wird tabuisiert. »Wir wissen nicht, was das Wort ›Gott‹ bedeutet [...]«.[227] Die Tradition der Behandlung dieser Frage ist seit R. und W. F. Otto abgerissen; einzig Heidegger erklärte, vor allem in seinem zweiten Hauptwerk, den *Beiträgen zur Philosophie*, die Beantwortung der Frage, »worin [...] die Gottheit der Götter [besteht]«, als unabdingbar für die Entscheidung des Schicksals der Philosophie und der abendländischen Geschichte.[228] Heidegger aber steht – wegen seines Bezuges zu Hölderlin – ebenfalls in der Gefahr einer fehlgeleiteten Orientierung am griechischen Mythos: (Hoch-)Götter sind nicht der alleinige, wohl auch nicht der hauptsächlichste Gegenstand der mythischen Erzählungen; es gibt viele Mythen ohne Götter, in denen nur (dämonische) Mächte und Wesenheiten eine Rolle spielen.[229] Nur für den griechischen Mythos ist alles »voll von Göttern«; der Grieche erfaßte die Daseinsmächte als personale Gestalten, d. h. er verstand die Welt, auch die natürliche Welt, analog der menschlichen Wirklichkeit als einen großen »Sozialzusammenhang«. Doch

226 B. Liebrucks: »Und«. 39-55, hier 39, 48, 70.

227 G. Picht: Kunst und Mythos. 529. Vgl. auch ebd. 486: »Wie sollen wir das Wesen eines Gottes begreifen, wenn unser eigenes Bewußtsein [...] Gott-los ist?«

228 M. Heidegger: Beiträge zur Philosophie. Frankfurt a. M. 1989. (= GA 65.) 508. – Vgl. dazu O. Pöggeler: »Der Vorbeigang des letzten Gottes«. In: O. P.: Neue Wege mit Heidegger. Freiburg i. Brsg. 1991.

229 Vgl. die Untersuchung von A. E. Jensen an den Mythen und Kulten auf Ceram und bei den Marind-anim (Neuguinea), in: Ders.: Mythos und Kult bei Naturvölkern. Bes. 118. – Dagegen erscheint Gehlens These, Hochgötter seien auch schon im primitiven Urstadium der Hochkulturen wenigstens virtuell vorhanden (Urmensch und Spätkultur. 226f.), problematisch.

sind die anthropomorphen griechischen Götter schon eine Spätstufe.

Die bisherigen Theorien zur Herkunft der Götter gehen seit A. Lang (1898) übereinstimmend davon aus, daß die Herausbildung von Göttern (theistische Stufe) erst relativ spät erfolgte. Älter als die persönlichen Götter sind Tier- und Pflanzendämonen. Die Götter Ägyptens und Indiens, Zentral- und Südafrikas erscheinen ursprünglich in Tiergestalt; erst allmählich, im Laufe der Jahrhunderte, nehmen sie immer mehr menschliche Züge an. Die eigentlichen Hoch-Götter entstehen mit der Idee der Herrschaft im Neolithikum. In Gesellschaften, die zunehmend politische Institutionen ausbilden und religiöse Symbole für die Reproduktion von Machtverhältnissen zu mobilisieren suchen, entstehen Götter, die dem Häuptling seine Kraft gegeben haben. Sie werden als Ursachen und Garanten der Erhaltung einer sozialen Ordnung gesehen. In Gesellschaften, die Institutionen politischer »Herrschaft« ausbilden,[230] entwickelt sich ein ausgesprochener Götterkult. Die Götter verharren nicht mehr in der Welt. Sie leben in einer eigenen »transzendenten« Welt, die über Bitte und Opfer beeinflußt werden kann. Jetzt verlieren die Götter auch ihre Bindung an bestimmte soziale Gruppen und ihre Kult-Orte – ein Emanzipationsprozeß, den Gehlen als Prozeß ihrer »Humanisierung« beschrieben hat.[231] Menschengestaltige Götter tauchen auf, z. B. in Ägypten,[232] die sich, wie dann die griechischen Götter, mit Sterbli-

230 Vgl. The Historical Study of African Religion. Hg. v. T. O. Range/I. N. Kimambo. 2. Aufl. Berkeley/LA 1974; African Worlds. Studies in the Cosmological Ideas and Social Values of African Peoples. Hg. v. D. Forde. 7. Aufl. London 1970; Ancient Cosmologies. Hg. v. C. Blacker/M. Loewe. London 1975.

231 Vgl. A. Gehlen: Urmensch und Spätkultur. 222.

232 Zu den Gründen, warum zu einer bestimmten Zeit die Götter menschlich gestaltet worden sind, vgl. K. Heinrich: anthropomorphe. Zum Problem des Anthropomorphismus in der Religionsphilosophie. Frankfurt a. M./Basel 1986. G. Dux (Die Logik der Weltbilder. 181 ff.) erklärt die Herkunft der Götter aus der Weltkonstitution der frühen Kindheit, die an die Subjektform gebunden sei.

chen verbinden und menschliche Kinder haben. Im Hinduismus ist die Trennungslinie zwischen den Göttern und Menschen äußerst vage und flüchtig. In Indien können Menschen leicht göttlichen Einfluß als Könige, Priester oder Asketen erlangen. Die Götter andererseits sind so anthropomorph und so eng mit irdischen Dingen verwoben, daß der Weg vom Himmel zur Erde genauso frequentiert wird wie der von der Erde in den Himmel. Im Monotheismus schließlich ist der ethische Gott, der im Polytheismus noch einer unter vielen war, der Eine und einzige Gott. Es ist ihm nach Max Weber eigentümlich, der *Garant* einer *Handlungsweise* im gewöhnlichen Leben (außerhalb des Bereiches der religiösen Riten) zu sein, mit der Besonderheit, daß diese Handlungsweise rational ist. Diese rationale religiöse Ethik trägt das Prinzip eines radikalen Bruchs mit der Magie in sich und findet im Judaismus seinen endgültigen Ausdruck.[233] Solche religionsgeschichtlichen Erkenntnisse haben in den neueren Mythentheorien ihren festen Niederschlag gefunden;[234] die (philosophische) Frage nach dem Wesen des Gottes wird aber weiterhin noch nicht einmal gestellt; statt dessen ist – etwa bei

233 Max Weber spricht von der Zeit der »Entmagisierung« der Welt durch die Propheten Israels, die heute fern sei (vgl. M. W.: Gesammelte Aufsätze zur Religionssoziologie. Bd. 3. Tübingen ^{4}1920. 220-21, 271.) – Vgl. dazu P. Ladrière: Die rationalisierende Funktion der religiösen Ethik in Webers Theorie der Moderne. In: Verabschiedung der (Post-)Moderne? Hg. v. J. Le Rider u. G. Raulet. Tübingen 1987. 39-62. Zur Diskussion um die Einzigartigkeit des jüdischen Monotheismus vgl. G. Dux: Logik der Weltbilder. 233 ff. – Kritik an der These Renans u. a. von einer des Mythos angeblich unfähigen semitischen Rasse (heute bei Ph. Lacoue-Labarthe: La fiction du politique. 138) bzw. der These einer hebräischen Übernahme fremder Mythen (z. B. aus Griechenland oder Ägypten) übte früh schon I. Goldziher (Der Mythos bei den Hebräern und seine geschichtliche Entwicklung. Leipzig 1876). Kritik an der These eines »monotheistischen Mythos« (Y. Kaufman) übt heute z. B. B. Uffenheimer: Mythos und Realität im alten Israel. In: Achsenzeit I, 192-239. Vgl. E. Leach: Genesis as myth. – The Legitimacy of Salomon. London 1969.

234 Vgl. E. Cassirer: PhsF II, 233 f.; F. Borkenau: Anfang und Ende. 123 ff. Vor allem H. Blumenberg: Arbeit am Mythos. 147 ff.

Blumenberg – die falsche Tendenz zu beobachten, das mythische Potential zu neutralisieren, indem man es als »ästhetisch« klassifiziert. Im Gegensatz zu Blumenberg wird Hübner – etwa von Graevenitz – bescheinigt, »alle historische Camouflage weggezogen zu haben und philosophische Mythologie wieder ohne Wenn und Aber zu betreiben als die Wesenssuche [...]«.[235] Dieses Lob ist aber nicht nur deshalb abzuschwächen, weil Hübners Plädoyer für eine Selbstbeschränkung der exakten Vernunft und für das Nebeneinander von Wissenschaft und Mythos sich wissenschaftlicher Verfahren bedient, die das angezielte »Wesen« des Mythischen gerade verfehlen, sondern auch deshalb, weil er mit seiner Alternative Mythos vs. Wissenschaft in einem bipolaren Schema bleibt; die dritte Möglichkeit einer Hermeneutik des Mythos (wie bei Blumenberg) fehlt.

Bei der Unterstellung, der Mythos sei Rationalität, wird der Mythos einseitig von seinem Ende her betrachtet: ein *neuzeitlicher* Begriff von Rationalität wird auf den Mythos ohne Bedenken appliziert, wie bei Cassirer und Hübner die Kantischen Kategorien. Ein eminenter Kantianismus prägt auch den Ansatz von Lévi-Strauss, der noch 1988 bekennt: »Au fond, je suis un Kantien vulgaire«.[236] Der Vorwurf P. Ricœurs, Lévi-Strauss' Methode sei ein »Kantianismus ohne transzendentales Subjekt«,[237] ist allerdings umstritten, denn

235 G. v. Graevenitz: Mythos. IX.

236 C. Lévi-Strauss: De près et de loin. 152.

237 Vgl. P. Ricœur: Symbolique et temporalité. In: Archivio di Filosofia 32 (1963), 5-31, hier 24; vgl. a. 9. Vgl. C. Lévi-Strauss: Mythologica I, 25. Ricoeur kritisiert an Lévi-Strauss überdies, seine Ergebnisse hätten nicht im selben Maß auch für sog. ›Hochkulturen‹ und ihre Art mythischen Denkens Geltung. Vor allem für Judentum und Christentum mit ihrer ausgeprägten Hochschätzung der Geschichte müßten grundsätzlich andere oder doch sehr viel weitergehende Erwägungen angestellt werden; vgl. P. Ricœur: Structure et herméneutique. In: Esprit 31 (1963), 596-627, hier 607, 625 ff. (dt. Hermeneutik und Strukturalismus. In: Der Konflikt der Interpretationen I. München 1973. 62 u. ö.); ders.: Die Symbolik des Bösen. Freiburg/München 1971 (was bei den Griechen und Juden und Christen Fehlbarkeit war, ist etwas völlig Verschiedenes); unter Berufung auf

ein *logisches* Subjekt, das nach Meinung des Neukantianismus den Wissenschaften notwendig supponiert werden muß, ist bei Lévi-Strauss durchaus (als Kraft) vorhanden; von einem *geschichtlichen* Subjekt ist auch bei Kant nicht unbedingt die Rede. Ricœurs Kritik läßt sich aber leicht dahingehend ausweiten, daß man den Mythos nicht auf Erfahrung reduzieren dürfe, die dann rational interpretiert wird, sondern daß man bei ihm auch den *Sinn-Aspekt* sehen, seine Funktion der Weltorientierung und Handlungsnormierung nicht unterschlagen dürfe.

Diesen Aspekt der mythischen Sinnstiftung geschichtlicher Ereignisse hat der 1986 verstorbene Religionshistoriker Mircea Eliade in den Mittelpunkt seiner Überlegungen zum Wesen des Mythos gestellt.[238] »Für mich«, sagt er zusammenfassend über seine Forschungen, »ist das Heilige immer die Offenbarung des Realen, die Begegnung mit dem, was uns rettet, indem es unserem Dasein Sinn verleiht.«[239] Im Anschluß an R. Otto und van der Leeuw sieht er im Heiligen etwas »ganz Anderes« als die profane Welt, das in diese einbricht und hier eine Erscheinungsform (Hierophanie) annimmt. Zu diesen Erscheinungsformen zählt neben »biologischen Hierophanien« (Mondphasen, Sonne, Vegetation, Ackerbau etc.) und »Hierophanien des Ortes« (z. B. heilige Plätze, Tempel) und der Zeit, neben Riten und Gottesvorstel-

Ricœur auch M. Douglas: The Meaning of Myth. In: M. D.: Implicit Meanings. Essays in Anthropology. London/Boston 1975. 153-172, hier 167ff.

238 Vgl. Eliades wichtigste Bücher: Kosmos und Geschichte (1949, dt. Übers. Frankfurt a. M. 1984 neuaufgelegt), Das Heilige und das Profane (1957, dt. Frankfurt a. M. 1984 neuaufgelegt), Geschichte der religiösen Ideen (1976ff., dt. Freiburg/Basel/Wien 1987ff.). Vgl. außerdem die Memoiren (Erinnerungen 1907-1937. Frankfurt a. M. 1987). Dieses Buch endet mit der 1937 erschienenen phantastischen Geschichte *Sarpele*, in der Eliade fiktiv und unbeabsichtigt jene Grundgedanken schon entwickelt, die später seine Religionsphilosophie prägen sollten: daß die Welt eine Chiffre ist für das Heilige.

239 M. Eliade: Die Prüfung des Labyrinths. Frankfurt a. M. 1987. 189.

lungen auch das religiöse Symbol (vor allem der Symbolismus der Mitte[240]) und der Mythos: er »beschreibt die verschiedenen, manchmal dramatischen Einbrüche des Heiligen in die Welt.«[241] Im Zentrum von Eliades Überlegungen steht das Problem der Geschichte, genauer, der »Hauptunterschied zwischen dem Menschen der archaischen und traditionsbezogenen und dem Menschen der modernen Gesellschaften«. Der erste sei »untrennbar mit dem Kosmos und den kosmischen Rhythmen verbunden«.[242] In kritischer Auseinandersetzung mit der von Freud begründeten psychoanalytischen Mythendeutung und in schärfster Rivalität zu Lévi-Strauss' strukturaler Mythenanalyse deutet Elidade den Mythos als ewige rituelle Wiederholung eines Ur-Ereignisses und damit als Aufhebung der profanen Zeit: »Jeder Mythos [...] sagt von einem Ereignis aus, das *in illo tempore* stattgefunden hat und das ein verbindliches Beispiel für alle Handlungen und ›Situationen‹ darstellt, die in der Folge dieses Ereignis wiederholen. [...] Die Wiederholung bringt [...] die Aufhebung der profanen Zeit mit sich und stellt den Menschen in eine magisch-religiöse Zeit hinein, die [...] die ›ewige Gegenwart‹ der mythischen Zeit ist.«[243] Aus unserer modernen Perspektive muß das durch ein tiefes Mißtrauen gegenüber jeder Veränderung bestehender Zustände geprägte mythische Denken als ein Versuch erscheinen, Geschichte stillzulegen; »es ist aber zu bemerken, daß der Mythos schon dadurch, daß er aussagt, *was in illo tempore geschehen ist*, eine *beispielhafte Geschichte* der Menschengemeinschaft, die ihn bewahrt hat, und des Kosmos dieser Gemeinschaft darstellt«.[244] Die zentrale (in seinem berühmten Buch *Kosmos und Geschichte* vor allem am Mythos von der ewigen Wiederkehr ausführlich entwickelte)

240 Vgl. zu den biologischen, räumlichen und zeitlichen Hierophanien M. Eliade: Die Religionen und das Heilige. Frankfurt a. M. 1986. Zur »Symbolik des Zentrums« vgl. ders.: Ewige Bilder und Sinnbilder. Frankfurt a. M. 1986. 29ff.

241 Vgl. M. Eliade: Das Heilige und das Profane. Frankfurt a. M. 1984. 86.

242 M. Eliade: Kosmos und Geschichte. Frankfurt a. M. 1984. 10.

243 Ders.: Die Religionen und das Heilige. Frankfurt a. M. 1986. 496.

244 Ebd. 496f.

These vom Mythos als einer heiligen Geschichte, welche die verworrene Fülle der Ereignisse sinnhaft integriert, indem er diese auf die Anfänge der Welt und die Erschaffung des Menschen zurückbezieht, beruht auf der Voraussetzung einer archaischen Ontologie, die den Unterschied zwischen profanen und heiligen Handlungen nicht kenne. Mythisches Denken sei unhistorisch, von einer archetypischen Ordnung: bei überlieferungsgebundenen Gesellschaften gebe es eine »Auflehnung gegen die konkrete, historische Zeit« und eine »Sehnsucht nach einer periodischen Rückkehr zur mythischen Zeit der Uranfänge [...] Feindschaft gegen jeden Versuch zur autonomen ›Geschichte‹, d. h. zur Geschichte ohne archetypische Ordnung.«[245] Das Wesen von Mythen und Riten als Aufhebung der Zeitrechnung wird von Eliade – wie auch von R. Caillois[246] – exemplarisch am Fest illustriert, das den Menschen durch Wiederholung der Urzeit verwandele. Das Mythische wird als zyklisch-geschlossen vom linear-offenen Geschichtlichen streng unterschieden.

Diese – auch von Malinowski vertretene – These, daß die geschichtlichen Elemente des Mythos nicht als Chronik gedacht sind, sondern als Wiederholung glorreicher Ereignisse der Vergangenheit, ist inzwischen weit verbreitet.[247] Die Theorie einer zyklischen Zeit- bzw. Geschichtsauffassung des Mythos ist in ihrer Generalisierung allerdings nicht haltbar (so ist der Sturz der Götter bei den Griechen und Germanen nicht zyklisch), sondern trifft nur auf einzelne Mythen zu.[248] »Ist es nicht vielmehr so, daß auch im ursprünglich

245 Ders.: Kosmos und Geschichte. 7.

246 Vgl. R. Caillois: Der Mensch und das Heilige. 125 ff.

247 Vgl. E. Cassirer: PhsF II, 136ff.; C. Lévi-Strauss: Mythologica III: Der Ursprung der Tischsitten; vgl. auch ders.: Mythologica I, 31: Der Mythos ist »ein Apparat zur Beseitigung der Zeit«; H. Blumenberg: Arbeit am Mythos. 80, 112f.; K. Hübner: Wahrheit des Mythos. 142.

248 Vgl. zu diesem Problemkreis G. Plumpe: Das Interesse am Mythos. Zur gegenwärtigen Konjunktur eines Begriffs. In: Archiv für Begriffsgeschichte 19 (1975), 236-253, bes. 241f.; ders.: Zyklik als Anschauungsform historischer Zeit. In: Bewegung und Stillstand in Metaphern und Mythen. Stuttgart 1984. 201-225, bes. 223-225. –

mythischen Erfahren die Einmaligkeit der geschichtlichen Gründung [...] mitgedacht ist?«[249] Diese kritische Frage Otto Pöggelers anläßlich des Erscheinens der deutschen Übersetzung von Eliades Buch *Ewige Bilder und Sinnbilder* im Jahre 1960 kann sich auf Ethnologen und Prähistoriker wie A. E. Jensen und R. Schott berufen.[250]

Trotz großen Einflusses (etwa auf P. Ricœur)[251] bleiben an Eliades Sicht des Mythos vor allem die normativen Sichtweisen umstritten.[252] Hinter der Theorie der Hierophanien und des *homo religiosus* hat man ein gnostisches Erlösungskonzept vermutet. Wenn man auch so weit nicht gehen muß, so bleibt doch Eliades Auffassung vom ontologischen Charakter des Heiligen fragwürdig; das sinngebende Heilige ist für ihn

Zum Verhältnis zwischen linearer *Struktur* der primitiven Zeit und ihrer zyklischen *Interpretation* vgl. jetzt G. Dux: Die Zeit in der Geschichte. Ihre Entwicklungslogik vom Mythos zur Weltzeit. Frankfurt a. M. 1989. 126f.

249 O. Pöggeler: (Rezension von:) M. Eliade, Ewige Bilder und Sinnbilder. In: Philosophischer Literaturanzeiger 13 (1960), 246-249, hier 249.

250 Unter Berufung auf A. E. Jensen (Das religiöse Weltbild einer frühen Kultur. Stuttgart 1948) schrieb R. Schott (Das Geschichtsbewußtsein schriftloser Völker, in: Archiv für Begriffsgeschichte 12 [1968], 166-205, hier 192): »Gewiß gibt es bei vielen Völkern Regenerationsriten, die [...] die Geschichte ›verdrängen‹ wollen, um so zum goldenen Zeitalter der Anfänge zurückzukehren. Die Mythen zahlreicher Völker lassen jedoch erkennen, daß sie sich des *unwiderruflichen Abfalls* von der ›natürlichen‹, ursprünglichen guten Weltordnung bewußt sind.«

251 Vgl. P. Ricœur: Symbolik des Bösen. (Phänomenologie der Schuld. II.) Freiburg/München 1971. Bes. 9ff. 185ff.

252 Vgl. den Sammelband: alcheringa oder die beginnende Zeit. Studien zu Mythologie, Schamanismus und Religion. Hg. v. H. P. Duerr. Frankfurt a. M./Paris 1983, und die in den beiden Festschriften (Sehnsucht nach dem Ursprung. Zu Mircea Eliade. Hg. v. H. P. Duerr. Frankfurt a. M. 1983; Die Mitte der Welt. Aufsätze zu Mircea Eliade. Hg. v. H. P. Duerr. Frankfurt a. M. 1984) versammelten Aufsätze, in denen die kritischen Stellungnahmen überwiegen. Zum folgenden vgl. H. Rudolph: Eliade und die »Religionsgeschichte«. In: Die Mitte der Welt. 49-78.

eine anthropologische Konstante.[253] Jeder historische oder kulturelle Kontext wird vernachlässigt; dem Menschen wird letztlich jede Entwicklung genommen. Daß der Mythos auch zum Instrument verändernden politischen Handelns werden kann, bleibt verdeckt.[254] In Eliades Theorie liegt aber insofern eine bleibende fruchtbare Herausforderung für alle philosophische Mythentheorie, als er alle Religionen gelten läßt; er illustriert seine Thesen nicht nur an griechischen und christlichen, sondern ebenso auch an asiatischen, afrikanischen und indianischen Mythen. Außerdem zeigt er, daß das Vorhandensein mythischer Elemente im Denken der Moderne kein Zufall ist, weil dem Prozeß der Rationalisierung menschlichen Wissens und von Lebensformen Grenzen gesetzt sind.[255] Bereits Ende der 40er Jahre hat sich Eliade gegen die Idee einer fortschrittsorientierten Evolution ausgesprochen.

V. Mythos, Ritus, Kultus

1. Kritik des ›Klassizismus‹

Insgesamt wäre von der philosophischen Mythen-Deutung zu fordern, daß sie sich stärker als bisher um eine Berücksichtigung der Forschungsergebnisse der Prähistorie, der Ethnologie und der Anthropologie bemühte (ein Buch wie das von Hübner könnte dann heute eigentlich nicht mehr geschrieben werden). Die ethnologische Entdeckung der außereuropäischen Mythologien reicht bis ins 18. Jahrhundert zurück. J. F. Lafitau und Fontenelle verwiesen auf die Gleichartigkeit der griechischen und indianischen mythologischen Erzählungen, G. Raynals *Geschichte beider Indien,* die erste kritische Kolonialgeschichte, wagte einen Blick auf exotische Völker ohne

253 Vgl. G. Plumpe, in: Archiv für Begriffsgeschichte 19 (1975), 241 f.

254 Vgl. B. Lincoln: Der politische Gehalt des Mythos. in: alcheringa. 9-25.

255 Vgl. M. Eliade: Mythes, rêves et mystères. Paris 1957. 38: »L'homme occidental n'est plus le maître du monde. [...] il faut prendre conscience de ce qui reste encore de ›mythique‹ dans une existence moderne [...].«

eurozentrische Perspektive.[256] Zwischen 1800 und 1840 fragte man verstärkt nach den Mythologien der Welt. Schon bei Hölderlin ist das Griechische transparent zum Orientalischen; Goethe begegnet – angestoßen von Herder – dem arabischen Orient.[257] Die romantische Indophilie wurde zum Medium der Selbstdistanzierung der europäischen Intelligenz vom Christentum.[258] Wilhelm von Humboldt war von linguistischen Interessen geleitet; er sah im Sanskrit einen Schlüssel zum Sprachstudium; außerdem sammelte er Grammatiken und Wörterbücher amerikanischer Sprachen. Für Hegels Einschätzung von Indien blieb das aber ohne Bedeutung;[259] er versetzte allerdings die (noch in F. Schlegels Indien-Buch und bei Schelling begegnende) mythologische Konstruktion einer vollkommenen Ur-Religion (Einheit Mensch – Natur) ins Reich der Legende; an ihre Stelle tritt eine Religion der Zauberei.[260] Historische Forschung und logische Gründe spielen in der Begründung eine Rolle (die Differenz von logischer und historischer Entwicklung erlaubt es Hegel, die empirische Forschung ernsthaft zu rezipieren). Allerdings vernachlässigte er die germanische Religion, die der Kelten, der Japaner und der Amerikaner (obschon hier Missionarsberichte vorlagen).

Von entscheidender, bis heute noch nicht hinreichend gewür-

256 Vgl. J. F. Lafitau: Mœurs des sauvages amériquains ... Paris 1724. Dt. Ausg. u. d. T.: Die Sitten der amerikanischen Wilden im Vergleich zu den Sitten der Frühzeit. Weinheim 1987. Vgl. a. G. Raynal/D. Diderot: Die Geschichte beider Indien. Ausgew. u. erl. v. H.-J. Lüsebrink. Nördlingen 1988.

257 Vgl. K. Mommsen: Goethe und die arabische Welt. Frankfurt a. M. 1988.

258 Vgl. E. Behler: Das Indienbild der deutschen Romantik. In: GRM 49 (1968), 21-37.

259 Vgl. C. Menze: Das indische Altertum in der Sicht Wilhelm von Humboldts und Hegels. In: Welt und Wirkung von Hegels Ästhetik. Hg. v. A. Gethmann-Siefert und O. Pöggeler. Bonn 1986. 245-294.

260 G. W. F. Hegel: TWA 16, 259ff.; 278ff. – Eine Urreligionshypothese wurde nach Hegel eigentlich nicht mehr ernsthaft vertreten (höchstens noch von Leopold Ziegler).

digter und in allen Konsequenzen bedachter Bedeutung für die Mythenforschung wurde dann aber die Entdeckung der Prähistorie im 19. Jahrhundert. Die klassisch-idealistische Epoche (mit Ausnahme vielleicht von Hegel, der daraus jedoch keine systematischen Konsequenzen zog) kannte die Vorgeschichte nicht und lokalisierte daher den Mythos – bei den Griechen – viel zu spät. Daß in Wahrheit vor den Griechen eine lange Epoche der Nicht-Schriftlichkeit lag, ja, daß vielleicht schon das Erzählen von Mythen eine Spätform (einer ursprünglich mythischen Praxis) ist, wurde zum Schock für die Generation der um 1800 Geborenen. Mit dem Beginn der Grabungen in den Schwemmgebieten und Höhlen 1810 fand man den Beweis, daß der Mensch in Westeuropa zusammen mit dem Rentier, den Elefanten und Säbelzahntigern gelebt hat, 1833 und 1848 wurden die ersten Schädel von Neandertalern gefunden (in ihrer Bedeutung aber erst 1856 anerkannt). Um 1880 ist es ausgemacht, daß Mensch und Affe gemeinsame Vorfahren haben. 1872 wiederentdeckt John Evans eine um 1800 von dem englischen Naturforscher John Frere veröffentlichte Beobachtung: behauene Feuersteine, die zusammen mit Tierknochen gefunden worden waren, schreibt er darin der Anwesenheit des Menschen in weit zurückliegenden Zeiten zu.[261] Die entstehende prähistorische Wissenschaft verfügt schon bald über eine chronologische Klassifikation, in der man Paläolithikum und Neolithikum unterscheidet. Das wahre Alter des Paläolithikum wurde im Laufe des 19. Jahrhunderts aber erst langsam bekannt: in seinen *Antiquités Celtiques et antédiluviennes* (I 1846) machte Boucher de Perthes erstmals eine entscheidende Rückdatierung. 1862 ist ihm Lartet, 1863 Lubbock gefolgt *(Prehistoric Times).* Gleichwohl blieben starke Zweifel, genährt von der vorherrschenden positivistischen und evolutio-

261 Vgl. A. Leroi-Gourhan: Hand und Wort. Frankfurt a. M. 1980. 21 ff. – Zur Rolle von Mythos und Metapher bei der Entdeckung der *geologischen* Zeit vgl. S. J. Gould: Time's Arrow, Time's Cycle. Cambridge, Mass. 1987 (dt. Die Entdeckung der Tiefenzeit. München 1990). Zu den Säbelzahntigern (F.S.K.) etc. vgl. O. Abel: Tiere der Vorzeit in ihrem Lebensraum. Berlin 1939.

nistischen Strömung; als am Ende des 19. Jahrhunderts die Höhlenkunst entdeckt wurde (1868 die Höhle von Altamira), wurde sie zunächst als Fälschung deklariert; erst 1902 wurde sie anerkannt (Cartailhac). Gegen Ende des Jahrhunderts münden alle diese Ansätze in die Evolutionstheorie Charles Darwins als einer Synthese (*Entstehung der Arten*, 1859).
Das erste Jahrzehnt des 20. Jahrhunderts bringt dann (mit dem Kieferknochen von Mauer, den Skeletten von La-Chapelle-aux-Saints, von Moustier, von La Ferrassie, von Latina und von Krapina) die größte Serie von Entdeckungen, die je gemacht wurden. Andere Entdeckungen präzisierten die Kenntnis der Entstehung der Hochkulturen, so z. B. die Entzifferung der mesopotamischen Keilschrift; Schliemanns Pioniertat der Ausgrabung Trojas (1871–90) und Mykenes (1876) führt zu einer Aufwertung des Mythos als Auskunft über die Vorgeschichte der Griechen. Die Sicht der Romantik wurde bestätigt, daß der griechisch-römische Mythos nicht das einzige Zeugnis frühzeitlichen Denkens ist. Bachofen stellte die These auf, alle Völker hätten ein »mythisches Zeitalter« durchschritten, und wurde so zum Mitbegründer einer vergleichenden Mythologie. Die Bezeichnung ›Mythos‹ wurde auf die frühesten Überlieferungen alter Völker und die gegenwärtigen Überlieferungen als »primitiv« geltender Völker ausgedehnt. Die empirische ethnologische Forschung, etwa von B. Malinowski, präzisierte dann im 20. Jahrhundert die Einsicht in das Wesen des Mythos als »Ausdruck einer urzeitlichen [...] Realität«;[262] Forschungen auf Melanesien, bei den Indianern Nord- und Südamerikas (Radin, Preuß) und bei den großen Kulturen Westafrikas (wie die der Yoruba in Nigeria, der Ashanti in Ghana oder der Bevölkerung von Dahomey) führten zur Entdeckung von Götterwelten, Mythen und Kulten, die ebenso kompliziert und reich wie jene der alten Griechen waren.
Mythos und Ritus wurden als zwei untrennbare Größen erkannt, als Wiederholungen (in Handlung und Erzählung) einer Handlung, die in der Urzeit stattgefunden hat und die für die Aufrechterhaltung der kosmischen und gesellschaftli-

262 Vgl. J. de Vries: Forschungsgeschichte. 326.

chen Ordnung lebensnotwendig ist. In der philosophischen Mythentheorie wird bis in unsere Tage nicht genügend beachtet, daß die Ethnologie und Religionswissenschaft die Aussagen *literarischer* Traditionen als sekundär durchschaut und ihr Augenmerk (seit W. Mannhardt) auf die Rituale gerichtet haben, die man als Form von Symbolisierung, Erzeugung von Vorstellungen und Erlebnisformen versteht.[263] Modelle, die an den schriftlich überlieferten griechischen Mythen gewonnen wurden, lassen sich auf schriftlose Kulturen nicht übertragen. »Die eigentliche Frage der Mythologie ist offensichtlich nicht, wie Marcel Mauss lehrte, wie ›die Eingeborenen‹ mit ihren Mythen denken, sondern wie die Mythologie von denjenigen, die seit 1850 von ihrem Lehrstuhl herunter über sie sprechen, gedacht wird und denkbar ist. [...] Die Antwort, die darauf von der ganzen abendländischen Tradition von ›Mythologisten‹ gegeben wurde, ist eindeutig: vom Mythos sprechen heißt immer griechisch oder von Griechenland sprechen. Ohne implizite oder indirekte Bezugnahme auf die Rede irgendeines Griechen ist keine Mythenforschung denkbar.«[264]

Die einseitige Orientierung an den literarischen griechischen Mythen machte es »undenkbar [...], daß ein *Volk sey* ohne Mythologie«,[265] und verstellt auch den Blick dafür, daß es den Typus komplexer sakraler Erzählung und Sagen von Göttern und Göttinnen in manchen Kulturen kaum (z. B. in den meisten Ethnien Schwarzafrikas) bzw. gar nicht (z. B. Madagaskar) gibt. Es gibt gewiß Ethnien, die viele Mythen besitzen (hierzu gehören z. B. die meisten Indianer Südamerikas und die Bewohner Melanesiens), aber ob die Mythenbildung ein Naturgesetz der Psyche ist (wie zuerst Tylor und heute Piaget propagieren), ob der Mythos eine anthropologische Konstante ist (Eliade, Kolakowski), ist doch sehr zweifelhaft.

263 Vgl. C. Lévi-Strauss: Das Ende des Totemismus. Frankfurt a. M. 1965. 93.

264 M. Detienne: Mythologie ohne Illusion. In: Mythos ohne Illusion. 12-46, hier 28.

265 F. W. J. Schelling: Einleitung in die Philosophie der Mythologie. WW XI, 63.

Lévi-Strauss behauptet die Existenz einer Einheit des mythischen Denkens, aber seit 1963 wundert sich P. Ricœur,[266] warum die strukturale Analyse nicht auf andere mythische Gebiete ausgedehnt wird, auf indo-europäische, semitische, hellenische. Offen ist auch, ob und inweit schriftlose Völker die Gattungen ihrer mündlichen Überlieferung unterscheiden. Viele Völker (Malinowskis melanesische Trobriand-Insulaner ebenso wie etwa das nordamerikanische Fischervolk der Tsimshia) differenzieren zwischen ›myths‹ und ›tales‹, urzeitlich-wahren und neuzeitlich-fiktiven Geschichten; es gibt aber auch Kulturen (etwa Australien), in denen Mythen mit Träumen auf eine Stufe gestellt und explizit von der Wirklichkeit unterschieden werden.[267] In verschiedenen Ethnien, etwa Afrikas, so hat uns Pierre Smith belehrt, ist eine Unterscheidung der Mythen von anderen Erzählungen nicht möglich.[268] Selbst im Griechischen ist – von der Wort- und der Begriffsgeschichte von ›Mythos‹ her – eine Unterscheidung der Mythen von anderen Erzählungen nicht möglich, sondern stellt ein spätes Konstrukt dar, eine Theorieimplementierung, die sich mit aller Schärfe bei Platons Gebrauch der Mythen in seinen Dialogen und bei seiner Abgrenzung zulässiger und unzulässiger Mythen in der *Politeia* und in den *Nomoi* zeigt.[269]

2. Theorien über das Opfer-Ritual

Die philosophische Theorie des Mythos muß sich von dem ihr anscheinend notwendig inhärenten Klassizismus befreien und das Problem des Mythos *auch* vom Ritus her diskutieren, will sie verallgemeinerbarere Ergebnisse als bisher erzielen. Es ist in diesem Zusammenhang auffällig, daß eine Theorie, die versucht, dem Phänomen des Heiligen über eine Untersu-

266 Esprit. Novembre 1963. 628f.

267 Vgl. G. F. Kirk: Griechische Mythen. 69.

268 P. Smith: Stellungen des Mythos. In: Mythos ohne Illusion. 47-67, bes. 63f.

269 Vgl. M. Detienne: L'invention de la mythologie. 87ff., 155ff.

chung der opferkultischen Riten in den archaischen Gesellschaften auf die Spur zu kommen, wie die von René Girard, in Deutschland kaum zur Kenntnis genommen wird, während sie beispielsweise in den USA eine breite Wirkung hat. Um den Mythos als notwendigen Bestandteil des Kultus und um die Deutung von Opferritualen gibt es innerhalb der Psychoanalyse wie vor allem in der Schule von Durkheim eine ausgedehnte Diskussion, auf der Girard aufbaut.[270]

Bis heute gibt es keine Übereinstimmung über das Verständnis des Phänomens des Rituals. Der von Durkheim begründete funktionalistisch-behavioristische Begriff des Ritus sah in ihm eine lebens- und gesellschaftsstabilisierende Handlungsvorschrift zum Zweck des Übergangs vom Profanen zum Heiligen.[271] In Zusammenarbeit mit Hubert und Mauss hat Durkheim den Mechanismus des Geschenkaustausches als strukturale Universalie erkannt. Hubert/Mauss definierten Riten als soziale Handlungen im religiösen Bereich. Der für jedes Ritual bindende Begriff ist der des Heiligen, der als ein »sozialer Begriff« verstanden wird.[272] In Weiterführung des Ansatzes von Durkheim und Mauss sieht auch R. Caillois in Riten und Verboten Weisen der Festigung der »Ordnung des Universums«.[273] Als Beispiel nennt er die Initiationsriten, die die »Wiedergeburt der Gesellschaft« sicherstellten. Die Gesellschaft nimmt sich an der Natur ein Beispiel (daher die Identität von Initiations- und Fruchtbarkeitsriten). Die No-

270 Zum Problem von Ritus und Kultus vgl. J.E. Fontenrose: The Ritual Theory of Myth. Berkeley 1966.

271 Das Modell des Wechselspiels zwischen profan und heilig paßt allerdings zum griechischen Kult kaum, bei dem weder der Opfernde noch das Opfer jemals aus der realen Welt aussteigen dürfen (vgl. J. Rudhardt: Notions fondamentales sur le sacrifice grec. 1958. 256ff.) Der funktionelle Ansatz wurde von A.R. Radcliffe-Brown weitergeführt, vgl.: The Andaman Islanders. Cambridge 1922.

272 Vgl. H. Hubert/M. Mauss: Entwurf einer allgemeinen Theorie der Magie (1902/03). Zuletzt in: M. Mauss: Soziologie und Anthropologie. Bd. 1. München 1974. 43-179.

273 Vgl. R. Caillois: Der Mensch und das Heilige. 123. Zum folgenden ebd. 145.

vizen werden anläßlich der Initiation oft mit den Mythen, dem heiligen Stammeserbe, bekanntgemacht. Gerade am Beispiel der Initiationsriten als Untergattung von Übergangsriten hat A. van Gennep die soziologische Ritualtheorie um den Hinweis auf die Beziehung zwischen Ritual und Zeit erweitert.[274] Die Initiation gehört etwa bei den australischen Aborigines zu den allerheiligsten Zeremonien. Van Gennep spricht von »Schwellenereignissen«: diese Zeremonien markieren ›Schwellen‹, z. B. während der Lebenszyklus-Zeremonien, den Jahreszeiten-Feiern oder den Einsetzungsfeiern von Herrschern. Das Ritual bewirkt einen »Sprung« – eine Zwischenphase »sakraler« Zeit – im Kontinuum des Alltagslebens. Ziel der psychodramatischen und symbolischen Aufnahmeriten in traditionalen Gesellschaften ist eine Neuwerdung, eine rituale Wiedergeburt; das Schema der Initiation ist universal. M. Eliade sieht in den Riten die Wiederholung und Erinnerung an jenen urzeitlichen Vorgang, der zur Einsetzung des Ritus führte: im Ritus wird die Urzeit stets wieder aufs Neue erlebt.[275] Daß Riten Geschichte verdrängen wollen, illustriert er – neben den Initiations- – vor allem an Regenerationsriten. Ihm folgt H. P. Duerr, wenn er in den Regenerierungs- bzw. Vegetationsritualen die rituelle Vergegenwärtigung eines mythischen Geschehens zur (jährlich wiederkehrenden) Verjüngung des altgewordenen Kosmos, zur Wiederbelebung der dürren Vegetation sieht.[276] Die deutsche Kulturmorphologie, etwa Jensen, sah ganz ähnlich in der Wiederholung der Mytheninhalte in Erzählform und in ihrer schauspielerischen Darstellung im Rahmen von Kultfesten in der Gemeinschaft der Kultträger die Sicherung des Fortbe-

274 A. van Gennep: Übergangsriten (Les rites de passage). (1909) Frankfurt a. M./New York 1986. Vgl. bes. das Nachwort zu dieser Ausgabe von S. M. Schomburg-Scherff.

275 Vgl. etwa M. Eliade: Das Mysterium der Wiedergeburt. Versuch über einige Initiationstypen. Frankfurt a. M. 1988.

276 Vgl. H. P. Duerr: Sedna. – Gegen Blumenberg (Arbeit am Mythos. 14) sagt Duerr (232 f.), daß die magischen Rituale nicht dazu dienten, die Götter zu »zwingen«: man will vielmehr den Gott höchstens auf sich aufmerksam machen oder ihm die Reverenz erweisen. Erneuerungsrituale waren ein »›weicher‹ Eingriff« (233).

standes allen Lebens. Für Jensen ist der Kult das Verständigungsmittel, das das Wissen um die Wahrheit kosmischer Zusammenhänge weiterträgt. Betont wurde daneben vor allem das symbolische Element des Ritus; zum Ritus gehöre die Möglichkeit der Substitution der Ausdrucksmittel, die Symbolisierung.[277] Jensen unterscheidet auch terminologisch zwischen symbolhaften (sonst ›Ritual‹ genannten) Kulten und sinnentleerten Riten.

Gegen die soziologischen, psychologischen oder symbolistischen Ansätze entwickelte F. Staal eine allgemeine Theorie von der »Bedeutungslosigkeit« des Rituals: Rituale sind danach primär reine, »ideale« Handlungen, die nur teilweise und beiläufig darstellenden Charakter besitzen und an die sich jedenfalls ›symbolische‹ Bedeutungen nur sekundär und kurzfristig heften. In den Mittelpunkt rückt erstmals die »Syntax der reinen Handlung«, die Staal in Analogie zur generativen Grammatik (Chomsky) beschreibt.[278]

In allen diesen ethnologischen Ansätzen ist die »Struktur der rituellen Handlungen [...] kaum je in ihrer Eigenständigkeit thematisiert worden«.[279] Stets stand mit dem Wesen des Ritus auch das Verhältnis von Ritus und Mythos zur Diskussion. Die Beziehung zwischen Mythos und Ritus ist komplex und längst nicht geklärt.[280] Während eine Schule die Mythen als das Primäre ansieht, war die andere der Meinung, die Riten seien das Ursprüngliche und Mythen stellten nur eine Rationalisierung und Symbolisierung des Handlungsaspektes dar. Die »myth and ritual-school« (Cambridger-Kreis um Frazer, W. R. Smith, J. E. Harrison) wollte Mythen überhaupt aus dem Ritus ableiten. In unserem Jahrhundert stellte dann Nilsson die Grundthese auf, die Götter müßten, wenn möglich unter Ausschluß des Mythos, allein von den Kulten her

277 A. E. Jensen: Mythos und Kult bei Naturvölkern. 51, 52, 53, 79.

278 Vgl. F. Staal: The Meaningless of Ritual. In: Numen 26 (1979), 2-22.

279 F. Kramer: Art. ›Ritual‹. In: Wörterbuch der Ethnologie. Hg. v. B. Streck. 181-183, hier 183.

280 Zu Mythos und Ritual vgl. R. Merkelbach: Roman und Mysterium in der Antike. München 1962.

verstanden werden. Den Primat des Kultus vor dem Mythos verfochten auch Cassirer und – ihm folgend – Heidegger.[281] Daß der Mythos gegenüber dem Ritus sekundär ist, suchte auch Gehlen zu zeigen: »[...] der Ritus ist seit Urzeiten primär, der Mythos ist seine Selbstinterpretation in dem freieren Zustand, in dem seine lebenssteigernde Fruchtbarkeit schon Resultat geworden ist und nun in seinen Inhalt eingehen kann, als Epoche ins Bewußtsein schlägt.« Gehlen entwickelt die These von der »Rückwärts-Stabilisierung des Urritus durch seine eigene institutionelle Fruchtbarkeit«.[282] Malinowski leugnete die Existenz eines Mythos ohne Ritus ab. Für ihn haben rituelle Handlungen die Eigentümlichkeit, daß sie in ihrer ursprünglichen Gestalt die mimetische Darstellung eines zugrundeliegenden Mythos zu sein pflegen.[283] Für die Einheit von Mythos und Kult plädieren – aus ethnologischer Sicht – A. E. Jensen,[284] aus geistesgeschichtlicher Sicht W. F. Otto.[285] Lévi-Strauss sieht Mythen und Riten als dialektische Teile einer Einheit: was der Mythos ein für allemal unmöglich gemacht habe, die unmittelbare Erfahrung, suche der Ritus nachträglich zu erreichen, und zwar durch Aufhebungen der Unterscheidungen und Gegensätze, die der Mythos aufgebaut hat. Der Ritus wird hier gedeutet als Angst vor dem »wachsenden Abstand zwischen dem Intellekt und dem Leben«.[286] J. F. Thiel[287] bezeichnet den Mythos als die »theoretisch-geistige Seite« der Religion und den Kult als die »sozial-praktische«. Für K. Albert bildeten Kult, Mythos und Metaphysik in der lebendigen Religion eine Einheit. Später löste sich der Mythos vom Kult und wurde selbständig

281 Vgl. E. Cassirer: PhsF II, 262f.; M. Heidegger, in: Deutsche Literaturzeitung 1928, 1006.

282 A. Gehlen: Urmensch und Spätkultur. 219; vgl. auch ebd. 223.

283 Vgl. B. Malinowski: Myth in primitive psychology. 1926.

284 Vgl. A. E. Jensen: Mythos und Kult bei Naturvölkern. 49ff.

285 W. F. Otto: Einleitung zu seinem Buch über: Dionysos. Frankfurt a. M. 1933.

286 Vgl. C. Lévi-Strauss: Mythologica IV, 785ff., hier 800.

287 J. F. Thiel: Ahnen, Geister, höchste Wesen. Religionsethnologische Untersuchungen im Zaire-Kasai-Gebiet. St. Augustin/Bonn 1977. 152.

in der Dichtung.[288] Die Argumentation Blumenbergs ist ähnlich.[289]

Sicher ist, daß mythische Geschichten nicht bloß erzählte Riten sein, sondern auch selbst Riten installieren können. In Syrien pflegte man Darstellungen der Triumphe des Fruchtbarkeitsgottes Baal über seine Feinde rituell zu rezitieren und auch darzustellen, um einen ähnlichen Sieg der Fruchtbarkeit über die Trockenheit auf Erden zu erwirken. Mythen werden in Verbindung mit Riten gebraucht, um Kraftquellen zu erschließen und zu sonst nicht erreichbaren Erfahrungen zu gelangen. Die Akteure des Ritus werden aus unserer Welt herausgehoben und werden eins mit den Gestalten des Mythos, mit den Göttern und den Ahnen. Dramatische Beispiele hierfür gibt es bei den Voodoo und den Riten der australischen Ureinwohner. Trotz der engen Verzahnung von Mythos und Ritus ist auch gewiß, daß der Mythos erst mit der Sprache möglich geworden ist; Habermas[290] unterscheidet deshalb zwischen ritualistischem Verhalten und rituellem Handeln – letzteres setze eine ausdifferenzierte Sprache voraus. Diese Ordnung kultischer Handlungen nach Graden der Ausdifferenzierung bzw. nach ihrem Rationalitätsreservoir liest die Rituale vor dem Hintergrund einer Rationalitätstheorie. Noch hier ist das alte religionsphilosophische Schema des Dreischrittes Magie – Mythos – Religion virulent.

Gehlen sieht den für den Zivilisationsprozeß wichtigen Vorgang in der Trennung der Rituale und der daran geknüpften Emotionen: »Es mußte eine wesentliche Entdeckung sein, wie man Emotionen für sich selbst erzeugen konnte.«[291] Er unterscheidet zwei Formen der Emanzipation emotionaler Zustände: Ekstase und Askese. Die Anfänge der Ekstase lokalisiert er im Schamanismus (was er an einem Bild aus Lascaux deutet); diese Form der Entlastungsfunktion sei

288 Vgl. K. Albert: Vom Kult zum Logos. Studien zur Philosophie der Religion. Hamburg 1982.

289 Vgl. H. Blumenberg: Arbeit am Mythos. 72.

290 J. Habermas: TKH II, 284ff.

291 A. Gehlen: Urmensch und Spätkultur. 235f.

noch auf der Stufe polytheistischer Hochreligionen möglich (er erinnert an die 186 v. Chr. verbotenen Bacchanalien in Rom). Dieser Ausnahmezustand kann jederzeit in asketische Formen umschlagen, und die Steigerung der Instinktreduktion in der Askese erwies sich historisch als stabilisierbar – eine These, die Max Webers Rekonstruktion des Rationalisierungsprozesses nahekommt.

Um die Frage des Verhältnisses von Ritus und Mythos, erzählter Geschichte und erklärter Handlung, einer Lösung näherzubringen, hat man sich in der Vergangenheit besonders auf eine Analyse des Opferrituals als der vermutlich ältesten Form religiöser Handlungen konzentriert. Für das Studium des Opferrituals ist der Totemismus von Bedeutung, da das Totem mit der Teilung in Menschen- und Tier- bzw. Pflanzenwelt eine Form von Gemeinschaft herzustellen versucht.[292] Durkheim sieht im Opfer einen positiven Kult: in der Opfermahlzeit ißt man das geheiligte Wesen, das von denen geschlachtet wurde, die es essen.[293] Das Opfer beinhaltet Kommunion. E. Cassirer[294] weist in seiner Beschäftigung mit dem Opfer darauf hin, daß die empirische Mythenforschung und die Ethnologie Hegel[295] insofern bestätigt hätten, als der Kult bzw. das Ritual dem Mythos vorausgeht und im Opfer verinnerlicht wird. In jedem Opfer steckt ein Wunschverzicht. Mit dem Verzicht erhebt sich das Opfer von Anfang an über die magische Vision der Welt. Mit dem Auftreten des Opfers verzichtet das Ich auf das Überschreiten von Grenzen, die ihm die magische Welt zugunsten einer Verstärkung der Kräfte des Ich erlaubt. In der Gabe und anderen Formen der Askese befreit sich der Mensch nach Hubert/Mauss, Durkheim und Cassirer in gewisser Weise von seinen momentanen Wünschen und sucht im Opfer nach einer aufgehobeneren Form der Wunscherfüllung. Der Verzicht wird mit der Zivilisation belohnt (Ersatzopfer-System); erst durch die

292 Vgl. C. Lévi-Strauss: Das Ende des Totemismus. 20.

293 Vgl. E. Durkheim: Die elementaren Formen des religiösen Lebens. 455f. – studiert am Intichiuma des australischen Stammes der Arunta.

294 E. Cassirer: PhsF II, 262ff.

295 G. W. F. Hegel: TWA 16; 71ff., 218ff.

Aufklärung läßt sich das Ritual umgehen. Adorno/Horkheimer[296] sehen im Opfer einen wesentlichen Aspekt der Askese, der aber als Belohnung zur Kultur führt: die Götter (der Natur) werden durch Opfer gewonnen, die immer mit List verbunden sind (nach Hesiod betrog Prometheus den Zeus, indem er die Fleischanteile für den Opferschmaus ungleichwertig verteilte und Zeus das wertlose Fett und die Knochen wählen ließ.[297]) Die Strategie der List und die Verknüpfung von Betrug und Opfer diskutiert ausführlich J.P. Vernant anhand des Opfers des Prometheus.[298]
Opferhandlungen zählten zu den wichtigsten Ritualen der Antike. Die Besonderheit der griechischen Opfer-Rituale besteht in der Verbindung von Verbrennen und Essen, von Blutritus und Feueraltar. Weder in Ägypten und Mesopotamien noch in Mykene/Kreta gibt es Altäre, auf denen man ganze Tiere oder Knochen verbrennen kann. Die scheinbare Kuriosität des griechischen Tieropfers, daß die Griechen für ihre olympischen Götter Tiere zu schlachten und das Fleisch dann selbst zu verzehren pflegten, während sie die Knochen verbrannten, hat K. Meuli auf ein Jägerritual zurückgeführt.[299] Die Bärenbestattungen der Neandertalzeit, das Aufstellen der Wildtierschädel in Çatal-Hüyük, das Deponieren der Knochen und Schädel bei sibirischen Jagdvölkern sind vielleicht auch Vorläufer der sakralisierten Ziegenhörner und Knochen beim griechischen Opfer. Aus einer animistischen Auffassung heraus konnte das Beutetier mit der Gottheit gleichgesetzt werden (hieron-hiereion, sacer-sacrificare deuten die Verbindung von Gottheit und Opfer noch an). Im Anschluß an K. Meuli hat dann W. Burkert 1972 die Opferung des Produktionsgutes von Viehzüchtern im Griechenland des 7. und 6. Jahrhunderts v. Chr. als Fortsetzung von

296 Vgl. T.W. Adorno/M. Horkheimer: Dialektik der Aufklärung. 42ff.

297 Schon Hegel hat dieses Beispiel herangezogen; vgl. H. Schneider: Neue Quellen zu Hegels Ästhetik. In: Hegel-Studien 19 (1984), 9-44, hier 21ff.

298 J.P. Vernant, in: Anne Pisa 7 (1977), 905ff.

299 Vgl. K. Meuli: Griechische Opferbräuche. In: Phyllobolia. Festschrift für Peter von der Mühll. Basel 1946. 185-288.

Jägerbräuchen gedeutet, wie sie vor allem bei sibirischen Völkern erhalten waren und bis ins Paläolithikum zurückreichen. Das notwendige Töten des Wildes zur Nahrung wird kompensiert durch eine symbolisierende Rückgabe von Teilen, besonders des Skeletts, an die Herrin bzw. den Herrn der Tiere, des Lebens: »Grunderlebnis des ›Heiligen‹ ist die Opfertötung. Der homo religiosus agiert und wird sich seiner selbst bewußt als homo necans.«[300]

Arnold Gehlen hat zu Recht darauf hingewiesen, daß »der Ritus im Vollsinne sicher zwei ursprüngliche, zentrale Inhalte [hatte]: das Jagdwild und die menschliche Leiche.«[301] Neben dem Jagd-Opfer-Ritual steht von Anfang an das Totenritual, die Jagd ist vom Opfer nicht zu trennen.[302] Der Neandertaler führte vor 50 000 Jahren die Bestattung der Toten ein; neben den Menschenbestattungen stehen in der Neandertalzeit die sog. ›Bärenbestattungen‹. Zuhinterst in der Höhle von Montespan steht die lebensgroße Lehmplastik eines Bären, dem ein echtes Bärenfell samt Schädel übergestülpt war;[303] an ihr läßt sich der das Jagd-Opfer-Ritual konstituierende Rhythmus von Tod, Zerstückelung und Restitution gut studieren. Nach Vorbereitungen mit Reinigungen und Enthaltungen sammelte man die Knochen des Opfertiers wieder ein und erhöhte Schädel, Horn oder Geweih, ehe man (an Knochen, Schädeln, Häuten etc.) die Abschlußriten vollzog. Das Motiv dieses Jägerrituals war ein »Gefühl der Verschuldung dem getöteten Tier gegenüber«,[304] die Hoffnung auf Kontinuität des Lebens trotz des Tötens: »Im Erlebnis des Tötens wird die Heiligkeit des Lebens erfahren, das durch den Tod seine

300 W. Burkert: Homo necans. 9. – Vgl. auch W. Burkert über Burkert, in: Frankfurter Allgemeine Zeitung v. 3. 8. 1988. Als eine Art Einführung in dieses Grundwerk Burkerts mögen die Aufsätze gelten, die er vorgelegt hat u. d. T.: Wilder Ursprung. Opferritual und Mythos bei den Griechen. Berlin 1990.

301 A. Gehlen: Urmensch und Spätkultur. 175.

302 Vgl. Nilssons Einwand gegen Meuli; vgl. M. P. Nilsson: Geschichte der griechischen Religion. I. München ²1955. 145,2.

303 Vgl. A. Leroi-Gourhan: Préhistoire de l'art occidentale. Paris 1965. 313, fig. 646/47.

304 W. Burkert: Homo necans. 24.

Nahrung findet und eben damit seinen Fortbestand. Dieses Paradox wird im Ritual fixiert [...], verallgemeinert: was bestehen und gelten soll, muß durchs Opfer hindurch gegangen sein [...].«[305] In den Stadtkulturen der neolithischen Wende wird das Jägerverhalten durch Ritualisierung verfestigt und übertragbar. Der Rhythmus des Opfer-Rituals der altsteinzeitlichen Jäger wiederholt sich in den neolithischen Totenritualen: in Çatal Hüyük werden die Leichen den Raubvögeln preisgegeben, die Knochen dann in den Hausheiligtümern beigesetzt; in Ägypten entwickelt sich aus dem Ritus des absichtlichen Zerstückelns der Leichen und ihrem anschließenden Wiederzusammensetzen der Ritus der Mumifizierung; in Jericho ist die Abtrennung des Kopfes verbreitet, der dann in einem Heiligtum aufbewahrt wird (in Rom gibt es den symbolisierenden Ersatz des Schädels durch die Masken der Vorfahren im Lararium); in Griechenland schließlich werden aus der Asche des Scheiterhaufens die Knochen gesammelt und in einem Gefäß für dauernd vereint. Unübersehbar ist jetzt die gesellschaftliche Funktion des Opferrituals: in ihm findet die Gesellschaft ihre Form – durch Solidarisierung. »Keine Abmachung, kein Vertrag, kein Bündnis kommt ohne Opfer zustande.«[306] Das (Tier-)Opfer spielt eine fundierende Rolle bei jeder Art von Gemeinschaftsbildung, weil es eine Verwandlung bewirkt, mit ihm eine neue Stufe erreicht wird (so ist beim Übertritt in eine neue Altersklasse oder eine geschlossene Gesellschaft ein Opfer fällig). Das Opfer wird zur Initiation, der Tod bzw. das Töten zum Zeichen. Dabei sind zwei Veränderungen im Neolithikum vor allem charakteristisch: die Integration des Tieropfers in die Kultur der Ackerbauern (das Jägertum war prinzipiell entbehrlich, anstelle des Wildes wird das Haustier – als ein ›heiliges‹ – zum Opfer; womit die Bindekräfte des traditionellen Rituals bewahrt wurden) und die weitergehende Symbolisierung durch Aufnahme der neuen Nahrungsquellen (Gerste, Weizen, Wein) in die Thematik des Tötungsrituals. Das rituelle Mahl, die Ernte wird als Jagd-

305 Ebd. 49.
306 Ebd. 46.

und Opferfest begangen; Mythen von der Zerstückelung lebender Wesen, vom kannibalischen Mahl begleiten diese ›gezähmten‹ Rituale, um zu verhindern, daß die »Symbolisierung sich im Unverbindlichen verflüchtig[t]«.[307]
Die Hypothese, daß kulturelle Institutionen über die Opferriten auf eine Art von »Verbrechen« gegründet sind, die W. Burkert am Modell des Tieropfers in der paläolithischen Jagdgesellschaft überzeugend zu machen sucht, exemplifiziert René Girard (im gleichen Jahr, 1972) am Modell des Sündenbocks, des »scapegoat-Komplexes«: eine Gruppe findet zusammen in der Vernichtung eines Außenseiters. An den Ursprung aller Riten setzt Girard hypothetisch einen Vorgang der gewalttätigen Einmütigkeit: das kollektive Töten im Opfer-Ritual (»Gründungsgewalt«). Girard folgt der These von Hubert/Mauss vom Opfer als Ursprung des Religiösen,[308] macht ihnen allerdings den Vorwurf, daß sie über den Ursprung des Opfers keine Theorie hätten. Dieses Opfer hatte eine kathartische Funktion, indem es die chaotische Verbreitung von Gewalt verhinderte. Das Opfer verliert jedoch seine reinigende Gewalt, als es in eine Krise gerät; die »Krise des Opferkultes«[309] – erläutert an Sophokles' *Oedipus Rex* – wird gedeutet als eine Krise der Unterschiede, d. h. als Einebnung der kulturellen Differenzierungen. »Die opfer-

307 Ebd. 56.
308 Vgl. H. Hubert/M. Mauss: Essai sur la nature et la fonction du sacrifice. In: M. Mauss: Œuvres I. Les fonctions sociales du sacré. Paris 1968. 288.
309 R. Girard: Das Heilige und die Gewalt. 76. – Girards Herleitung der kulturellen Anthropologie vom Prinzip der Mimesis und den ewig kaschierten Prinzipien der sakrifiziellen Gewalt mündet in eine Exegese des Evangeliums, die die Kompetenz des Philosophen überschreitet. Girard liest die Passion als Gründungsereignis aus dem Blickwinkel der Sündenbocktheorie (vgl. *Le bouc émissaire*. 1981): Mit dem Selbstopfer Jesu ist das Opfern zur Absurdität geworden. In seiner Studie *La route antique des hommes pervers* (1985, dt. u. d. T. *Hiob - ein Weg aus der Gewalt*. Zürich 1990) zeigt er, wie Hiob von seinen Freunden, die sich angesichts seines persönlichen Schicksals von ihm abwenden, zum »Sündenbock« der Gemeinschaft gemacht wird.

kultische Differenz, der Unterschied zwischen dem Reinen und dem Unreinen, kann nicht aufgehoben werden, ohne alle anderen Unterschiede mitzureißen. [...] Wenn das Religiöse zerfällt, dann ist nicht allein [...] die physische Unversehrtheit bedroht, sondern die kulturelle Ordnung selbst.«[310] Der Zustand der kulturellen Ordnung begünstigt das Überhandnehmen der Gewalt; beendet wird diese Krise durch die »einmütige Gewalt«[311] gegen das versöhnende Opfer. Das sei »der eigentliche Ausgangspunkt von Mythos und Ritual«:[312] Die »einmütige Gewalt« bildet nicht nur den »strukturierenden Antrieb des Mythos«,[313] sondern parallel dazu entsteht auch ein neues Opfersystem. Ein Entstrukturierungsprozeß steht am Anfang aller Strukturierung: »Der Prozeß der gewalttätigen Entdifferenzierung muß zu einem gegebenen Zeitpunkt umschlagen, um dem umgekehrten Vorgang Platz zu machen, nämlich der Mythenbildung. Und diese schlägt ihrerseits wieder um in die tragische Inspiration.«[314] Anhand einer umfassenden Erklärung des Ödipus-Mythos gelangt Girard zu der These, der Ritus habe »gegen das versöhnende Opfer die in der gegenseitigen Gewalt verlorengegangene Einheit wieder hergestellt«.[315] Mythen wie Rituale rufen unablässig einen realen Ursprung in Erinnerung: »Das rituelle Gedenken [besteht] darin, daß getötet wird.«[316] Ursprungsmythen lassen sich auf die Tötung eines mythischen Geschöpfes durch andere mythische Geschöpfe zurückführen.[317] Am Anfang steht die tote Gottheit; aus diesem Ursprung entwickeln sich Riten als »Mimesis« eines kollektiven Gründungsmordes (bessere statt schlimmere Gewalt[318]), dann die Tragödie als Wiederaufnahme und Umsetzung von Riten und schließlich die kulturelle Ordnung mit ihren Hei-

310 Ebd. 77.
311 Ebd. 127.
312 Ebd. 103.
313 Ebd. 127; vgl. 139.
314 Ebd. 103.
315 Ebd. 142.
316 Ebd. 138.
317 Vgl. ebd. 140.
318 Vgl. ebd. 153.

ratsregeln, Verboten und allgemeinen Kulturformen (als System von Unterschieden). Am Anfang der Kultur steht also eine Kanalisierung der Gewalt,[319] und zwar durch die Stellvertretung im Ritual-Opfer, von dem die (Ursprungs-)Mythen berichten.

Der Mythos dient somit vielleicht weniger der Bewältigung von Urängsten vor der Kraft entfesselter Dämonen (Blumenberg) als vielmehr der Verarbeitung mörderischer *Schuld* in vorgeschichtlicher Zeit. In jedem Fall allerdings bieten die Mythen und Riten »Entlastung« von der »Lebensnot« durch Darstellung, Gestaltung.[320] In dieser These kommen Burkert und Girard überein; noch offen ist, ob beide Modelle zu einem allgemeinen zusammengefaßt werden können. Die Schuld, die jeweils zu bewältigen gesucht wird, ist die Schuld gegenüber einer Verletzung der Natur. Der Übergang zur Jagd reißt den Menschen aus dem »paradiesischen« Stande der Unschuld,[321] was die wildbeuterischen Jagdriten symbolisch wiedergutzumachen suchten. Auch Kopfjagd und Kanibalismus lassen sich so verständlich machen, Pierre Clastres erklärt etwa die Sitte des ostparaguayanischen Jäger- und Sammler-Volks der Aché, auch Guayaki genannt, das Fleisch von Menschen, getöteten Feinden oder gestorbenen Freunden, zu verspeisen, aus der Ökonomie von Lebenden und Toten, die durch jedes Dahinscheiden oder jede Geburt bedroht wird. Das gefährdete Gleichgewicht kann nur wieder durch einen – als »Rache« in Erscheinung tretenden – gewaltsamen Akt eingerenkt werden, sei es durch Verzehr, sei es durch Töten eines geliebten Wesens.[322] Die Feldforschungen des (Religions-)Ethnologen Jensen in Äthiopien bestätigen, daß alle »solche Erscheinungen wie Menschen- und Tieropfer, [...] Kopfjagd und Kannibalismus, [...] Zeremonien für die Fruchtbarkeit von Mensch, Tier und Nutzpflanzen [...] alle aus einer zentralen Idee über eine getötete Gottheit, die

319 Vgl. 39: Opfer und Gerichtswesen haben die gleiche Funktion.
320 A. Gehlen: Urmensch und Spätkultur. 219.
321 F. Borkenau. Anfang und Ende. 95.
322 Vgl. P. Clastres: Chronik der Guayaki. Die sich selbst Aché nennen, nomadische Jäger in Paraguay. München 1984.

durch ihren Tod die heutige Seinsordnung in die Welt setzte, abgeleitet werden müssen.«[323] Als der Mensch im Neolithikum begann, seßhaft zu werden und Ackerbau und Viehzucht zu betreiben, empfand er es als Schuld den Göttern gegenüber, die Erde (die »große Mutter«) durch Pflügen zu verletzen;[324] die Rituale der Regeneration der Vegetation, die die Ackerbaukulturen entwickelten, dienten der Versöhnung der verletzten »großen Mutter« Erde, die sich aus der eiszeitlichen Herrin der Tiere entwickelt hatte,[325] ebenso wie die rituelle Wiederholung der Tötung des mythischen Urzeitwesens der Dema-Gottheiten im Rahmen von zyklischen Kult-Festen (ein oder mehrere Menschen oder Tiere traten an die Stelle der Dema) in den primitiven Pflanzerkulturen Nordguineas und Indonesiens. Diese Opfer sollen daran erinnern, daß das Essen der Nutzpflanzen in Wahrheit ein Essen der Gottheit ist, die sich bei deren Tötung in die Nutzpflanzen verwandelt hat.[326] In den Mythen wird das Dema-Töten immer wieder erzählt, Spuren davon finden sich noch im Ödipus-Mythos. Im minoischen Kreta steht im Mittelpunkt des Kultus der ἱερος γαμός der Großen Göttin mit einem menschlichen Paredros, der nach kurzer Glorie den Opfertod sterben muß, um von der Göttin beklagt und wiederbelebt zu werden. In einem jährlich sich wiederholenden Opferfest wiederholt sich die Opferung des göttlich-königlichen Paredros rituell. Der Ödipus-Mythos berichtet nun davon, wie barbarische Eindringlinge in das ursprünglich matriarchalische Theben den eingeborenen König töten und wie deren Führer die Witwe, die Priesterkönigin heiratet – ein äußerster Frevel in matriarchalischem Zusammenhang: »Die Verleugnung, die Abwehr der Erinnerung an dieses rituelle Menschenopfer [...] erweist sich [...] als ein Grundmotiv der

323 A. E. Jensen: Das religiöse Weltbild einer frühen Kultur. Stuttgart 1948.

324 Vgl. J. Brun: Le chant du mythe. In: Eranos-Jahrbuch 48 (1979): Denken und mythische Bildwelt. Frankfurt a. M. 1981. 35-59, bes. 39f.

325 Vgl. H. P. Duerr: Sedna oder die Liebe zum Leben. Frankfurt a. M. 1984. Bes. 99ff.

326 Vgl. A. E. Jensen: Mythos und Kult bei Naturvölkern. 191f.

hellenischen Sagenbildung.«[327] Die Mythologie der Hochkulturen kündet also von tiefgreifenden politischen Umbrüchen; der Mythos setzt mithin, so die These Borkenaus, »einen Bruch mit der Tradition, eine tiefe Erschütterung einer Ordnung, einen gewaltsamen Eingriff mit unaufhebbaren, stets nachwirkenden Folgen voraus.«[328]

Mythen entstehen, wo Harmonien zerbrechen. Dies deutlich gemacht zu haben, ist das Verdienst der Untersuchung von René Girard über die Ursprünge der kulturellen und gesellschaftlichen Mechanismen, die unsere Zivilisation bestimmen, die das Töten als notwendiges Zentrum der Kultur entdeckte. Was er allerdings zu gering bewertet, ist der Unterschied zwischen der Mündlichkeit des Mythos (der Wiederholung und Variierbarkeit impliziert) und der (Fixierung beinhaltenden) Schriftlichkeit der Tragödie, weil er die neueren Untersuchungen über die Einführung der phonetischen Schrift in Griechenland nicht nutzt. »Es muß faszinieren, daß das Drama, das offensichtlich die erste Literaturgattung war, die schriftlich und nicht in mündlicher Rede produziert und überliefert wurde, den Ablauf der Krise vorsichtshalber in Buchstaben fixiert, damit sie nicht aus dem Ruder läuft, während der Mythos die Geschichte des Unterschieds ebenfalls aus Vorsicht nur mündlich, also zugleich variierbar und nicht vergleichbar, erzählt. Vielleicht eröffnet erst die Schrift einen nicht mehr nur wiederholenden, verkennenden oder verklärenden Umgang mit der Gewalt [...]«.[329] Ohne eine Reflexion über die Rolle der *Schrift* ist deshalb das Wesen des Mythos (der ja erst – im Unterschied zum Ritual – mit der Sprache möglich geworden ist) nicht hinreichend zu erhellen. Dieses Defizit prägt eigentlich alle aktuellen Mythentheorien, was um so erstaunlicher ist, als es spätestens seit Derridas *Grammatologie* (1967) eine intensive Diskussion über das Verhältnis von Stimme (phone) und Schrift (gramma) gibt.

327 Vgl. F. Borkenau: Anfang und Ende. 120ff., das Zitat 133.

328 Ebd. 250.

329 D. Baecker: Krise der Nachahmung. René Girards Rekonstruktion der sozialen Urszene. In: Frankfurter Allgemeine Zeitung v. 27.4. 1988.

Eine der Thesen Derridas war ja gewesen, daß die ihrem Wesen nach gegenüber dem gesprochenen Wort derivative Schrift mit der »Instanz eines Logos oder einer von ihm abstammend gedachten Vernunft« in Verbindung stand.[330] Daß Schrift und Herrschaft zusammenhängen, zeigt Derrida auf, indem er einen Aufsatz von Lévi-Strauss aus dem Band *Traurige Tropen* interpretiert, der den Titel »Die Schreibstunde« trägt. Gerade aufgrund des von Derrida aufgewiesenen Zusammenhangs von Logo-, Phono- und Ethnozentrismus kann die Einführung der Schrift für das Wesen des Mythos nicht folgenlos bleiben – gerade am Mythos und seiner Entwicklung wird aber auch deutlich, daß Derridas Verwerfung der Unterscheidung zwischen schriftkundigen und schriftlosen Kulturen (zur Verhinderung der Diskriminierung der schriftlosen Kulturen) uns eines methodischen Instrumentariums beraubt, das unersetzbar ist.

330 Vgl. J. Derrida: Grammatologie. Frankfurt a. M. 1983. 24. Zum folgenden vgl. 181 ff. – Vgl. dazu die kritischen Bemerkungen von H. Kimmerle: Derrida zur Einführung. Hamburg 1988. 26-31.

Kapitel III
Mythos zwischen Sprache und Schrift

1. Mythische Symbolisierung

Die Diskussion um das Ritual hat deutlich gemacht, »daß die Wurzeln der menschlichen Weltauffassung und Selbstdeutung bis in die Anfänge alles Lebens zurückreichen«.[1] Von Anfang an hat das menschliche Handeln zwei Aspekte: einen instrumentellen (Naturbeherrschung) und einen symbolischen (Dramatisierung von Gesellschaftlichem und Individuellem). Es gibt keine ursprüngliche unverstümmelte menschliche Natur, vielmehr ist Subjektivität, wie uns die *Dialektik der Aufklärung* gelehrt hat, zivilisationsgeschichtlich an Verleugnung der Natur gebunden. Gegen das weitverbreitete Mißverständnis vom Naturalismus archaischer Religionen muß hier festgehalten werden, daß der Mensch von Natur gesellschaftlich ist; Gesellschaften sind »symbolische«, nicht »natürliche« Ordnungen, sie transformieren Natur in eine symbolische Ordnung, d.h. in Kultur.[2] Eine vollständige Harmonie des Menschen mit der Natur gab es nie, das Gleichgewicht ist »prinzipiell prekär«.[3] Am Anfang steht, so lassen sich die beiden eben erwähnten Aspekte menschlichen Handelns zusammenfassen, der *symbolisch* vermittelte Um-

1 E. Topitsch: Erkenntnis und Illusion. 36.

2 Vgl. K. Eder: Die Vergesellschaftung der Natur. Studien zur sozialen Evolution der praktischen Vernunft. Frankfurt a.M. 1988. 73ff. – In diesen Zusammenhang gehört auch die Diskussion um Norbert Elias' »Prozeß der Zivilisation«. H.P. Duerr (Nacktheit und Scham. Frankfurt a.M. 1988) hat m.E. zu Recht mit den bukolischen Bildern von der naiven Unbekümmertheit der Naturvölker aufgeräumt, wenn er deren penibel geregeltes Schamverhalten beschreibt. Es gibt Universalien des Verhaltens; von einer Zunahme der Zwänge im Laufe des Zivilisationsprozesses kann nicht die Rede sein.

3 R.P. Sieferle: Perspektiven einer historischen Umweltforschung. In: Fortschritte der Naturzerstörung. Hg. v. R.P.S. Frankfurt a.M. 1988. 307-368, hier 317.

gang mit der Welt, der zugleich als instrumentell und kommunikativ zu konzeptualisieren ist. Die Lebenswelt des Menschen ist in Symbolen aufgebaut, wobei unter »Symbol« hier ein kulturgebundenes Wahrnehmungs- und Klassifikationssystem zu verstehen ist, das vorsprachlich ist und – anders als das Wort – an dem, was es bedeutet, partizipiert. So lassen die Gestalten der natürlichen Umwelt und des eigenen Körpers, die dem Menschen universal als Bedeutungsträger zur Verfügung stehen, eine erstaunliche Vielfalt von Sinngebungen zu.[4] Aber nicht nur kann der Körper alles und alles den Körper darstellen, sondern alles empirisch Erfahrbare ist Symbol. Für Eliade gewinnt eine Handlung Bedeutung in dem Maß, in dem sie einen Archetypus wiederholt. Der Schamane klettert auf eine Birke, die den Weltenbaum darstellt und deren Äste die verschiedenen Himmel symbolisieren. Die Birke steht auf dem kosmischen Berg, der Mitte der Welt. Der Schamane, der in der Ekstase die Grenzen vom Leben zum Schattenreich der Toten überschreitet, hält Himmel und Erde zusammen – er bürgt für die Einheit des Seins, die von den spirituell Unbegabten Tag für Tag geleugnet und verraten wird.[5] Symbole haben die Kraft, die Kategorien der Gesellschaft auf eine strukturierte Weise darzustellen; der Symbolismus ist auch ein Mittel sozialer Kommunikation. Die gemeinsamen Erfahrungen einer traditionalen Gesellschaft mit einer besonderen Gruppe von physikalischen und sozialen Phänomenen führen zu *kollektiven* symbolischen Vorstellungen.[6] Religiöse Überzeugungen, kosmologische und soziale Kategorien werden nicht-verbal, in konkreten Symbolen ausgedrückt. Als Beispiele für die allgemeine Verbreitung symbolischer Bedeutungen können Farbsymbole (weiß hat sowohl einen glücks- wie unglücksverheißenden Aspekt – die Bedeutung

4 Vgl. M. Douglas: Natural Symbols. London 1970 (dt. Frankfurt a. M. 1974). – Einen »semiotischen« Kulturbegriff (der Kultur als ein Bündel von »symbolischen Handlungen« versteht) vertritt auch C. Geertz: Dichte Beschreibung. 7-43, bes. 16ff.

5 Vgl. M. Eliade: Die Mitte der Welt. 62ff.

6 Diese kulturellen Möglichkeiten des Symbolismus hat Piaget vernachlässigt.

hängt vom Kontext ab), Haare bzw. Haareschneiden (Behaarung deutet auf Asozialität und Tierhaftigkeit, der Haarschnitt dient der sozialen Kontrolle und Disziplin), Tiere (repräsentieren das Chaos in der ungezähmten Natur vor dem Sozialisierungsprozeß) und Körpersymbolismen (rechte/linke Hand, Kopf-Fuß-Gegensatz etc.) genannt werden. Der primitive Raum wird oft nach – von den Bewegungen der Himmelskörper abhängenden – symbolischen Merkmalen geordnet,[7] deutlich wird dies beispielsweise an der Kosmologie Mesopotamiens und Alt-Ägyptens (so galt die Pyramide als stilisierter Urhügel, wo der Schöpfer aus dem Wasser des Chaos aufgetaucht war und die Könige in der Zukunft wiedergeboren würden).

Zu den frühesten Formen der Symbolisierung gehört das Jagdverhalten, aus dem das Solidarisierung begründende Opfer-Ritual entstanden ist – als Kompensation des Tötens des Wildes durch symbolisierende Rückgabe von Teilen. Das Ritual ist eine standardisierte Handlung mit *Zeichenfunktion*. Die Ethnologie hat nicht nur das Ritual, sondern auch die Magie durch das Verfahren der symbolistischen Reduktion zu erklären versucht: magische Vorstellungen sind Symbole, die soziale und natürliche Beziehungen zum Ausdruck bringen. Bahnbrechend wurde hier Durkheim: Er führt die Normgeltung von Institutionen auf ein an religiösen Symbolen haftendes normatives Grundeinverständnis zurück. Für Habermas »[stellt] der religiöse Symbolismus [...] eine der drei *vorsprachlichen* Wurzeln des kommunikativen Handelns dar [...]«.[8] Ein frühes Element religiöser Symbolisierung (in einfachen oder traditionalen Gesellschaften) ist die Intentionalität der Toten (die Vorstellung einer guten oder bösen Seele der Toten), weshalb man sich um eine rituelle Sicherung vor den toten Geistern bemüht; ein anderes Element ist – mit wachsender Politisierung – der Einbau »theistischer« Symbolisierung in das religiöse Symbolsystem (Götter als Ursachen und Garanten der Erhaltung einer sozialen Ordnung). Der Ursprung religiöser Symbolisierung ist der Glaube an spiritu-

7 Vgl. Ch. Hallpike: Die Grundlagen primitiven Denkens. 336ff.
8 J. Habermas: TKH II, 96.

elle Wesen, an Seelen, die nach dem Tode weiterleben. Solche Glaubensvorstellungen gibt es in allen Kulturen.[9]

Wie das Magische gehört nun auch das Mythische »nicht zur Ordnung der Realität, sondern zur Ordnung des Denkens«.[10] Mythen sind Teil des Gesamtsystems Kultur, mit deren Hilfe erworbene Eigenschaften an Mitmenschen und Nachkommen ohne den Umweg über einen Einbau in die Erbsubstanz ›vererbbar‹ sind. Es gibt nach Lévi-Strauss einen theoretischen Übergang von den »gelebten Ordnungen« zu den »gedachten Ordnungen«.[11] Unter solchen »gedachten Ordnungen« versteht Lévi-Strauss alle Formen des mythischen und religiösen Denkens. Der Mythos ist ein System der Repräsentation, eine Form symbolhafter Auffassung und Darstellung der Welt, der Verarbeitung der Wirklichkeit und von Erfahrung. In diesem Punkt konvergieren Lévi-Strauss und Cassirer, der – der These der Warburg-Schule vom symbolbildenden Menschen als Verkörperung der elementaren Stufe der Rationalität folgend – im Mythos eine symbolische Form der Weltgestaltung neben der wissenschaftlichen Erkenntnis sah. Sachverhalte müssen auf die Natur eines Symbolsystems zurückgeführt werden. Das symbolische Denken hat bestimmte Kommunikations-Instrumente, so den Austausch bzw. die Identifikation, d. h. es hat relationalen Charakter. Als Beispiel nennen sowohl Cassirer[12] als auch Lévi-Strauss[13] die Magie, die Rauch und Wolke, Schwalbe und Sommer identifiziert. Die beiden Kategorien von Signifikant und Signifikat werden gleichzeitig und ineinander verschränkt als zwei komplementäre bzw. identische Blöcke konstituiert. »In seinem Bemühen, die Welt zu verstehen, verfügt der Mensch also immer über einen Überschuß an Sinn (den er auf die Dinge nach Gesetzen des symbolischen Denkens verteilt) [...] Wir glauben, daß die Begriffe vom Typus

9 Vgl. zu diesen Fragen M. Eliade: Das Heilige und das Profane; ders.: Die Religionen und das Heilige; ders.: Ewige Bilder und Sinnbilder.

10 Vgl. C. Lévi-Strauss: Einleitung in das Werk von Marcel Mauss. 37.

11 Vgl. C. Lévi-Strauss: Die Stellung der Anthropologie in den Sozialwissenschaften. In: Ders.: Strukturale Anthropologie I. 369-408.

12 E. Cassirer: PhsF II; 52f., 60 u. ö.

13 C. Lévi-Strauss: Einleitung in das Werk von Marcel Mauss. 37.

›mana‹ [...] eben diesen *flottierenden Signifikanten* repräsentieren, der die Last alles endlichen Denkens (der auch die Bedingung aller Kunst, aller Poesie, aller mythischen und ästhetischen Empfindungen) ist und den die wissenschaftliche Erkenntnis zwar nicht stillzulegen, wohl aber partiell zu disziplinieren vermag.«[14] Für Blumenberg ist hier die Frage der *Wahrheit* irrelevant; der Mythos bedient vielmehr ein Bedürfnis der *Bedeutsamkeit*.[15] In Mythen sind instrumentelle, kommunikative und expressive Anteile unauflösbar miteinander verbunden; die »Unterscheidung [...] von Wissenschaft und Nichtwissenschaft« taugt deshalb für das Verstehen des Denkens primitiver Völker nicht.[16]

Versteht man den Mythos als (mythologische) Symbolisierung,[17] dann löst sich auch die Antithese Mythos vs. Logos auf.[18] Ein Denken, das mit symbolischen Äquivalenzen, wie etwa Metaphern, arbeitet, ist nicht spezifisch *mythisch* und nicht spezifisch *wissenschaftlich*, sondern ist der unveräußerliche Erbteil der Menschengattung. Lévi-Strauss hat bekanntlich die These aufgestellt, es gebe eine Vielzahl (unbewußt wirkender) geistiger Operationen, die über kulturelle und zeitliche Abstände hinweg allen Menschen gemeinsam seien; die universelle Tätigkeit des menschlichen Geistes erzeuge die *symbolische* Ordnung der menschlichen Gesellschaft.[19] Daß

14 Ebd. 39.

15 Vgl. H. Blumenberg: Arbeit am Mythos. 108.

16 H. G. Kippenberg: Einleitung. In: Magie. Frankfurt a. M. 1987. 42f.

17 Es ist hier nicht einzutreten in die religionsgeschichtliche Problematik des Symbols bzw. der Symbolforschung (vgl. O. F. Bollnow: Religionswissenschaft als hermeneutische Disziplin. Methodenprobleme der Religionswissenschaft, die Welt der Symbole. In: Symbolon NF 4 (1978), 23-48; Religious Symbols and their Functions. Hg. v. H. Biezais. Stockholm 1979).

18 Entscheidbar wird so auch die Frage, ob nicht heute symbolisches und erkennendes Denken nebeneinander stehen. Für Blumenberg liefert die Metapher, was sich dem Begriff entzieht. Dabei wird unterschieden zwischen Restbeständen von Metaphern (Rudimente, übriggeblieben beim Sieg des Logos über den Mythos) und Grundbeständen, ohne die die Philosophie nicht auskommt.

19 Vgl. z. B. C. Lévi-Strauss: Mythos und Bedeutung. 31: Bei allen

dieser universalistische Begriff des menschlichen Geistes nicht unproblematisch ist, wird besonders bei Piaget sinnfällig und ist oben kurz berührt worden; gleichwohl läßt sich heute eine irgendwie geartete Entwicklung vom ›Mythos‹ zum ›Logos‹ nicht erkennen.

Die Denkform archaischer Stammesgesellschaften ist nicht einfach von inferiorem Status. Früher dachten alle Ethnographen, daß ihre Unterscheidungen von ›rational‹ und ›mythisch‹ auch von den primitiven Völkern selbst gemacht würden. Trotz des Aufweises einer permanenten Interferenz von Arbeit und Magie bei den Eingeborenen des Trobriand-Archipels bestand z. B. Malinowski darauf, daß seine Unterscheidung von »mythischem und rationalem Verhalten«[20] auch von den Eingeborenen gemacht werde. Zur Begründung führte er an, daß die Eingeborenen die Arbeit nicht durch Magie ersetzten. Doch das heißt nur, »daß der Eingeborene ein weniger mechanistisches Verständnis von Magie hat als Malinowski«.[21] Malinowskis Beurteilung der alltäglichen Arbeiten der Eingeborenen und seine Unterscheidung zwischen instrumentellem und magischem Handeln setzt Max Webers soziologischen Begriff der Zweckrationalität voraus, der sich aber erst in der okzidentalen Gesellschaft historisch entwickelt hat. Seine Unterscheidung zwischen gesellschaftlicher Wirklichkeit und religiöser Schau folgt dem Modell bürgerlicher Religionssoziologie. Die außereuropäischen Völker treffen diese Unterscheidung aber gar nicht. Identifiziert Malinowski seine Unterscheidung zwischen ›profan‹ und ›sakral‹

kulturellen Unterschieden zwischen den verschiedenen Teilen der Menschheit ist der menschliche Geist überall mit den gleichen Fähigkeiten ausgestattet. – Im engen Anschluß an Lévi-Strauss finden wir diese These auch bei J. Lacan; vgl. Schriften I. Ausgew. u. hg. v. N. Haas. Weinheim/Berlin 1986. 105 ff., z. B. 120: »Symbole hüllen das Leben des Menschen [...] vollständig ein.« Als Beispiel nennt Lacan die symbolische Identifikation (Primitive verleiben sich die Ahnen ein), Inzest und geordnete Generationsfolge, Verwandtschaftsverhältnisse. Lacan fordert für die Psychoanalyse deshalb eine »historisch[e] Theorie des Symbols«.

20 B. Malinowski: Magie, Wissenschaft und Religion. 14.

21 H. G. Kippenberg: Einleitung. In: Magie. 27.

mit der zwischen natürlicher und übernatürlicher Rationalität, so hat T. Parsons das Schema noch fortentwickelt durch Unterscheidung zwischen einer intrinsischen und einer symbolischen Mittel-Zweck-Beziehung.[22] Jack Goody stellte 1961 die These auf, die Dichotomie zwischen ›sakral‹ und ›profan‹ werde keineswegs von den Handelnden selbst gemacht, sondern sei eine Kategorie des wissenschaftlichen Beobachters.[23] Er kritisierte die Zuschreibung eines »symbolischen« Elements auf das religiöse Verhalten: »Symbolische Handlungen werden im Gegensatz zu rationalen Handlungen definiert und bilden eine Restkategorie, der vom Beobachter ›Sinn‹ zugesprochen wird, um andernfalls irrationales, pseudo-rationales oder nicht-rationales Verhalten verständlich machen zu können.«[24] Diese These wurde allgemeine Ansicht. Allerdings muß damit auf die Kategorie des »Symbolischen« nicht grundsätzlich verzichtet werden. Man muß sich allerdings stets gegenwärtig halten, daß die Symbolisierung sich historisch wandelt.

Symbolisierende Ersatz-Handlungen nehmen in der Geschichte zu, teils bedingt durch die Fortschritte handwerklicher Fähigkeiten (statt der Aufbewahrung des Totenschädels im Heiligtum zur Zeit des Neolithikums verwahrt man in römischer Zeit die Masken der Vorfahren im Lararium), teils abhängig von der fortschreitenden Naturbeherrschung. Diese Zunahme vollzieht sich in mehreren Stufen, deren Eckdaten mit dem (im Dunkel liegenden) Ursprung der Sprache (irgendwo zwischen zwei Millionen und zehntausend Jahren v. Chr.), der Entstehung der Schrift (um 3000 v. Chr.) und der Entstehung der modernen Rationalität (in der sog. »Achsenzeit«) gegeben sind. Immer hat die Symbolisierung allerdings ihren Ursprung in einer ganz spezifischen Wirklichkeitsauffassung. Es gibt aber nicht eine einheitliche ›Wirklichkeit‹, sondern viele Wirklichkeiten, eine Pluralität

22 Vgl. ebd. 40.

23 Vgl. J. Goody: Religion and Ritual: The Definitional Problem. In: British Journal of Sociology 12 (1961), 142-164, hier 145-157.

24 Ebd. 157 (übers. v. H. G. Kippenberg).

von Welten.[25] Diese Wirklichkeiten werden jeweils symbolisch konstituiert, z. B. via Sprache. Nur für die erste Stufe gilt, was etwa Hallpike und Dux als Kennzeichen des frühen Symbolismus herausgestellt haben: das Grundmuster, in dem Wirklichkeit begriffen wird, ist das subjektivische (anthropomorphe) – vergleichbar den entwicklungspsychologischen Ergebnissen über kindliche Weltaneignung. Diese Symbole haben eine ›inhärente‹ Beziehung (Partizipation) zum bezeichneten Gegenstand, Subjektives und Objektives sind nicht klar geschieden. »Die kategorialen Formen, unter denen der Mensch die Welt begreift, sind Resultat seiner eigenen Tätigkeit.«[26] Man formt Bilder von physisch nicht gegenwärtigen Dingen und Ereignissen, wobei das bildlich Nachgeahmte noch nicht von seinem eigenen Ich unterschieden wird. Dieser Symbolismus ist unabhängig von der Sprache; »der symbolische Gegenstand, der ein wirklicher Ersatz für das, was er repräsentiert, ist, verleiht dem symbolischen Gegenstand eine Aktualität, wie sie das verbale Zeichen niemals erreicht.« Dieser Symbolismus ist ›sozial‹, er dient als Mittel sozialer Kommunikation: »Der primitive Symbolismus ist kollektiv [...] Er ist möglich dank der allen gemeinsamen Erfahrung in einer homogenen, wenig gegliederten Gesellschaft, die in engem Kontakt mit der Natur lebt, so daß die individuellen Bilder viel stärker als bei den Angehörigen unserer Gesellschaft konvergieren.«[27] Das Soziale ist ebenso ein symbolisches System wie das Unbewußte (C. G. Jung) und die Sprache. Läuft also die frühe Stufe des Symbolismus über Identitäten (z. B. Partizipation der Merkmale an der Schrift-Substanz), so erlaubt die nächste Stufe der Erkenntnis, bestimmte Aspekte des Signifikanten und bestimmte Aspekte des Signifikats im Verhältnis zueinander zu identifizieren, womit das wissenschaftliche Denken zur Herrschaft kommt.

25 Vgl. P. Winch: Understanding a Primitive Society. In: American Philosophical Quarterly 4 (1964), 307ff., bes. 315.

26 G. Dux: Logik der Weltbilder. 199. – Ch. Hallpike (Grundlagen primitiven Denkens. 190f., 447ff.) spricht von »begriffliche[m] Realismus«.

27 Ch. Hallpike: Grundlagen primitiven Denkens. 170, 175.

II. Etappen der mythischen Symbolisierung

1. Das Mythische

Der Mythos oder, wie wir präziser sagen müßten, die mythische Symbolisierung ist ebenfalls im Laufe der Geschichte tiefgreifenden Veränderungen unterworfen gewesen. Wir können heute vom Mythos nicht mehr sprechen in völliger Abgehobenheit von der Geschichte. Der Paradigmawechsel um 1800 hat uns belehrt, daß der Mythos keine Uroffenbarung darstellt, sondern sich entfaltet im Zusammenhang mit den sozialen und damit auch kulturellen Institutionen. Wenn auch gewisse basale Strukturen überzeitlich sein mögen, so stellen die Mythen insgesamt doch keine zeitlosen Universalideen dar, sondern sind historisch bedingt. Im folgenden wird deshalb der Versuch gemacht, den »Mythos«-Begriff historisch zu differenzieren, genauer: zwischen Mythischem, Mythos und Mythologie zu unterscheiden und diese drei Gestalten jeweils verschiedenen Menschheitsepochen zuzuordnen. Dabei kann es sich natürlich nur um eine idealtypische Periodisierung handeln, verlieren sich doch die Anfänge und auch die Periodengrenzen im Dunkel schriftloser Urzeit. Bisher können sich nicht einmal die (Prä-)Historiker selbst auf eine genaue Periodisierung der Ur- oder Vorgeschichte, geschweige denn über die Bewertung der Bedeutung der entscheidenden geschichtlichen Umbrüche einigen (umstritten ist etwa, ob nicht die markante Veränderung in der Technik und Wirtschaft des Jäger- und Sammlertums vor 35 000 Jahren für die Menschheitsgeschichte entscheidender gewesen ist als die neolithische Revolution vor 8000 Jahren[28]).

Um diese Umbrüche aber rekonstruieren zu können, bedürfte es allerdings in jedem Fall eines anderen als des (in Philosophie und Theologie) gebräuchlichen, einseitig an der (griechischen) Antike orientierten Begriffs von ›Mythos‹. Dabei stehen wir jedoch vor dem Problem, daß wir über das Werden von Mythen oder den Ursprung des Mythos nichts wissen. Beispiele (aus der Gegenwart) haben wir nur dafür,

28 Vgl. K. J. Narr: Zeitmaße in der Urgeschichte. Opladen 1978. 20, 22.

wie neue *Kulte* entstehen und sich dabei auch alter mythischer Grundlagen bedienen, diese den neuen Bedingungen anpassen und sie umformen.[29] Für die Vergangenheit allerdings ist uns da der Zugriff verwehrt. Im Unterschied zu anderen paläontologisch und archäologisch bezeugten Formen von Symbolisierung[30] entdeckt man bei der Suche nach dem Ursprung des Mythos stets nur Etappen verschiedener Formen von symbolischer Daseins- und Lebens(Angst)-Bewältigung. Es gibt keinen ›archaischen‹ Mythos, der sich im Laufe der Zeit zum Logos wandelt; was sich verändert, ist einzig – und hier hat Blumenberg gewiß recht – die Wahrnehmung der Wirklichkeit durch den Menschen. Diese Veränderung hängt wesentlich ab vom jeweiligen Stand der (technischen) Zugriffe des Individuums auf die materielle Welt, d. h. der Mythos geht parallel mit den Etappen der Naturbeherrschung, die seit dem Neolithikum immer effektiver geworden ist und – vor allem dann mit dem Sieg des Christentums – mehr und mehr die Götter aus der Natur vertrieben und diese zu einem toten Objekt herabgewürdigt hat.

Die bereits erwähnte begriffliche Schwierigkeit kommt hinzu: es ist sehr fraglich, ob und wie weit man unseren antikisch geprägten Begriff von ›Mythos‹ auf die Welt der sog. Primitiven anwenden kann. Diese »Welt« ist auch in sich sehr differenziert und kann nicht so als Einheit genommen werden, wie es oft geschieht (vielfach hat man heute sogar Hemmungen, »jägerisch-sammlerische Kultur« als Einheit zu begreifen[31]). Auf der anderen Seite wird es schwerfallen,

29 K. J. Narr (Mythos und Logos bei »Primitiven«. In: Rationalität. Hg. v. L. Scheffczyk. Freiburg/München 1989. 13-44, hier 30ff.) macht auf die Cargo-Kulte aufmerksam, die sich – im Widerstand gegen die europäische Kolonisation und Mission – in Melanesien auf religiöser Basis in der Vermittlung traditioneller und christlicher Glaubensinhalte formierten.

30 In der Acheuléen-Periode des Homo Erectus (vor 300 000 Jahren) stoßen wir auf das erste gravierte Werkzeug: die Menschheit miniaturisiert ihr Universum in symbolischer Form und macht einen ersten Schritt in Richtung Ikonographie, Schrift und auf die Anfänge von Zeitrechnung und Mathematik.

31 Bereits 1896 hat E. Grosse (Die Formen der Familie und die Formen

eine Begriffsbestimmung von ›Mythos‹ zu finden oder zu akzeptieren, bei der die sammlerisch-jägerischen Völker und Kulturen ausgeschlossen sind. Im folgenden wird deshalb der Vorschlag gemacht, für diese Epoche des Paläolithikums (bis zum Beginn des Mesolithikums um 10 000 v. Chr.) nicht von ›Mythos‹, sondern von dem ›Mythischen‹ zu sprechen.

Als symbolisches Denken setzt das Mythische *Sprache* voraus, nicht dagegen die *Schrift*. Erst der Mythos »bedarf des Auftretens jener Diskurstypen, die ihm – indem sie ihn negieren – einen illusorischen Platz zuweisen und ihm den Ausdruck von Dasein gewähren«.[32] Die Enkulturalisation erfolgt bei schriftlosen Völkern auf dem Wege gesprochener Kommunikation: mündliche Überlieferungen unterstützen Kinder in ihren Bemühungen, akzeptable Mitglieder ihrer Gruppe zu werden – den Erwachsenen helfen sie, solche zu bleiben. Völker ohne Schrift haben ihre Stammesmythen über Jahrhunderte hinweg auf mündlichem Wege weitergegeben, z. B. die Polynesier ihre Kosmologie. Einen »notwendigen Zusammenhang zwischen Mythos und Schrift« gibt es nicht, so konstatiert auch Gehlen,[33] wohl aber einen zwischen Mythischem und Bild. Zwar sind Mythen dokumentiert erst seit der Epoche der Schrifterfindung, in der sie offenbar längst vorhanden sind; möglich aber waren sie bereits mit der Entstehung der Sprache; dazwischen liegen die ›Ursprünge‹ im Feld des nicht Wißbaren.

Über Sprachentstehung und Sprachentwicklung in der frühen Steinzeit läßt sich nichts sagen.[34] Für die Paläanthropologen soll sich gleichzeitig mit den ersten Steinwerkzeugen die erste

der Wirtschaft. Freiburg/Leipzig 1896) die »höheren Jäger« von den »niederen Jägern und Sammlern« abgehoben. Die These, daß man auch innerhalb der jägerisch-sammlerischen Kulturen unterscheiden müsse, vertritt heute deutlich z. B. R. Schott (in: Handbuch der Urgeschichte 1. Hg. v. K. J. Narr. Bern/München 1966. 173-192).

32 J. P. Vernant: Der reflektierte Mythos. In: Mythos ohne Illusion. 7-11, hier 10.

33 A. Gehlen: Urmensch und Spätkultur. 229.

34 Vgl. K. J. Narr: Frühmensch und Sprache. In: Evolution und Sprache. Über Entstehung und Wesen der Sprache. Hg. v. W. Böhme. Karlsruhe 1985. 9-33; A. Leroi-Gourhan: Hand und Wort. 115 ff.

rudimentäre Sprache beim Übergang des Australopithecus zum Homo habilis vor etwa 2 Millionen Jahren entwickelt haben. Diese Theorie von der Parallelentwicklung von verbaler Kommunikation und Werkzeugkultur ist inzwischen von Sprachforschern (Mary Forster, Thomas Wynn) in Zweifel gezogen worden; technisches Verständnis und Sprache, so wird etwa im Hinblick auf das vorsprachliche Verhalten von Kindern argumentiert, können sich beim Menschen durchaus unabhängig voneinander entwickelt haben. Die Neuropsychologen knüpfen die Möglichkeit von Sprechen an die Kehlkopfsenkung und das Vorhandensein des Zungenbeins in Schädelfunden (wie es jetzt bei Berg Karmel in Israel in einem Neandertalschädel entdeckt wurde). Die Hirnanatomie sieht demgegenüber das Gehirn als ungleich wichtiger an als den Resonanzraum in der menschlichen Kehle und erkennt deshalb auch bereits bei den Australopithecinen die physischen Voraussetzungen für die Partikulation von Lauten und Gesten. Doch die Rekonstruktion der Sprachfähigkeit der Neandertaler aus gewissen osteologischen Merkmalen bleibt sehr umstritten, spielt die Frage der Artikulation im Grunde doch nur eine untergeordnete Rolle. In jedem Fall muß zwischen der physischen Fähigkeit, expressive Laute oder Gesten zu organisieren, und der intellektuellen Fähigkeit, expressive, in Laute oder Gesten übersetzbare Symbole (konkrete oder abstrahierte) zu verstehen, unterschieden werden. Wichtiger als der genaue Zeitpunkt der Entstehung der Sprache ist jedoch ihre Funktion, die für das Mythische bedeutsam ist: »Die Sprache bricht die Einheit teleologischer, normativer, expressiver und kognitiver Aspekte des Handelns auf. Allerdings schirmt das mythische Denken die rituelle Praxis gegen die Auflösungstendenzen ab, die auf sprachlichem Niveau [...] auftreten. Der Mythos hält auf der Ebene der Interpretation dieselben Aspekte zusammen, die auf praktischer Ebene im Ritual verschmolzen sind.«[35] Diese These Habermas' hängt an der Voraussetzung, dem Mythos gehe ein vorsprachliches ritualisiertes und magisches Verhalten voraus; ob der Mythos wirklich die erste Stufe der

35 J. Habermas: TKH II, 287f.

(sprachlichen) Differenzierung bzw. Dezentrierung noch bremst, wäre zu überprüfen; richtig ist, daß Sprache und Mythisches von Anbeginn eine Einheit bilden.

Die Kunst des Jungpaläolithikums (Lascaux) setzt wohl Sprache (in der Menschen und Tiere einen Namen haben) voraus. In jedem Fall haben Lautbildung (Sprache) und Zeichenbildung / Graphismus (bildende Kunst) einen gemeinsamen Ursprung, dienen von Anfang an dem gleichen Ziel. Man hat unterstellt, daß die Sprache mit magischer Praxis beginnt.[36] Wie dem auch sei, in jedem Fall ist wirklich Mythisches notwendig mit Kult bzw. Religion verbunden. Auch Ethnologen[37] stimmen Eliade zu, der von »echten« Mythen nur sprechen wollte, wenn der Mythos lebendiger Ausdruck einer Kultur und Religion ist und mit der Geschichte der sie tragenden Gemeinschaft so eng verbunden, daß deren Fortbestand von ihm abhängt und im Grunde mit zu dem Mythos gehört, und wenn es für den Fortbestand der Gemeinschaft der Kulte und Riten bedarf, diese nicht nur in wesentlichen Teilen durch den Mythos gegründet sind, sondern diesen mindestens in entscheidenden Punkten auch wiederholen, eben um den Fortbestand einer durch die im Mythos überlieferten Geschehnisse gestifteten Welt und ihrer Ordnung zu gewährleisten. So verstanden, vollzieht sich Mythos nicht nur in Wort und Inhalt, sondern auch in Handlung.

Für das Paläolithikum bedeutet diese Einheit von Mythos und Kult, daß die Frage nach dem Wesen und der Funktion des Mythischen hier unablösbar mit der Frage nach dem Wesen der Elementarreligionen verbunden ist. Die egalitäre Wildbeutergesellschaft ist der älteste menschliche Gesellschaftstyp und war über die längste Zeitspanne hinweg, nämlich über 2 Mio. Jahre, vorherrschend. Gerade hier bildet Religion keinen eigenständigen Bereich, sondern ist vielmehr mit den übrigen Aspekten von Kultur durchgehend verschränkt.[38] Den Beginn von »Kultur« überhaupt datiert

36 Vgl. M. P. Nilsson: Geschichte der griechischen Religion. Bd. 1. 55.

37 Vgl. G. Weiss: Elementarreligionen. 164. – Die folgenden Überlegungen verdanke ich K. J. Narr (Münster i. W.).

38 Es ist neuerdings sogar bezweifelt worden, ob es wissenschaftlich

man auf das Ältestpaläolithikum und bindet ihn neben Jagd und künstliche Behausungen an die erstmalige Herstellung und den Gebrauch von Steinwerkzeugen bei den Australopithecinen.[39] Die ältesten Steinwerkzeuge sind zwei bis zweieinhalb Millionen Jahre alt. Zu der Nahrung der frühesten Hominiden gehörte jagdbares Wild, das mit Steinwerkzeugen zerlegt wurde. Ein anderer wichtiger Einschnitt ist die Bestattung der Toten, die wir erstmalig bei den Neandertalern vor 50000 Jahren feststellen. F. Borkenau sieht im Aufkommen der Bestattungsriten ein geschärftes Bewußtsein für Sterblichkeit und deshalb darin einen »geschichtlich entscheidende[n] Schritt, der vermutlich mit dem Erwachen des religiösen Bewußtseins identisch ist«.[40] Das zweite wesentliche Element naturvölkischer Religiosität sind die Jagdriten. Sie haben – als Vorformen der Opfer-Rituale, wie wir gesehen haben – auch eine wichtige gesellschaftliche Funktion, sicherten sie doch – neben Verwandtschafts- und Tauschbeziehungen – der anarchischen jägerischen-sammlerischen »Gesellschaft ohne Staat« ihr Überleben auf der existentiellen Basis.[41] Bei jägerischen Völkern im Mittelpunkt steht die göttliche Idee vom »Herrn der Tiere«. Er ist Beschützer der Jagdtiere, führt gleichzeitig aber auch meist dem Jäger die Jagdtiere zu und bestimmt überhaupt das Verhältnis zwischen Jäger und Beute,

überhaupt legitim sei, bestimmte Teilaspekte von Kultur auszugrenzen, in Übertragung unserer Kategorien als »Religion« zu identifizieren und für sich zu untersuchen. Vgl. G. Weiss: Elementarreligionen. 6f. Vgl. dort auch (16-85) die Übersicht über die auf dem Gebiet der Religionsethnologie bisher entwickelten Theorien über primitive Religionen.

39 Vgl. K. J. Narr: Von der Natur der frühesten Menschheit. In: Freiheit in der Evolution. Hg. v. W. Böhme. Karlsruhe 1984. 9-35.

40 F. Borkenau: Anfang und Ende. 92. Aber auch die Bestattungsriten subsumiert Borkenau noch unter das Stichwort »Todesverleugnung« der Archaik. Vgl. auch Ph. Ariès: Studien zur Geschichte des Todes im Abendland. München 1975.

41 Vgl. H. Barclay: Völker ohne Regierung. Eine Anthropologie der Anarchie. Berlin 1985. – Zur Entstehung des Staates, zum Herauswachsen des archaischen Staats aus den Häuptlingsgesellschaften vgl. St. Breuer: Der archaische Staat. Zur Sozilogie charismatischer Herrschaft. Berlin 1990.

weil es ohne ihn eine erfolgreiche Jagd nicht gab. Eine Fülle des jägerischen Brauchtums, das im allgemeinen als ›Jagdzauber‹ etikettiert wird, hängt zweifellos mit dieser Gottesidee zusammen und ist deshalb keineswegs magisch oder zauberisch, sondern echt religiös. Die Sedna der Eskimo ist sowohl ein Tiergeist, nämlich Herrin der Tiere, wie auch ein Heilbringer, nämlich Dema, gerade deshalb eine echte Göttin.[42]

Ein weiterer entscheidender Umbruch vollzog sich in der sammlerisch-jägerischen Technik und Wirtschaft vor 35 000 Jahren: Der »Homo sapiens« verdrängt von Osten kommend den Neandertaler, der ausstirbt. Nur wenig später (vor 30 000 Jahren) treten die ersten Zeugnisse bildender Kunst ans Licht. Einig sind sich die Interpreten heute darin, daß dies keine »Kunst« im Sinne späterer Kulturen war, keine zusätzliche, sondern eine existentielle Tätigkeit; über ihre Bedeutung wird man immer auf Spekulationen angewiesen sein.[43] Die frühesten Kunstwerke sind verbunden mit der Kultur des Crô-Magnon-Menschen; gefunden wurden sie nur in Frankreich, in Süddeutschland und in Rußland. Die frühen französischen Darstellungen sind tief in die Steinblöcke eingespickte Umrisse von Tierkorpern und symbolischen Zeichen sowie einfache Zeichnungen. Die bedeutendsten aus dem süddeutschen Raum sind kleine Elfenbeinplastiken vom Vogelherd, einer Höhle auf der schwäbischen Alb. In die nicht naturalistisch dargestellten Tierkörper sind verschiedene Zeichen und Zeichengruppen eingeritzt, vermutlich handelt es sich bei diesen Figuren um symbolische Darstellungen.[44] In der dann folgenden Phase des mittleren Jungpaläolithikums (30 000-16 000 v. Chr.) treten im Westen Frauenstatuetten neben die

42 Vgl. F. Boas: The Central-Eskimo. Washington 1888; A. E. Jensen: Mythos und Kult bei den Naturvölkern. 154ff., 161ff. (Sedna der Eskimos); H. P. Duerr: Sedna.

43 Zum wissenschaftlichen Streit um die Höhlenmalerei (diskutiert wird z. Z. vor allem die Theorie von A. Leroi-Gourhan) vgl. J. F. Lopez-Mora: Animaux idéologiques dans l'Art Paléolithique. In: Bulletin de la Société Préhistorique de l'Ariège 37 (1982), 111-117.

44 Vgl. Kunst der Eiszeit in Deutschland und der Schweiz. Katalog zur Ausstellung des Landschaftsverbandes Rheinland, Rheinisches Museumsamt, Brauweiler. Bonn 1985.

(im östlichen Mitteleuropa, in Rußland und auch in Sibirien ebenso stark verbreiteten) Tierfigürchen: die sog. Venusfiguren, die vermutlich Fruchtbarkeitssymbole sind. Die Kunst des späten Jungpaläolithikums (16 000-10 000 v. Chr.) ist reich entfaltet. So erlebte um 16 000 v. Chr. in Frankreich die Eiszeitkunst mit der Ausmalung der Höhle von Lascaux einen ihrer Höhepunkte.[45] Das seit langem (seit Frazer und S. Reinach) gültige Modell für die Erklärung der altsteinzeitlichen Kunst ist die Erklärung durch »Bildmagie«, die im Dienst eines Jagdzaubers stehe,[46] als deren großartigsten Ausdruck man eben die Wandmalereien von Lascaux deutete. Man sah und sieht diese Kunst im Kontext eines paläolithischen Schamanismus und des mit dem »Herrn der Tiere« umschreibbaren Animalismus.[47] Auffällig ist, daß Höhlenbilder meist weit vom Eingang entfernt an schwerzugänglichen oder verborgenen Stellen angebracht sind, d. h. nicht an den Wohnplätzen nahe dem Eingang, wo das Feuer brannte, was eine nur ästhetische, schmückende Aufgabe auszuschließen scheint. H. P. Duerr hat zu zeigen versucht, daß die Höhle selbst bereits ein symbolisch besetzter Ort ist, weil die Eiszeitjäger sie als weiblichen Leib und die Felskammern als Gebärmutter auffaßten. Wenn das mehr ist als eine nur phantasievolle Konstruktion, hätte die Höhle somit eine Doppelfunktion gehabt: sie diente der Fruchtbarkeit der Frauen wie – mittels der als Regenerationsrituale gedeuteten Malereien – der Fruchtbarkeit der Tiere (d. h., sie sollte dem Wiedererscheinen der großen Tierherden ›nachhelfen‹, denn die Eiszeitjäger glaubten, daß die Tiere aus der Erde, aus den Höhlen kommen, in die sie jedes Jahr wieder abwanderten).[48]

45 Vgl. M. Ruspoli: Lascaux – Heiligtum der Eiszeit. Basel/Wien 1986.

46 Vgl. dazu K. J. Narr: Felsbild und Weltbild. Zu Magie und Schamanismus im jungpaläolithischen Jägertum. In: Sehnsucht nach dem Ursprung. Zu Mircea Eliade. Hg. v. H. P. Duerr. Frankfurt a. M. 1983. 118-136.

47 Vgl. zur paläolithischen Religion K. J. Narr: Approaches to the Religion of Early Paleolithic Man. In: History of Religions 4 (1964), N. 1, 1-22; ders.: Prehistoric Religion. In: Encyclopaedia Britannica. 15th Edition 1974. Bd. 14. 984-89.

48 Vgl. H. P. Duerr: Sedna. 46ff.

Ob in diesen Höhlen die Malereien jagdmagischen Praktiken (Tötungs- bzw. Fruchtbarkeitsmagie) gedient haben, ist heute eher zweifelhaft geworden.[49] Zwar erhält nach dem magischen Denken derjenige Macht über ein Wesen, der über dessen Bild verfügt, und auf den in den Höhlen im südwestdeutschen Raum (Vogelherd, Geißenklösterle) gefundenen Halb- bzw. Vollplastiken, aus Elfenbein geschnitzt, wurde am häufigsten das Mammut dargestellt, das für die Bewohner Schwabens zu jener Zeit der Hauptfleischlieferant gewesen ist. Doch in ihrer Generalisierung wurde die Magie-These fraglich, als man festzustellen begann, daß in anderen Höhlen an sehr vielen Stellen gerade die Tiere dargestellt sind, die unter dem Jagdwild jener Zeit nur eine untergeordnete Rolle gespielt haben. Außerdem gab es Werke der Eiszeitkunst, denen ganz offensichtlich keine magische Absicht innewohnt (Tiere in Ruhestellung und ohne Hintergrund). A. Leroi-Gourhan deutete die paläolithische Kunst deshalb als Ausdruck der Mythologie der nomadischen Jäger-Sammler und sprach der Höhlenmalerei eine regelrechte Ikonographie zu.[50] Bei der Höhlenkunst handele es sich nicht um magische Kunst, sondern um »ein allgemeineres figuratives System mit mythologischem Gehalt«.[51] Eine solche Art der Darstellung sei mit dem kosmischen Symbolismus verbunden: »Hinter der symbolischen Figurenansammlung hat mit großer Sicherheit ein mündlicher Kontext gestanden, der in einem engen Zusammenhang mit der symbolischen Anordnung stand und dessen Werte räumlich reproduzierte.«[52] Diese Symbole hängen nicht unmittelbar vom Fluß der gesprochenen Sprache ab, sondern stellen eine echte Parallele dazu dar (»mythographische« Sprache). Schrift und Kunst waren hier noch eins. Auch die in Gönnersdorf gefundenen anthromorphen Dar-

49 Eine der charakteristischen Ausnahmen im Chor der Zweifler bildet M. Eliade, der die Darstellungen in den Höhlen von Trois Frères und Lascaux noch 1951 als Jagdzauber gedeutet hat (vgl. M. E.: Schamanismus und archaische Ekstase. Darmstadt 1975).

50 Vgl. A. Leroi-Gourhan: Prähistorische Kunst. Freiburg 1976; ders.: Hand und Wort.

51 Vgl. A. Leroi-Gourhan: Hand und Wort. 403.

52 Ebd. 247.

stellungen werden heute als »mythische Wesen« gedeutet, ebenso wie man die Darstellungen von gehörnten Wesen mit menschlichen Körpern und Tierkopf als Wesen aus der Mythologie des Eiszeitmenschen deuten kann.[53] Erstmals werden jetzt auch Szenen, vermutlich rituelle Handlungen, im Bild festgehalten. Heute setzt sich die Meinung durch, daß man die Malereien und Gravuren auf vielen Höhlenwänden Südfrankreichs und Spaniens nicht einheitlich deuten dürfe; Jagdzauber und Rituale stehen neben Berichten über Abenteuer und heraldischen Kompositionen.[54] In jedem Fall darf man über den Beginn des Mythischen nicht sprechen, ohne die Kunst der Eiszeit (die um 10 000 v. Chr. in unserem Raum endet) zu berücksichtigen.

Zusammenfassend läßt sich das religiöse System der Wildbeutergesellschaft am Beispiel der wesentlichen Elemente der australischen Religion als durch Mythen, heilige Gegenstände, Rituale und totemistische Orte geprägt beschreiben. Die Mythen erzählen von den Wanderungen der Traumzeitwesen[55] und den Spuren, die sie hinterlassen haben. Die heiligen Gegenstände (Schwirrhölzer und Holzlatten, bemalte Pfosten, Fels- und Bodenzeichnungen) repräsentieren die Traumzeitwesen und ihre Wanderrouten. Diese Wesen sind aber nicht Ahnen im genealogischen Sinn, sondern göttliche Schöpferwesen. Die Riten lassen sich in Initiation und »increase rituals« unterscheiden. Während der Initiation werden die Initianden ins religiöse Wissen des Stammes eingeweiht. Die totemistischen Rituale begründen eine religiöse Arbeitsteilung zwischen den Patriklanen,[56] die für die Vermehrung der verschiedenen Spezies rituell verantwortlich

53 Vgl. den in Anm. 44 erwähnten Katalog, 40, 47.

54 Vgl. L.-R. Nougier: Die Welt der Höhlenmenschen. Zürich/München 1989. 149 ff.; 251 ff.

55 »Traumzeit« ist die zentrale Kategorie: Schöpfungszeit, in der die Traumwesen die Dinge schufen und die Gesetze festlegten, nach denen sie funktionieren. Vgl. H. P. Duerr: Traumzeit. Frankfurt a. M. 1978.

56 Zur Definition vgl. J. Helbling: Theorie der Wildbeutergesellschaft. Eine ethnosoziologische Studie. Frankfurt a. M./New York 1987. 83.

sind. Die totemistischen Orte sind meist Wasserstellen oder topographische Besonderheiten, die von den Traumzeitwesen hinterlassen wurden und für die ein bestimmter Patriklan rituell verantwortlich ist: für die Durchführung der Riten, das Erzählen der damit verbundenen Mythen und das Singen und Tanzen der mythischen Szenen.[57]

Fragt man nach der Funktion, die das Mythische – wenn es denn berechtigt ist, von einem solchen zu sprechen – in der frühesten Menschheit gehabt haben mag, dann ist es mit Gewißheit in erster Linie die der »memoria«. In nicht-literalen Gesellschaften »wird der gesamte Inhalt der sozialen Tradition [...] im Gedächtnis aufbewahrt«.[58] In der Epoche der Schriftlosigkeit hatte der »Mythologe« das Monopol der Transmission des Erinnerungswürdigen und damit der Erziehung. Er bringt in Form und überliefert, was die Identität bzw. das Bewußtsein einer Gesellschaft ausmacht. Diese Mythik des Wildbeutertums ist allerdings »unhistorisc[h]«;[59] in der archaischen Erzählweise stehen Vor-, Gleich- und Nachzeitigkeit unbedenklich nebeneinander. Es gibt zwar Ansätze zur Periodisierung der historischen Zeit, aber die zeitliche Erinnerung erstreckt sich in der mündlichen Tradition in der Regel nur über wenige Generationen.[60] Der Mythos enthält eine Art Zeit-»Paradox«:[61] die Ereignisse, von denen er erzählt, haben zwar in der fernsten Vergangenheit stattgefunden, besitzen aber gleichwohl eine »Dauerstruktur«. Alle Chronologien und Genealogien, so Blumenberg, seien schon spätzeitlich, im Mythos gebe es »keine Chronologie, nur Sequenzen«.[62] Diese These kann sich auf Cassirer

57 Vgl. C. Berndt/R. Berndt: The World of the First Australians. London 1966; J. Helbling: Theorie der Wildbeutergesellschaft. 84f., 101.

58 J. Goody/I. Watt/K. Gough: Entstehung und Folgen der Schriftkultur. Frankfurt a. M. 1986. 67f.

59 Vgl. H. Baumann: Mythos in ethnologischer Sicht I. In: Studium Generale 12 (1959), H. 1, 1-17, hier 16.

60 Vgl. R. Schott: Das Geschichtsbewußtsein schriftloser Völker. In: Archiv für Begriffsgeschichte 12 (1968), 166-205, hier 194.

61 C. Lévi-Strauss: Das wilde Denken. 273.

62 H. Blumenberg: Arbeit am Mythos. 141.

stützen, nach dem Zeit im mythischen Denken rhythmisch erlebt wird, nicht als eine bloße Relation des objektiv Früheren oder Späteren wie in der Geschichtswissenschaft. Er sah eine Entwicklung von der ursprünglichen biologischen zur kosmischen Zeit.[63] Die Ergebnisse der Paläanthropologie haben dies inzwischen bestätigt. Das Leben der Eiszeitjäger wurde von natürlichen Zyklen bestimmt, die auf in Tierknochen geritzten Kalendern festgehalten wurden. Alexander Marshack hat in diesem Zusammenhang auf die Bedeutung der Symbolisierung aufmerksam gemacht.[64] Wenn er Recht hat (was umstritten ist) und das erste gravierte Werkzeug, das in der Acheuléen-Periode des Homo Erectus (vor 300 000 Jahren) auftaucht, ein Kalenderstab ist und primitiven Formen lunarer Zeitrechnung diente, dann heißt das, daß die primitiven Menschen bereits vor 50 000 Jahren eine grundsätzliche Periodizität in der Natur beobachtet hatten. Der Kalender der Primitiven erweist sich als ein *Zyklus*, markiert vor allem durch Wiederkehr eines bestimmten Jagdwildes.
Ob aber schriftlose Völker wirklich kein Bewußtsein geschichtlicher Veränderung hatten, ja, daß es bei überlieferungsgebundenen Gesellschaften gar eine »Auflehnung gegen die konkrete, historische Zeit« gegeben habe,[65] wird von Ethnologen und Archäologen bezweifelt. Der These, für den archaischen Menschen – wie für die Indianer Südamerikas –

63 E. Cassirer: PhsF II, 129ff.

64 Die These, daß der lange gravierte Knochen ein Mondkalender-Zählstab sei, vertritt A. Marshack: Some implications of the paleolithic symbolic evidence for the origins of language. In: Origins and Evolution of Language. Hg. Harnand, Steklis, Lancaster. NY Academy of Sciences 1976. Vol. 280. 309; ders.: The Roots of Civilization. New York 1972. – Zur Bedeutung der Rhythmen vgl. A. Leroi-Gourhan: Hand und Wort. 384ff.

65 M. Eliade: Kosmos und Geschichte. 7. Wie Eliade argumentiert auch M. Gieß: Zum mythen-logischen Zeitbegriff. Der Zusammenhang zwischen Ritual und Kosmogonie als archaische Philosophie der Zeit. In: Zeitbegriffe. Ergebnisse des interdisziplinären Symposiums »Zeitbegriff der Naturwissenschaften, Zeiterfahrung und Zeitbewußtsein« (Kassel 1983). Hg. v. G. Heinemann. Freiburg/München 1986. 302-323.

seien Geschichte und Mythos eins (die man noch für Aischylos [erste Hälfte des 5. Jahrhunderts] behauptet hat[66]), wird etwa von R. Schott energisch widersprochen.[67] Er zieht eine scharfe definitorische Grenze zwischen geschichtlicher Überlieferung auf der einen und Märchen und Mythen auf der anderen Seite und gelangt zu der These, auch schriftlose Völker würden zwischen mythischer und geschichtlicher Zeit differenzieren, bei allen – auch bei den schriftlosen – Völkern gebe es den »historischen Sinn« (Rothacker), von Volk zu Volk erheblich verschieden sei allerdings der Grad, bis zu welchem sich dieser »historische Sinn« entfalte und die Art und Weise, auf die er sich verwirkliche.[68] Geschichtliche Überlieferung und Geschichtsbewußtsein hängen von der sozialen und politischen Ordnung ab (und sollen soziale Identität sichern) und haben religiöse Motive (Ahnenverehrung).[69] Gegenstände des geschichtlichen Wissens sind neben hervorragenden Persönlichkeiten (wobei die Kulturbringer mythisiert werden) kulturelle Veränderungen oder die Berührung mit anderen ethnischen Gruppen. Allerdings üben »mythische Vorstellungen [...] häufig einen starken Einfluß auf das Geschichtsdenken ›primitiver‹ Völker aus [...]«,[70] das geschichtliche Wissen verliert sich nach wenigen Generatio-

66 Vgl. Ch. Gülke: Mythos und Zeitgeschichte bei Aischylos. Das Verhältnis von Mythos und Historie in Eumeniden und Hiketiden. Meisenheim a. Glan 1969.

67 Vgl. R. Schott: Das Geschichtsbewußtsein schriftloser Völker. (Vgl. Anm. 60).

68 Ebd. 170. – Zum Verhältnis zwischen historischer und mythischer Zeit vgl. G. Dux: Die Zeit in der Geschichte. 196ff. (zu Schotts Kritik).

69 Geschichtliche Überlieferungen, so ergänzt C. Lévi-Strauss (Das wilde Denken. 268ff.), werden in die Ordnungskategorien gedanklicher Systeme gepreßt. Am Beispiel der zentralaustralischen Aranda wird gezeigt, wie die quasi-historischen Überlieferungen über die Schicksale der Urahnen in ihr klassifikatorisches System »integriert« werden (ebd. 311ff.). Auf der anderen Seite sind die synchronischen Strukturen gegenüber den geschichtlichen Wechselfällen überaus verletzlich.

70 R. Schott: Das Geschichtsbewußtsein schriftloser Völker. 200.

nen in einer ›mythischen‹ Vorzeit. In jedem Falle fehlt dem Geschichtsbewußtsein der schriftlosen Völker das *»Bewußtsein der Geschichtlichkeit«*.[71]

2. Vom Mythischen zum Mythos

Die Funktion der Mythen als menschheitsgeschichtliches Arsenal der Erinnerung endet mit der Erfindung der Schrift. Die Kommunikationsforschung hat deutlich werden lassen, daß der Zusammenhang zwischen Schrift und Bewußtsein ein wechselseitiger ist: eine Bewußtseinsveränderung führte zur Entwicklung der Schrift, umgekehrt aber ändert sich mit dem Code, der die Information trägt, auch das menschliche Bewußtsein.[72] Die Schrift gehört ihrem Ursprung nach ins Gebiet der Wirtschaft.[73] Im Nahen Osten begann gegen 5000 v. Chr. mit der Domestizierung des Urstiers die Rinderzucht, um 4000 v. Chr. wurden Töpferscheibe, Rad und Wagen erfunden. Die Entstehung der Stadtkultur fällt in dieselbe Zeitspanne (des Übergangs vom 4. zum 3. Jahrtausend). Den Mittelpunkt des Lebens bildeten die Tempel mit ihren ausgedehnten Wirtschaften. Die mit der wachsenden Tempelwirtschaft verbundenen Verwaltungsprobleme hatten nach Jahrhunderten währenden Experimenten schließlich zur Erfindung eines Schriftsystems, der Keilschrift, geführt, das

71 Ebd. 194. (Herv. nicht original.)

72 Vgl. hierzu die Arbeiten etwa von V. Flusser; interessant wäre es, die Linien bis zur unmittelbaren Gegenwart auszuziehen, in der die Schrift, jahrtausendelang alleiniger Träger der kulturellen Überlieferung, zunehmend durch Bilder abgelöst wird.

73 Vgl. zum folgenden K. Földes-Papp: Vom Felsbild zum Alphabet. Die Geschichte der Schrift von ihren frühesten Vorstufen bis zur modernen lateinischen Schreibschrift. Stuttgart/Zürich 1987; vgl. zum Zusammenhang zwischen Schriftanfängen und der sich differenzierenden Gesellschaftsordnung im Zweistromland den Katalog H. J. Nissen/P. Damerow/R. K. Englund: Frühe Schrift und Techniken der Wirtschaftsverwaltung im alten Vorderen Orient. Informationsspeicherung und -verarbeitung vor 5000 Jahren. Bad Salzdetfurth 1990.

bald über die wirtschaftlichen Belange hinaus allgemeine Verwendung finden konnte (weitere Inhalte der schriftlichen Zeugnisse sind politisch-gesellschaftlicher und religiöser Art). Enthalten die meisten frühsumerischen Schriftdenkmäler Warenaufzählungen und Mengenangaben, so stehen in Ägypten (seit dem frühen 3. Jahrtausend v. Chr.) drei Schriftarten nebeneinander: die Hieroglyphen-Schrift (für feierliche Anlässe und Denkmalinschriften in der religiösen Sphäre), die ›hieratische‹ Schrift (Priesterschrift für religiöse Texte auf Papyros) und (seit dem frühen 1. Jahrtausend) die ›demotische‹ Schrift (für den täglichen Gebrauch). Eine echte verlautlichte Schrift (Phonetesierung) entstand dann in der ausgehenden Jungsteinzeit: zuerst wurden in Ägypten und Sumer Namen von Personen, Waren und Zeiten phonetisiert, ehe unter ägyptischem Einfluß in Phönikien im 18. bis 17. Jahrtausend v. Chr. das erste Konsonantenalphabet entstand. Der Dualismus zwischen gesprochener Sprache und Graphismus verschwindet, und der Mensch verfügt über einen einheitlichen Sprachapparat. Die Schrift tendiert aber gleichzeitig auch zu einer Verengung der Bilder, zu einer rigoroseren Linearisierung der Symbole. Alle ersten großen Schriftsysteme (ägyptisch, sumerisch-mesopotamisch, kretisch, hethitisch, chinesisch) gehen »in ihrem Ursprung auf eine bilderschriftliche Stufe zurück [...]«.[74] Zuerst gab es figurale Darstellungen, eine mehrdimensionale Bildlichkeit (H. Wuttke spricht 1872 zu Recht von der zeichnenden und einritzenden Tätigkeit des Höhlenmenschen als einer »Gemäldeschrift«), dann wurden die Symbole linearisiert.[75] Mit der Steigerung der Verfügbarkeit geht zugleich eine Verarmung an Ausdrucksmitteln einher.[76]

Die Bedeutung, die das Alphabet für den Staat und die Gesellschaft wie für den einzelnen hatte, können wir heute kaum noch ermessen. Synchron mit der Entstehung der Schrift, der Evolution der Stadt und der Metallurgie sieht Leroi-Gourhan den »Übergang vom mythologischen Den-

74 K. Földes-Papp: Vom Felsbild zum Alphabet. 4.

75 A. Leroi-Gourhan: Hand und Wort. 264.

76 Vgl. B. Waldenfels: Ordnung im Zwielicht. Frankfurt a. M. 1987. 26.

ken zum rationalen Denken«;[77] nach Auffassung der Autoren Ivan Illich und Barry Sanders ist das uns heute wie selbstverständlich erscheinende dominierende Denken westlicher Prägung in all seiner Entwicklungsdynamik erst nach Erfindung der alphabetisch geregelten Schrift entstanden. Vor der Einführung des Alphabets gab es, so die Autoren, weder Erziehung, Bildung, Gedächtnis noch Geschichte, sondern nur Rede, Gesang und Mythos.[78]

Richtig an dieser These ist, daß die neue alphabetische Schrift eine tiefgreifende kulturelle Wirkung hatte, die bis heute aber noch nicht ganz klar ist und zudem noch nach den verschiedenen Kulturen (Indien, Palästina etc.) differenziert werden muß. Die Einführung der Schrift veränderte die Gewohnheiten nicht sofort; oft dauerte es sehr lange – etwa in der hebräischen Kultur –, bis die Erfindung zum allgemeinen Besitz des Volkes wurde.[79] Die Grenzen zwischen den verschiedenen Kulturstufen sind fließend (so kannten gewisse vorkolumbianische Kulturen Amerikas trotz aller kulturellen Standards keine Schrift).

Aufgrund des bisher Ausgeführten kann aber von einem Übergang zur Rationalität als einem geschichtlich lokalisierbaren Ereignis grundsätzlich nicht gesprochen werden. Wenn Leroi-Gourhan den Beginn des rationalen Denkens mit dem Auseinandertreten von gesprochener Sprache und der graphischen Abbildung bzw. mit dem Auseinandertreten von Kunst und Schrift in der neolithischen Wende ansetzt, dann ist dies ebenso eine Fiktion wie Lévy-Bruhls Rede vom Denken der Primitiven als »prä-logisch«. Höchstens läßt sich, wie Habermas dies vorschlägt, von einer (nach der Entstehung der Sprache) zweiten Stufe der Differenzierung sprechen, die mit der Entstehung »eine[r] Schicht von literarisch Gebildeten

77 A. Leroi-Gourhan: Hand und Wort. 263.

78 Vgl. I. Illich/B. Sanders: Das Denken lernt schreiben. Lesekultur und Identität. Hamburg 1988.

79 Vgl. J. Goody u. a.: Entstehung und Folgen der Schriftkultur. 82. – Über die Auswirkungen der Literalität auf die Organisation von Gesellschaft informiert jetzt J. Goody: Die Logik der Schrift und die Organisation von Gesellschaft. Frankfurt a. M. 1990.

[...], die lernen, Texte herzustellen und zu bearbeiten«,[80] die drei im kommunikativen Handeln noch vereinten Geltungsansprüche von propositionaler Wahrheit, normativer Richtigkeit und Wahrhaftigkeit[81] auseinanderfaltet. Im Zuge der Ausbildung einer arbeitsteiligen Produktion und der Nutzung *technischer* Erfindungen differenziert sich im Neolithikum Zwecktätigkeit, erfolgsorientiertes Handeln aus. Diese Zwecktätigkeit ist es, die dann zunehmend höhere Stufen der Rationalisierung erreicht.

Von einem Übergang vom Mythos zum Logos zu sprechen, ist aber abwegig, wie schon A. Gehlen festgestellt hat: »Der Mythos ist selber Logos, und was ihn tötet, ist nicht die steigende Rationalität, sondern das entstehende historische Bewußtsein.«[82] Auch Lévi-Strauss sieht im Fehlen historischer Erkenntnis eines der wesentlichsten Merkmale des »wilden Denkens« im Gegensatz zum domestizierten.[83] Schriftlichkeit und Mythos stehen in einer unauflösbaren Interdependenz: nicht nur haben die Zeitgenossen die Schrifterfinder mythisiert, sondern die Erfindung der Schrift hat auch den Mythos selbst verändert, allerdings gewiß nicht in dem von Gehlen unterstellten Sinn »getötet«, sondern – ganz im Gegenteil – das Mythische überhaupt erst zum Mythos werden lassen. Im Unterschied zum undifferenzierten Zeitbegriff vieler schriftloser Völker, die dem jetzigen Zustand der Welt einfach die Urzeit, die »Zeit des Andersseins« gegenüberstellen,[84] entsteht jetzt mit der Schrift ein geschichtliches Bewußtsein und umgekehrt entsteht – etwa in Ägypten – aus dem »Geist der beginnenden Geschichte«[85] das Bedürfnis nach Schrift. Neben wirtschaftlichen Erfordernissen und religiösen Kulten lassen bewußt als Ereignis erlebte geschichtliche Veränderungen (z. B. der Zusammenschluß von Ober- und Unterägypten) ein Bedürfnis nach der Schrift

80 J. Habermas: TKH II, 289.

81 Vgl. ebd. I, 141 ff.

82 A. Gehlen: Urmensch und Spätkultur. 223.

83 Vgl. C. Lévi-Strauss: Das wilde Denken. 268 ff.

84 Vgl. R. Schott: Das Geschichtsbewußtsein schriftloser Völker. 174, 193.

85 F. Schott, zit. n. Földes-Papp: Vom Felsbild zum Alphabet. 39.

entstehen.[86] Mit der Geschichte beginnt die Schrift, andererseits beginnt mit der Schrift die Geschichte, und mit der Entstehung eines geschichtlichen Bewußtseins endet die schriftlose Vorgeschichte, endet – zwar nicht der Mythos, aber das Mythische. Bei den Griechen besitzen die Menschen nach dem Zusammenbruch der mykenischen Herrschaft das Bewußtsein von einer von der Gegenwart verschiedenen Vergangenheit (Heroenzeitalter) und erfinden nicht zuletzt aus diesem Grund die Schrift neu. Allerdings muß man sich klarmachen, daß noch die antike Geschichtsschreibung, die den Mythos ablöste, von unserer Auffassung von Geschichte durch einen »Abgrund« getrennt ist.[87] Der oft zitierte Grundsatz »nichts ohne Beleg« (ἀμάρτυρον οὐδέν) (Kallimachos) gilt nur für Namen und Fakten, nicht für die Deutung eines Mythos.[88] Festzuhalten bleibt wohl der gewichtige Unterschied, daß das Individuum einer nicht-literalen Gesellschaft die Vergangenheit fast ausschließlich unter dem Gesichtspunkt der Gegenwart sieht,[89] während die historischen Berichte einer literalen Gesellschaft ihrer Natur nach eine objektivere Erkenntnis erzwingen des Unterschieds zwischen dem, was war, und dem, was ist.

Mythos und geschichtliche Realität stehen in einem »Wechselverhältnis«:[90] »Der Mythos [...] steht an der Schwelle der Geschichte und ist daher selbst der geschichtlichen Entwicklung

86 Vgl. J. Goody u. a.: Entstehung und Folgen der Schriftkultur. 73 ff. – Ob Geschichte mit der Schrift beginnt, bleibt natürlich auch umstritten; was sicher beginnt, sind Texte, aus denen man Geschichte ablesen kann. Ob das etwas mit geschichtlichem Bewußtsein zu tun hat, ist eine andere Frage.

87 P. Veyne: Glaubten die Griechen an ihre Götter? 15 ff., 130.

88 Vgl. H. Dörrie: Sinn und Funktion des Mythos in der griechischen und der römischen Dichtung. 25.

89 Vgl. F. Boas: The Folklore of the Eskimo. In: Journal of American Folklore LXIV (1904), 2: für den Eskimo ist die Welt immer so gewesen, wie sie heute ist.

90 G. Picht: Kunst und Mythos. 495. – Zu dieser Frage vgl. a. den Art. von P. Ricœur: Myth and History. In: The Encyclopedia of Religion. Editor in Chief: Mircea Eliade. Vol. 10. New York/London 1988. 261-273.

unterworfen.«[91] Der Mythos nahm ursprünglich historische Einmengungen auf; noch die griechische Welt des Mythos zeichnete die damalige religiöse, politische und vor allem militärische Situation nach.[92] Noch in Rom dient der Mythos der Versinnbildlichung historischer Tatbestände, was aber auch bedeutet, daß die Mythosgebundenheit mehr und mehr abgeschwächt wird. Umgekehrt bleiben die historischen Entwicklungen und Umbrüche nicht ohne Folge für den Mythos.
Die Entstehung der Grundlagen unseres Zeitbewußtseins im Zweistromland ist nicht unabhängig von den jeweiligen gesellschaftlichen Strukturen, wie Elias anhand einer Gegenüberstellung westafrikanischer Dorfgesellschaften bei Eintreffen der europäischen Kolonialisten mit den industriellen bzw. postindustriellen Gesellschaften Europas und Nordamerikas sichtbar macht:[93] die Festsetzung der Zeit ist in beiden Fällen ein Akt von Herrschaft, mit dem Unterschied allerdings, daß in traditionalen Gesellschaften die Zeitbestimmung in den Händen der Priester und Könige lag, während in unserer Gesellschaft der Fremd- durch den Selbstzwang ersetzt ist. Markiert ist dieser Prozeß durch eine zunehmende Abstrahierung von Naturabläufen, ihre Ersetzung durch immer präzisere Zeitmessungsinstrumente. Weniger differenzierte Gesellschaften verfügen stets über ein weniger ausdifferenziertes Zeitraster; bei der Zeitauffassung im mythischen Denken handelt es sich um eine im je besonderen Raum und in natürlichen und sozialen Abläufen verankerte Zeit, die sich nicht als fähig erweist, gleichzeitige Ereignisse zu koordinie-

91 F. Borkenau: Ende und Anfang. 248.

92 Ein gutes Beispiel ist der Parthenon: Mehr noch als der Ostgiebel (Geburt der Stadtgöttin Athena) bietet der Westgiebel (Götterkampf) Lokalgeschichte in mythischer Form: Ergebnis des Ringens um die Vorherrschaft Athens, zu der Eleusis und die anderen Götter und Heroen des attischen Landes ins Verhältnis gesetzt werden. Die Darstellung der Kentauromachie auf der Südmetope war (wie schon die auf dem Westgiebel des Zeustempels von Olympia) mit panhellenischem Anspruch verbunden.

93 Vgl. N. Elias: Über die Zeit. Arbeiten zur Wissenssoziologie II. Frankfurt a. M. 1984. Die Analyse der Entwicklung des Zeitbegriffs zielt auf eine Theorie sozialer Symbole.

ren.[94] Die Zeitbrechung in Form von Perioden (Tages- oder Jahreszeiten) erlaubt nicht, Dauer, Folge und Gleichzeitigkeit zu koordinieren; ein stabiles Maßsystem fehlt. Im Mittelpunkt standen stets *praktische* Bedürfnisse des ›primitiven‹ Lebens; Primitive sind nicht an der Zeitrechnung, sondern primär am Wetter interessiert. Ein »operatives Verständnis der Zeit«[95] setzte sich erst langsam durch; hierfür wurden astronomische Kenntnisse wichtig, vor allem, als in den Kulturen der Jungsteinzeit der Ackerbau aufkam, der die Menschen unabhängig vom Jagdglück machte. Die Ernährung der immer größer werdenden Siedlungen konnte nur durch regelmäßiges, planmäßiges Ernten der Felderzeugnisse gesichert werden. Dies wurde vor allem durch Ausnutzung des jährlichen Klimarhythmus erreicht: Feldbearbeitung, Saat und Ernte wurden nach dem Jahresgang ausgerichtet. Zu diesem Zeitpunkt der Wirtschafts- und Sozialentwicklung entstehen die ›megalithischen‹ Menhire und Steinsetzungen auf verschiedenen Kontinenten (das bekannteste Beispiel dafür ist Stonehenge), die – wie heute zunehmend bestätigt wird – als Instrumente einer auf die bäuerliche Praxis ausgerichteten Astronomie fungieren, für die gerade der Frühlingspunkt der Sonne (21. März) besondere Bedeutung hat.[96] Dies blieb für das mythische Zeitbewußtsein nicht ohne Folgen, wie überhaupt der Mythos von den mit der sog. ›neolithischen Revolution‹ verbundenen Umwälzungen nicht getrennt werden kann.

Synchron mit der Entstehung der linearen Schrift (um 3500 v. Chr.) vollzog sich die Evolution der Stadt und der Metallurgie, 4500 Jahre nach der Entstehung von Ackerbau und Viehzucht (die um 8000 v. Chr. im heutigen Orient entstan-

94 Vgl. die schon klassische Analyse von M. P. Nilsson: Primitive Time-Reckoning. Lund 1920; außerdem Ch. Hallpike: Die Grundlagen primitiven Denkens. 397ff.

95 Ch. Hallpike: Grundlagen primitiven Denkens. 406f.

96 Die Astronomie als Grundlage bäuerlichen Lebens und somit des Staates ist wohl nirgends großartiger und dauerhafter institutionalisiert worden als in China; vgl. die Untersuchungen des Sinologen Jean Pierre Voiret (Freienbach bei Pfäffikon).

den und sich in den folgenden Jahrtausenden über Kleinasien, den Balkan und den Alpenraum bis nach Mitteleuropa verbreiteten) und 2500 Jahre nach dem Erscheinen der ersten Dörfer. Weitere wichtige Kennzeichen der großen Stromtalkulturen Ägyptens, Mesopotamiens und des Induslandes (und auch in der zeitlich parallelen mykenisch-minoischen Kultur) sind das rapid wachsende technische Können (etwa die Entwicklung wissenschaftlicher Konservierungsmethoden für Totenriten) und neue soziale Zustände. Die Herausbildung eines Verteidigungssystems im Zuge der Entwicklung der Stadt brachte eine soziale Hierarchisierung mit sich und auch eine Polarisierung der Spezialisten im Verteidigungsgürtel der Hauptstadt.[97] *Herrschaft* wurde errichtet als Aneignung der Arbeitskraft der Vielen, der Strategien einer immer effizienteren Ausbeutung auch der Natur an die Seite traten.[98] Jetzt entstanden auch die polytheistischen Hochgötter, daneben gab es allerdings weiterhin den Rückfall in massive Zauberei (Magie), was nach der Erklärung von Max Weber nichts Erstaunliches hat.[99] In diesem Prozeß wird die Bindung der Götter an bestimmte Stämme und Kultorte aufgelöst; Gehlen charakterisiert diese Entwurzelung als »Humanisierung«.[100] Eine letzte wichtige Etappe des Zivilisations- bzw. »Rationalisierungsprozesses«[101] ist die Entstehung einer Priesterkaste, die ihre Traditionen weitergibt und daher ordnen muß. In ältester Zeit (vor der schriftlichen Überlieferung) wurde z. B. in Babylonien das Vertreiben der Dämonen nicht von einer Priesterkaste, sondern von freien charismatischen Personen und ohne festgelegte Riten betrieben,[102] dann war es

97 Vgl. A. Leroi-Gourhan: Hand und Wort. 227ff.

98 G. Dux: Logik der Weltbilder. 264.

99 Vgl. M. Weber: Wirtschaft und Gesellschaft. 266: Wenn die Religion sich spiritualisiert, fallen die Massen in Zauberei zurück. – Einen wesentlichen Platz hatten Magie und Wahrsagekunst im täglichen Leben Sumers und Babylon; vgl. V. Haas: Magie und Mythen in Babylonien. Gifkendorf 1986.

100 A. Gehlen: Urmensch und Spätkultur. 222.

101 E. Topitsch: Erkenntnis und Illusion. 89.

102 Vgl. F. Heiler: Erscheinungsformen und Wesen der Religion. Stuttgart 1961. 316.

Aufgabe der babylonischen Beschwörungspriester, die sich Wasser- und Feuerriten, Zaubersprüchen und magischer Instrumente bedienten. Alle diese Ereignisse verändern Wesen und Inhalt des Mythischen. In Tierzucht und -hege verliert das Tier seine (magische) Funktion, die es in der Vorgeschichte hatte;[103] mit der Zusammenfassung großer Gemeinschaften in Form städtischen Zusammenlebens und einer staatlichen, zentralisierten bürokratischen Verwaltung wird die Ausbildung der Institutionen zum Thema des Mythos. Zwar ist jetzt die unmittelbare Lebensnot beendet, aber es bleibt fraglich, ob man wie Gehlen die Funktion der Riten und Mythen darauf beschränken kann, daß sie diese »Entlastung« feiern.[104]

Neue Spannungen entstehen wie jene zwischen dem neu geschaffenen transzendenten und dem mundanen Bereich, neue Krisen müssen (mythisch) bewältigt werden. Daß der Mythos mit Krisenerscheinungen innerhalb der Hochkulturen zu tun hat, hat Fr. Borkenau nachzuweisen versucht. Gegen Spengler und mit Toynbee konstatiert er zwischen älteren und jüngeren Zivilisationen häufig Beziehungen der »Apparentation« bzw. »Affiliation«, die sich direkt (im Fall z. B. der Orientalisierung der Antike) oder indirekt vollziehen. Bei der »indirekten Affiliation« schiebt sich zwischen die ältere und die jüngere Kultur ein »dunkles Zeitalter« (z. B. zwischen minoische und hellenische, antike und abendländische Kultur), das Borkenau auch als »barbarisches« Zwischenspiel bezeichnet. Der Mythos nun ist genau das Produkt dieser Zwischenkultur, der »Berührung der beiden entgegengesetzten Daseinsformen«.[105] Der Beginn der historischen Erfahrung der Barbaren spiegelt sich in der Schaffung von Mythen (wie dem Ödipus-Mythos) wider, die zugleich Vorläufer der sich vorbereitenden neuen Hochkultur sind: »Primitive schaffen keinen Mythos [...], weil sie keinen brauchen. [...] Der Mythos entsteht, wo Primitive aus ihrer Zeitlosigkeit herausgestoßen, wo sie gewaltsam vom Rade der

103 Vgl. A. Gehlen: Urmensch und Spätkultur. 184ff.
104 Vgl. ebd. 219.
105 F. Borkenau: Ende und Anfang. 251.

geschichtlichen Veränderung mitgerissen werden. Er entsteht unter Primitiven, die sich in umwälzender Berührung mit einer der großen Hochkulturen befinden.« Der Mythos »erscheint in seiner ersten Phase – ausnahmslos – bei den Primitiven, die in eine zerfallende Hochkultur erobernd eindringen.«[106] So entsteht der germanische Mythos durch Kontakt mit der antiken-römischen Hochkultur (im Keltenland, das vor Kontakt geschützt war, gab es nur Märchen). In den Mythen verwandeln die Hochkulturen ihre barbarische Vorzeit in archetypische »Geschichtslosigkeit«,[107] halten sie aber gleichzeitig präsent.

Borkenau verweist auch darauf, daß diese Mythen zunehmend ihre überzeugende Kraft verloren, was einen ständigen Zyklus von Re- und Entmythologisierung bedingte. Zuerst konstituierten die Mythen die soziale Hierarchie. Dann gibt es religiöse und soziale Reformbewegungen, die den Grundmythos erschüttern. In Ägypten zum Beispiel folgt auf die Erschütterung des Grund-Mythos der Osiris-Kult am Niedergang des Alten Reichs. Dadurch, daß jetzt der neue Mythos neben dem alten (Gräberkult und Sonnenauffahrt) steht, werden beide entwertet; ein Vakuum entsteht, das durch »pragmatische und rationalistische Vorstellungen«[108] ausgefüllt werden konnte. Am Ende steht (im zweiten Jahrtausend v. Chr.) mit dem Sonnenkult des Echnaton die Aufklärung, die allerdings Episode bleibt.

Nach einem barbarischen Zwischenspiel (in Griechenland gegeben durch das Eindringen von Barbaren im 2. Jahrtausend v. Chr.) »hilft der neue Mythos [...], die rationalen Notwendigkeiten des gesellschaftlichen Aufbaus zu motivieren«. Dieser »neue« Mythos »fällt [...] mit den rationalistischen Formeln der Endphase der vorhergehenden Kulturgeneration zusammen«.[109] Moses und Homer werden Echnatons Kampf gegen den Totenkult fortsetzen: »In diesem Prozeß

106 Ebd. 250.
107 Ebd. 253; vgl. 254: »Mythen speisen sich aus dem ›Urquell‹ des geschichtslosen Daseins.«
108 Vgl. ebd. 101
109 Ebd. 104.

der Erneuerung wandelt sich die rationalistische Opposition der spät-ägyptischen Revolution gegen die Totenkulte und Totengötter in die reine, diesseitige Schönheit der Olympier.«[110]
Wie immer man Borkenaus Geschichte der Hochkulturen und seinen (Fragment gebliebenen) Versuch der Rekonstruktion der Entstehungsgeschichte unserer Zivilisation im einzelnen bewerten mag (vor allem hinsichtlich der Übernahme der Spengler und Toynbee gemeinsamen These, daß die Entwicklung der »Zivilisation« kein einliniger Prozeß ist, sondern daß die Weltgeschichte aus dem Aufstieg und Fall einer Pluralität verschiedener Zivilisationen oder Hochkulturen besteht) – festzuhalten bleibt seine grundlegende Einsicht, daß der Mythos (oder besser: das, was wir unter Mythos verstehen, nämlich die mit der Erfindung der Schrift aufgezeichneten Geschichten von Göttern und göttlichen Wesenheiten) nichts Archaisches, sondern sekundär ist, schon Antwort auf bestimmte Defiziterfahrungen und als solche erst zur Zeit der sog. »neolithischen Revolution« entstanden. Gehlen und Topitsch[111] sehen einiges richtig, wenn sie den Mythos als Erfindung der – mit der Schriftkultur aufkommenden – (wissenschaftlichen) Rationalität und Vernunft sehen, die zur Selbstdefinition des Anderen bedarf, das sie negiert.[112] Vorher gab es den »Mythos« nicht, es gab höchstens ein – mit der Entstehung der Sprache einhergehendes – »Mythisches« (das auch nicht das gesuchte ›heile‹ Ursprüngliche sein kann, hat es doch schon als sprachliche Verlautbarung Teil an der »doxischen Duplizität« und ist deshalb »keine Wahrheit«[113]), vor der Sprache gab es den Mythos auch und erst recht nicht (es gab vielleicht nur die

110 Ebd. 105.
111 A. Gehlen: Urmensch und Spätkultur. 220, 223f. u. ö.; E. Topitsch: Erkenntnis und Illusion. 89; vgl. auch K. Heinrich: anthropomorphe. 157.
112 Vgl. J. P. Vernant: Der reflektierte Mythos. In: Mythos ohne Illusion. 7-11, bes. 10.
113 Vgl. Ph. Lacoue-Labarthe: Der Umweg. In: Nietzsche aus Frankreich. Hg. v. W. Hamacher. Frankfurt a. M./Berlin 1986. 75-110, hier 103.

Kunst). Vor diesem Hintergrund wird auch erst verständlich, warum schon die ältesten Mythen (der mesopotamischen Epik) kritische Distanz des Dichters gegenüber der Götterwelt und ironisches Umkippen enthalten. Daß der Mythos in sich die Ansätze zur »Kritik seiner selbst« enthalte, war ja die berühmt gewordene These Rudolf Bultmanns; es sei der Umstand, daß der Mythos das grundsätzlich nicht Objektivierbare vergegenständliche, denn er rede »vom Unweltlichen weltlich, von Göttern menschlich«.[114]

3. Der Mythos

Vom Mythischen als Lebenswelt qualifizierender Bedeutsamkeitsstiftung (Blumenberg) ist der Mythos zu unterscheiden, der – als Antwort auf bestimmte Defiziterfahrungen – in den Hochkulturen zur Zeit der neolithischen Revolution entsteht (wobei wir hier bei den Hochkulturen nur vom Vorderen Orient und von Ägypten ausgehen; ein Blick auf Ostasien, Indien oder Amerika brächte u. U. andere Ergebnisse). Das Mythische wird jetzt in den neu entstehenden Mythen erst zum ‹Mythos›: eine bereits gestaltete, in Übersicht und in Übersichtlichkeit gebrachte Traditionsfülle. Die Schrift, die diesen Prozeß allererst ermöglicht, wird ihrerseits zur Quelle des Unheimlichen (wegen der Sichtbarmachung der sonst nur hörbaren Sprache), weshalb die Zeitgenossen die Erfinder der Schrift ihrerseits mythisierten.

Die Defiziterfahrungen betreffen in erster Linie das veränderte Naturverhältnis des Menschen. Der Mythos hängt mit dem (technischen) Zugriff des Individuums auf die materielle Welt zusammen, d. h. er hängt von der Naturbeherrschung ab, die seit dem Neolithikum sehr effektiv geworden ist; er ist eine Antwort auf die mit der Entstehung der Idee einer geplanten Ausbeutung der Natur einhergehende Verletzung der Natur, auf die Störung der Symbiose Mensch/Natur. Während die Nachfahren der eiszeitlichen Crô-Magnon in

114 R. Bultmann: Neues Testament und Mythologie. In: Kerygma und Mythos I. Hg. v. H.-W. Bartsch. Hamburg [4]1960. 22.

Europa noch ein paar Jahrtausende Wildbeuter blieben, vollzog sich im Vorderen Orient eine andere Entwicklung: mit der Seßhaftwerdung der Jäger und Sammler und dem Beginn von Ackerbau und Viehzucht wurden ganz andere Kompensationsformen (zum Ausgleich für die Verletzung der Erde und des Lebens) nötig.

Schon mit dem Übergang zur Jagd hatte eine »Verschuldung«[115] gegenüber der Natur begonnen, die mittels Riten symbolisch kompensiert werden mußte. Der Ackerbau brachte dann in der neolithischen Wende eine besondere Steigerung der Verschuldung. Es bleibt zwar wahr, »daß die Errichtung eines ausgewogeneren Verhältnisses des Menschen zur Natur zu den Kennzeichen untergegangener archaischer und außereuropäischer Kulturen gehört«,[116] gleichwohl hat es in der Menschheitsgeschichte nie – wie etwa Schillers Vision des Goldenen Zeitalters in *Die Götter Griechenlands* insinuiert – eine vollkommene Einheit zwischen Mensch und Natur gegeben. Die Schädigung der Umwelt hat eine lange Geschichte, und es gibt keinen ›magischen‹ Punkt des Abfalls von einem angeblichen harmonischen Verhältnis des Menschen zur Natur.[117] Schon Ritus und Magie bilden die erste Stufe des Bruches der archaischen Einheit des Menschen mit der Natur. Allerdings spricht vieles dafür, daß die Wildbeutergesellschaft noch zu eher ›weichen‹ Eingriffen in die Natur neigte. G. Dux und H. P. Duerr sind sich darin einig, daß die eigentliche ›Revolution‹ im Verhältnis des Menschen zur Natur erst im Anschluß an den Übergang zu agrarischer

115 W. Burkert: Homo necans. 24.
116 K. H. Kohl: Abwehr und Verlangen. 121.
117 Die herrschende These, die globale Natur- und Umweltzerstörung sei ein Ergebnis der Neuzeit und ihr historischer Bruchpunkt sei der Beginn der expansiven Industrialisierung im 19. Jahrhundert, muß korrigiert werden; vgl. die Beiträge in: Fortschritte der Naturzerstörung. Hg. v. P.-R. Sieferle. Frankfurt a. M. 1988 (vgl. bes. die Aufsätze von Ch. Boulus und R. P. Sieferle). Die Umweltkrise gehört (wenigstens als Möglichkeit) zur Grundausstattung menschlicher Gesellschaften, der Eingriff in die Welt gehört zur menschlichen Existenz.

Produktion in der neolithischen Wende erfolgte:[118] mit der Idee der Herrschaft in Natur- und Sozialbeziehungen wird das Verhältnis zwischen Mensch und Natur gestört, und es bedarf jetzt großer Anstrengungen, es wieder symbiotisch zu machen. Die Schwierigkeit solcher Aussagen liegt darin, daß wir von dem Selbstverständnis und von dem Wissen über die Natur der paläolithischen Sammler- und Jäger-Kulturen nur über Artefakte Kenntnis haben. Soviel aber läßt sich wohl sagen, daß in einer Gesellschaft, die nicht Waren produziert, sondern allein Güter für den Gebrauch,[119] die Natur nicht primär Gegenstand der technischen Verfügbarkeit ist, sondern nach Analogie persönlicher Beziehungen konzipiert wird.

Für jeden Übergriff gab es (rituelle) Wiedergutmachungen; die Tötung von Tieren war allein durch den Bedarf an Nahrung entschuldigt und wurde durch eine symbolisierende Rückgabe von Teilen an den »Herrn der Tiere« kompensiert. Viele Nomadenvölker verzehren Fleisch noch heute nur, wenn das Tier rituell geopfert und somit die Erlaubnis zum Essen eingeholt wurde. H. P. Duerr beschreibt die Regenerierungsrituale, mit denen die Wildbeuter des Jungpaläolithikums überall auf der Welt den Wechsel der Jahreszeiten, der Fruchtbarkeit, beschworen. Die Wildbeuter hätten zwar kein Urvertrauen in die Welt gehabt, aber eine »Liebe zum Leben, so wie es *ist*, nicht wie es sein sollte«; in ihren Ritualen drücke sich eine »sanfte«, »ökologische« Haltung gegenüber der Natur aus, der nichts aufgezwungen, die aber sachte beeinflußt werde.[120] Wenn man auch Duerrs (im Anschluß an

118 Vgl. G. Dux: Logik der Weltbilder. 263. Auch H. P. Duerr (Traumzeit; Sedna) läßt den Sündenfall mit dem Sieg der Agrikulturen über die Wildbeuter stattfinden.

119 Vgl. M. D. Sahlins: Stone Age Economics. London 1974. 82-86.

120 H. P. Duerr: Sedna. 232, 233 f. – Andere ethnologische Forschungen bestätigen dieses Bild; U. Ritz (Das Bedeutsame in den Erscheinungen. Divinationspraktiken in traditionalen Gesellschaften. Frankfurt a. M./New York 1988. 19-104) stellt die Feuerlandindianer als klassisches Beispiel einer traditionellen Wildbeutergesellschaft vor. Die vorbildhafte Ausnutzung der natürlichen Ressourcen ist eines ihrer Hauptkennzeichen.

Nietzsche entwickelter) retrospektiver Utopie gegenüber skeptisch bleiben kann,[121] so ist doch seine Beschreibung der verschiedenen Formen des ›hieros gamos‹ höchst anregend, die auf einer spezifischen Deutung der Bedeutung der eiszeitlichen Kulthöhle beruht. Hier, in der Höhle (= Uterus), schwängerte der eiszeitliche Schamane die »Herrin der Tiere« (vgl. Venus-Figurinen), um das Jagdwild zu regenerieren.

Diese Regenerationsriten sind bis ins Frühneolithikum zu beobachten: alle Religionen des Altertums im ganzen Vorderen Orient beherrschte die Vorstellung von einem Götterpaar, dessen weiblicher Partner eben die »magna mater« bzw. »Magna Dea«, deren männlicher Partner (Paredros) aber ein eher weibischer Jüngling ist. Die Göttin ist unsterblich, Verkörperung der ewigen Fruchtbarkeit der Erde; der Jüngling hingegen stirbt jährlich mit dem Eintritt der Dürre, doch gelingt es der Göttin, ihn wiederzubeleben – Symbol der jährlichen Wiederbelebung der Fruchtbarkeit der Natur.[122] Beider Liebesakt ist eine heilige Hochzeit, ein ἱερος γαμός, deren Vollzug der Natur erst ihre Fruchtbarkeit gibt. Dieser Fruchtbarkeitszauber (der für die minoische Kultur besonders zentral war) ist älter als die persönlichen Götter; erst mit der Entstehung der Hochgötter, so wissen wir seit Mannhardt, ist er in den Götterhimmel gelangt. Jetzt schiebt sich zwischen Bauer und Gott ein menschliches (Götter-) Paar, der (rituelle) König und seine Oberpriesterin, die ihrerseits am Jahresfest der »Großen Göttin« den hieros gamos vollziehen, zuerst real, dann symbolisch.

Ob sich mit dem archaischen Riß (vom Jäger zum Bauern) seit dem ersten vorchristlichen Jahrtausend wirklich die Jenseits- und Weltfluchtreligionen entwickelt haben, wie Duerr unterstellt, mag hier dahingestellt bleiben; festzuhalten ist, daß sich die Rituale in ihrem Wesen verändern: »Zwar blieben die zentralen Rituale Regenerierungszeremonien, aber sie bezogen sich jetzt nicht mehr auf die Wiederkehr der

121 Vgl. die Kritik von C.F. Geyer, in: Philosophische Rundschau 33 (1986), 227.

122 Vgl. F. Borkenau: Ende und Anfang. 122ff.

abgewanderten Tierherden, sondern vornehmlich aufs Wachstum der Nahrungspflanzen.«[123] Aus der eiszeitlichen »Herrin der Tiere« entwickelt sich, etwa mit der »Großen Göttin« von Çatal Hüyük, eine Herrin der Nutzpflanzen; an die Stelle der unterirdischen Höhlen treten die Hausheiligtümer. Im dynastischen Ägypten zeugt der stiergestaltige Paredros sich im Leib der kuhgestaltigen Göttin selber.

Das Lebensgefühl der Pflanzer und Hirtennomaden hat sich gegenüber dem der Wildbeuter grundlegend gewandelt, und gleichzeitig auch die Sicht der Natur. Die (an der Wende vom vierten zum dritten Jahrtausend v. Chr.) entstehenden Stadtstaaten sind durch eine sakrale Großarchitektur gekennzeichnet; den Mittelpunkt des Lebens bildeten die Tempel mit ihren gut organisierten Wirtschaften. Eine Kluft tut sich auf, die nämlich zwischen kultiviertem und unkultiviertem Land. Ausgeburten der Angst des Menschen vor den zerstörerischen Kräften der Natur sind in der babylonischen Religion die Dämonen; im Gegensatz zu den Göttern, deren Wohnsitze (Tempel) sich innerhalb des Siedlungsraumes befinden, sind die Aufenthalte der Dämonen außerhalb der Ortschaften:[124] in unkultivierten Stätten wie Gebirgen und Wüsten, vor allem in den Sumpfgebieten am Euphrat. Das Fremdland ist unheimlich und führt bereits in Grenzbezirke der Unterwelt. Dieses Fremde wird (wie der Feind – andere Dämonen waren einst Götter überwundener fremder Völker) dämonisiert, denn es bedroht die Lebensgemeinschaft.[125] Im Zuge der Angst vor wilden Tieren, vor allem Fremden (und seinem bösen Blick), vor Feinden und Frauen (Hexen) wird schließ

123 H. P. Duerr: Sedna. 11. Zum folgenden vgl. ebd. 99ff., 113ff. Daß die Frauenfiguren von Çatal Hüyük mit den Kulturpflanzen zu verbinden seien, wie Duerr annimmt, ist zwar möglich, aber aus dem unmittelbaren archäologischen Befund nicht zu entnehmen (der deutet eher auf die menschliche Fruchtbarkeit und auch auf Verbindung mit Raubtieren); vgl. zu Çatal Hüyük K. J. Narr, in: Handbuch der Urgeschichte 2. Hg. v. K. J. N. Bern/München 1975. 629f., 632, 648f., 655f., 658; bes. 661ff., 667f.

124 Vgl. V. Haas: Magie und Mythen in Babylonien. 125ff.

125 Vgl. O. Böcher: Dämonenfurcht und Dämonenabwehr. Ein Beitrag zur Vorgeschichte der christlichen Taufe. Stuttgart 1970.

lich die gesamte Natur gegenüber der Kultur als ein die kosmische Ordnung bedrohendes Chaos dämonisiert.

Komplementär dazu stehen alle Versuche, Kosmos und Natur nach »soziomorphen« Modellen zu deuten, zu »politisieren«.[126] Babylonische (und auch mykenische) Riten und Mythen zeigen eine bestimmte Auffassung des Verhältnisses von Souveränität und Ordnung: »Da Natur und Gesellschaft nicht unterschieden werden, ist jegliche Ordnung, unabhängig von ihrer spezifischen Form und von dem Bereich, auf den sie sich erstreckt, vom Herrscher abhängig.«[127] Der König bestimmt nicht nur die sozialen Verhältnisse, sondern nimmt auch Einfluß auf den Verlauf der Naturerscheinungen; zu seinem Aufgabenbereich gehören die Einteilung des Raums, die Begründung der Zeit und die Regelung der Abfolge der Jahreszeiten. »Im Rahmen dieses mythischen Denkens ist die Vorstellung einer autonomen Natur ebenso undenkbar wie die eines dem Universum immanenten Gestaltungsgesetzes.«[128] Wegen dieser Deckungsgleichheit von Natur und Welt, weil die von Herrschaft geprägte Sozialwelt dem Kosmos und der Natur strukturkonform integriert wurde, blieben der Idee einer Ausbeutung der Natur noch Grenzen gesetzt (erst in der griechischen Antike treten Physis und Nomos auseinander).[129] Noch wird die Welt als Ganzes der »subjektivischen Logik« (Dux) unterworfen, wovon die jetzt entstehenden großen Mythen über Ursprung und Ordnung der Welt Zeugnis ablegen. Das Leben der ackerbautreibenden Familie wurde zur Leitvorstellung der kosmischen Ereignisse, z. B. im Motiv des Urelternpaars von Erde und Himmel.[130] In Mythen und Riten wird die Geburt der Institutionen der Ernährung und Fortpflanzung thematisiert.

126 Vgl. E. Topitsch: Erkenntnis und Illusion. 91 ff.

127 J. P. Vernant: Die Entstehung des griechischen Denkens. 114.

128 Ebd. 114f. – Dieses Weltbild wird in seinen Grundzügen von griechischen Theogonien geteilt, z. B. von Hesiod.

129 Vgl. G. Dux: Logik der Weltbilder. 264, 268 ff.; E. Knoblauch: Das Naturverständnis der Antike. In: Naturverständnis und Naturbeherrschung. Hg. v. F. Rapp. München 1981. 10-35, hier 18 f.

130 Vgl. die Beispiele bei E. Topitsch: Ursprung und Ende der Metaphysik. 77.

Der Mythos gewinnt seine Blüte im Orient in der beginnenden Emanzipation des Menschen von der Natur (der Gedanke einer dem Menschen grenzenlos verfügbaren Welt hat in ihm allerdings noch keinen Raum). Ein klassisches Beispiel dafür ist das sumerisch-akkadische Gilgamesch-Epos (drittes Jahrtausend v. Chr.), in dem es ja wesentlich um die Epochenschwelle zwischen Natur (Enkidu) und Kultur (Gilgamesch), d. h. um die Geburt des Bewußtseins geht (weshalb es heute eine Renaissance erlebt).[131] Aus dem Zeit- und Ichbewußtsein, dem Wissen um die Endlichkeit, entsteht Gilgameschs Todesfurcht. Die schroffe Kritik an Ischtar (in Gilgameschs Rede der 6. Tafel) ist eine Kritik an den Auswüchsen der kultischen Prostitution, die den mit Tieren aufgewachsenen Wildling erst zum richtigen Menschen werden läßt. Die in der Gilgamesch-Dichtung vereinten Motive haben die biblische Vorgeschichte (Sintflut-Geschehen) und das jüdische Buch Kohelet (Prediger Salomonis) ebenso beeinflußt wie die Homerische Epik. In Ägypten, wo, anders als für die Völker Sumers und Persiens, die Kräfte der Natur als freundlich angesehen wurden, spielten die Mythen eine vergleichsweise geringe Rolle; hier dominierten Kult und Mysterien. Wichtiger als Mythen war hier die Geschichte des Königs; die Festliturgie und Königsrituale, die das öffentliche Leben bestimmten, haben die Mythen zurückgedrängt.[132]

Ethnologische Feldforschungen bei heutigen außereuropäischen Kulturen bestätigen die historisch erschlossenen Zusammenhänge von Mythos und Natur(-Beherrschung). Viele Mythen spiegeln (wie in Westafrika) notwendige Bedingungen des Überlebens wie das richtige Verhältnis von Feuer und Wasser in der Natur (d. h. Sonne und Regen) oder – wie in Nordamerika – die örtliche Fauna und Flora wider. Mais und Bison besaßen für die Indianer der großen Ebene eine so herausragende Bedeutung, daß es nicht verwunderlich ist, sie

131 Robert Wilson und David Byrne (»The Forest«) brachten es 1988 in Berlin auf die Bühne; Harald Braem stilisiert den sumerischen König zum ökologischen Urvater (»Der Löwe von Uruk«. München 1988).

132 Vgl. W. Beltz: Die Schiffe der Götter. Ägyptische Mythologie. Berlin (DDR) 1987. 24f., 26.

in vielen Mythen anzutreffen. Bei den Pueblos im Südwesten (Hopi) figurieren die wichtigsten Naturgewalten als Gottheiten (»Muttererde«, »Vaterhimmel«). In Mittelamerika scheint die Gunst der Regengötter zu erringen eine so alte Aufgabe zu sein wie die Landwirtschaft selber (die mindestens bis ins 6. Jahrhundert v. Chr. zurückreicht). Die Mythen aus Stammesgesellschaften im südamerikanischen Urwald handeln über den Ursprung der Landwirtschaft, immer zugleich aber auch von Gefahren, die mit wachsender Naturbeherrschung verbunden sind.[133] Bei den Jivaro- (oder Jibaro-)Indianern Ecuadors und Perus ist jeder Pflanze, jedem Tier, jedem Menschen eine Seele, ein Wakani, eigen; hier liegt die religiöse Begründung der *Achtung* der Jivaro vor der Natur. Der Mensch ist nicht wertvoller als die Natur, sondern ist Teil der natürlichen Umwelt; die Natur wiederum ist selbst nicht heilig, sondern Hinweis auf Heiliges.[134] Die australischen Aborigines sehen sich und ihren Platz im Universum als vollkommene Einheit mit allen lebenden Dingen und Kräften der Natur. Ihr Land ist ein Teil des Körpers und ihr Körper ein Teil der Erde, auf der und von der sie leben.

Die Wendepunkte der Geschichte des Mythos sind offenbar auch Wendepunkte innerhalb der Geschichte der menschlichen Naturerfahrung und Naturbeherrschung.[135] Jeder Ent-

133 Vgl. Mythologie der Weltreligionen. Eine illustrierte Weltgeschichte des mythisch-religiösen Denkens. Hg. v. R. Cavendish u. T. Q. Ling. Eltville 1985. 265.

134 Vgl. G. Weiss: Elementarreligionen. 129ff. nach Müntzel 1977, 35ff.

135 Heute erinnert der Mythos an die Mächtigkeit einer Natur, deren Schrecknisse durch ihre technische Beherrschung noch nicht vernichtet sind. Seit dem Ende des 18. Jahrhunderts war der Mythos eine (allerdings im Ansatz bereits vergebliche) Möglichkeit, die Naturferne zu kompensieren (vgl. K. H. Bohrer: Nach der Natur. In: K. H. B.: Nach der Natur. München/Wien 1988. 209-229, bes. 213f.). Zur Geschichte der Naturbeherrschung, mittels derer der lebendige Kosmos zur toten Ruine wird, vgl. C. Merchant: The Death of Nature. San Francisco 1980: Um 1800 mußte die Natur sterben, um Objekt der Erkenntnis und damit beherrschbar zu werden.

wicklung des Mythischen ist eine bestimmte Zivilisationsstufe zugeordnet; K. Heinrich hat zu Recht darauf hingewiesen, daß jedem Gott, jeder Göttin eine spezifische techne, »eine ganz bestimmte Form der Bearbeitung der rohen Natur und der entsprechenden Bearbeitung der eigenen, der gesellschaftlichen und der individuellen Natur«[136] zugeordnet ist. Mythen gehören somit wie Kunstwerke, Normensysteme, Institutionen etc. in die Geschichte der kulturellen Lebensformen bzw. sind Ausdruck der hier stattgefundenen Grenzverschiebung von ›erster‹ zu ›zweiter‹ Natur; Mythen gehören somit zu den Objektivationen des zivilisatorischen Prozesses wie Staat und Recht auch.[137]

4. Die Mythologie

Vom Mythos ist die Mythologie zu unterscheiden. Hatte sich das Mythische zum Mythos verwandelt, als der Modus seiner Kommunikation nicht mehr exklusiv mündlich war, so trennt sich bei Homer und Hesiod der Mythos von der Religion und wird Gegenstand der Dichtung (und in der Dichtung aufgehoben, wurden die Mythen dem Mittelalter und der Neuzeit vermittelt). Setzte man noch im frühen 19. Jahrhundert griechische Religion und griechischen Mythos nahezu gleich, so sehen wir diese Gleichsetzung heute – besonders nach den Forschungen von M. P. Nilsson und H. Dörrie – als eine unerlaubte Vereinfachung. Die Beziehung zwischen Mythos und Kult ist in der griechischen Antike nur locker; Homer (mindestens die *Odyssee*) und dann Ovid sind – wie oben bereits dargestellt – Literarisierungen, die den Mythos von Anfang an als »Kulturfaktor« behandeln.[138]

Auch dieser Umbruch innerhalb des Mythos geht einher mit einem Umbruch des Weltbildes im ersten vorchristlichen Jahrtausend, in dem manche erst (und nicht schon in der

136 K. Heinrich: anthropomorphe. 154.

137 Vgl. N. Rath: ›Zweite Natur‹. Begriff und Problem. Habil. masch. Bochum 1990.

138 Vgl. H. Dörrie: Sinn und Funktion des Mythos. 14.

Erfindung der Schrift) den eigentlichen Beginn der Geschichte gesehen haben. Geschichte habe nicht das Volk, das schriftliche Quellen seiner Existenz hinterlassen hat, sondern jenes, das sich der Geschichte als einer Sinndimension seines Daseins bewußt geworden ist. Dieses Projekt, von Alfred Weber in Angriff genommen,[139] von Karl Jaspers philosophisch durchdacht[140] und von Eric Voegelin auf breitester historischer Grundlage vollendet,[141] führte deshalb zu einem wesentlich späteren Ansatz. Wie immer man die »Achsenzeit« datieren mag, alle drei sind sich einig, daß die Schriftkulturen Ägyptens und Mesopotamiens außer Betracht bleiben und dem Anbruch der Geschichte (in Israel, Griechenland, Persien, Indien und China) vorausliegen.[142]

Eine Reihe von Zivilisationen macht mehr oder weniger gleichzeitig kritische Veränderungen durch, ohne daß ein gegenseitiger Einfluß zwischen ihnen bestanden hätte. Im Zuge dieser Veränderungen kommt es dann aber zu einem Kommunikationsaustausch zwischen den Kulturen. In dieser Tatsache, daß die Völker ihre Isolation verlassen und miteinander zu kommunizieren beginnen, hat man den Einbruch von Geschichte, genauer: die Entstehung von ›Weltgeschichte‹ gesehen.[143] Allerdings entstand nicht »eine einzige, homogene Weltgeschichte [...] Vielmehr bildeten sich zahlreiche divergente, jedoch einander ständig beeinflussende Weltzivilisationen heraus, von denen jede versuchte, die Welt auf die ihr eigene Art und nach ihren fundamentalen Prämissen umzuformen und entweder die anderen aufzusaugen oder sich bewußt von ihnen abzusondern.«[144] Die anderen Völker

139 A. Weber: Kulturgeschichte als Kultursoziologie. Leiden 1935.

140 K. Jaspers: Vom Ursprung und Ziel der Geschichte. Zürich 1949.

141 E. Voegelin: Order and History. 4 Bde. Baton Rouge 1954-74.

142 Zu den Ursprüngen und der Vielfalt der Kulturen der Achsenzeit vgl.: Kulturen der Achsenzeit. 2 Teile. Hg. v. S. N. Eisenstadt. Frankfurt a. M. 1987.

143 Vgl. K. Jaspers: Ursprung und Ziel. Neuausg. München 1966. 68 ff.; vgl. auch 27: »Alle nach der Achsenzeit lebenden Menschen blieben entweder im Stande der Naturvölker oder gewannen Teil an dem neuen, nun allein grundlegenden Geschehen.«

144 Kulturen der Achsenzeit. I, 28.

bilden nicht mehr das Chaos, das außerhalb der geordneten Welt liegt, sondern bilden jetzt Partner und Konkurrenten. Diese neuartige Vorstellung eines totalen Horizonts führte zu einem religiösen und politischen Universismus.

Dieses – von Jaspers zwischen 800 und 200 v. Chr. lokalisierte – Geschehen hat auch für den Mythos nicht unerhebliche Konsequenzen. Für Jaspers war »das *mythische Zeitalter* [...] in seiner Ruhe und Selbstverständlichkeit zu Ende«.[145] Ganz ähnlich wie Jaspers argumentiert Jan Patočka in seinen Reflexionen über den Bruch zwischen der vorgeschichtlichen Welt (die er mit Kategorien von Husserls »natürlicher Welt« und Heideggers Analyse der Angst zu beschreiben sucht als eine »Welt vor der Entdeckung ihrer Fraglichkeit«) und der geschichtlichen. Die erste Erschütterung des vorgeschichtlichen »ungebrochene[n] Dasein[s] in einer Lebenswelt«, die »fast bis an die Grenze des Fraglichen führt«, bringt die neolithische Revolution mit der Erfindung der Schrift. Die Schrift ermöglicht eine »Aktualisierung der Vergänglichkeit« und eine »Wiederholung der Mythe auf höherer Ebene«. Der Mensch verliert sein Eingebettetsein in die Moira der Götter und lernt, sich von sich zu distanzieren. Damit ist die Macht des Mythos gebrochen. Die zweite Erschütterung erfolgt mit dem achsenzeitlichen Beginn der Geschichte als Aufbruch der Fraglichkeit. Im Zuge der »Gleichursprünglichkeit« von Polis und Philosophie werden die bisher die Gemeinschaft tragenden Säulen erschüttert, »die Traditionen und die Mythen, d. h. alle Antworten, die schon vor jedem Fragen gegeben werden [...].« An die Stelle des »akzeptierten Lebens« tritt das »sich aussetzende Leben«: »Geschichte ist dort, wo das Leben frei und ganz geworden ist, wo es bewußt einen Raum für ein anderes freies, sich nicht im bloßen Akzeptieren erschöpfendes Leben herstellt [...].«[146]

Heute sieht man die achsenzeitlichen Wandlungsprozesse in Gesellschaften und ganzen Kulturen in einer Spannung be-

145 K. Jaspers: Ursprung und Ziel. 21.

146 J. Patočka: Ketzerische Essais zur Philosophie der Geschichte und ergänzende Schriften. Hg. v. K. Nellen u. J. Němec. Stuttgart 1988. (= Ausgew. Schr.) 34, 232, 36, 233, 65, 63, 62, 64.

gründet, »die den symbolischen und ideologischen Prämissen dieser Kulturen innewohnten. Die Wurzel dieser Spannung liegt in der Institutionalisierung der Kluft zwischen der transzendentalen [sic! gemeint: transzendenten] und weltlichen Ordnung sowie in den Versuchen zu ihrer Überwindung«.[147]
Die Gesellschaftsordnungen in den großen Kulturen konnten sich nicht mehr auf Heiligkeit und Ursprünglichkeit als Legitimationskriterien berufen, sondern Traditionen und politische Autorität gerieten jetzt unter den Druck, neue Legitimationsweisen zu entwickeln; mit der Ersetzung des Gottkönigs durch einen säkularen Herrscher entstanden die Idee einer Rechenschaftspflicht und sozialen Verantwortung des Herrschers sowie die Entwicklung einer autonomen Rechtssphäre.
Ein Beispiel für die Emanzipation der Gottesidee aus Kult und Kosmos bietet Ägypten. Im 15. Jahrhundert v. Chr., in der Epoche des »neuen Reichs«, steigt Ägypten zur Weltmacht auf, indem es über seine traditionellen Grenzen nach Syrien und Palästina ausgreift. Mit diesem Eintritt in eine Konstellation von Großmächten entsteht ein neues Geschichtsbewußtsein; Gottes- und Weltbegriff wandeln sich. Die Geschichte erscheint erstmalig als eine Offenbarung göttlichen Wesens und Wirkens. Der Einbruch der Geschichte ist somit zugleich der Anbruch einer Dimension religiöser Erfahrung. Neben Kosmos, Kult und Mythos tritt als vierte Dimension die Geschichte (der Gott Amun-Re ist Planer und Lenker der Geschichte).
Auch in Griechenland führt die Begegnung von Kulturen zu einem Durchbruch, nämlich die Begegnung Mykenes mit der minoischen Zivilisation Kretas (um 1400 v. Chr.) und die »dorische Wanderung« (um 1000 v. Chr.).[148] Hinzu kommt die Entwicklung einer neuen Schrift (Übernahme der phonetischen Schrift von den Phöniziern). Auch hier führt das Streben nach Transzendenz zum Auseinandertreten von

147 Kulturen der Achsenzeit. I, 21. Zum folgenden vgl. ebd. 16, 19. Zu Ägypten vgl. J. Assmann: Ägypten – Theologie und Frömmigkeit einer frühen Hochkultur. Stuttgart 1984.

148 Vgl. A. Momigliani: Alien Wisdom. Cambridge 1975.

transzendentem und mundanem Bereich.[149] Am Ende dieses Prozesses steht der Anfang der (griechischen) Philosophie. Der Übergang vom griechischen Mythos zur griechischen Philosophie und Wissenschaft ist ein großes, bisher nicht abschließend gelöstes Problem. Die Schwierigkeiten liegen schon im Terminologischen. Um den Anfang der Philosophie bestimmen zu können, müssen wir einen Begriff von Philosophie voraussetzen, der z. B. Hesiods *Theogonie* ausschließt und Philosophie erst mit Thales einsetzen läßt, obschon Hesiod die »Götter« bereits als Naturkräfte angesehen hat und andererseits die Vorsokratiker noch von »Göttern« reden.[150] Auch die Erforschung der Ursprünge des griechischen Denkens hat bisher keine endgültigen Antworten zutage gefördert. Bei den Graezisten kursieren mehrere, mitunter sehr voneinander abweichende Erklärungen. Sehen einige diesen Übergang durch das juristische Denken entstanden,[151] so lokalisieren andere die Ursachen in der Revolution der Kommunikationsmedien.[152] Die griechische Buchstabenschrift, die erste reine Lautschrift in der Geschichte der menschlichen Zivilisation, wurde von den Phöniziern übernommen; wann das phönikische Buchstabensystem an die Griechen überliefert wurde und ab wann es zur Nieder-

149 Vgl. Y. Elkana: Die Entstehung des Denkens zweiter Ordnung im antiken Griechenland. In: Kulturen der Achsenzeit I, 52-88.

150 F. Krafft (Geschichte der Naturwissenschaft I. Freiburg i. Brsg. 1974, 67) verweist darauf, daß Hesiods Götterentstehungsgeschichten nach kosmologischen Gesichtspunkten geordnet seien; er will die Geschichte der Philosophie mit Hesiod, nicht mit Thales beginnen lassen. Unter dem Einfluß eines anderen Philosophiebegriffs hat man im 19. Jahrhundert in den Vorsokratikern den Anfang gesehen. – Diese Überlegungen zum Problem des Anfangs in der Philosophie verdanke ich wesentlich einer Vorlesung von Kurt Flasch aus dem Sommersemester 1974 an der Ruhr-Universität Bochum.

151 Vgl. L. Gernet: Droit et Société dans la Grèce ancienne. Paris 1955. 61-81; vgl. a. die Untersuchungen von Albright.

152 Vgl. E. A. Havelock: Aux origines de la civilisation écrite en Occident. Paris 1981; The literate revolution in Greece and its cultural consequences. Princeton 1982, J. Goody: The domestication of the savage mind. Cambridge 1977. Bes. Kap. 3 (36ff.).

schrift von Literatur zur Verfügung stand, ist umstritten.[153] In jedem Fall dauerte es Jahrzehnte, bis die Schrift zur Niederschrift literarischer Dokumente auf papierartigem Material brauchbar wurde. Die ältesten in der neuen Schrift geschriebenen Dokumente sind die Homerischen Großepen. Daneben wurde sie für die Niederlegung der in Stein gemeißelten, in ›Prosa‹ verfaßten Gesetze verwendet; etwas später begannen staatliche und religiöse Behörden, sich Archive anzulegen, aber auch zu privaten Zwecken wurde schriftliche Prosa verwendet (vgl. die 591 v. Chr. von griechischen Söldnern in Abu Simbel eingeritzte Inschrift). Einzelne Männer (Anaximander) machten dann ihr Wissen mit Hilfe der Schrift öffentlich; Schrift hat jetzt – im Gegensatz zur mykenischen Periode – eine »öffentliche Aufgabe«.[154] Das radikal neue Schriftsystem führte zu einer Revolution auf dem Gebiete des *Lesens,* das nicht mehr auf eine kleine Gruppe von Professionellen beschränkt war.[155] Die Schrift führte aber auch zur Erscheinung zweier neuer Diskurstypen: jene der »Geschichte« (Herodot) und der »Philosophie«, die sich beide kritisch vom poetischen Diskurs (Homer, Hesiod) abgrenzten. Damit veränderte sich auch das Kriterium der ›Wahrheit‹ des Diskurses: Man berief sich nicht mehr auf die Autorität der Musen (Töchter von Zeus und Mnemosyne), sondern die »Historiker« stützten sich auf (direkte oder indirekte) visuelle Zeugnisse.

153 Die wissenschaftliche Debatte beherrschte lange das 1933 von dem amerikanischen Gelehrten Rhys Carpenter auf 720 v. Chr. angesetzte Datum; erst in den letzten 20 Jahren hat sich Widerspruch geregt, der nun in den neuesten Forschungen des Amerikaners Martin Bernal einen energischen Advokaten gefunden hat. Bernal geht jetzt von einem Zeitpunkt vor 1400 v. Chr. aus – und kommt damit im wesentlichen wieder auf Herodot zurück. (Vgl. M. B.: On the Transmission of the Alphabet to the Aegean Before 1400 B. C. In: Bulletin of the American School of Oriental Research. Nr. 267, August 1987, 1-19.)

154 Vgl. zu diesem Prozeß J. P. Vernant: Entstehung des griechischen Denkens. 47ff., hier 33.

155 Vgl. B. M. W. Knox: Silent Reading in Antiquity. In: Greek, Roman and Bycentine Studies 9 (1968), 421-435.

Die Rolle der Schrift bleibt aber umstritten; Lévi-Strauss z. B. glaubt, sie habe keine unmittelbare Rolle in diesem Wandel gespielt.[156] J. P. Vernant sieht den Wandel hauptsächlich durch das politische Denken bestimmt. Hatte schon Nestle den Prozeß der griechischen »Rationalisierung oder Aufklärung« in einer Krise der Religion im 7. und 6. Jahrhundert v. Chr. begründet gesehen, die ihrerseits von ökonomischen und sozialen, besonders aber politischen Veränderungen (Sturz der Adelsherrschaft, Bildung der Polis) nicht zu trennen sei,[157] so lokalisiert auch Vernant den entscheidenden Prozeß in der Wende vom 7. zum 6. Jahrhundert: Mit dem Zusammenbruch der Macht Mykenes im 12. Jahrhundert v. Chr. (durch das Eindringen der Dorer) verschwindet der *Gottkönig* aus dem griechischen Gesichtskreis, Voraussetzung für »die Geburt der Stadt und die eines rationalen Denkens«.[158] Das gesamte soziale Leben wird jetzt öffentlich; der öffentliche Platz, nicht mehr der Königspalast ist jetzt das Zentrum der Stadt. An die Stelle der Königsburg treten öffentliche Tempel: die Stadt wird Polis. An die Stelle des Rituals tritt die Argumentation, der Logos als diskursive Beweisführung. Auch der Kult wird öffentlich; die geheimen Überlieferungen werden zu öffentlichen Wahrheiten. Der »Rationalismus« löst die überkommenen religiösen Herrschaftspraktiken ab, wenn auch nicht vollständig; Magie und geheime Orakel bleiben politisch wirksam, weil der Kult der olympischen Götter eine zu fern gerückte Götterwelt bezeichnet. Daneben entstehen Mysterienreligionen, die zu keinem Zeitpunkt dazu tendieren, öffentlich zu werden. Die Kunsthistoriker bestätigen diese Ergebnisse: Die griechischen Vasenbilder verraten, daß das ganze Unternehmen der »klassischen« Rationalität im 5. Jahrhundert v. Chr. ein Akt psychologischer Balance über dem Untergrund starker dionysischer Erregungen war, die nur für kurze Zeit gebändigt

156 Vgl. C. Lévi-Strauss, in: Spuren Nr. 17/1986, 5.
157 W. Nestle: Vom Mythos zum Logos. 5, 53ff., 76ff.
158 J. P. Vernant: Die Entstehung des griechischen Denkens. 8. So auch Ch. Meier: Die Entstehung der autonomen Intelligenz bei den Griechen. In: Kulturen der Achsenzeit I, 89-127.

und abgedrängt worden waren und schon nach wenigen Jahrzehnten wieder an die Oberfläche kamen.[159] Die griechische Aufklärung entdeckte, so die These Elkanas, »daß alles ›rationale‹ Wissen durch ›irrationale‹, d.h. mystische und religiöse Elemente, ergänzt werden müsse«.[160]
Die ersten Philosophen teilten ihr Anliegen mit den Mysterien: Der Mensch soll zu einem »theios anēr« werden, was sie – wie die Sekten – mit dem Geist des Geheimnisses umgab. Auf der anderen Seite ersetzte die Philosophie die traditionellen Initiationsriten und gehörte so zu der »für das politische Leben charakteristischen Öffentlichkeit einer widersprüchlichen Debatte«.[161]
Dieser paradoxe Charakter der Philosophie spiegelt sich auch im Verhältnis der Vorsokratik zum Mythos wider. Zwischen Mythos und Logos gibt es keinen Bruch, vielmehr bestehen zwischen der frühesten Form der Philosophie und mythischen Konstruktionen enge Verbindungen.[162] Im Denken der Naturphilosophen leben mythische Vorstellungen fort (z.B. die Theogonie Hesiods in der Philosophie des Anaximander). Gleichwohl, so Vernant, »gibt es keine wirkliche Kontinuität zwischen Mythos und Philosophie«.[163] Das neuauftretende Denken hat sich von allen Bindungen an rituelle Praktiken und an das alte System der Religion freigemacht; nicht nur formal, sondern auch inhaltlich ist es von dem institutionellen

159 Vgl. J. Charbonneaux et al.: Das klassische Griechenland. München ²1984. 229ff.

160 Y. Elkana, in: Kulturen der Achsenzeit I, 82f.

161 Vgl. J.P. Vernant: Die Entstehung des griechischen Denkens. 54f., 55.

162 Vgl. F.M. Cornford: From Religion to Philosophy. A Study in the Origins of Western Speculation. London 1912; ders.: Principium sapientiae. The Origins of Greek Philosophical Thought. Cambridge 1952. – Gegen Heideggers These der Einheit von Mythos und Logos bei den Vorsokratikern wendet sich W. Perpeet: Vom Ursprung der Philosophie oder über eine spezifische Differenz zwischen Denken und Dichten. – In: Der Mensch und die Künste. Fs. f. H. Lützeler zum 60. Geburtstag. Düsseldorf 1962. 47-73.

163 J.P. Vernant: Die Entstehung des griechischen Denkens. 107f. Zum folgenden 110, 119.

System der Polis abhängig: auf die Welt der Natur wird die Konzeption von Ordnung und Gesetz der Polis übertragen. »Die Theogonien und Kosmogonien der Griechen [...] sind [...] vor allem [...]: Mythen der Souveränität.« Es geht um den Sieg des Gottsouveräns Zeus. Dies verbindet griechische mit orientalischen Theogonien. In orientalischen und mykenischen Theogonien war der Mythos aber noch an die Königsmacht und deren Kulthandlungen gebunden (der König als Herr der Zeit und der Natur). Der Zusammenbruch des mykenischen Königtums und das Verschwinden des Palastsystems führten dann aber dazu, »daß der Mythos sich vom Ritual, in dem er ursprünglich wurzelte, löste«.
Damit wird deutlich, daß nach der Einheit von Mythos und Kult und der Bindung des Mythos an die Königssouveränität nach der neolithischen Revolution der Mythos in der Achsenzeit eine Autonomie gewinnt, weil er sich von der Bindung an die Kulthandlung befreit und nun – wie bei Homer und Hesiod – ästhetisch werden kann. Die alte mythische Tradition bricht im 6. Jahrhundert mit der feudalen Welt zusammen, weshalb man für die jetzt anbrechende Phase der Entwicklung des Mythos den Terminus der »Mythologie« verwenden sollte, um sie von der aus den Defiziterfahrungen der neolithischen Revolution entstandenen eigentlichen Epoche des »Mythos« zu unterscheiden. Wenn man diesen Unterschied berücksichtigt, wird man auch rasch gewahr, daß die Philosophie nicht die Mythologie ablöst, sondern daß beide Prozesse parallel laufen und einen gemeinsamen Ursprung haben. In jedem Fall werden seit der Archaik die Kultbezüge des Mythos, die ursprunglich unmittelbar präsent waren, zunehmend abgeschwächt. Der vor-griechische Mythos der frühen Bronzezeit (vor-mykenische Epoche) war aus dem Osten (Inselwelt des östlichen Mittelmeers, Mesopotamien, Niltal) beeinflußt und trug stark matriarchalische Züge (an der Seite der Fruchtbarkeitsgottheit stand ein männlich-jugendlicher Kultpartner, sozusagen der Gott des sterbenden Frühlings). Die religiösen Vorstellungen und Rituale der einwandernden Griechen wurden hiervon stark mitbestimmt; im Gesellschaftsleben der minoisch-mykenischen Kultur spielte die Frau eine bedeutende Rolle; im Mittel-

punkt des Kultes stand die Verehrung einer mächtigen weiblichen Natur- und Berggottheit. Daneben ist das aus späterer Zeit bekannte Arsenal von Gottheiten bereits fast vollständig vorhanden (Zeus, Poseidon, Dionysos, Ares, Hera)[164] – z. T. unter Adaption orientalischer Vorstellungen, vor allem hethitischer Quellen (Apollo z. B. ist eine hyperboreische Gottheit vermutlich skythischen Ursprungs, deren Kult sich ungefähr z. Z. der dorischen Einwanderung in Griechenland [1950 v. Chr.] ausbreitete).

Schon in mykenischer Zeit ist also die Entwicklung des griechischen Mythos abgeschlossen; die wichtigsten Götter der Homerischen Dichtung sind zum Großteil schon in den Linear-B-Texten genannt. Das Neue liegt im 8. Jahrhundert in der mit Hesiod und Homer einsetzenden *dichterischen* Mythologie; sowohl Hesiods hochentwickelte mythologische Kosmogonie als auch der Homerische Mythos, innerhalb dessen die Ordnung als immer wieder hergestellte Rechts-Ordnung vorgestellt wurde, waren eine unentbehrliche (aber nicht allein ausreichende) Bedingung für die Genese einer autonomen Philosophie. Die Orphik bewirkt zwei weitere Änderungen am Mythos: einmal sind die mythischen Abläufe nicht vergangen, sondern aktuell, zum anderen ist die richtige Auslegung bestimmter Mythen heilsnotwendig. In der Übergangszeit des 6. Jahrhunderts wird der Mythos handhabbar und transparent für Aktuelles (so spiegelt sich die Rivalität Athens mit Sparta im Gegeneinander von Theseus und Herakles); die Kultbezüge werden umfunktioniert. Das demokratische Athen übernimmt das mythische Erbe der Archaik unter Einbuße des vormaligen Legitimations- und Gültigkeitsanspruchs. Diese Einbuße ist in einem nicht geringen Maße auch das Werk der Vorsokratik, die in den ersten Dezennien des 6. Jahrhunderts v. Chr. in Ionien beginnt. Für Thales ist die Erde nicht mehr eine Göttin, sondern aus dem Wasser entstanden. Sein Schüler Anaximander entwirft eine nicht-mythische Kosmogonie, indem er die Vielzahl von

164 Eine Skizze der Religion der Griechen der Linear-B-Texte gibt R. Muth: Einführung in die griechische und römische Religion. 38ff.

Ursprungsmächten in einem grenzenlosen Ursprung vereinheitlicht. Statt bio- oder soziomorpher Vorstellungen über eine Entstehung des Kosmos (nach dem Vorbild Hesiods) entwirft er ein neues Modell: »[...] im Zuge der Rationalisierung wird aus dem konkreten Bild der Elternpaare und Geschlechterfolgen der abstrakte Kern des ›Werdens‹ herausgelöst [...].«[165] Die Geometrisierung des physischen Universums wird zu einem Sinnbild des Gleichgewichts der Kräfte; zwischen der Struktur des natürlichen und der des sozialen Kosmos herrscht Parallelität. Dazu kommt ein neues räumliches Denken, nämlich die Konzeption eines symmetrisch um einen Mittelpunkt angeordneten physikalischen Raums. An die Stelle der Allmacht des Monarchen tritt das Modell des Gesetzes und einer auf Gleichheit gründenden Ordnung.[166] Die Götter haben bei der Entstehung des geordneten Universums keinen Einfluß mehr, ihre Existenz wird aber auch nicht in Frage gestellt. Auch Heraklit leugnete, daß ein Schöpfer die Welt ins Dasein gerufen habe. Bei ihm finden wir die erste ausdrückliche Rückbesinnung des philosophischen Denkens auf sich selbst.[167] Seine Logos-Lehre (wobei unter ›Logos‹ die Darlegung von Verhältnissen zu verstehen ist) ist kritisch-polemisch gerichtet gegen die poloi, die normalen Menschen: vertikal setzt sich das philosophische Denken vom natürlichen Bewußtsein ab, horizontal werden die Verhältnisse innerhalb der vorphilosophischen Denkart zum Thema. Mit Parmenides besteht hinsichtlich der kritischen Selbstabgrenzung des philosophischen Denkens gegen die Doxa wesentli-

165 E. Topitsch: Ursprung und Ende der Metaphysik. 20. – Zu (einer dionysischen Deutung des) Anaximander vgl. jetzt M. Riedel: ΑΡΧΗ und ʼΑΠΕΙΡΟΝ. Über das Grundwort des Anaximander. In: Archiv für Geschichte der Philosophie 69 (1987), N. 1, 1-17. – Zur Auswirkung der Tendenzen zu fortschreitender Säkularisierung und Rationalisierung, die in der griechischen Kultur in der Zeit von 550 bis 300 v. Chr. feststellbar sind, auf die griechische (besonders Athenische) religiöse Denkweise und Praxis sowie die Dichtung vgl. S. C. Humphreys, in: Kulturen der Achsenzeit I. 128-60.

166 Vgl. J. P. Vernant: Entstehung des griechischen Denkens. 121 ff.

167 Vgl. K. Held: Heraklit, Parmenides und der Anfang von Philosophie und Wissenschaft. Berlin 1980.

che Übereinstimmung; der Unterschied liegt darin, daß Parmenides die Gefahr der Zweideutigkeit spürt und daher versucht, alles in eine definitive Eindeutigkeit zu bringen, indem er alle Erscheinungszustände zu Varianten des Seienden (Äon) erklärt. Der Rückgriff auf Hesiod geschieht nur, um den Überlegenheitsanspruch des philosophischen Denkens zu dokumentieren.[168] Mit dem Fragment 119 ἦθος ανϑρωπῳ δαιμον ist das Entscheidungshandeln erfunden; nicht länger mehr ist das dämonische Geschick das Schicksal, wie z. B. bei den Ägyptern (Pharao siegt immer). Daß es wesentlich darum geht, die Einheit der Kultur zu erhalten bzw. wiederzufinden, wird an Xenophanes von Elea deutlich: er bekämpfte den Polytheismus, indem er die Gottesvorstellungen der verschiedenen Kulturen zu systematisieren suchte (die Äthiopier machen Götter schwarz und stumpfnasig, die Thraker blauäugig und rothaarig[169]). Für ihn gibt es nur einen einzigen Gott, unter Göttern und Menschen der Größte, weder an Gestalt noch an Gedanken den Sterblichen ähnlich. Für Anaxagoras schließlich ist das Göttliche reine Vernunft.
Für die Emanzipation des mythischen Weltbildes und Gesellschaftsverständnisses in der klassischen Zeit (5. Jahrhundert) sind viele Ursachen namhaft gemacht worden. Zum einen hatten die Vorsokratiker eine gewisse Breitenwirkung, ihre Werke zirkulierten, denn jeder konnte sich eine Abschrift machen. Neben dem Demokratisierungsprozeß in der Polis ist dann vor allem die sophistische Aufklärung zu nennen. Kritias degradierte die Götter zu einer geheimen Polizeiwache, die so schlau eingerichtet ist, daß sie alle Regungen im Innern des Menschen wiederholt. Prodikos sagte, daß die Alten alles, was den Menschen nützlich sei (Sonne, Mond, Flüsse, Quellen etc.), für Götter hielten. Mit Euripides zog die Aufklärung auf der Bühne ein. Die Historiographen schließlich (Hekataios

168 Held erklärt die Stellung der Einleitung des Lehrgedichts (mythischer Aufstieg zur Göttin) damit, daß der vorsokratische Philosoph auf die Hilfe der Götter zurückgreifen muß, weil ein Denken in zeitlosen Begriffen nur zeitlosen Wesen, also den Göttern, angemessen war (vgl. ebd. 569f.).
169 Fragment 16. Zum folgenden vgl. Diels/Kranz B 15.

von Milet, Pausanias, Herodot) faßten den Mythos als mündliche Überlieferung auf, als Quelle, die der Kritik bedarf. Der Mythos wird aber im Gefolge dieser Kritik nicht aufgegeben, sondern vernünftig erklärt.[170] Neben der Interpretation der Mythen als Ausdruck von Vorgängen in der Natur und dem Euhemerismus war die wichtigste schon in der Antike angewendete Deutungsmethode die Allegorese.[171] Allegorische Auslegungen von Mythen soll schon der etwa 525 v. Chr. wirkende Theagenes gegeben haben, für den der Kampf der Götter bei Homer ein Kampf der Elemente war.[172] Auch Heraklit faßte Mythen gelegentlich als Allegorie zu natürlichen Vorgängen auf. Ihre höchste Blüte erlebte die allegorische Mythendeutung schließlich in der Stoa.

Offen ist die Frage, ob die Griechen den Mythos zu dieser Zeit in seiner Historizität schon begriffen haben. Paul Veyne zeigt, warum »Wahrheitsprogramme und kritische Reinigungsprozesse« keine Wirkung hatten, da ja »über fast ein Jahrtausend [...], vom 5. Jahrhundert vor unserer Zeitrechnung bis zum 4. Jahrhundert danach, absolut niemand, Christen eingeschlossen, den geringsten Zweifel an der Geschichtlichkeit des Äneas, Romulus, Theseus, Herkules, Achilles und selbst des Dionysos geäußert hat; vielmehr hat alle Welt diese Geschichtlichkeit bestätigt.«[173] Noch sechs Jahrhunderte nach der Sophistik waren die Griechen mit dem Mythos nicht fertig. Veyne gelangt zu der These, die Arten und Weisen des Glaubens verwiesen darauf, wie man die *Wahrheit* besitze, und die Wahrheiten seien selbst »Einbildungen«. Geschichtlichkeit und Fiktion waren noch bei den antiken Geschichtsschreibern ungeschieden (weder Aristoteles noch Pausanias zweifelten an der Historizität des Theseus); sie hielten den Mythos einfach für Geschichtsschreibung, für eine ›lokale‹ Überlieferung (Euhemeros). Erst das Christen-

170 K. Hübner: Die Wahrheit des Mythos. 145 ff.

171 Vgl. P. Decharme: La Critique des traditions religieuses chez les Grecs, des origines à Plutarque. Paris 1905.

172 Vgl. W. Nestle: Vom Mythos zum Logos. 128 ff.

173 P. Veyne: Glaubten die Griechen an ihre Mythen? 56. Zum folgenden vgl. 9, 26, 28, 109.

tum räumte mit der Auffassung auf, der Mythos berge die Geschichte früherer Zeiten, die mythische Tradition überliefere einen authentischen Kern, der sich im Laufe der Jahrhunderte mit Sagen umwoben habe; erst das Christentum beendete den Glauben an die Historizität des Herakles. Bei den Griechen wurden »diese Welten der Sagen in dem Sinne für wahr gehalten, daß man zwar nicht an ihnen zweifelte, aber man glaubte auch nicht, wie man an die Realitäten glaubt, die uns umgeben«. Veyne weist auch die gängige Auffassung zurück, der Mythenglaube habe nur im ungebildeten Volk geherrscht: »Es ist müßig, mit aller Gewalt entscheiden zu wollen, welches ›das‹ wahre Denken jener Leute war, und ebenso nutzlos ist es, die Widersprüchlichkeit dieser Gedanken auch lösen zu wollen, indem man die einen der volkstümlichen Religion zuschreibt und die anderen einer gesellschaftlich privilegierten Klasse.« Gleichwohl gab es wohl in der Bürgerschaft, in der die Mythen lebendiges Erbe waren (die Mehrheit des Publikums glaubte an die Kronos-Legende, sagt Sextus Empiricus),[174] Widerstände gegen die Rationalisierungsversuche und Aufklärungstendenzen, wovon Aristophanes' *Wolken* (um 400) mit ihrer Kritik an Sokrates' Erkenntnisdrang ein Spiegel sind.

Die ab dem 5. Jahrhundert sich ausbreitende Aufklärung, die gerade Kreise erfaßte, welche die alten traditionsgebundenen Kulte pflegten, führte zu einer zunehmenden Ermüdung der großen Poliskulte[175] auf der einen Seite und zu einer »Humanisierung des Mythos«[176] auf der anderen Seite. Die größte Leistung der ›goldenen Zeit‹ (470 bis 430 v. Chr.) besteht in der Herbeiführung der »universalen Verwendbarkeit des Mythos« bei »stets aktueller Zeitlosigkeit«.[177] Ein gutes Beispiel bietet der Parthenon (447 bis 432 v. Chr.), dessen Außenbildwerke mythisch sind (während der Innenfries be-

174 Vgl. ebd. 56f.: Mehr Glaube an Heroen als an Götter.

175 Vgl. R. Muth: Einführung in die griechische und römische Religion. 143ff.

176 W. Schindler: Mythos und Wirklichkeit in der Antike. 99.

177 H. Dörrie: Sinn und Funktion des Mythos in der griechischen und der römischen Dichtung. 9, 10.

kanntlich ein Festereignis darstellt). So ist der Ostgiebel ganz auf die Geburt der Stadtgöttin konzentriert, um die Vorherrschaft Athens zu unterstreichen. Die Südmetopen stellen den Kampf der Lapithen gegen die Kentauren dar, wobei auffälligerweise die Kopfgestalt der Kentauren stufenweise vom Tierischen ins Menschliche überführt wird.[178] In diesem Werk Phidias' haben die aufklärerischen Tendenzen des Perikles-Kreises (dem Phidias zugehörte) ihren Niederschlag gefunden. Erst mit der Krise der Polisdemokratie Athens während des Peloponnesischen Krieges (um 420 v. Chr.) kam es zu Remythisierungstendenzen.

Die Emanzipation von Kult und Mythos vollendete sich schließlich im Hellenismus. Die Mythologie wird zu einer Fachrichtung, die man bald in der Schule lernen wird. Mythologische Handbücher hatten bereits im 5. Jahrhundert v. Chr. begonnen, die mythische Überlieferung in Poesie und Prosa einschließlich aller Varianten zu sammeln und teilweise zu deuten. Diese Materialien wurden im Hellenismus erweitert. Die Römer übernahmen und verfaßten in lateinischer Sprache mythologische Handbücher über die griechischen Sagen. Das bekannteste Werk dieses Genres in der Antike ist die *Bibliotheke* des Pseudo-Apollodorus (1./2. Jahrhundert n. Chr.), neben dem Römer Hyginus (wohl 2. Jahrhundert n. Chr.) der wichtigste erhaltene Mythograph der Antike. Kallimachos, das Haupt des Alexandrinischen Dichterkreises, sammelte seltene Varianten von lokalen Mythen; vier Jahrhunderte später durchstöberte Pausanias die Bibliotheken. Neue Formen von Veröffentlichungen entstehen, eine neue unterhaltsame Art von Legendenliteratur.[179] Das geistreiche Spiel, das Lukian mit den überlieferten Göttermythen trieb, ist auf die Zeit der Renaissance und noch auf die Aufklärung des 18. Jahrhunderts von großer Wirkung.

Gleichzeitig veräußerlichten sich die Polisreligion und ihre traditionellen Rituale; das Vakuum in der Polisreligion füll-

178 Vgl. G. Rodenwaldt: Köpfe von den Südmetopen des Parthenon. In: Abhandlungen der deutschen Akademie der Wissenschaft zu Berlin. Philosophisch-historische Klasse Nr. 7 (1945/46), Berlin 1948.

179 Vgl. M. P. Nilsson: Geschichte der griechischen Religion. II, 58.

ten die Mysterienreligionen und orientalischen Kulte. Es kam zu einer Assimilation von Ost und West: eine neue Gottheit oder ein neuer Kult wurden in der griechischen Art übernommen oder man verschmolz fremde und einheimische Götter synkretistisch, »so daß das hellenistische Zeitalter *die* Periode des religiösen Synkretismus wurde«.[180] Der griechische Zeus wurde zu Zeus-Amun-Re in Ägypten, zu Zeus-Jupiter in Italien. Der interessanteste der künstlich erzeugten Kulte war der der Sarapis.
Eine neue Herausforderung entstand mit dem aufkommenden Christentum, das unter dem Schutz des Kaisers Konstantin politische Macht gewann. Es bedrängte die anderen Kulte und Sekten mit seinem missionarischen Eifer und seinem Ausschließlichkeitsanspruch. Spätantike Schriftsteller geben Zeugnis von dieser Zeit, die von Skepsis und Aberglauben durchdrungen und von eschatologischen Hoffnungen erfüllt war. Die Situation im zweiten Viertel des 4. Jahrhunderts n. Chr. wird blitzartig erhellt durch ein Mosaikbild, das im Herbst 1983 von Warschauer Archäologen in Paphos auf Zypern freigelegt wurde. Wiktor A. Daszewski, der Leiter der Ausgrabung, erkannte als thematischen Zusammenhang der Bildfelder das Programm einer spätantiken Dionysos-Religion, die zwar vom Christentum beeinflußt war, doch zugleich mit ihm konkurrierte. Die Gebildeten der römischen Aristokratie zur Zeit des Kaisers Julian Apostata, dessen Jugendjahre in die Entstehungszeit der paphischen Mosaiken fallen, versuchten, heidnische Daseinsfreude mit der strengeren Ethik zu verbinden, die die Christen predigten und die Philosophen lehrten.[181] Die hier angezielte Versöhnung von Dionysos und Christus ist noch bei Friedrich Hölderlin virulent.

180 Vgl. M. Haddas: Hellenistische Kultur. Werden und Wirkung. Frankfurt/Berlin/Wien 1981. 213ff., hier 215.

181 Vgl. W. A. Daszewski: Dionysos der Erlöser. Griechische Mythen im spätantiken Cypern. Mainz 1985. Bes. 38ff. – Vgl. zur generellen kunstgeschichtlichen Entwicklung in Spätantike und frühchristlicher Zeit den exzellenten Katalog: Spätantike und frühes Christentum. Ausstellung im Liebighaus Museum alter Plastik Frankfurt a. M. Hg. v. H. Beck, P. C. Bol. Frankfurt a. M. 1983.

Auch die frühen Christen betonten ihrerseits die Analogie zwischen Christus und den antiken Göttern, weil sie der ablehnenden heidnischen Umwelt den neuen Gott vertraut machen wollten. Als aber die Einbürgerung gelungen war und das Christentum die heidnische Religion weitgehend besiegt hatte, beanspruchten die frühchristlichen Schriftsteller die ausschließliche Wahrheit ihres Gottes. Dabei bedienten sie sich einer Doppelstrategie: Einerseits degradierte man die heidnischen Mythen zu Märchen, um ihnen damit die religiöse Verbindlichkeit zu rauben, andererseits verteufelte man die antiken Gottheiten, um die Menschen von ihnen abzubringen.[182] Das Mittelalter schließlich verlieh den göttlichen Gestalten der antiken Mythologie, die nun keine Konkurrenz mehr darstellten, einen neuen Sinn, es sah in ihnen Präfigurationen Christi.

Aber damit sind wir schon mitten in dem für die Entwicklung des Mythos wohl letzten entscheidenden Umbruch: die Mythologie hat dem »Monomythos« (Blumenberg) des Christentum Platz gemacht, das die griechische Mythologie aus christlicher Position deutete. Mit dem Christentum ist nicht nur das Ende der subjektiven Wahrnehmung verbunden, son-

182 Vgl. zum Synkretismus von Christus und Orpheus / Apollon / Herkules / Bacchus in der Patristik H. Rahner: Griechische Mythen in christlicher Deutung. Zürich ³1966. – Die »Provokation des Mythos gegenüber dem christlichen Logos« beleuchtet jetzt – im Blick auf die Begegnung des frühen Christentums mit dem Griechentum ebenso wie auf die aktuelle Debatte – H. Waldenfels: Mythos und christlicher Logos. In: Rationalität. Hg. v. L. Scheffczyk. Freiburg i. Brsg. / München 1989. 253-286. – Wie kontrovers das Verhältnis des Christentums zum Mythos gegenwärtig diskutiert wird, erhellt auch aus den Beiträgen von W. Pannenberg (Die weltgründende Funktion des Mythos und der christliche Offenbarungsglaube. In: Mythos und Rationalität. 108-121) und H. Bürkle (Theologische Konsequenzen aus der Wiedereröffnung des Zugangs zum Mythos. Ebd. 352-367): Pannenberg sieht den wesentlichen Unterschied des Mythos zum Christentum darin, daß der Mythos sich an Urzeit binde, während für das AT die Geschichts- und Zukunftsidee bestimmend werde, so daß das Christentum nicht eigentlich mythisch sei; Bürkle dagegen vertritt die These, das christlich Verkündete sei auch mythisch bestimmt.

dern auch die Idee einer universalen Beherrschung der (jetzt entgötterten) Natur, anfangs noch begrenzt durch die antike (aristotelische) Naturkonzeption und das alte Kosmos-Denken. Die Aufklärung des 18. Jahrhunderts ist dann eigentlich nicht viel mehr als eine Vollendung dieser Entgötterung.[183] Diese Entwicklung ist aber nicht mehr Gegenstand unserer Untersuchung, da es hier nur darum gehen sollte, der gängigen Stilisierung des Mythos zum Uranfänglich-Heilen zu widersprechen und den Mythos als das zu erweisen, als was er bei einer vorurteilsfreien historischen Betrachtung sich zeigt: als Produkt einer Krisenzeit (der griechische Mythos z. B. ist das Produkt der Wanderungszeit des 2. vorchristlichen Jahrtausends). Natürlich konnten hier nur die alleroberflächlichsten Grundlinien der Entwicklung aufgezeigt werden, noch dazu in hoffentlich nicht allzu gewaltsamer systematischer Stilisierung. Bei allen (notwendigen) Defiziten in den (prä-)historischen Details sollte dennoch deutlich geworden sein, daß der Mythos nichts Archaisches ist, daß er – wie die sog. ›Naturvölker‹ – weder prälogisch noch präkulturell ist, vielmehr ein hochkomplexes Symbolisierungssystem darstellt, das sich mit dem Kulturstand (der sich vor allem nach dem Ausmaß der Naturbeherrschung bemißt) wandelt. Die Frage stellt sich jetzt natürlich aufs neue, ob man diese Wandlung, d. h. die Entwicklung vom (paläolithisch) Mythischen über den (neolithischen) Mythos bis hin zur (achsenzeitlichen) Mythologie nicht als Ausdruck einer spezifischen Rationalisierung von Weltbildern ansehen kann.

183 Vgl. zum Verhältnis von Mythos und Naturbeherrschung im 18. Jahrhundert meinen Aufsatz: Aufklärung via Mythologie. In: Idealismus und Aufklärung. Kontinuität und Kritik der Aufklärung in Philosophie und Poesie um 1800. Hg. v. Ch. Jamme u. G. Kurz. Stuttgart 1988. 35-58.

Kapitel IV
Mythos und Moderne

I. Das mythische Weltbild im Rahmen der Theorie gesellschaftlicher Evolution

In dem Maße, in dem Philosophie nicht mehr als die »reinste Gestalt oder zumindest als eine Vorgestalt der wissenschaftlichen Theoriebildung« angesehen wird, weil man heute deutlicher als früher sieht, »daß die Gründe, von denen her sie sich ausbildet, nicht gänzlich andere sind als die Gründe, aus denen schon die Weltbilder der frühen Kulturen hervorgingen«,[1] – in eben dem Maße sind auch Begriff und Geschichte von Rationalität problematisch geworden, damit aber zugleich auch die Geschichte der mythischen Denkform, ist doch noch durchaus unentschieden, ob diese Geschichte Teil der (bisher noch nicht geschriebenen[2]) Geschichte der Vernunft-Kritik ist oder auch mit in die Geschichte der Ausbildung von Rationalität gehört. Das Faszinosum ist das rational *Ungeklärte*; die Frage ist aber, ob dies auch das rational *Unklärbare* ist. Wieweit reicht denn der Logos, hat er nicht viel mehr Dimensionen, als wir glauben möchten? Wenn das Wesen der Rationalisierung in der Abstraktion von einem Anschauungsgefüge besteht, wodurch Existenzvollzüge in ihrer symbolischen Vertretung frei verfügbar geworden sind für die theoretische Auseinandersetzung,[3] dann ist auch der

1 D. Henrich: Ding an sich. Ein Prolegomenon zur Metaphysik des Endlichen. In: Vernunft des Glaubens. Wissenschaftliche Theologie und kirchliche Lehre. Festschrift für W. Pannenberg. Hg. v. J. Rohls u. G. Wenz. Göttingen 1989. 42-92, hier 79.

2 Vgl. nur den Aufsatz von M. Frank: Zwei Jahrhunderte Rationalitätskritik und ihre »postmoderne« Überbietung. In: Die unvollendete Vernunft. Moderne und Postmoderne. Hg. v. D. Kamper u. W. van Reijen. Frankfurt a. M. 1987. 99-121.

3 Vgl. H. Jonas: Augustin und das paulinische Freiheitsproblem. Eine philosophische Studie zum pelagianischen Streit. Göttingen ²1955. 81 f. – Der Begriff der ›Rationalität‹ wird heute in verschiedenen Bedeutun-

Mythos schon Rationalisierung. Auf der anderen Seite sieht man heute in der Geschichte der Rationalität die Teleologie einer »Verdrängung«[4] und demgegenüber in allen (romantischen) Remythisierungsbestrebungen die »Reaktionsbildung [...] auf einen *verkürzten Begriff von Rationalität*«[5] und im Mythos ein noch heute akutes Legitimationsbedürfnis.[6] Diese Verkürzung gilt es zu beseitigen, nicht die Rationalität als solche vorschnell zu verabschieden. Gemeinhin nutzt man die Berufung auf den Mythos zur Kritik einer auf Zweckrationalität geschrumpften, im Subjekt zentrierten Vernunft; von dieser Rationalitätskritik ist der Irrationalismus deutlich unterschieden. Auch Adornos Kritik der Rationalität (für die »die Vernunft [...] ihre eigene Krankheit [ist]«[7]) distanziert sich sorgfältig von »irrationalistischen« Tendenzen: Theorie-*Verzicht* wäre der schlechteste Ausweg vor der dem Denken und Erkennen notwendig innewohnenden »Gewalt«. Die Ubiquität von Herrschaft ist derart, daß sie in jede Lücke einströmt, besonders in ein Vernunftdefizit. Auch Heidegger hat stets vor einem »Schielen nach dem Irrationalen, als der Mißgeburt des ungedachten Rationalen« gewarnt: »Bisweilen haben wir noch das Gefühl, daß seit langem schon dem Dinghaften der Dinge Gewalt angetan worden und daß bei

gen gebraucht, die z. T. im Konflikt miteinander stehen, sich vor allem aber auf unterschiedliche Anwendungsgebiete beziehen; vier Haupttypen lassen sich dabei unterscheiden (vgl. D. Føllesdal: Rationalität in Husserls Phänomenologie. In: Vernunft und Kontingenz. Rationalität und Ethos in der Phänomenologie. Hg. v. E. W. Orth. Freiburg i. Brsg./München 1986. 35-52, bes. 36-41).

4 Vgl. H. u. G. Böhme: Das Andere der Vernunft. Zur Entwicklung von Rationalitätsstrukturen am Beispiel Kants. Frankfurt a. M. 1983.

5 P. Bürger: Über den Umgang mit dem andern der Vernunft. In: Mythos und Moderne. 41-51, hier 48.

6 Vgl. L. Kolakowski: Die Gegenwärtigkeit des Mythos. Vgl. a. J. Habermas: Können komplexe Gesellschaften eine vernünftige Totalität ausbilden? In: J. H./D. Henrich: Zwei Reden. Aus Anlaß des Hegel-Preises. Frankfurt a. M. 1974. 23-85, bes. 44f., 74f. Vgl. M. Frank: Der kommende Gott. 165ff.

7 T. W. Adorno, in: M. Horkheimer: Gesammelte Schriften. Bd. 12. Frankfurt a. M. 1985. 602.

dieser Gewaltsamkeit das Denken im Spiel sei, weshalb man dem Denken abschwört, statt sich darum zu mühen, daß das Denken denkender werde.«[8] Hinter beiden Positionen steht unübersehbar Husserl, der dem gängigen Irrationalismus seiner Zeit nicht folgte und schon sah, daß das Verhältnis von Lebenswelt und Wissenschaft mehrdeutig bleibt, nicht rein antithetisch ist.[9] Wir bewegen uns in einem Kontinuum: Zwischen Philosophie/Wissenschaft und Lebenspraxis/Alltag bestehen keine prinzipiellen Barrieren; wir treiben verschiedene Dinge unter verschiedenen Rationalisierungsansprüchen. Auch unsere lebensweltliche Praxis ist durchsetzt mit Wissensbildungsprozessen.

Husserl war aber bereits zu seiner Zeit isoliert; längst hatte man das Irrationale in der geschichtlichen Individuierung, im Ästhetischen und in der Religion (Rudolf Ottos Buch *Das Heilige* trägt den Untertitel »Über das Irrationale in der Idee des Göttlichen und sein Verhältnis zum Rationalen«) gefunden. Doch nicht nur Neukantianismus und Historismus, sondern auch der Neuhegelianismus (eines H. Glockner) suchten nach Synthesen zwischen Rationalem und Irrationalem. Ein Bündnis zwischen Rationalem und Irrationalem (in der Abarbeitung der Angst) sieht heute Blumenberg.[10] Er unterscheidet im Anschluß an R. Otto zwischen einer »zunächst diffuse[n] Qualität des Numinosen«, das Furcht erweckt, und einer »primäre[n] Auslegung jener unbestimmten Mächtigkeit« als des »Heiligen«, auf der schließlich »sekundäre Auslegungen« aufbauen, nämlich einmal Ritus und Mythos (die das Entsetzen in Distanz überführen) und zum anderen Vernunft, Logos, Rationalität (etwa: die nochmalige Interpretation von Mythen). Da Mythos und Vernunft zwei Formen der Arbeit (am ursprünglichen Terror) darstellten,

8 M. Heidegger: Der Ursprung des Kunstwerkes. Mit einer Einf. v. H.-G. Gadamer. Stuttgart 1960. 18, 17.

9 Vgl. dazu O. Schwemmer: Handlung und Struktur. Zur Wissenschaftstheorie der Kulturwissenschaften. Frankfurt a. M. 1987. 216ff. Vgl. zu den Entwicklungen innerhalb der Phänomenologie O. Pöggeler: Kontingenz und Rationalität in der phänomenologischen Wissenschaftstheorie. In: Vernunft und Kontingenz (vgl. Anm. 3). 10-34.

10 H. Blumenberg: Arbeit am Mythos. 180. Zum folgenden vgl. 72.

könne es »endgültige Triumphe des Bewußtseins über seine Abgründe« nicht geben: Rationalität bedeute »weniger das, was *einmal* im Leben von Grund auf getan und für *allemal* getan werden kann, als vielmehr die ständig neu instrumentierbare Anstrengung zu depotenzieren, aufzudecken, aufzulösen, ins Spiel umzusetzen«.[11] Es könne deshalb »vernünftig sein, nicht bis zum Letzten vernünftig zu sein [...] Rationalität ist nur allzu leicht zerstörungswillig, wenn sie die Rationalität des Unbegründeten verkennt und sich Begründungseuphorie leisten zu können glaubt.« Das letztere ist deutlich gegen Habermas gerichtet, für den es in der theoretischen wie praktischen Rationalität einzig um Geltungsansprüche geht.

Habermas will uns überzeugen, daß Rationalitätskrisen nur rational zu bewältigen sind – »nicht ein Zuviel, sondern ein Zuwenig an Vernunft«[12] diagnostiziert er am abendländischen Logozentrismus. In Antwort auf die neueren französischen Versuche, den Vernunftbegriff zu pluralisieren und zu dezentrieren, macht Habermas den Vorschlag, »die normativen Grundlagen der kritischen Gesellschaftstheorie so tief« zu legen, »daß sie von einer Dekomposition der bürgerlichen Kultur« nicht berührt würden.[13] Seine Theorie des Rationalisierungs- und Modernisierungsprozesses will die Unterschätzung des »vernünftigen Gehalts der kulturellen Moderne« seitens der Kritischen Theorie überwinden[14] und setzt sich daher scharf von Adorno (und damit von einer bis zu Foucault reichenden Traditionslinie) ab: Für ihn sind die modernen Deformationen nicht das Ergebnis eines zweckrationalen Handelns (bzw. der instrumentellen Vernunft, für die es in bestimmten Bereichen der Aneignung von Natur gar keinen Ersatz geben kann), sondern sind Ergebnis des Eindringens der über die Kommunikationsmedien Macht und Geld ver-

11 Ders.: Wirklichkeitsbegriff. In: Terror und Spiel. 24. Zum folgenden vgl. ders.: Arbeit am Mythos. 180f.

12 J. Habermas: Der philosophische Diskurs der Moderne. 344ff.

13 Ders.: Die Verschlingung von Mythos und Aufklärung. In: Mythos und Moderne. 405-431, hier 429.

14 Ebd. 420.

mittelten Imperative von Bürokratie und Wirtschaft in die auf Verständigungsorientierung angewiesene Lebenswelt, die deren Strukturen zerstört.[15]

Die Einsicht in die Begrenztheit von Vernunft und Geist hätte den Menschen vor einer fortschreitenden Rationalität seiner Lebenswelt bewahren können. Das Gegenteil ist der Fall gewesen. Die Bemühungen um alternative Rationalitätsmodelle haben vor allem zur Einsicht in die Historizität wissenschaftlicher Rationalität geführt.[16] Die europäische Rationalität ist in einer bestimmten Zeit erfunden worden und dadurch selbst historisch bestimmt, und ebenso historisch bedingt ist die Dichotomie von Rationalismus und Irrationalismus. Eine Rückführung des europäischen Rationalisierungsprozesses allein auf die Griechen, wie sie etwa Husserl vornimmt, ist zu einseitig. Verschiedene Faktoren sind zu berücksichtigen.

Bei den Griechen hat sich zwar der Mensch als Logos-(Rechenschafts-)Wesen entdeckt; in der platonischen und aristotelischen Philosophie ist die Theorieform der (wissenschaftlichen) Rationalität ausgearbeitet; hier entsteht der »europäische Begriff der Rationalität im Doppelaspekt von *Forschungsrationalität* und *Darstellungsrationalität*«.[17] Ein weiterer Ursprung der Rationalität liegt daneben aber im Judentum und seinem – gegen Mythos wie Kunst gerichteten – Bilderverbot.[18] Paulus verband das Christentum mit der griechischen Philosophie und verschaffte ihm so Welt-

15 Vgl. J. Habermas: TKH II, 488.

16 Vgl. Th. S. Kuhn: Auch wissenschaftliche Rationalität ist durch Paradigmen bestimmt; eine transparadigmatische Rationalität gibt es nicht (Inkommensurabilitätsthese).

17 J. Mittelstraß: Forschung, Begründung, Rekonstruktion. Wege aus dem Begründungsstreit. In: Rationalität. Philosophische Beiträge. Hg. v. H. Schnädelbach. Frankfurt a. M. 1984. 117-140, hier 120. – Mittelstraß behandelt nicht die Frage, ob der neuzeitliche Begriff von Rationalität nicht vom Logos der Griechen unterschieden werden muß, weil seine Ausbildung etwa mit der Entstehung der bürgerlichen Welt verknüpft ist (vgl. dazu neuerdings St. Strasser: Jenseits des Bürgerlichen. Freiburg i. Brsg./München 1982).

18 Vgl. G. Picht: Kunst und Mythos. 8.

geltung, aber erst das Christentum entwickelte die Idee einer authentischen Subjektivität (Augustin). Die nächsten entscheidenden Etappen fallen – nach dem aristotelisch deduktiven Mittelalter – in die Neuzeit. Ein neuer Typ des Wissens entsteht, vorbereitet durch Bacons induktiven und Galileis konstruktiven Begriff der Erfahrung. Meinte der neuzeitliche Begriff der Erkenntnis stets ein symbiotisches Verhältnis, ein Einswerden des Erkennenden und des Erkannten, so werden jetzt (prototypisch bei Descartes) Subjekt und Objekt des Wissens prinzipiell voneinander getrennt. Die Deutung natürlicher Vorgänge als teleologischer Prozeß (Aristoteles) wurde zugunsten einer kausalgesetzlichen Erklärung aufgegeben. Hobbes definierte Erkenntnis als instrumentelle Verfügungsmacht; Newtons Programm einer empirischen Fundierung aller wissenschaftlichen Sätze begründete den klassischen Empirismus. Kant setzte dann das ›Rationale‹ dem Empirischen gegenüber.
Hier, in der Epoche der Aufklärung, setzen alle aktuellen Rationalitätskritiken ein – auch ein Großteil der heutigen religionswissenschaftlichen und ethnologischen Mythenforschung ist Aufklärungskritik.[19] Im Gefolge der *Dialektik der Aufklärung* geht man von der These aus, der hier entstandene Typus von Wissen eigne sich als Herrschaftswissen. »Erst mit der Aufklärung läßt Vernunft alles, was aus ihr herausfällt, zum Irrationalen werden.«[20] Blumenberg stellt die These auf, »die Wissenschaft habe sich unter dem Ideal, die Wahrheit durch Forschung zu suchen, nur gegen den Irrtum gestellt und sich gegen eine Welt vermeintlicher oder wirklicher Vorurteile zum Mittel der Aufklärung gemacht. [...] Es kam nicht so sehr auf die Konstitution eines Systems von Wahrheiten an, als vielmehr auf die Dissolution eines Systems von ›Vorurteilen‹, deren Kennzeichen insgesamt war, in der Welt mit Mächten zu rechnen, die nicht zu ihr gehörten und nicht

19 So das Buch von H. P. Duerr: Traumzeit. Vgl. dazu K. Romanos: Aufklärung und Barbarei. In: Der gläserne Zaun. Aufsätze zu H. P. Duerrs »Traumzeit«. Hg. v. R. Gehlen u. B. Wolf. Frankfurt a. M. 1983. 32-38.

20 H. u. G. Böhme: Das Andere der Vernunft. 13f.

unter ihren Gesetzen zu stehen schienen. Die Blitze und Donnerkeil schleuderten, um den Sünder zu strafen [...].«[21]

Im Laufe des späteren 19. Jahrhunderts hat dann die Entfaltung der Rationalität ein neues Stadium von Reflektiertheit erreicht. Der Vernunftsinn erzwingt jetzt, »die Existenz und die Formationsbedingungen von Rationalität nicht vorauszusetzen, sondern zum eigentlichen Thema jeder Anstrengung auf vernünftige Weltorientierung zu machen«.[22] Die jetzt entstehenden Theorien des Zivilisationsprozesses als »Theorien der Genese des ›Rationalismus‹«, wie sie vor allem von Max Weber und Norbert Elias entwickelt worden sind, sind Reflexe dieses neuen Stadiums.[23] Das Problem entstand, wie man die historischen Übergänge zwischen verschieden strukturierten Bedeutungstendenzen erklären will.

Im Gefolge von Max Weber interpretiert Habermas die Übergänge (von Magie über Sprache und Schrift bis hin zur Entstehung von religiösen und metaphysischen Weltbildern, auf die in der Moderne die Institutionalisierung von Wissenschaft folgt, ehe in der hohen Moderne positiv rechtlich normierte Handlungsbereiche entstehen) als Folge von Lernschritten. Sein Modell gesellschaftlicher Rationalisierung[24] sieht die Moderne geprägt durch ein Auseinandertreten der Momente der Vernunft: nach dem Zerfall traditionaler Weltbilder seien drei »Rationalitätskomplexe« bzw. drei kulturelle Wertsphären ausdifferenziert worden (bis zum 18. Jahrhundert): Die objektive Welt der Wissenschaft, der es um Wahrheitsfragen geht (kognitiv), die soziale Welt von Moral und Recht, die Gerechtigkeitsfragen thematisiert (normativ), und schließlich die subjektive Welt der Kunst, der es um

21 H. Blumenberg: Die Sorge geht über den Fluß. Frankfurt a. M. 1987. 74.

22 D. Henrich: Konzepte. Frankfurt a. M. 1987. 103 f.

23 Vgl. A. Bogner: Zivilisation und Rationalisierung. Die Zivilisationstheorien M. Webers, N. Elias' und der Frankfurter Schule im Vergleich. Opladen 1989.

24 Vgl. J. Habermas: TKH I. 299 ff., bes. 320 ff. Vgl. M. Weber: Gesammelte Aufsätze zur Religionssoziologie. Bd. I. Tübingen [10]1963. 536–573.

Geschmacksfragen geht (expressiv). Bei dieser These der Rationalisierung von Symbolsystemen folgt Habermas neben Durkheims These der Differenzierung der Lebenswelt (Auseinandertreten von Kultur, Gesellschaft, Persönlichkeit) Max Webers religionssoziologischen Untersuchungen und seiner Analyse der Weltbilder, d. h. des Übergangs von ausgereiften religiös-metaphysischen Weltbildern (der Hochreligionen) zur modernen Denkweise.

Webers Rekonstruktion des okzidentalen Rationalisierungsprozesses mißt die Rationalisierung von Weltbildern am Grad der Überwindung magischen Denkens.[25] Religion wird durch den modernen Rationalisierungsprozeß nicht nur marginalisiert, sondern hat an diesem Prozeß auch aktiv Anteil (besonders durch den Judaismus und die innerweltliche Askese des Calvinismus). Unter Rationalisierung versteht Weber in erster Linie die »Ethisierung« der Religion (was ihm von Habermas den Vorwurf einträgt, er vernachlässige die kognitive Rationalisierung[26]). Webers Studien zur »Wirtschaftsethik der Weltreligionen« zeigen eine gleichgerichtete Rationalisierung *aller* Weltreligionen. Religiöse Rationalisierung geht aus von dem »rationale[n] Bedürfnis nach einer Theodizee des Leidens«.[27] Der Rationalisierungsfortschritt innerhalb der Religion vollzieht sich als »Sublimierung des religiösen Heilsbesitzes zum ›Erlösungs‹-Glauben [...] Stets steckte dahinter eine Stellungnahme zu etwas [...], die Forderung: daß das Weltgefüge in seiner Gesamtheit ein irgendwie sinnvoller ›Kosmos‹ sei oder: werden könne und solle. Dies Verlangen [...], das Kernprodukt des eigentlich *religiösen Rationalismus*, wurde [...] von Intellektuellenschichten getragen.«[28] Weber rekonstruiert die Geschichte der Rechts- und Moralvorstellungen mit Blick auf die Entstehung der kapitalistischen Wirtschaftsethik. Dazu analysiert er die Herausbildung einer universalistischen Gesinnungsethik. Die Rationalisierung der Kultur wird empirisch wirksam erst

25 Vgl. M. Weber: Religionssoziologie I. 512.
26 Vgl. J. Habermas: TKH I, 262ff., bes. 276.
27 M. Weber: Religionssoziologie I. 247.
28 Ebd. 252f.

nach Umsetzung in eine Rationalisierung von Handlungsorientierungen und Lebensordnungen.[29]
Webers historisch-empirische Rationalisierungstheorie hat einen – verdeckten – *werttheoretischen* Hintergrund.[30] Der Rationalisierungsprozeß ist nämlich ambivalent, der Prozeß der Entmythologisierung führt letztlich zu nicht-vernünftigen Ergebnissen. Webers Vision vom »stahlharten Gehäuse«, dessen moralisch-praktische Substanz austrocknet,[31] interpretiert Habermas als »Verselbständigung der Subsysteme zweckrationalen Handelns«, die sich von ihren wertrationalen Grundlagen losreißen,[32] bzw. als »Hypertrophie« der Systemkomplexität.[33] Für Webers letzte Gestalt seiner Gedanken zu dem Thema Religion / Rationalisierung in der 1915 veröffentlichten *Zwischenbetrachtung: Theorie der Stufen und Richtungen religiöser Weltablehnung*[34] ist der Gedanke entscheidend, daß Mythen und Religion zwar im modernen Leben eine zunehmend geringere Rolle spielen, weil die der Wertrationalität entgegentretende Zweckrationalität der Wissenschaft beansprucht, alles zu berechnen und Herrschaft über Dinge und Menschen auszuüben, aber die moderne Welt gleichwohl nicht total entzaubert wird, vielmehr mit der »Entzauberung« das Bedürfnis nach Sinn, der Ruf nach Religion wächst. Es gibt traditionelle und irrationale Elemente in den Rationalisierungs- und Neuerungsprozessen.[35] Auf der

29 Vgl. J. Habermas: TKH I, 264f.
30 Vgl. W. Schluchter: Die Entwicklung des okzidentalen Rationalismus. Tübingen 1979. 30. – Vgl. außerdem ders.: Rationalismus der Weltbeherrschung. Frankfurt a. M. 1980; Religion und Lebensführung. 2 Bde. Frankfurt a. M. 1988. Vgl. a. A. Bogner: Zivilisation und Rationalisierung. 89ff.
31 M. Weber: Die protestantische Ethik. Hg. v. J. Winckelmann. 2 Bde. Hamburg 1972/73. Bd. I, 188f. – Diese Theorie war von großem Einfluß auf Gehlen; vgl. etwa A. Gehlen: Die Seele im technischen Zeitalter. Sozialpsychologische Probleme in der industriellen Gesellschaft. Hamburg 1957. 91.
32 J. Habermas: TKH I, 337.
33 Ebd. II, 232f.; vgl. a. 275-293.
34 M. Weber: Religionssoziologie I. 536-573.
35 Vgl. dazu J. Séguy: Moderne Rationalisierung, »Entzauberung der

einen Seite muß man »nicht mehr, wie der Wilde, für den es solche Mächte gab, [...] zu magischen Mitteln greifen, um die Geister zu beherrschen oder zu erbitten. Sondern technische Mittel und Berechnung leisten das. Dies vor allem bedeutet die Intellektualisierung als solche.«[36] Auf der anderen Seite erlebt man, wie inmitten der modernen Welt »die alten vielen Götter, entzaubert und daher in Gestalt unpersönlicher Mächte, [...] ihren Gräbern [entsteigen], [...] nach Gewalt über unser Leben [streben] und [...] untereinander wieder ihren ewigen Kampf [beginnen]«.[37] Die wissenschaftliche Rationalisierung hat also die Irrationalität der wertrationalen Wert- und Lebenssphären nicht total vernichtet. Weber hebt in diesem Zusammenhang auch die Wertschätzung hervor, deren sich in der modernen Welt als Gegengift zur um sich greifenden Rationalisierung die Kunst erfreut; in der Tat – und dieser Aspekt bleibt bei Habermas verdeckt – verkörpert die philosophische Ästhetik einen anti-modernen, d. h. dem Ausdifferenzierungsprozeß der Wert- und Lebenssphären entgegengesetzten Impuls.

Habermas folgt Webers Gleichsetzung von Moderne und Rationalisierung. In Ergänzung zu Weber unterscheidet er drei Stufen:[38] Am Anfang steht das mythische Weltverständnis. Ethische und kognitive Rationalisierung (»Entzauberung«) führen zur Entstehung einer universalistischen Gesinnungsethik und zur Ausdifferenzierung einer rein theoretischen Einstellung. Indem die jetzt herausgebildeten (noch religiösen) rationalistischen Weltbilder auf *profane* Lebens- und Erfahrungsbereiche angewendet werden, entsteht – mit der Überwindung der Entkoppelung von Theorie und Praxis – schließlich das spezifisch »moderne« Weltverständnis als

Welt« bei Max Weber. In: Verabschiedung der (Post-)Moderne? Tübingen 1987. 23-38. – Vgl. a. W. J. Mommsen: Rekonstruktion der Überlegungen Webers zum Verhältnis von Rationalisierung und Mythos. In: Mythos und Moderne. 382-404.

36 M. Weber: Wissenschaft als Beruf. In: Ders.: Gesammelte Aufsätze zur Wissenschaftslehre. Tübingen [6]1985. 582-613, hier 594.

37 Ebd. 605.

38 Vgl. J. Habermas: TKH I, 296ff.

»Implementierung«,[39] d. h. als institutionelle Verkörperung und motivationale Verankerung kulturell entwickelter Bewußtseinsstrukturen bzw. als Transfer des kulturellen Weltverständnisses auf die Ebene des sozialen Handelns. Dieser – neben Webers Theorie der Rationalisierung der Lebenswelt auch mit Hilfe von Piagets Begriff der »Dezentrierung« diagnostizierte – Zerfall der »sinnstiftende[n] Einheit metaphysisch-religiöser Weltbilder« und die Konkurrenz zwischen den verselbständigten Wertsphären[40] ist für Habermas die notwendige Bedingung für eine emanzipierte Gesellschaft.

Damit entsteht aber das Problem der »Einheit der Lebenswelt«.[41] Mit Weber nimmt Habermas Abschied von der Illusion bzw. dem »Irrtum der Moderne«[42] der Gewinnung einer vollkommen rational gewordenen Form des Lebens. Habermas wendet sich ausdrücklich gegen die »Unterwerfung unter Imperative einer vereinseitigten, aufs Kognitiv-Instrumentelle beschränkten Rationalität«[43] und plädiert demgegenüber für Komplementarität, für einen *»Ausgleich zwischen ergänzungsbedürftigen Momenten«*, für ein »gleichgewichtige[s] Zusammenspiel des Kognitiven mit dem Moralischen und dem Ästhetisch-Expressiven«.[44] Webers Prognose der Wiederkehr eines neuen Polytheismus als Ausdruck eines wachsenden Sinnverlusts wird widersprochen, einmal mit dem Hinweis auf eine Verwechslung von Wertinhalt und -maßstab, zum anderen sieht Habermas auch in der Moderne »die *Einheit* der Rationalität in der Mannigfaltigkeit der einsinnig rationalisierten Wertssphären gesichert«.[45] Webers These eines Konflikts zwischen unversöhnlichen Lebensordnungen wird abgeschwächt zu einem Verhältnis »verschiedener kognitiver Strukturen, die allenfalls das Problem aufwerfen, wo in der kommunikativen Alltagspraxis Schaltstellen ange-

39 Ebd. I, 299.
40 Ebd. I, 333.
41 Ebd. I, 334.
42 Ebd. I, 111.
43 Ebd. I, 113.
44 Ebd. I, 112.
45 Ebd. I; 340f., 339.

gebracht werden müssen, damit die Individuen ihre Handlungsorientierungen von einem Rationalitätskomplex auf den anderen umstellen können«.[46] Weber betrachte »gesellschaftliche Rationalisierung ausschließlich unter dem Aspekt der Zweckrationalität«,[47] dem Habermas einen umfassenden Rationalitätsbegriff entgegenstellt, den nämlich einer »kommunikative[n] Vernunft«.[48]

Nicht die Ausdifferenzierung der Wertsphären ist für Habermas das Problem der Moderne, sondern die Aufsplitterung von Alltags- und Expertenkultur. In dieser Sicht der Dinge folgt er (neben Schütz) Husserls *Krisis*, deren Thema ja eine Art kritischer Genealogie oder Archäologie ist, die die Rationalität, die sich in Europa gebildet hat, herauszuarbeiten sucht. Anknüpfungspunkte sind hier vor allem Husserls Objektivismus-Kritik der modernen Wissenschaft und sein Konzept von »Lebenswelt«,[49] das Habermas systemtheore-

46 Ebd. I, 341.

47 Ebd. I, 345.

48 Ebd. I, 365. – Habermas plädiert für einen Paradigmenwechsel von der »Bewußtseinsphilosophie« zur Kommunikationstheorie (TKH I, 518): wird in der »Bewußtseinsphilosophie« das *Subjekt* als eines verstanden, das gegenüber der Welt prinzipiell nur zwei Einstellungsweisen übernehmen kann: Erkennen und Beherrschen (vgl. ebd. I, 519), so geht die Kommunikationstheorie – in Reformulierung des Weberschen Begriffs des sozialen Handelns – von einem verständigungsorientierten Handeln aus, das nach dem Modell der Sprechhandlung gebildet ist (vgl. ebd. I, 397; I, 410). Der Begriff der kommunikativen Rationalität hat drei Dimensionen: er ist eine prinzipiell herstellbare rationale Verständigung zwischen Kommunikationsteilnehmern über Tatsachen, Normen und Subjektivität. Ein Handeln ist dann rational, wenn es an Gründen orientiert ist, die im Rahmen von Diskursen einer objektiven Beurteilung offenstehen (vgl. I, 44). – Vgl. zum Grundbegriff der »kommunikativen Rationalität« auch J. Habermas: Vorstudien und Ergänzungen zur Theorie des kommunikativen Handelns. Frankfurt a. M. 1984. Kap. 2 u. 8.

49 Noch 1976 konnte Habermas durchaus zugeben, daß seine Universalpragmatik nicht die alltägliche Kommunikation betrifft (J. H.: Was heißt Universalpragmatik? In: Sprachpragmatik und Philosophie. Hg. v. K. O. Apel. Frankfurt a. M. 1976. 177). In seiner TKH (1981) sieht er sich nunmehr genötigt, das zu einem Argument zu machen,

tisch zu konfundieren sucht: lebensweltlicher Rationalitätszuwachs und steigende Systemkomplexität seien unlösbar verbunden.[50] Habermas zeichnet die Linie nach von den Stammesgesellschaften bis zur Gegenwart und beobachtet einen zunehmenden Druck der Differenzierung von System- und Sozialintegration. Unter Berufung auf die Ethnologie (vor allem Durkheims Kollektivbewußtsein) sieht Habermas in archaischen Stammesgesellschaften noch eine enge Verschränkung von System und Sozialintegration. Ein Druck zur Differenzierung entsteht mit dem Imperativ der Selbsterhaltung (durch Eingriffe in die natürliche Welt) und führt zur Ausdifferenzierung von Handlungsbereichen aus dem lebensweltlichen Kommunikationszusammenhang in Subsysteme zweckrationaler Organisationen (Arbeitsteilung[51]), die über Macht- und Tausch-Imperative strukturiert sind. Es ist also die Naturbeherrschung, die zur Entkoppelung von System und Lebenswelt führt, genauer: zur Abkoppelung des ›Systems‹ zweckrationalen Handelns von der Lebenswelt

was selbst der Erklärung bedürftig bleibt. Der Rückgriff auf Alltagskommunikation und Lebenswelt wird damit zum rein autoritären Akt; zudem wird er, was die Lebenswelt betrifft, möglich allein aufgrund der Verwechselung oder Verwirrung zwischen deren Konzeptualisierung als *Boden* oder als *Horizont*. Vgl. zur Kritik der Habermasschen Lebenswelt-Konzeption H. Joas: Die unglückliche Ehe von Hermeneutik und Funktionalismus. In: Kommunikatives Handeln. Beitrag zu Jürgen Habermas' »Theorie des kommunikativen Handelns«. Hg. v. A. Honneth/H. J. Frankfurt a. M. 1986. 169; N. Luhmann: Die Lebenswelt – nach Rücksprache mit Phänomenologen. In: Archiv für Rechts- und Sozialphilosophie LXXXII (1986), H. 2, 178f.; U. Matthiesen: Das Dickicht der Lebenswelt und die Theorie des kommunikativen Handelns. München 1983. 43-96; B. Waldenfels: Rationalisierung der Lebenswelt. In: Ders.: In den Netzen der Lebenswelt. Frankfurt a. M. 1985. 94-119, vgl. a. 107-110; P. Kiwitz: Lebenswelt und Lebenskunst. Perspektiven einer kritischen Theorie des sozialen Lebens. München 1986; O. Schwemmer: Handlung und Struktur (vgl. Anm. 9). 202ff., bes. 228ff.; A. Linkenbach: Opake Gestalten des Denkens. Jürgen Habermas und die Rationalität fremder Lebensformen. München 1986. 230ff.

50 Vgl. J. Habermas: TKH II, 232ff.

51 Vgl. ebd. II, 289

durch Verlagerung von verständigungsorientiertem auf »erfolgsorientiertes« Handeln.[52] Der entscheidendste Faktor für den Übergang von hierarchisierten Stammesgesellschaften zu politisch stratifizierten und ökonomischen Klassengesellschaften, d. h. für den endgültigen Bruch von Sozial- und Systemintegration ist der Zusammenbruch des Verwandtschaftssystems.[53] Die wichtigste Voraussetzung, von der Habermas bei dieser seiner Analyse ausgeht, ist die, daß jede der Systemdifferenzierungen, d. h. der Umpolungen von Verständigungsorientierung auf Erfolgsorientierung, institutionell in der Lebenswelt verankert werden müsse. Dafür muß die Lebenswelt ihrerseits abstraktere Formen des verständigungsorientierten Handelns institutionalisiert haben (Entwicklung von Moral und Recht).

Die Veränderung von Weltbildstrukturen hat externe (psychologische, ökonomische, soziologische) und interne (Wissenszuwachs) Faktoren. Habermas behauptet mit Max Weber »einen universalgeschichtlichen Prozeß der Weltbildrationalisierung« und geht bei der Beschreibung dieses Prozesses von dem Axiom einer Interdependenz von Systemdifferenzierungen und Entwicklungen der Rationalitätsstrukturen der Lebenswelt aus. Die Weltbilder hierarchisiert er nach dem »Grad der Dezentrierung des Weltverständnisses, das sie ermöglichen«.[54] Einen Großteil des ersten Bandes der *Theorie des kommunikativen Handelns* macht die Diskussion zweier Formen von Weltinterpretation, nämlich Mythos und neuzeitliche Weltauslegung, aus. Habermas operiert mit einem Begriff von »Mythos«, der – im Anschluß an Lévi-Strauss – ein archaisches, nämlich analogisierendes Wissen bezeichnet, und er fragt, mit welchen Gründen wir behaupten können, daß unser neuzeitliches Weltbildverständnis diesem Mythos überlegen ist. Auf die Gegensätze zwischen mythischem und modernem Weltverständnis, auf Kontraste zwischen Handlungstheorien in archaischen und modernen Gesellschaften weist Habermas zum Beleg dafür hin, »daß der

52 Vgl. ebd. II, 246. Vgl. das Schema 248f.
53 Vgl. ebd. II, 252f.
54 Ebd. II, 283.

Typus verständigungsorientierten Handelns [...] keineswegs immer und überall als der Normalfall kommunikativer Alltagspraxis anzutreffen ist«.[55] Max Webers Theorie einer Ethisierung der Weltbilder steht auch hier Pate: Nach Weber wird das mythische Denken der archaischen Stammesreligionen schrittweise durchrationalisiert und schließlich zu einer universalistischen Gesinnungsethik umgeformt, d. h. »ethisiert«. Die Weltbildinhalte spiegeln die verschiedenen Lösungen des Theodizeeproblems. Die ethische Grundproblematik (die Frage nach der Rechtfertigung der ungleichen Verteilung der Glücksgüter unter den Menschen) sprengt die Grenzen des Mythos; es entsteht das Bedürfnis nach einer religiösen Erklärung des (als ungerecht wahrgenommenen) Leidens (das der Mythos nur als Symptom geheimer Schuld zu deuten weiß), und so kommt es zur Herausbildung einer religiösen Gesinnungsethik in den Erlösungsreligionen. Habermas ergänzt Webers Theorie der *ethischen* Rationalisierung (via Weltbeherrschung und Weltflucht) durch eine Theorie der kognitiven Rationalisierung von Weltbildern (via vita activa und vita contemplativa). Innerhalb der »Entmythologisierung der Erkenntnis des Seienden« treten instrumenteller Eingriff und theoretische Deutung (von empirischen Vorgängen) auseinander. Das bedeutet »die Ausdifferenzierung einer (von Praxis abgehobenen) rein theoretischen Einstellung [...] und [...] die Ausbildung eines epistemischen Ichs überhaupt, das sich frei von Aspekten, lebensweltlichen Interessen, Vorurteilen usw., der Anschauung des Seienden hinzugeben vermag«.[56] Unter Berufung auf Blumenberg verfolgt Habermas so die Entstehung einer theoretisch begründeten Kosmologie in den metaphysischen Weltbildern.

Der Mythos erscheint ihm als *Gegenbild* eines »Zusammenhang[s] der kognitiv-instrumentellen mit den moralisch-praktischen und den expressiven Momenten [...] in einer noch nicht rationalisierten Alltagspraxis«.[57] Zwei Hauptkennzeichen des Mythos hebt er hervor. Einmal sei seine

55 Ebd. I, 198.
56 Ebd. I, 295.
57 Ebd. II, 486f.

ethisch-soziale Dimension geprägt durch eine *»pietätvolle Bindung* an traditionell verbürgte *konkrete Lebensordnungen«*.[58] Die »Einheit der Lebenswelt« könne durch »mythische Weltdeutungen« garantiert werden:[59] Der Antagonismus verschiedener Lebenssphären werde dadurch aufgehoben, daß »jede Sphäre [...] durch eine eigene Ursprungsmacht, die mit allen übrigen Mächten kommuniziert, vertreten [wird]«. Die (mythische) Weltinterpretation leitet die Sozialstruktur in ihrer Gesamtheit.[60] Dabei bleibt undeutlich, ob Habermas das mythische Weltverständnis primär als vor-kommunikative »Stufe der symbolisch vermittelten Interaktion«[61] auffaßt (wobei er einen zu eingeschränkten Begriff von ›Symbol‹ zugrunde legt) oder ob die Handlungsorientierung in Stammesgesellschaften (wegen des Verwandtschaftssystems als sie tragender Sozialstruktur) primär kommunikativ ist. Jedenfalls ist hier das Verwandtschaftssystem die »Klammer, die systemische und sozialintegrative Mechanismen zusammenhält«.[62] Diese Klammer- bzw. Integrationsfunktion in der Moderne haben Moral und Recht übernommen (als »Handlungsnormen zweiter Ordnung«[63]). In den archaischen Stammesgesellschaften gab es die Rechtsprechung als »*Meta*institution«[64] noch nicht; hier orientierten sich die Handelnden noch an den konkreten Wertorientierungen von Verwandtschaftsrollen. Die Reziprozitätsstrukturen des Verwandtschaftssystems bildeten ein vielfältig verwendbares Deutungsschema (für das Verhältnis zur Welt), umgekehrt »gewinnen die Kategorien des Handelns eine konstitutive Bedeutung für mythische Weltbilder«.[65] Malinowski folgend, sieht Habermas die »Grunderfahrung archaischer Gesellschaften« als die »Erfahrung des schutzlosen Ausgeliefert-

58 Ebd. I, 294.
59 Ebd. I, 334. Das folgende ebd.
60 Ebd. II, 233ff.
61 Ebd. II, 86.
62 Ebd. II, 253.
63 Ebd. II, 259.
64 Ebd. II, 261. Mit L. Kohlberg unterscheidet Habermas drei Stufen der Rechtsentwicklung.
65 Ebd. I, 77. Das folgende ebd.

seins an die Kontingenzen einer nicht beherrschten Umwelt«. Die Flut der Kontingenzen wird »weginterpretiert«, »Natur und Kultur werden auf dieselbe Ebene projiziert«,[66] was Magie möglich macht.

In Aussagen wie diesen zeigt sich der Einfluß von Lévi-Strauss ebenso stark wie in der Bestimmung des zweiten, des kognitiven Elements des Mythos als *»Fixierung an die Oberfläche der konkreten Erscheinungen«*.[67] Das »wilde Denken« sei ebenso konkretistisch und anschauungsverhaftet, wie es ein Denken in Ähnlichkeits- und Kontrastbeziehungen sei. Unter beiden Aspekten könne »das wilde Denken mit ontogenetischen Stufen der kognitiven Entwicklung verglichen werden«.[68]

Wenngleich Habermas hier sich auf die strukturalistische Mytheninterpretation beruft, so ist die Verwendung von Thesen aus Lévi-Strauss' *Das wilde Denken* doch nur sehr selektiv und öffnet so gerade den Blick für die fundamentale Differenz zwischen beiden Mythos-Konzeptionen:[69] Darf für Lévi-Strauss der im modernen wissenschaftlichen Denken vorherrschende Wirklichkeitsbezug nicht als Fortschritt gegenüber dem »wilden Denken« interpretiert werden, so ist Habermas' Analyse des Mythos eingebettet in eine Evolutionstheorie, die die gattungsgeschichtliche Entwicklung als einen Prozeß versteht, der primär einen *Rationalisierungsfortschritt* offenbart. Nur der abendländische Entwicklungspfad führe zu einem »vollständig dezentrierten Weltverständnis«.[70] Damit aber setzt Habermas *eine* historische Form von Rationalität, die in *einer* Kultur beheimatet ist, mit der »Mündigkeit der Vernunft« überhaupt gleich. In diesem Konzept besitzen die »archaischen« Gesellschaften einen systematischen Stellenwert. Im Interesse einer Kontrastierung identifiziert Habermas die »primitive« Welt als Vorstufe der Moderne und konstruiert erhebliche Rationalitätsunterschiede

66 Ebd. I, 78.
67 Ebd. I, 295.
68 Ebd. I, 77.
69 Vgl. dazu A. Linkenbach: Opake Gestalten. 83 (Anm. 24), bes. 97ff.
70 J. Habermas: TKH I, 275.

zwischen Mythos und Moderne; in Wahrheit aber sind die Rationalitätsunterschiede zwischen den Individuen der ›primitiven‹ Gesellschaften und denen der Moderne wesentlich geringer, als Habermas vorgibt, wie gerade Lévi-Strauss zu entnehmen gewesen wäre, auf den er sich ja – neben Gordelier – mehrfach explizit beruft.[71] Habermas' Analyse des Mythos erfolgt im Rahmen einer Frage nach den »Bedingungen [...], die die Strukturen handlungsorientierender Weltbilder erfüllen müssen, wenn für diejenigen, die ein solches Weltbild teilen, eine rationale Lebensführung möglich sein soll«.[72] Um eine »Analyse, ein Verstehen der fremden Deutungsmuster selbst«[73] geht es ihm nicht.

Sieht er in Mythen »den schärfsten Kontrast zu dem Weltverständnis, das in modernen Gesellschaften herrscht«,[74] so folgt er Meads Konstruktion des Übergangs von der symbolisch vermittelten (in frühen Stammesreligionen) zur normengeleiteten Interaktion (in der modernen Gesellschaft). Die Begründung der These, daß die mythischen »Weltbildstrukturen keine Handlungsorientierungen erlauben, die nach heute üblichen Maßstäben rational genannt werden können«,[75] ist allerdings in sich höchst problematisch. Habermas setzt apriorisch Rationalität mit Differenzierung gleich und definiert den Mythos ex negativo als Fehlen solcher (modernen) »Differenzierungen, die für unser Weltverständnis fundamental sind«,[76] etwa die zwischen äußerer Natur und Kultur oder zwischen objektiver und sozialer Welt. Beruft er sich hier auf Lévi-Strauss, so hat er, was die Aufhebung der Trennung zwischen Natur und Kultur angeht, durchaus recht; verloren geht allerdings Lévi-Strauss' Hinweis darauf, daß die totemistischen Klassifikationen der Eingeborenen

71 Ebd. I, 75.

72 Ebd. I, 73.

73 A. Linkenbach: Opake Gestalten. 82. Vgl. a. die Diskussionsrunde »Mythos und Wissenschaft«, in: Die Zukunft der Vernunft. Eine Auseinandersetzung. Diskussionsleitung: Ch. Hackenesch. Tübingen 1985. 7-67.

74 J. Habermas: TKH I, 73.

75 Ebd. I, 79.

76 Ebd.

»auf ein festgefügtes theoretisches Wissen begründet« sind und ihnen eine hochkomplexe Logik innewohnt, die den Differenzierungen der modernen Wissenschaft in nichts nachsteht, und daß sich deshalb »das traditionelle Bild, das wir uns von dieser Primitivität gemacht haben, ändern [muß]«.[77] Habermas dagegen wiederholt die traditionellen Ansichten über den Mythos als einer »Vermengung von Realitätsbereichen«.[78] So differenziere der Mythos nicht zwischen Sprache und Welt, was seinen Grund in der Namenmagie habe; gleichwohl, so muß auch Habermas einräumen, arbeiteten die archaischen Gesellschaften mit symbolischen Ordnungen zur Weltorientierung.[79] Erst in der Moderne hätten sich »formale Weltkonzepte und nicht-empirische Geltungsansprüche«[80] ausdifferenziert und damit auch die sprachliche Kommunikation als eine »Realität eigenen Rechts«; und erst diese Trennung von Sprache und Wirklichkeit, die Geltungsansprüche kritisierbar macht, ermögliche die Bildung einer »kulturellen Überlieferung«.[81] Eine analoge Vermengung konstatiert Habermas bei traditionalen Gesellschaften auch für das »Verhältnis von Kultur und *innerer* Natur«,[82] das die klare Ausgrenzung des Bereichs einer subjektiven Innenwelt (noch) nicht zulasse. Der einzelne binde seine Identität an das mythisch überlieferte kollektive Wissen und an die rituellen Vorschriften, er könne sich nicht »auf ein formales Konzept des Ich verlassen«.[83] Erst die Moderne differenziere zwischen subjektiver, objektiver und sozialer Welt.

Indem der Mythos Geltung mit empirischer Wirksamkeit konfundiere,[84] ließen sich an ihm »wichtige Voraussetzungen des modernen Weltverständnisses ablesen«;[85] der Mythos

77 Vgl. C. Lévi-Strauss: Das wilde Denken. 49ff., hier 58, 55.
78 J. Habermas: TKH I, 83.
79 Vgl. ebd. I, 81.
80 Ebd. I, 82.
81 Ebd. I, 82f.
82 Ebd. I, 83.
83 Ebd. I, 84.
84 Vgl. ebd. II, 288.
85 Ebd. I, 85.

fungiert mithin nur als Kontrastfolie der Moderne. Am Beispiel von Beobachtungen von Evans-Pritchard über die Zande, die sich weigern, offensichtliche Widersprüche zwischen Orakelsprüchen zur Kenntnis zu nehmen, gelangt Habermas zu der Frage, ob man diese Weigerung nicht »irrational« nennen müsse.[86] Im Gegensatz etwa zu den wissenschaftstheoretischen Überlegungen Hübners identifiziert Habermas hier Rationalität mit dem rein szientifischen Ideal der Widerspruchsfreiheit, sieht sie durch das Vorhandensein von »theoretischem Interesse« gekennzeichnet[87] und muß deshalb zu dem einzig möglichen Ergebnis kommen, das Weltbild der Zande sei »weniger rational als das Weltverständnis der Moderne«.[88] Die alte These von der Irrationalität des Mythos, die man schon endgültig widerlegt glaubte, wird hier noch einmal in ihre alten Rechte eingesetzt, ohne daß das grundsätzliche Problem des Maßstabs für die Rationalität von Weltbildern befriedigend gelöst wäre. Im Anschluß an eine These R. Hortons kontrastiert Habermas »die Geschlossenheit mythischer Weltbilder« und »die Offenheit des modernen Weltverständnisses«[89] und schließt seine Überlegungen mit der resümierenden These, daß »das mythische Denken die kategoriale Trennung zwischen kognitiv-instrumentellen, moralisch-praktischen und expressiven Weltbezügen *noch nicht zuläßt*«.[90] Das einzige, was Habermas an der Beschäftigung mit dem Mythos gelten läßt, ist ein Lerneffekt: bei Anerkennung der Universalität kognitiv-instrumenteller Rationalität sieht er doch im Hinblick auf die »identitätsbildende und -sichernde Funktion« von Weltbildern auf dem Wege vom Mythos zur Moderne eine entscheidende Veränderung: das »*identitätsverbürgende Wissen* wird [...] immer formaler [...]«.[91] Wir sollen und können mithin aus dem Studium vormoderner Lebensformen »etwas lernen«,[92] näm-

86 Ebd. I, 95.
87 Ebd.
88 Ebd. I, 96.
89 Ebd. I, 99.
90 Ebd. I, 98.
91 Ebd. I, 100.
92 Ebd. I, 101.

lich daß unser heutiger Begriff von Rationalität ein nur ›partikularer‹ ist: »Der Testfall für eine Theorie der Rationalität, mit der sich das moderne Weltverständnis seiner Universalität versichern möchte, träte [...] erst dann ein, wenn sich die opaken Gestalten des mythischen Denkens lichten, die bizarren Äußerungen fremder Kulturen aufklären, und zwar *so* aufklären ließen, daß wir nicht nur die Lernprozesse begriffen, die ›uns‹ von ›ihnen‹ trennen, sondern daß wir uns auch dessen inne würden, was wir im Zuge unserer Lernprozesse *verlernt* haben«.[93]

Die *Theorie des kommunikativen Handelns* verfolgt ein doppeltes Beweisziel: daß Rationalität *das* Moment ist, das grundlegend für moderne Gesellschaften ist, und die theoretische Entschlüsselung dessen, was Rationalität analytisch meinen kann. Wenn Habermas versucht, gesellschaftliche Evolution als einen Prozeß der Rationalisierung aufzufassen, stellt er sich in die Tradition der Aufklärung, besonders Kants.[94] Beides ist problematisch: Der Vernunftbegriff und die geschichtsphilosophische Konstruktion einer sich im Verlaufe der menschlichen Gattungsgeschichte entfaltenden Vernunft. Habermas lokalisiert Rationalität als den bisherigen Höhepunkt menschlicher Entwicklung, der mit der Moderne möglich geworden sei, und versteht unter Rationalisierung eine entwicklungslogische Ausdifferenzierung der in der Sprache angelegten Vernunft (weshalb die Kunst wie alle Formen nichtsprachlicher Verständigung in seiner Theorie keinen adäquaten Stellenwert hat).[95] Er nimmt alle Formen menschlicher Vergesellschaftungen in den gattungsgeschichtlichen Prozeß hinein. Dabei geht es ihm primär um Kontrastierung. Den schärfsten Kontrast zum modernen Weltverständnis sieht er im mythischen Denken. Zwei fragwürdige Prämissen

93 Ebd. II, 588.

94 Vgl. H. Gripp: Jürgen Habermas. Und es gibt sie doch – Zur kommunikationstheoretischen Begründung von Vernunft bei Jürgen Habermas. Paderborn/München/Wien/Zürich 1984. 123, bes. 142ff.

95 Vgl. R. Grimminger: Habermas und die Dialektik der Aufklärung. In: Ders.: Die Ordnung, das Chaos und die Kunst. Frankfurt a. M. 1986. 4-44.

stützen diese Konstruktion: die Homologie mythischer Denkstrukturen mit dem Erfahrungshorizont des Kleinkindes (Piaget) und die These von universaler Naturbeherrschung und instrumentellem Handeln als den einzig kognitiv relevanten Arten der Auseinandersetzung mit der Natur, denen gegenüber jedes andere Verhalten zur Natur irrational sei.[96]

Die fragwürdigste Prämisse steckt aber hinter der (von Weber übernommenen) Behauptung eines »universalgeschichtlichen Prozess[es] der Weltbildrationalisierung«,[97] ist diese Behauptung doch nicht möglich – wie Habermas selbst einräumt – ohne die Annahme einer *universalistischen* Position im Hinblick auf die Gültigkeit von Rationalitätsstandards.[98] Nur im Abendland, so hatte Max Weber gelehrt, setzt sich die in *allen* Weltreligionen zu beobachtende Rationalisierung radikal bis zum Ende durch, nur hier kommt es zur Herausbildung einer universalistischen Gesinnungsethik, die wertrationales Handeln zum Prinzip der innerweltlichen Lebensführung erhebt (protestantische Ethik). Weber hat viele der externen Faktoren genannt, die dafür verantwortlich sind, daß *nur im Okzident* die Bedingungen für eine Institutionalisierung von universalistischen Rechts- und Moralstrukturen erfüllt worden sind: »Für die Stufe der Rationalisierung, welche eine Religion repräsentiert, gibt es vor allem zwei [...] Maßstäbe. Einmal der Grad, in welchem sie die *Magie* abgestreift hat. Dann der Grad systematischer Einheitlichkeit, in welche das Verhältnis von Gott und Welt und demgemäß die eigene ethische Beziehung zur Welt von ihr gebracht worden ist. In der ersten Hinsicht stellt der asketische Protestantismus in seinen verschiedenen Ausprägungen eine letzte Stufe dar. Seine am meisten charakteristischen Ausprägungen haben der

96 Vgl. dazu A. Linkenbach: Opake Gestalten.

97 J. Habermas: TKH I, 76.

98 Vgl. ebd. I; 103, 199ff. – Vgl. a. die etwas moderatere Position in J. Habermas: Die Einheit der Vernunft in der Vielheit ihrer Stimmen. In: Merkur 42 (1988), Nr. 467, 1-14: H. verteidigt sein Konzept der kommunikativen Vernunft gegen metaphysisches Einheitsdenken (Henrich) wie gegen kontextualistische Sichten; die Vernunft sei kontextabhängig und -transzendierend zugleich.

Magie am vollständigsten den Garaus gemacht [...]. Die gänzliche *Entzauberung der Welt* war *nur* hier in alle Konsequenzen durchgeführt.«[99] Habermas wirft Weber vor, er beziehe in seinen Studien zur protestantischen Ethik »gesellschaftliche Rationalisierung von vornherein auf den Aspekt der Zweckrationalität« und spiegele »das geschichtliche Profil dieses Vorgangs nicht am Hintergrund dessen, was *strukturell möglich* gewesen wäre«.[100] Habermas dagegen geht es um die Frage, »ob der in Europa eingeschlagene Rationalisierungspfad einer unter mehreren, systematischen möglichen Pfaden ist«.

II. Das Problem der Interkulturalität vor dem Hintergrund des Streits um Einheit oder Vielheit der Vernunft

Hinter der Frage eines europäischen Universalismus verbirgt sich das grundsätzliche Problem, ob es eine transkulturelle Rationalität ohne (europäischen) Kulturimperalismus gibt. Virulent geworden ist dieses Problem heute durch den Siegeszug der (europäischen) naturwissenschaftlich-technischen Zivilisation, die die Realisierung einer universalen Weltzivilisation erreicht hat, wie Heidegger hellsichtig diagnostizierte. Der amerikanische Ethnologe und Literaturwissenschaftler James Clifford hat die These entwickelt, daß die »Welt-Kultur« seit den zwanziger Jahren sowohl durch eine Bewegung der Vereinheitlichung – nach dem westlichen Kulturmuster – als auch durch eine Tendenz zur Pluralisierung gekennzeichnet sei. Erst die Konfrontation mit der hegemonialen Gewalt der westlichen Kultur habe die Kulturen der Dritten Welt gezwungen, ihre eigene Identität zu ›erfinden‹; erst deren Widerstand habe die westliche Kultur genötigt, ihren Universalitätsanspruch zu revidieren.[101] Spaemann hat

99 M. Weber: Religionssoziologie I. 512f.
100 J. Habermas: TKH I, 320. Das folgende ebd. I, 305.
101 J. Clifford: The Predicament of Culture. Twentieth-Century Ethnography, Literature, and Art. Cambridge, Mass. 1988. – Vgl. zur

dieses Problem auf die Frage zugespitzt, ob Europa es »verantworten« könne, »durch die Universalisierung wissenschaftlicher Vergegenständlichung der Welt und zweckrationaler Organisation des Lebens alle traditionellen Kulturen zu zerstören«.[102]

Fragen nach der Ethik dieses Prozesses lenken aber allzuleicht davon ab, daß der Prozeß selber in seinen wesentlichsten Prämissen bis heute eigentlich noch unverstanden ist. Umstritten ist bisher einmal das historische Problem, woher überhaupt der Universalismus kommt. Ist er einer der griechischen Philosophie oder begründet im Siegeszug der technischen Wissenschaften seit dem 17. Jahrhundert?[103] Husserl lokalisierte in einem deutlichen Eurozentrismus die Urstiftung von Philosophie und Wissenschaft bei den Griechen, und zwar aufgrund der Abgrenzung der Episteme (als Offenheit für das Weltganze) gegen die Doxa (Befangenheit in Sonderwelten).[104] Heidegger differenzierte dann die griechische Entwicklung: erst in Athen beginne der Weg des Eurozentrismus, den die Neuzeit zu Ende gegangen sei. Bei den Vorsokratikern hätten noch viele Kosmoi in Geltung gestanden. Bei Plato aber sei etwas Wesentliches in Vergessenheit geraten; für die griechische Urstiftung sei also schon eine Verdeckung konstitutiv. Für Habermas verschließt das europäische Instrumentarium nicht; es öffnet vielmehr und bringt

amerikanischen Diskussion H. U. Gumbrecht: Sich eine Identität erfinden. In: Frankfurter Allgemeine Zeitung v. 21. 3. 1990.

102 R. Spaemann: Universalismus oder Eurozentrismus. In: Merkur 42 (1988), Nr. 474, 706-712, hier 711.

103 M. Riedel (Die Universalität der europäischen Wissenschaft als begriffs- und wissenschaftsgeschichtliches Problem. In: Ders.: Für eine zweite Philosophie. Frankfurt a. M. 1988. 30-55) sieht in der wissenschaftlichen Revolution des 17. Jahrhunderts das »wahrhaft universalhistorische Ereignis der Neuzeit« (49).

104 Vgl. die Diskussion um Husserls Europäisierungs-These zwischen K. Held und E. Holenstein, in: Phänomenologie im Widerstreit. Zum 50. Todestag Edmund Husserls. Hg. v. Ch. Jamme u. O. Pöggeler. Frankfurt a. M. 1989. 37 (»... daß sich nur in Europa die Gestalt der Wissenschaft zu einem autonomen und beherrschenden Kulturgebilde herausgebildet hat«), 106-125.

das Eigene der fremden Kulturen zum Sprechen. Einerseits kommt zwar die mit der griechischen Urstiftung gegebene Verdeckung in anderen großen Kulturen zur Geltung, andererseits ist aber mit der griechischen Urstiftung eine Offenheit gegeben, die uns dies noch diskutieren läßt: Theorie eröffnet eine universale Welt. Apel geht so weit zu fordern, die anderen Völker müßten die Muttersprache des abendländischen Geistes (den bestimmten Artikel) übernehmen, um dann auch die europäische Kultur zu übernehmen.

Alle diese hier nur grob vereinfachten Kulturtheorien entsprechen z. T. nicht dem Stand der empirischen Wissenschaften und den multikulturellen Verhältnissen, die schon vorhanden sind. Nötig wäre eine Destruktion von Klischees; z. B. wären die empirischen Ergebnisse der Kulturanthropologie und Ethnologie stärker als bisher zu berücksichtigen. C. Lévi-Strauss bezeichnet die Frage des Kultur-Relativismus als »une des bases de la réflexion ethnologique«.[105] Obwohl er die Superiorität einer Kultur über andere nicht anerkennt, betont er doch die Unterschiede, die die Kulturen trennen und in Gegensatz zueinander bringen. Es sei paradoxerweise gerade die Differenz der Kulturen, die ihre Begegnung fruchtbar mache. Die Ethnologie sei ohne Zweifel ein Kind des Kolonialismus, aber nach dessen Verschwinden sei es mit der Pluralität und Vitalität der Kulturen nicht besser geworden: »C'est un fait historique que l'ethnologie est née et s'est développée à l'ombre du colonialisme. Toutefois, à la différence et même à l'opposé de l'entreprise coloniale, les ethnologues ont cherché à sauvegarder des croyances et des genres de vie dont les cultures perdaient la mémoire à un rythme accéléré.«[106] Die Homogenität der Kulturwelten darf nicht überschätzt werden. Es gibt Evidenzen, die nicht vernachlässigt werden sollten, z. B. – so zeigen Eliades Untersuchungen über den gelebten Raum in primitiven Gesellschaften – gibt es Sinnwelten, die eine feste räumliche Grenze haben. Auch die Ergebnisse einiger Zweige der Wissenschafts- und Technik-

105 C. Lévi-Strauss: De près et de loin. 205. – Zum folgenden vgl. ebd. 207.
106 Ebd. 214.

geschichte sollten eine stärkere Beachtung finden. So waren etwa die Chinesen zwischen dem 1. Jahrhundert v. Chr. und dem 15. Jahrhundert n. Chr. in der Entwicklung des theoretischen Wissens und in der praktischen Nutzung dieses Wissens erfolgreicher als der Okzident; erst seit der Renaissance übernimmt Europa auf diesem Gebiet eindeutig die Führung.[107] Aufschlußreich in diesem Zusammenhang ist auch die Diskussion um Elias' Prozeß der Zivilisation. Die von ihm aufgestellte These, daß die Entfaltung der modernen arbeitsteiligen Gesellschaft von einer wachsenden Affektkontrolle, von einem kontinuierlichen Vorrücken der Scham- und Peinlichkeitsschwellen begleitet würde (ein Vorgang, der sich in Europa seit der frühen Neuzeit beobachten lasse) –, wird heute vielfach bestritten; vor allem die Ethnologie hegt Zweifel an der Übertragbarkeit des zivilisatorischen Modells auf andere Kulturen.[108]

Doch nicht nur wichtige historische Ergebnisse sind bislang ungesichert; umstritten ist auch systematisch, wie überhaupt Einheit zu denken ist und ob von einer Einheit der Vernunft gesprochen werden könne. In der bisherigen europäischen Entwicklung von Philosophie und Wissenschaft herrschte die Idee der *Einheit* der Rationalität vor.[109] Heute spricht man – zumindest in der Wissenschaftstheorie – von »Rationalitäten«, gestützt auf unterschiedliche *Rationalitätsmodelle*.[110] Th. S. Kuhn, P. Feyerabend, Y. Elkana haben der einheitstiftenden Vernunft auch ihre letzte Domäne, die objektivierende Wissenschaft der Physik, entzogen. Im Kontextualismus R. Rortys dominieren schließlich zufällige Kontexte; »Wahrheit« – und das zeigte die oben bereits erwähnte De-

107 Vgl. J. Needham: Wissenschaftlicher Universalismus. Frankfurt a. M. 1977.

108 Vgl. H. P. Duerr: Nacktheit und Scham. Frankfurt a. M. 1988.

109 Vgl. W. Welsch: Unsere postmoderne Moderne. Weinheim 1987. 263 ff.

110 Vgl. die Übersicht über die Modelle bei J. Mittelstraß: Rationale Rekonstruktion der Wissenschaftsgeschichte. In: Wissenschaftstheorie und Wissenschaftsforschung. Hg. v. P. Janich. München 1981. 89-111; ders.: Forschung, Begründung, Rekonstruktion (vgl. Anm. 17).

batte um P. Winch – ist stets abhängig von unserer Sprache, unseren Traditionen, unserer Lebensform. Der universale Begriff der »Rationalität« wird aufgegeben.
Der Streit um die Einheit oder Vielheit der Vernunft ist die zentrale philosophische Herausforderung der gegenwärtigen Zeit. Inspiriert vor allem von Nietzsche und Heidegger, variieren die Hauptvertreter der französischen Philosophie der Gegenwart das eine Thema der enttäuschten Abkehr von einer überlebten Gestalt der Vernunft. Statt der neuzeitlichen Totalitätsvernunft propagiert man eine Vielzahl unterschiedlicher Rationalitäten (jenseits der Restriktionen instrumenteller Vernunft). Gleichwohl sind »zwei Verfahren der Vernunftkritik«[111] zu unterscheiden: einmal der Irrationalismus einer Vernunftkritik im Namen eines »reinen Erlebnisses«, das ohne subjektive Vermittlung »aus dem Objekt kommt«.[112] Die Vernunftkritik von Castoriadis, Derrida, Lyotard, Serres dagegen unterstellt sich einem Kriterium, das Derrida bereits vor zwanzig Jahren gegen eine irrationalistische Vernunft Kritik aufgeboten hat: Die Überschreitung der Vernunft kann nur dann eine Regression vermeiden, wenn sie durch einen Diskurs immanenter Kritik der Vernunft konsistent vorbereitet ist. Gefordert wird eine »neue Aufklärung«.[113] Georges Canguilhem und sein wohl größter Schüler, Michel Foucault, untersuchen die epistemologischen Brüche zwischen historisch aufeinanderfolgenden Formen der Rationalität. Vernunft erscheint als eine bestimmte Ordnung, die historisch variabel ist. Aus der Kritik einer exklusiven Vernunft folgt – wie bei Heidegger – die Kritik am Subjekt als Sachwalter einer allumfassenden Vernunft, die ihre Grenzen mißachtet.[114] In vielen Punkten ist Foucaults Rekonstruktion der Geschichte des Wissens und der Vernunft ganz parallel zur Analyse des Ursprungs der Paradoxie

111 Ch. Menke-Eggers: (Rezension des Bandes:) F. Rötzer: Französische Philosophen im Gespräch. München 1986. In: Frankfurter Allgemeine Zeitung v. 28. 1. 1987, 10.
112 So Baudrillard, in: Französische Philosophen im Gespräch. 30, 32.
113 J. Derrida, ebd. 70.
114 Vgl. B. Waldenfels: Heidegger und Foucault. Vortrag an der Ruhr-Universität Bochum, 8. 7. 1986.

des Rationalisierungsprozesses der abendländischen Welt und zur Kritik der begrifflichen Distanzierung und Verdinglichung, wie sie Adorno und Horkheimer in der *Dialektik der Aufklärung* vorgelegt haben.[115] Wie sehr die verschiedenen Rationalitätstypen miteinander verflochten sind und ineinander übergehen, hat W. Welsch mit seinem Konzept einer »transversalen Vernunft« gezeigt.[116]

Habermas, Bubner, Apel und M. Frank bemühen sich demgegenüber um eine Heidegger-ferne Fundierung der Rationalität. K. O. Apels Versuch einer »Theorie der Rationalitätstypen« ist in diesem Sinne eine Antwort an die Herausforderung der französischen Vernunftkritik.[117] Habermas will das Defizit der Kritischen Theorie (die hierin mit Webers Rationalisierungsthese konvergiert) überwinden, die Rationalität ausschließlich als instrumentelle Vernunft zu verstehen; er setzt ganz auf die Sprache und die darin eingelassenen Rationalitätsstrukturen zur Überwindung der einseitigen Dominanz der Zweck-Mittel-Rationalität, ohne allerdings recht zu beachten, daß kommunikative Praxis in Sprache nicht aufgeht. Die Hauptvertreter der französischen Gegenwartsphilosophie werden von ihm dabei oft in einer Weise angegriffen, die zeigt, daß er diese Diskussion nicht von ihren Motiven her versteht. M. Frank zweifelt (mit D. Henrich), ob Habermas die von ihm ins Auge gefaßte Ablösung der Subjektphilosophie gelingt, und widerspricht der These, das neuzeitliche Subjekt sei theoretisch wie praktisch am Ende.[118] In all diesen Positionen geht es nicht um *Abschaffung*, sondern um *Ergän-*

115 Vgl. die Aussagen Foucaults 1983 im Interview mit G. Raulet (in: Spuren – Zeitschrift für Kunst und Gesellschaft 1983, N. 1, 22-26, hier 24): »Wenn ich die Frankfurter Schule rechtzeitig gekannt hätte, wäre mir viel Arbeit erspart geblieben.«

116 Vgl. W. Welsch: Unsere postmoderne Moderne. 277ff., bes. 295ff.

117 Vgl. K.O. Apel: Die Herausforderung der totalen Vernunftkritik und das Programm einer philosophischen Theorie der Rationalitätstypen. In: Philosophie und Poesie. Hg. v. A. Gethmann-Siefert. Bd. 1. Stuttgart–Bad Cannstatt 1988. 17-43.

118 Vgl. M. Frank: Die Unhintergehbarkeit von Individualität. Reflexionen über Subjekt, Person und Individuum aus Anlaß ihrer ›postmodernen‹ Toterklärung. Frankfurt a. M. 1986. – Zu Henrichs

zung (zu einer integralen Vernunft) und Vervielfältigung der Vernunft. So sucht z. B. Posers Konzept einer revidierbaren Metaphysik das orientierende Symbol in Begriffen (die Wissenschaft) und das Symbol in Bildern (das lebensweltliche Interesse) zu vermitteln, unter dem steten Vorbehalt der Revidierbarkeit: die Vermittlung beansprucht kein Erklärungsmonopol.[119]

III. Die Fremdheit des Mythos

Alle diese hier nur stichwortartig skizzierten Positionen verdeutlichen einen entscheidenden Zug der Gegenwartsphilosophie: das Bemühen um eine Neubegründung der Rationalität. Dabei geht es um die Frage, die Heidegger schon in der ersten Marburger Logik-Vorlesung vom Wintersemester 1925/26 gestellt hatte, ob nämlich der Logos nicht umfassender ist als der theoretische Logos. Viele entscheidende Fragen sind aber noch gar nicht gestellt, geschweige denn beantwortet. Statt Vernunft zum »Ganzen« aufzublähen, wäre schon viel damit gewonnen, wenn Vernunft ihre eigene Andersheit und Fremdheit ernst nähme. Hier hätte dann auch die Beschäftigung mit dem Mythos ihren Sinn. Eine philosophische Mythentheorie, die ihren Namen verdiente, müßte ja nicht nur die anhaltende ›Bedeutsamkeit‹ des Mythos in der Gesellschaft, d. h. die Chancen des Mythos in nachmythischer Zeit, erklären, sondern sie müßte auch zeigen können, daß und wie sich die Philosophie durch ihre Beschäftigung mit einem Phänomen wie dem Mythos verändern müßte, und dies in doppeltem Blick sowohl auf die heutige Krisis der Vernunft als auch auf die im Mythos liegenden Sinnmöglichkeiten. In der Beschäftigung mit dem Mythos ein bloß diagnostisches Instrument zu sehen, wie dies Habermas tut, greift entschie-

Kritik an Habermas vgl. vor allem D. H.: Was ist Metaphysik – Was Moderne? In: Ders.: Konzepte. 11-43.

119 H. Poser: Metaphysik und die Einheit der Wissenschaften. In: Metaphysik heute? Hg. v. W. Oelmüller. Paderborn 1987. 202-220. bes. 208-211.

den zu kurz. Aus dem Umgang archaischer Gesellschaften mit der Welt können wir mehr lernen, als daß unser heutiger Begriff von Rationalität ein verkürzter ist; lernen können wir von der Beschäftigung mit fremden Lebensäußerungen wie Mythen nämlich auch, daß »Situiertheit, Rahmenbedingungen, Bezogensein auf einen Geschichts- und Kulturstand [...] von den einzelnen Rationalitätsausprägungen nicht zu trennen [sind]«, wie Welsch richtig festhält.[120] Selbst wenn man, anders als Welsch, am Einheitsdenken festhält, ist gleichwohl diese Aufgabe der »Selbstaufklärung der Vernunft, und zwar unter Einschluß aller ihrer möglichen Rahmenbedingungen«, wie D. Henrich zu Recht betont, nur im Rahmen einer »Kulturtheorie« möglich.[121]

Eine solche Kulturtheorie bliebe aber bloßes Stückwerk ohne eine generelle Theorie der Fremderfahrung, ist die Fremderfahrung – wie oben bereits angedeutet – doch das Schibboleth jeder philosophischen Mythenanalyse. Daß es dazu einer Überwindung des traditionellen Subjektprinzips bedarf, hat B. Waldenfels mit seinem Konzept einer responsiven Rationalität zu zeigen versucht, in dem keine eindeutigen Zuordnungen von Handlungen und Äußerungen mehr möglich sind, vielmehr die »Zwischenereignisse« selber wichtig werden: »Als *Zwischenereignis* betrachte ich etwas, das, indem es geschieht, an anderes anknüpft, und zwar so, daß es auf deren Anregung und Anspruch antwortet. [...] Die Ordnung, die aus diesen Zusammenhängen entspringt und regelnd in sie eingreift, bezeichne ich als *responsive Rationalität*. In ihr verkörpert sich eine offene Regelung, da das, was geordnet wird, nicht selber dieser Ordnung entstammt. Sie regelt die Art und Weise, wie einer auf Fremdes eingeht, und sich darauf einläßt. Entscheidend ist hierbei die konstitutive Asymmetrie[122] [...], die quersteht zu jenen Ordnungen, die

120 W. Welsch: Unsere postmoderne Moderne. 300.

121 D. Henrich: Rahmenbedingungen der Rationalität. In: Funktionen des Fiktiven. Hg. v. D. H. u. W. Iser. München 1983. 537-546, hier 542.

122 Die Asymmetrie erläutert Waldenfels u. a. an der Schwellenerfahrung, die man in allen Kulturen durch »rites de passage« (van

auf symmetrische Zuordnung der Teile und auf Einordnung in ein Ganzes bedacht sind.«[123] Diskutiert wird die Forderung nach einem tiefgreifenden Paradigmenwechsel im Zusammenhang der Krise der europäischen Totalitätsvernunft im Kontext einer Neubestimmung des Verhältnisses von Lebenswelt und Rationalität: »Die Vernunft als *Totalität* tritt auseinander in Sinnfelder, in Rationalitäten, die Vernunft als *Gesamtteleologie* zerfasert sich in Entwicklungslinien, in Teleologien, wenn man so will.«[124] Differente Wissensfelder treten an die Stelle eines geschlossenen Erfahrungshorizonts; »[...] die *eine* Lebenswelt [verwandelt] sich in *ein Netz und eine Kette von Sonderwelten* [...]«, die nicht hierarchisierbar sind.[125]

Eine der Weisen, (herkömmliche) Grenzen zu übersteigen, ist »eine Verfremdung der eigenen Welt«, die »uns an den Rand der Vertrautheit [führt] [...] Ein wichtiger Anstoß geht hierbei aus von der Konfrontation mit fremden Welten.«[126] Waldenfels zitiert in diesem Zusammenhang das Wort von einem »universel latéral«, das Merleau-Ponty im Hinblick auf die Bewältigung ethnologischer Fremdheiten geprägt hat.[127] Zu jeder Kultur gehört das ihr Fremde, und um es nicht zu verdrängen, sondern in unser Bewußtsein aufzunehmen, bedarf es einer Erweiterung unserer Vernunft: »La tâche est donc d'élargir notre raison, pour la rendre capable de comprendre ce qui en nous et dans les autres précède et excède la raison.«[128]

Eine der wichtigsten Zonen von Fremdheit ist die Exotik, d. h. räumlich ferne Kulturen mit ihren uns fremden Mythen und Riten.[129] Die Arbeit am Mythos muß die Entstehungsbe-

Gennep) abzumildern gesucht hat; vgl. B. Waldenfels: Ordnung im Zwielicht. Frankfurt a. M. 1987. 29ff.

123 Ebd. 47f.

124 Vgl. ders.: In den Netzen der Lebenswelt. Frankfurt a. M. 1985. 27.

125 Ebd.

126 Ebd. 31.

127 M. Merleau-Ponty: Signes. Paris 1960. 150. Vgl. zu diesem Terminus auch B. Waldenfels: Ordnung im Zwielicht. 209f.

128 M. Merleau-Ponty: Signes 154.

129 K. H. Kohl (Abwehr und Verlangen) sucht die Frage zu beantworten, warum wir in die – zumal exotische – Fremde reisen.

dingungen für bestimmte Rationalitäten aufweisen und durch diese Genealogie des Logos (d.h. durch die Suche nach Antworten auf die Frage, ob es in unserem neuzeitlichen wissenschaftlichen Bewußtsein Momente gibt, die nicht selber wissenschaftlich zu bewältigen sind) die »Zentrierung in einen Logos« durchbrechen zugunsten einer »Vielfalt von Logoi«.[130] Eine andere Zone von Fremdheit (die zur Mythisierung einlädt) sind die Zwischenzonen des Außerordentlichen wie die »Grenzsituationen« von Liebe, Krankheit, Tod oder Revolutionen, Naturkatastrophen (erinnert sei nur an das Erdbeben von Lissabon). Roland Barthes hat – mit Hilfe der semiotischen Methode – gezeigt, welche mythischen Bedeutungen noch die banalsten Gegenstände und alltäglichsten Veranstaltungen im Bewußtsein der Wahrnehmenden erhalten.[131]

Eine »Form einheimischer Exotik« stellt seit Rousseau die Kindheit dar[132] – eine archaische Zone von Fremdheit wie die Menschheitsanfänge. Blumenberg spricht von der »Prähistorie der Kindheit«[133], für Piaget lebt ein Kind in einer bestimmten Entwicklungsetappe in einem mythischen Zeitalter. Kennzeichnend für diese Art der Vorvergangenheit ist eine

130 K. Meyer-Drawe/B. Waldenfels: Das Kind als Fremder. In: Vierteljahrsschrift für wissenschaftliche Pädagogik 64 (1988), N. 3, 271-287, hier 274. Eine erweiterte Fassung der ersten Hälfte dieses Aufsatzes ist jetzt erschienen in: B. Waldenfels: Der Stachel des Fremden. Frankfurt a. M. 1990. 57-71.

131 Vgl. R. Barthes: Mythologies. Paris 1957 (dt. Auswahl u. d. T.: Mythen des Alltags. Frankfurt a. M. ²1970). – Von Interesse in diesem Zusammenhang ist auch die langjährige Auseinandersetzung von Cesare Pavese mit dem Komplex Mythos, um auf mythische Dimensionen im menschlichen Daseinsbereich aufmerksam zu machen. In seiner während des 2. Weltkrieges begonnenen Beschäftigung mit dem antiken Mythos geht es ihm nicht um Gelehrsamkeit, sondern um das Verhältnis von Staunen und Klarheit. Vgl. C. P.: Gespräche mit Leuko. (1947) Düsseldorf 1989. 5. Vgl. a. ders.: Das Handwerk des Lebens. Frankfurt a. M. 1987. 332 u. ö.

132 Vgl. B. Waldenfels: Seitliche Überschreitung von Sinnprovinzen. In: Frankfurter Rundschau v. 17. 1. 1987, ZB 2.

133 H. Blumenberg: Matthäuspassion. Frankfurt a. M. 1988. 131; vgl. a. 141.

Spaltung: etwas kommt zum Ausdruck, das nicht gegenwärtig sein kann. Die Kindheit ist eine Vergangenheit, die nie ganz Gegenwart war, und ist deshalb vertraut und fremd zugleich. Die Fremdheit des Wesens ›Kind‹ deutet auf die Grenzen unserer rationalen Möglichkeiten, wie Merleau-Ponty in den Sorbonner Vorlesungen zur Kinderpsychologie herausgearbeitet hat.[134] Michel Leiris hielt schon 1938 am (gemeinsam mit Caillois 1937 gegründeten) »Collège de Sociologie« einen Vortrag über *Le sacré dans la vie quotidienne*.[135] Ausgangspunkt der von Bataille, Caillois und Leiris damals angestrebten »sociologie sacrée«[136] war die Einsicht gewesen, daß – im Unterschied zu den primitiven Gesellschaften – in unseren heutigen Gesellschaften die Formen von Mythos, Symbolik, Ritual und Magie reduziert, veräußerlicht, vermarktet und mechanisiert seien. Ursprünglich waren Ritual und Magie in den Alltag integrierte Handlungen und Kommunikation (Hubert/Mauss). In Fortführung der Thematisierung des Heiligen bei Durkheim und R. Otto interessiert Leiris in seinem Vortrag die Frage, was magisch, »heilig« geblieben ist und was sich verschlissen hat. Die Antwort ergibt sich auf dem Wege einer Erforschung der *Erinnerung*: »Was ist für mich das *Heilige*? Oder genauer: Worin besteht *mein* Heiliges? [...] Es scheint auf der Hand zu liegen, daß in erster Linie das befragt werden muß, was uns während der Kindheit faszinierte und uns die Erinnerung an eine solche Verwirrung gelassen hat.«[137]

Die Frage ist heute, 50 Jahre nach Leiris' Vortrag, ob die tradierten, archaischen und mythischen Vorstellungen über die Kindheit noch verfügbar sind. Von verschiedener Seite wird heute darauf hingewiesen, daß das Lebenslauf-Konzept

134 Vgl. dazu K. Meyer-Drawe: Kindheit zwischen Projektion und Mythos. Ein phänomenologischer Beitrag zum Verstehen von Kindern. Vortragsmanuskript 1988 (Der Verf.in danke ich herzlich für die Überlassung des Textes vor der Veröffentlichung.)

135 In: M. Leiris: Die eigene und die fremde Kultur. Frankfurt a. M. 1985. 228-238.

136 Vgl. dazu K. Heinrichs, in: M. Leiris: Die eigene und die fremde Kultur. 26f.

137 M. Leiris: Die eigene und die fremde Kultur. 228.

sich in unserer Kultur grundlegend gewandelt hat. Ob aber die Kindheit im Massenmedien-Zeitalter verschwindet[138] oder ob sie sich (aufgrund der Entritualisierung der Gesellschaft) verewigt,[139] ist noch unentschieden. In jedem Falle wäre einer Mythisierung der Kindheit insofern Widerstand entgegenzusetzen, als sie dem Anderen seine »bedrohliche Unverstandenheit«[140] abspricht. Wird aber die Fremdheit nicht eingeebnet, dann wäre der Umgang mit der Kindheit ein Modell dafür, wie wir mit dem Mythos leben können. Der Mythos gehört ja vielleicht, wie Blumenberg zu zeigen sich müht, unaufhebbar zu unserer Erfahrung und nicht nur zu unserer (phylogenetischen und ontogenetischen) Vorgeschichte. Es gibt nichts, was die Kindheit ersetzt, auch wenn der Mensch nicht mit der Kindheit aufhört; dies gilt ebenso für die Menschheitskindheit. Alle Linearitätsmodelle verlieren hier ihre Gültigkeit, ist Kindheit doch ein Anfang, den man *nicht macht*.

Mythen sind wie andere Zeugen der Vorzeit (sardische Nuraghen, spanische Höhlenmalereien oder bretonische Menhire) eingesprengt in unser heutiges Leben – das fremdartig Prähistorische steht gegen eine nicht-mythische Welt und bietet so eine Herausforderung. Darauf hat die Kunst immer schon geantwortet – so Constable auf Stonehenge, bis heute zu Moore und Miró –, und in dieser Antwort liegt vielleicht eine Alternative zu der gegenwärtig diskutierten unfruchtbaren Opposition von Re- gegen Entmythisierung.

138 Vgl. N. Postman: Das Verschwinden der Kindheit. Frankfurt a. M. 1987.

139 Vgl. D. Lenzen: Mythologie der Kindheit. Die Verewigung des Kindlichen in der Erwachsenenkultur. Versteckte Bilder und vergessene Geschichten. Reinbek b. Hamburg 1985. Vgl. 13: »Die ehemals entscheidenden Überführungsvorgänge von einer Lebensphase in die darauffolgende, wie sie in Mythen kodifiziert und in Riten wiedererlebt werden, finden nicht mehr statt, so daß der Kindheitsstatus im Lebenslauf perpetuiert wird.«

140 K. Meyer-Drawe: Kindheit zwischen Projektion und Mythos (vgl. Anm. 134).

Kapitel V
Kunst und/oder Mythos

I. Ent- oder Re-Mythisierung?

Habermas hierarchisiert – Max Webers These einer zunehmenden »Entzauberung« der Kultpraxis folgend – die Weltbilder (von der rituellen Praxis der archaischen Gesellschaft zur Zwecktätigkeit der hochmodernen Gesellschaften) nach dem »Grad der Dezentrierung des Weltverständnisses«[1] und sieht zwischen sakralen und profanen Handlungsbereichen ein »Rationalitätsgefälle«. Vor einer besonderen Schwierigkeit steht diese Theorie dann, wenn sie erklären soll, warum der religiöse Symbolismus gleichwohl bis heute überlebt hat. Die Antwort fällt denn auch etwas gewunden aus und beschränkt sich auf die formale Ebene: zwar seien die religiösen Symbole »aus den Funktionen der Anpassung und der Realitätsbewältigung ausgeklinkt«, aber sie dienten nunmehr dazu, »die Verhaltensdispositionen und Antriebsenergien, die sich von angeborenen Programmen lösen, an das Medium der symbolischen Kommunikation anzuschließen«, d. h. sie seien ein Verbindungsglied zwischen normengeleiteter und symbolisch vermittelter Interaktion.[2] Ausdrücklich wendet sich Habermas gegen eine immer selbstverständlicher erscheinende Apologie des Mythos (der Mythos »benenne« allenfalls Probleme, bringe sie aber nicht auf den Begriff). Nur der »zwanglose Zwang des besseren Arguments«[3] berechtige zu der Hoffnung, die luzidesten Momente des Mythos könnten restituiert werden, ohne erneut dem mythischen Bann zu verfallen, dessen Zwänge nach Adorno/Horkheimer bekanntlich nicht nur der überlieferte ›autochthone‹ Mythos repräsentiert (er ist abgesunken zur bloßen Illustration der »Urgeschichte der Subjektivität«), sondern

1 J. Habermas: TKH II, 283. Das folgende ebd. 288.

2 Ebd. II, 87.

3 Ders.: Die Verschlingung von Mythos und Aufklärung. In: Mythos und Moderne. 405-431, hier 429.

vor allem der herrschende Positivismus. Eine Remythisierung sei so unmöglich wie eine Rückkehr zur Metaphysik, weil solche Gesten »mit den Bedingungen einer entzauberten und entmythologisierten Welt unvereinbar sind. Das heißt nicht, daß wir uns nicht gegen die Gefahr stemmen müßten, des Lichts der einmal im Mythos aufbewahrten semantischen Potentiale überhaupt verlustig zu gehen.«[4]

Für Eliade dagegen ist das Vorhandensein mythischer Elemente im Denken der Moderne kein Zufall:[5] Dem Prozeß der Rationalisierung menschlicher Wissens- und Lebensformen sind Grenzen gesetzt, und zwar dort, wo dieser Prozeß der Rationalisierung Sinnhaftigkeit zerstört, Bedeutsamkeiten auflöst, mit denen mythisches Denken pure Faktizität umkleidet hat. Ohne Mythos bleibe, so Eliade, das menschliche Bedürfnis nach Sinn und Bedeutung unbefriedigt. Die massiven Ausbrüche des Irrationalismus führt Eliade nicht auf ein Zuwenig, sondern auf ein Zuviel an Rationalisierung zurück. Aber es sei *nicht* der *Mythos*, der in der Gestalt von Irrationalismen in die Gegenwart zurückkehre, sondern zerstörte und aufgelöste Rationalität, die sich mit mythischen Versatzstükken drapiere und deren Macht, wie Eliade (ähnlich wie Cassirer) am Beispiel des Nazismus zeigt, daraus resultiere, daß sie Sinn- und Bedeutungsdefizite des modernen Menschen scheinbar zu kompensieren vermöge.

Diese Meinung ist heute weit verbreitet – gerade durch die Ethnologie wesentlich gefördert. *Früher* (noch im 19. Jahrhundert) siedelte man beide – den Mythos wie die Lebenswelt (vermeintlich) ›exotischer‹ Gesellschaften – in der Vergangenheit an; sie gehörten nicht zu unserer Zeit, sondern »in illo tempore«, in eine hohe Zeit der Ursprünge. *Heute* sieht man mindestens in der Ethnologie die Gleichzeitigkeit der ›anderen‹ Gesellschaften (mit den modernen Industriegesellschaf-

4 Ders.: Rückkehr zur Metaphysik – eine Tendenz in der deutschen Philosophie? In: Merkur 39 (1985), Nr. 439/440, 898-905, hier 903.

5 Vgl. M. Eliade: Mythos und Wirklichkeit. Frankfurt a. M. 1988. Bes. 175 ff.

ten).[6] Aber auch, was den Mythos angeht, hat man seine unaufhebbare Aktualität entdeckt. Man widerspricht nicht nur der Entzauberungsthese Max Webers, sondern heute versuchen einige kalifornische Holisten sogar eine »Wiederverzauberung der Welt« auf dem Wege der Integration von neuesten naturwissenschaftlichen Erkenntnissen und östlich-spirituellem Wissen.[7] Philosophisch sieht man im Mythos – im Gefolge von ›Neomythikern‹ des 20. Jahrhunderts wie W. F. Otto, G. Nebel, F. G. Jünger – eine Komplementärfunktion zum rationalen Diskurs, mindestens eine »praktisch-ästhetische Intensivierung der Wahrnehmung«.[8] Unser höchst ernüchtertes, versachlichtes, rationales Leben sei, darauf hatte etwa Kolakowski verwiesen, von mythischen Strukturen beherrscht, die nur einen anderen Namen erhielten.[9] Ricœur warnt deshalb vor einer zu radikalen Entmythologisierung, möchte aber andererseits auch den Begriff des Mythos wiederherstellen und gegen Übergriffe von Pseudomythologien schützen.[10]
Verschiedene Weisen der Entmythologisierung wären deshalb zu unterscheiden: eine *»ungebrochene«*, die das Mythische am Mythos in Richtung neuzeitlicher Rationalität zu

6 Vgl. F. Kramer: Verkehrte Welten; K. H. Kohl: Abwehr und Verlangen.

7 M. Berman: Wiederverzauberung der Welt. München ¹1984. Vgl. außerdem D. Kamper: Zur Geschichte der Einbildungskraft. München 1981; E. F. Edinger: Schöpferisches Bewußtwerden. München 1986. Vgl. a. die Intention von M. Hochgesang: Mythos und Logik. München 1965. 87. – Angezielt wird auch die Wiederherstellung eines kultischen Bezugs zur Natur (vgl. I. Seeger: Die Wiederkehr der Geister. Weltdeutung und religiöses Bewußtsein in primitiven Kulturen. Frankfurt a. M./Berlin/Wien 1984).

8 A. Wildermuth: Rationalität und Mythos. In: Rationalitätskritik und neue Mythologien. 31.

9 L. Kolakowski (Die Gegenwärtigkeit des Mythos. 156) glaubt, »daß in der Kultur [...] Bedürfnisse gegenwärtig sind, die ohne Beteiligung mythologischer Weltinterpretation nicht befriedigt werden können.« Er hält den »Entwurf der totalen Entmythologisierung der Kultur« für »trügerisch«.

10 Vgl. P. Ricœur: Symbolik des Bösen. Freiburg i. Brsg./München 1971. 11, 192.

überwinden strebt (Cassirer), und daneben eine *»gebrochene* Weise der Entmythologisierung«, die darauf abzielt, die ideologische Funktion am Mythos (daß er nämlich den Standpunkt des Schicksals vertritt) zu überwinden und einen »revoltierend utopischen Mythos« freizulegen.[11] Blochs Kritik an Bultmann etwa macht darauf aufmerksam, daß Mythen subversiv Wunschwelten einer möglichen Wirklichkeit aus Distanz gegen die wirkliche Wirklichkeit bilden können.[12] Auch andere marxistische Autoren (wie Garaudy und E. Fischer) weisen dem Mythos den Status einer unverzichtbaren Dimension im Vorgang menschlicher Selbstverwirklichung zu.[13]

Es fehlt aber auch nicht an Gegenstimmen zu diesen Remythisierungsbestrebungen, womit sich in der Gegenwart das in der Geschichte seit 1800 immer wieder beobachtbare Wechselspiel von Säkularisierungsversuchen und Resakralisierungsanstrengungen wiederholt. Suchte Schelling gegen die Verarmung der aufgeklärten Rationalität nach einer Synthese von Antike (Vergottung der Natur) und Christentum (Entgötterung der Natur), so sah Hegel dagegen einen irreversiblen Wandel vom Mythos zur Moderne;[14] im Zuge seiner Auseinandersetzung mit Schiller begründete er die Einsicht, daß die Funktion von Kunst und Mythologie in der Moderne eine andere sein müsse als in der antiken Polis, in der die Kunst die Religion und mit dieser zugleich die Sittlichkeit des Volkes als Grundlage der Verfassung gestiftet hatte.[15] Auch Hölderlin wußte, daß die Entmythologisierung der Aufklärung endgültig ist und nicht mit der unveränderten Restitution der alten Mythologie zurückgewonnen werden kann. Selbst Friedrich Schlegels *Rede über die Mythologie* plädierte nicht für die Wiedererweckung eines antiken oder christlichen Mythos. Vielmehr soll durch eine durchaus künstliche

11 B. Schmidt: Kunst und Mythos. In: Spuren 1983, N. 1, 30a-d.

12 Bloch unterscheidet Herrenmythos und revolutionären Mythos.

13 Vgl. G. Plumpe: Das Interesse am Mythos. In: Archiv für Begriffsgeschichte 19 (1975), 236-253, hier 245-247.

14 Vgl. z. B. seine Aussagen zum Epos (TWA 15; 341).

15 Vgl. A. Gethmann-Siefert: Die Funktion der Kunst in der Geschichte. Untersuchungen zu Hegels Ästhetik. Bonn 1984.

Schöpfung (die sich an idealistischer Philosophie, zeitgenössischer Naturwissenschaft wie an den Traditionen von Literatur und Denken orientiert) ein neues bildmächtiges Zentrum für das von Vereinzelung bedrohte moderne Bewußtsein geschaffen werden.[16]

Im Anschluß gerade an Hegel und Hölderlin verbietet sich heute für Bruno Liebrucks ein Zurück zum alten Mythos; der Weg könne nur vorwärts führen, zu einem neuen, modernen logischen Mythos;[17] auch Heidegger erklärt es in seiner Hölderlin-Vorlesung für »kindisch, vormalige Weltzustände zurückzuerhoffen«.[18] Schon für E. Cassirer war ein »Rückfall in den Mythos« nicht vorgesehen und wurde bekämpft.[19] Für Gehlen ist »die ›große Schlüsselattitüde‹, d. h. ein Unternehmen, das aus einer Gesamtschau heraus eine Weltinterpretation und darin eine einleuchtende Handlungsanweisung geben möchte«,[20] endgültig geschichtlich vergangen und nicht wiederherstellbar. Daß sich hinter allen Remythisierungsbemühungen ein gefährliches Bestreben nach Entdifferenzierung in modernen Gesellschaften verbergen könnte, ist die

16 Noch schärfer fällt August Wilhelm Schlegels Kritik an der »Neuen Mythologie« in der Kunst aus, wie sie sich im nachrevolutionären Frankreich herauszubilden begann: »Der tolle neulich in Frankreich gemachte Versuch, plötzlich eine neue republikanische Mythologie zu stiften, mußte außer der Gewaltsamkeit der Urheber (da sich Mythologie nur durch den stillen Gang der Natur im Laufe der Zeiten erzeugen kann) auch aus dem simpeln Grunde mislingen, weil es den Franzosen an Fantasie fehlt, und sie von lauter allegorisierten Verstandesbegriffen ausgingen.« (A. W. Schlegel: Kritische Ausgabe der Vorlesungen. Hg. v. E. Behler in Zus.arb. m. F. Jolles. Bd. 1: Vorlesungen zur Ästhetik I. Hg. v. E. Behler. Paderborn/München 1989. 356.)

17 Vgl. B. Liebrucks: »Und«. 12.

18 Vgl. M. Heidegger: Hölderlins Hymne »Der Ister«. Frankfurt a. M. 1984. (= GA 53). 66.

19 Vgl. E. Cassirer: Zur Logik der Kulturwissenschaften. Darmstadt ²1961. 50.

20 A. Gehlen: Studien zur Anthropologie und Soziologie. Neuwied/Berlin 1963. 313. Für Gehlen ist »die Ideengeschichte abgeschlossen« und »wir [sind] im Posthistoire angekommen« (ebd. 323).

Sorge von Habermas wie von Pöggeler.[21] Als entschiedener Aufklärer erweist sich auch Lévi-Strauss: für ihn gibt es keine Mythen mehr, weil wir uns einmal der Schrift bedienen und zum anderen mit den Einzelwissenschaften auch der Anspruch auf eine gesamtheitliche Erklärung der Welt verlorengegangen sei.[22] Daß alle Remythologisierungsprozesse nicht zuletzt (und gerade in Deutschland) politisch gefährlich sind, weil sie in ihrem ästhetischen Einheitsdenken den Menschen in letzter Konsequenz seiner Schuldfähigkeit berauben und (politische) Ethik damit suspendieren, hat Ph. Lacoue-Labarthe am Beispiel der »mythation« des Nationalsozialismus gezeigt.[23]

Eine Mittel- und Mittlerposition in diesem Streit nimmt Blumenberg ein. Einerseits ist für ihn nur die Wissenschaft das Instrument der Bewältigung ihrer Folgen;[24] auf der anderen Seite vermag für ihn der neuzeitliche Vorgang universaler Entmythologisierung »als Inbegriff wissenschaftlicher Nivel-

21 Vgl. O. Pöggeler: Die Frage nach der Kunst. Freiburg i. Brsg./München 1984: Ein zeitgenössisches kunstreligiöses »Bedürfnis nach neuen Mythen« (108) möchte in die Gefahr kommen, »wesentliche Unterscheidungen« unserer zwischenzeitlich ausdifferenzierten »verschiedenen ›Modernitäten‹ zu überspringen« (35). – Die »These einer unüberbrückbaren Distanz zwischen mythischer und moderner Welt« vertritt auch N. Luhmann (Brauchen wir einen neuen Mythos? In: N. L.: Beiträge zur funktionalen Differenzierung der Gesellschaft. Opladen 1987. [= Soziol. Aufklärung IV.] 254-274, hier 269). Die dem Mythos eigene »Entparadoxierungstechnik« (264) sei heute von den (binären) Codes der Wahrheit, des Rechts und der Schönheit übernommen worden, aber auch innerhalb der Religion habe sich eine »Alternative« entwickelt: »die Zentralidee des Gottes, der alles auf sich nimmt und der sich dem Mythos nicht mehr unterordnet [...].« (264)

22 Vgl. C. Lévi-Strauss, in: Spuren 1986, N. 17, 5.

23 Vgl. Ph. Lacoue-Labarthe: La fiction du politique. 132. – Vgl. die ganz ähnliche, gleichwohl von einer grundverschiedenen Position aus vorgetragene Kritik von J. B. Metz: Wider die zweite Unmündigkeit. In: Die Zukunft der Aufklärung. Hg. v. J. Rüsen, E. Lämmert, P. Glotz. Frankfurt a. M. 1988. 81-87.

24 Vgl. H. Blumenberg: Die Sorge geht über den Fluß. Frankfurt a. M. 1987. 76.

lierung anschaulicher Bedeutsamkeit« das mythische Potential niemals zu liquidieren, dessen »archaischer Qualität man in neuer Funktion bedarf«. Gleichwohl kritisiert er alle Versuche einer »neuen Mythologie«, deren Funktion darin bestehe, »dem als alt Ausgegebenen die Assoziation der Wahrheit zu erschleichen«.[25] Dem logischen Aufbau der Welt seien gleichwohl unüberschreitbare Grenzen gesetzt.

Wenn es richtig ist, daß der archaische Mythos sich nicht wiederbeleben oder restituieren läßt, sondern nur noch als Zeugnis einer *vergangenen*, unwiederbringlichen Natürlichkeit und Selbstverständlichkeit *gelesen* und studiert werden kann, dann erhebt sich zugleich die Frage, was denn in unseren Gesellschaften die Funktion mythischer Erzählungen übernimmt. Die uns allen gemeinsame Hintergrundsgewißheit einer vorwissenschaftlichen Weltsicht muß in der Gesellschaft stabilisiert werden, was früher von mythischen Erzählungen übernommen wurde. Wir können aber nicht wieder eintauchen in eine neue Erzählkultur; verbindliche Rahmenerzählungen gibt es nicht mehr. Insofern ist auch dem Plädoyer von Odo Marquard für einen neuen Polytheismus als Kompensation und für die *narrativen* Geisteswissenschaften zum Ausgleich der Modernisierungsschäden mit größtem Mißtrauen zu begegnen, ungeachtet der Tatsache, daß es hier um eine ideologische Rechtfertigung der bestehenden politischen und gesellschaftlichen Ordnung geht, um eine Legitimation der Konkurrenzgesellschaft im Namen einer aufgeklärten Polymythie. Indes ist die Forderung, »wieder erzählen [zu] dürfen«,[26] nicht ohne Wirkung geblieben, etwa innerhalb der Theologie. Nach Auschwitz, so hören wir von Hans Jonas, können wir nicht mehr an Gott glauben, sondern müssen einen *Mythos* von Gott konstruieren.[27] Solchen Mythen fehlt heute aber jede Verbindlichkeit.

25 Ders.: Wirklichkeitsbegriff. In: Terror und Spiel. 48, 26.

26 Vgl. O. Marquard: Lob des Polytheismus. In: Ders.: Abschied vom Prinzipiellen. Stuttgart 1981. 91-116, hier 111.

27 H. Jonas erzählt in seiner Rede anläßlich der Verleihung des Dr. Leopold-Lucas-Preises 1984 (Der Gottesbegriff nach Auschwitz. In: Reflexionen in finsterer Zeit. Hg. v. O. Hofius. Tübingen 1984. 63-86) als Antwort auf die Frage, wie Gott so etwas wie Auschwitz habe

Ungeachtet aller Bedenken bleibt Marquards Einsicht bestehen, es sei ein Grundbedürfnis des Menschen, Wahrheit lebbar zu machen, es bedürfe mithin eines Bandes der Wahrheit zur Lebenswelt.[28] Unverständlich aber bleibt, warum er einseitig Philosophie für diese Aufgabe qualifiziert sieht und nicht auch die Kunst (obwohl er als eine Form moderner Polymythie »das ästhetische Genus Roman« nennt[29]). Philosophie und Kunst haben sich doch beide als zwei »feindlich[e] Schwester[n]« aus der ursprünglichen Einheit des Mythos abgespalten, und es ist zweifellos die Kunst jene Macht, »welche die Tradition der mythischen Bilder mitten in der entzauberten Moderne fortsetzt [...]«.[30] Heute scheint es, als neige sich die Zeit der Philosophie ihrem Ende zu – sie wird (bei Adorno) in Kunst übersetzt, um deren Systemzwang endgültig zu sprengen. Aber auch auf die Religion (der Kirche) können viele ihre Hoffnung nicht mehr setzen, weil sie einem falschen, weil strafenden Gott gehuldigt habe. Was bleibt, sind Kunst und Poesie, Höhepunkte der Machtlosigkeit in einer von Macht beherrschten Welt.

In allen frühen Formen ist die Kunst Darstellungsmittel gesteigerter Welterfahrung. Dies gilt für prähistorische Felsbildkunst wie für Plastik, Tanz und die Mythe als die früheste Form der Erzählkunst. »Die Kunst ist einer der wenigen Lebensbereiche, die auch unsere Kultur-Epoche noch durch die gleichen Ausdrucksmittel mit der frühen Menschheit verbindet. Darin liegt ihre sehr bedeutsame Sonderstellung [...]«[31] Daß »der Welterfahrung der Kunst eine eigene Verbindlichkeit zukommt, und daß diese Verbindlichkeit der künstlerischen Wahrheit derjenigen der mythischen Erfah-

geschehen lassen können, einen »selbsterdachten Mythos« (67), zentriert um die Idee eines leidenden, eines werdenden, eines sich sorgenden Gottes, der – entsprechend der kabbalistischen Idee des Zimzum – seine Allmacht selbst eingeschränkt hat und deshalb in den Weltlauf nicht eingreifen konnte und kann.

28 Vgl. O. Marquard: Lob des Polytheismus. 94f.

29 Ebd. 109.

30 R. Grimminger: Die Ordnung, das Chaos und die Kunst. Für eine neue Dialektik der Aufklärung. Frankfurt a. M. 1986. 25, 33.

31 A. E. Jensen: Mythos und Kult bei Naturvölkern. 78.

rung gleicht«, hat H. G. Gadamer unter Verweis auf Cassirer betont.[32] In der Tat war es ja die Leitidee der von Aby Warburg und Ernst Cassirer inspirierten Richtung der Kunst-Interpretation, Kunstformen aus ihrem Verhältnis zu Vorformen im Mythos zu verstehen. Im künstlerischen Ausdruck hatte Warburg die befreiende Mimesis mythisch eingerichteter Pathologien gesehen. Historisch gesehen dient diese Relation zwischen mythischem Ursprung und ästhetischer Wiederholung bei der Warburg-Schule dazu, die Rückbindung der mittelalterlichen und neuzeitlichen Kunst an die Bilder- und Ideenwelt der Antike zu verstehen. Die Antike besitzt demnach ein dem Mythos und der Mythologie entsprungenes Bedeutungspotential, das in späteren ›Renaissancen‹ übernommen, variiert, auch entleert und aufgezehrt, aber nicht mehr wesentlich vermehrt werden konnte.
An die Stelle der ursprünglichen Arbeit *des* Mythos tritt also die historisch reflektierte Arbeit *am* Mythos. Die Tatsache, »daß selbst die Göttergeschichten nicht mehr schrecken und nicht mehr binden, disponiert sie zugleich zu ihrer ästhetischen Rezeption«.[33] Adorno/Horkheimer beschreiben die mythenbewahrende und -tradierende Potenz des Kunstwerks im Zuge ihrer Aufklärungskritik: »Das Kunstwerk hat es noch mit der Zauberei gemeinsam, einen eigenen, in sich abgeschlossenen Bereich zu setzen, der dem Zusammenhang profanen Daseins entrückt ist. In ihm herrschen besondere Gesetze. Wie der Zauberer als erstes bei der Zeremonie den Ort, in dem die heiligen Kräfte spielen sollen, gegen alle Umwelt eingrenzte, so zeichnet mit jedem Kunstwerk dessen Umkreis geschlossen vom Wirklichen sich ab. Gerade der Verzicht auf Einwirkung, durch welchen Kunst von der magischen Sympathie sich scheidet, hält das magische Erbe um so tiefer fest. Er rückt das reine Bild in Gegensatz zur leibhaften Existenz, deren Elemente es in sich aufhebt. Es liegt im Sinn des Kunstwerks, dem ästhetischen Schein, das zu

32 H. G. Gadamer: Mythos und Vernunft. In: Ders.: Kleine Schriften IV. Tübingen 1977. 48-53, hier 53. – Zum folgenden vgl. E. H. Gombrich: Das symbolische Bild. Zur Kunst der Renaissance II. (1972). Stuttgart 1986 (wichtig hier bes. der zweite Teil).
33 H. Blumenberg: Wirklichkeitsbegriff. In: Terror und Spiel. 17.

sein, wozu in jenem Zauber des Primitiven das neue, schreckliche Geschehnis wurde: Erscheinung des Ganzen im Besonderen.«[34] Gleichzeitig machen sie die erkenntnistheoretische Bedeutung deutlich, die Kunst in diesem Zusammenhang zukommt: »Das mythische Grauen der Aufklärung gilt dem Mythos. Sie gewahrt ihn nicht bloß in unaufgehellten Begriffen und Worten, wie die semantische Sprachkritik wähnt, sondern in jeglicher menschlicher Äußerung, wofern sie keine Stelle im Zusammenhang jener Selbsterhaltung hat.«[35] Der Kunst kommt also zu, den Mythos und die Ahnung des mythischen Grauens wachzuhalten. Gleichzeitig ist aber jede künstlerische Reflexion über Mythos, jede Formung, Entfernung und Entfremdung vom Mythos. Adorno/Horkheimer verdeutlichen dies an Odysseus: »Aber indem der Homerische Geist der Mythen sich bemächtigt, sie ›organisiert‹, tritt er in Widerspruch zu ihnen [...], und der ehrwürdige Kosmos der sinnerfüllten Homerischen Welt offenbart sich als Leistung der ordnenden Vernunft, die den Mythos zerstört gerade vermöge der rationalen Ordnung, in der sie ihn spiegelt.«[36] Kunst, so heißt es später in Adornos *Ästhetischer Theorie*, wurzelt in vorgeschichtlicher Magie und hebt diese zugleich auf[37] – dies bezeichnet die Aporie, die dem Zusammentreffen von Mythos und Kunst unausweichlich innewohnt. Einer der Hauptgesprächspartner der *Dialektik der Aufklärung* ist Nietzsche, der den Mythos in seinem ganzen Umfang als Kunst interpretiert und die gesamte europäische Philosophie als Verneinung der Kunst, d.h. des Scheins verstanden hatte.[38] In seinem Gefolge geht auch Heidegger davon aus, daß in unserer Zeit die Mythen durch Kunst gewonnen werden müssen. Anhand vor allem von van Gogh und Klees späten Bildern geht es ihm um die Frage, was uns

34 T.W. Adorno/M. Horkheimer: Dialektik der Aufklärung. 20.
35 Ebd. 29.
36 Ebd. 42.
37 Vgl. T.W. Adorno: Ästhetische Theorie. Frankfurt a.M. 1970. 87.
38 Zum Verhältnis von Mythos und Kunst bei Nietzsche vgl. jetzt W. Kuhmann: Die Rückkehr des täuschenden Scheins der Dinge. Anmerkungen zum Verhältnis von Mythos und Philosophie bei Friedrich Nietzsche. Köln 1986. 56ff.

Kunst heute bedeuten könne und ob die Kunst Motive der Technik aufnehmen könne, ohne ihr zu verfallen.[39]

Einen von der Kritischen Theorie wie von Heidegger ganz unabhängigen, eigenständigen Weg zur Bestimmung des Verhältnisses von Kunst und Mythos sucht Georg Picht. In vielem Blumenberg vergleichbar, geht er von der Überzeugung aus, die neuzeitliche Autonomie der Kunst habe das »Band, das in der archaischen Vorgeschichte des neuzeitlichen Humanismus die Kunst an den Mythos gefesselt hielt«, nur scheinbar zerrissen,[40] in Wahrheit sei die zeitgenössische Kunst ein kollektiver Durchbruch mythischen Denkens. Noch sie diene »der rituellen Eingrenzung« der bedrohlichen Mächte. Ihr Kennzeichen sei die »Indifferenz« gegen alles Menschliche,[41] z. B. die Todeserfahrung: »In der Kunst bezeugt sich [. . .] das Wissen des Menschen, daß er [. . .] aus dem Leben herausgehoben sein wird. Sie ist seine Antwort auf die Gewißheit des Todes«[42] und damit zugleich auch eine Dementierung von Fortschrittsutopie. In der »Emanzipation des modernen europäischen Denkens vom Mythos« sieht Picht nicht so sehr eine spezifische Leistung des Rationalismus, sondern eine Folge des Bilderverbots der christlichen Theologie, woraus die These abgeleitet wird, »daß der Zwiespalt zwischen Kunst und christlichem Glauben das innere Schicksal der gesamten europäischen Kunst seit der Spätantike« bestimme.[43] Ein anderer Zwiespalt sei der zwischen Kunst und Rationalität, zwischen »Kunst und Wahrheit«,[44] dessen Ursprung im Aufkommen der griechischen Rationalität im 5. Jahrhundert v. Chr. liege: Philosophie entstehe im Kampf gegen eine Kunst, die vom Mythos nicht zu trennen war. Auf die Gegenwart gemünzt, gelangt Picht zu der Arbeitshypothese, »daß Kunst und Mythos nicht voneinander getrennt werden können, und daß die Erkenntnis ihres

39 Vgl. dazu O. Pöggeler: Kunst in der technischen Welt. (Unveröff. Vortragsms.).

40 G. Picht: Kunst und Mythos. 4.

41 Ebd. 6.

42 Ebd. 6f.

43 Ebd. 7f., 11.

44 Ebd. 12.

Zusammenhanges das Denken nötigt, sich der Vorurteile zu entledigen, auf denen die neuzeitliche Wissenschaft beruht«.[45] Als wichtigster Beleg für die hier beschworene Einheit von Kunst und Mythos dient ihm die Gestalt der Musen, die ohne (bzw. in einem zum Fest vergeistigten) Kult göttlich verehrt wurden. Gegen Bultmann sieht er in dem »viel beredete[n] ›Untergang‹ des Mythos« nur einen »Untergang im Sinne der *Verdrängung*. Die Kunst ist gleichsam die letzte Spitze eines uns unbekannten Eisberges, die über die Oberfläche des gesellschaftlichen Bewußtseins noch hinausragt. Sie ist gleichen Wesens wie der Mythos.«[46]

Es geht aber nicht nur um die »strukturelle Gemeinsamkeit«[47] zwischen Mythos und Kunst. Die Frage ist vielmehr, ob nicht heute die Kunst den Mythos abgelöst hat, ob nicht Kunst *die* Alternative zum Mythos im 20. Jahrhundert darstellt.[48] Als Skepsis gegenüber dem Denken der Welt ist Kunst allezeit unentbehrlich, der Mythos aber ist eventuell entbehrlich geworden. Seine Funktion, durch *Erzählen* von Geschichten die Rätselhaftigkeit der Welt erträglich zu machen, ist an die Kunst übergegangen – spätestens seit der Entgötterung der Welt durch das Christentum, wobei in der Gegenwart die Kunst sich der schleichenden Banalität einer »entzauberten« Lebenswelt gegenüber selbst zum Rätsel macht. Spitzt man die These so zu, so muß man sich zuerst mit Hegels Lehre vom ›Ende der Kunst‹ auseinandersetzen, die auch Heidegger ins Spiel gebracht hat. Für Hegel hat Kunst ihre religionsstiftende Funktion verloren; das Christentum habe die erscheinenden Götter abgewertet und das Ende der Identität von göttlichem Wesen und Erscheinung (Skulptur) heraufgeführt. Die Wahrheit der Trinität läßt sich nur im Begriff bewahren.[49] Zehn Jahre nach Hegels Tod begriff Friedrich

45 Ebd. 367. 46 Ebd.

47 H. G. Gadamer: Mythos und Vernunft. (Vgl. Anm. 32.) 53.

48 Vgl. dazu die Überlegungen von O. Pöggeler: Rationalität – Mythologie – Kunst. In: Wege zur Kunst und zum Menschen. Fs. f. H. Lützeler. Bonn 1987. 111-126. Wichtige Hinweise verdanke ich auch Gerhard Plumpe.

49 Vgl. meinen Aufsatz: Hegels Satz vom Ende der Kunst. In: Autonomie der Kunst? Zur Wechselwirkung von Dichtung und Philosophie

Theodor Vischer seinen eigenen Weg von der Theologie zur Ästhetik als exemplarischen Wandel der Menschheitsgeschichte: Die Mythen und Symbole der religiösen Anfänge gehen historisch unter und bleiben zugleich als Bilder und Formen der Kunst erhalten.[50] Die Kunst übernahm eine Aufgabe, die bisher der Religion oder Metaphysik vorbehalten war. Habermas hat das Hegelsche Theorem heute dahingehend verstärkt, daß das Ästhetische nicht zum transzendentalen Prinzip des Erkennens und Handelns werden könne, weil dort nicht ein ästhetisch-expressives, sondern ein empirisch-theoretisches bzw. moralisch-praktisches Wissen verkörpert ist, das einer eigensinnigen Rationalisierung bedarf. Dem Entwurf einer »neuen Mythologie« wie der surrealistischen Intention fehle die Vermittlung mit den gesellschaftlichen Differenzierungsprozessen der Moderne. Da wir die Einheit der Vernunft nach deren Zerfall in den Differenzierungsprozessen der Moderne nur noch im Sinne eines ungehinderten Zusammenspiels ihrer Momente in der Alltagspraxis denken können, könne es nicht darum gehen, eine bestimmte (kritikwürdige) Form *institutioneller* Ausdifferenzierung einfach rückgängig zu machen, sondern allenfalls darum, ein dichteres Netz von Verbindungslinien zwischen künstlerischer Expertenkultur und Lebenswelt zu knüpfen, wodurch eine demokratisch geöffnete Lebenspraxis die innovativen und kommunikativen Potentiale ausschöpfen könnte, die in ästhetischer Produktion und Vergegenwärtigung geschlossen sind.[51] Damit wird aber nur eine Seite der in sich ambivalenten Hegelschen Lehre vom Vergangenheits-

in der Epoche Goethes und Hölderlins. Hg. v. H. Bachmaier u. Th. Rentsch. Stuttgart 1987. 273-286.

50 Vgl. F. Th. Vischer: Akad. Rede zum Antritte des Ordinariats am 21. Nov. 1844 zu Tübingen gehalten. o. O. 1845. Zum folgenden vgl. ders.: Ästhetik oder Wissenschaft des Schönen. 1846-57.

51 Vgl. A. Wellmer: Zur Dialektik von Moderne und Postmoderne. Vernunftkritik nach Adorno. Frankfurt a. M. 1985. 40. – Vgl. hierzu P. Marx: Kunst zwischen Aufhebung und Vermittlung mit der Lebenspraxis: Rekonstruktion des Stellenwerts ästhetischer Erfahrung bei Jürgen Habermas. In: Symptome. Bochum. 1 (1986), N. 2, 34-40.

charakter der Kunst fortgeschrieben. Gadamer hat zu Recht vorgeschlagen, Hegels berühmtes Diktum so zu lesen, daß mit dem Ende der christlich-humanistischen Tradition im 19. Jahrhundert »der allen gemeinsame Mythos«[52] verlorengegangen sei: Mythos sei das, was man einander sage, ohne auch nur zweifeln zu können, daß dies uns etwas sage. Mythos ist demnach das, was allen verständlich ist. Ob er endgültig verloren sei, wisse man nicht. Es sei eine Form des Lebens, so Gadamer, daß es sich immer wieder zu Formen des Lebens gestalte, die Gemeinsamkeit stifteten. Und Kunst entspringe letztlich der Suche nach Angeboten möglicher Gemeinsamkeit.

Wenn also Kunst heute den Mythos abgelöst hat, dann muß gefragt werden, in welcher Funktion. Sicher *nicht* als Medium der Verständigung der Menschen über ihr eigenes Zusammenleben wie noch bei den Griechen. Was unwiederbringlich verloren ist, ist die *soziale* Funktion des Mythos. Entscheidend für Mythen sind ja die sozialen Bezüge (wenn sie auch nicht nur Widerspiegelung gesellschaftlicher Verhältnisse sind, wie Feuerbach sie sah); neben Inhalt und Struktur ist der institutionelle Rahmen konstitutiv für den Mythos, seine Bindung an Saat und Ernte, Neujahrs- und Totenfeste. So wurde z. B. das babylonische Schöpfungsgedicht *Enuma elis* in Babylon jedes Jahr am 4. Tag des königlichen Neujahrs- und Schöpfungsfestes im Monat Nisan gesungen. An diesem Tag hatte die Zeit ihren Kreislauf beendet, und die Welt kehrte an ihren Ausgangspunkt zurück. Während des Festes wiederholte der König rituell den Kampf Marduks gegen Tiamat – ein Zeichen für die »Abhängigkeit der mythischen Erzählung von den Ritualen des Königtums [...], in denen sie ein Moment unter anderen war, nämlich die sprachliche Begleitung der Handlungen«.[53] Der Mythos ist das theoretische Instrumentarium, welches das gesamte Leben weitge-

52 H. G. Gadamer: Ende der Kunst? Von Hegels Lehre vom Vergangenheitscharakter der Kunst bis zur Antikunst von heute. In: Ende der Kunst – Zukunft der Kunst. Hg. v. d. Bayer. Akademie der Schönen Künste. München 1985. 16-33, hier 19.

53 J. P. Vernant: Die Entstehung des griechischen Denkens. 113.

gehend motiviert und legitimiert;[54] er ist prägend für eine Gemeinschaft, »Ausdruck des *kollektiven* Selbstverständnisses einer Gesellschaft«.[55] In Griechenland schuf die Mythologie Homers und Hesiods ein Nationalgefühl, indem sie sehr ungleichzeitige Zivilisationsstufen durch Systematisierung vereinheitlichte und die Mythen in einem Kultzusammenhang zusammenstellte.[56] Die in der Blütezeit der Stadtstaaten Kontinuität und Stabilität gewährleistende Einheit von Religion und Gesellschaft ging im Hellenismus (3. bis 1. Jahrhundert v. Chr.) verloren. Es schien, als ob man den alten Göttern nicht mehr traue. Im 3. Jahrhundert v. Chr. überließen die Athener dem König des jetzt politisch tonangebenden Makedonien, Demetrius Poliorketes, den Parthenon als Palast, denn er, so erklärten sie, sei der einzig wahre Gott, die anderen Götter dagegen schliefen, seien abwesend oder überhaupt nicht vorhanden.

Alle Versuche in nachantiker Zeit, an die gesellschaftsstabilisierenden Tendenzen des Mythos in vorgeschichtlicher und frühgeschichtlicher Zeit sowie in primitiven Gesellschaften (in denen die Mythen gruppengebunden waren[57]) anzuknüpfen, sind letztlich daran gescheitert, daß eine kollektive Identität auf dem Wege über eine »neue Mythologie« letztlich nicht mehr herstellbar war. Der Mythos als Darstellung eines abschließenden Horizonts unseres Wissens und Verhaltens in großen Gestalten ist heute blanke Utopie; wir leben in einer anderen Welt. Die von den historischen Avantgardebewegungen intendierte Universalisierung der ästhetisch-expressiven Wertsphäre ist gescheitert – etwa die Forderung des sog.

54 Vor allem B. Malinowski (Magic, Science and Religion. New York 1948) hat die Funktion der mythischen Überlieferungen schriftloser Völker für den sozialen Zusammenhalt der Gruppen herausgestellt, indem er den *normativen* Charakter dieser Traditionen betonte.

55 H. H. Holz: Mirós Welt mythischer Zeichen. In: Joan Miró. Katalog der Ausstellung im Kunsthaus Zürich und in der Städtischen Kunsthalle Düsseldorf. Bern 1986. 70-90, hier 71.

56 Vgl. K. Heinrich: anthropomorphe. Frankfurt a. M. 1986. 152ff.

57 Vgl. die Untersuchungen Jensens an den Marind-anim (Neuguinea): jede soziale Gruppe besitzt ihre eigenen Mythen; es soll ein jeder nur das wissen, was zu seiner Gruppe gehört, von seinem Totem handelt.

Ältesten Systemprogramms des deutschen Idealismus, die reinstitutionalisierte Mythologie solle als öffentliche Institution die sittliche Totalität des Volkes regenerieren und damit die Voraussetzung schaffen für »allgemeine Freiheit und Gleichheit der Geister«.[58] Seit der frühromantischen Idee der »Neuen Mythologie« soll Kunst die Wiederkehr eines *kollektiven* Mythos garantieren; der ästhetische Akt wird als Vereinigung von theoretischer und praktischer Vernunft zum »Versöhnungsparadigma«[59] erhoben, in dem alle Widersprüche des modernen dezentrierten Weltverständnisses ihre Auflösung finden. Daß die Verwirklichungsversuche dieser Idee in der Moderne zu vielfältigen Irrwegen geführt haben (in der Renaissance des an der antiken Tragödie orientierten Weihfestspiels durch Wagner und seine Nachfolger – bis hinein ins Arbeiter-Weihefestspiel und ins Thingspiel der Nazis ebenso wie schließlich in den politischen Phantasien des Nietzscheschen ›Staatengründer-Politikers‹ [in dem sich Hitler bekanntlich wiedererkannte], der deutschen »Nationalkirche« von Paul de Lagarde und des »Mythos des 20. Jahrhunderts« von Alfred Rosenberg), hat jüngst Manfred Frank aufgewiesen.[60] Die auf bestimmte Tendenzen der Gegenwartskunst gemünzte Rede (seit der Documenta IV) von »individuellen Mythologien« läßt sich (so falsch sie ist, kann ein einzelner doch keine Mythologie schaffen) vor diesem Hintergrund verstehen als radikaler Abschied von allen Gesamtkunstwerk-Träumen noch des 19. Jahrhunderts (und beginnenden 20. Jahrhunderts, denken wir nur an Schwitters' Merz-Bau).[61]

58 Zit. n. Mythologie der Vernunft. Hegels »Ältestes Systemprogramm des deutschen Idealismus«. Hg. v. Ch. Jamme u. H. Schneider. Frankfurt a. M. 1984. 14.

59 P. Bürger: Zur Kritik der idealistischen Ästhetik. Frankfurt a. M. 1983.

60 Vgl. M. Frank: Gott im Exil. Vorlesungen über die Neue Mythologie II. Teil. Frankfurt a. M. 1988.

61 Vgl. H. Szeemann: Individuelle Mythologien. Berlin 1985. – Vgl. dazu E. Neumann: Künstlermythen. Eine psycho-historische Studie über Kreativität. Frankfurt a. M. / New York 1986. 103f.

Fragwürdig ist heute vor allem die in dem Programm einer »neuen Mythologie« wie selbstverständlich stets vorausgesetzte These einer notwendigen Bindung von Kunst und Mythos, die einem spezifischen Griechenland-Ideal der Goethezeit entsprach, aber historisch nicht verifizierbar ist. Es spricht vieles dafür, daß die (europäische) Kunst älter ist als der die Sprache voraussetzende Mythos. Wie wir heute endgültig wissen, haben die bereits 1931 im Vogelherd bei Stetten am Lonetal gefundenen Elfenbeinfiguren ein Alter von 34 000 bis 30 000 Jahren. Sie stammen aus dem Aurignacien, d. h. aus der frühesten Phase der Jüngeren Altsteinzeit (Jungpaläolithikum). Die Kunstobjekte aus dem südwestdeutschen Raum sind der bisher älteste zuverlässig datierbare Komplex, der mit inhaltlich lesbaren Bildwerken bekannt geworden ist. Doch auch diesen Kunstwerken lag schon eine lange Tradition zugrunde. So sind bei Ausgrabungen auf dem altsteinzeitlichen Wohnplatz bei Bilzingsleben im Thüringer Becken symbolhafte Zeichen und sogar figurale Darstellungen entdeckt worden, die mit einem Alter von wenigstens 250 000 Jahren dem Ursprung der Kunst schon weit näherkommen. Es handelt sich durchweg um serielle Ritzungen und Schnittlinien auf Knochen. »Ihnen liegen bestimmte Emotionen und Vorstellungen zugrunde; sie zeugen von hohem Abstraktionsvermögen und der Fähigkeit, mittels gegenständlicher [...] *Symbole* Ideen, Weltauffassungen zu formulieren und auszutauschen. Produzent dieser frühen Kunst war der Homo erectus, noch vor dem Neandertaler.«[62] Wieweit diese vorgeschichtlichen Objekte tatsächlich als Kunst in unserem Sinne angesprochen werden können, muß natürlich offenbleiben.

62 R. Feustel, in: Die Anfänge der Kunst vor 30 000 Jahren. Hg. v. H.-J. Müller-Beck u. G. Albrecht. Stuttgart 1987. 60. Daß die »gegenständlichen« an »sprachliche« Symbole gebunden waren, wie Feustel nahelegt, ist völlig ungesichert und gerade nicht zwingend. – Vgl. a. die Übersicht von M. J. Mellink/J. Filip: Frühe Stufen der Kunst. Berlin 1974 (= Propyläen Kunstgeschichte. 13.)

Innerhalb der Ethnologie ist das Problem, ob die Naturvölker sich den Werken der Stammeskünstler mit ähnlichen ästhetischen Gefühlen wie wir genähert haben, erst in den letzten Jahrzehnten zu diskutieren begonnen worden. Die Voraussetzung zur Klärung dieses Problems ist allerdings zunächst eine Differenzierung des Kunstbegriffes, denn die europäisch-neuzeitliche Vorstellung von der autonomen, nur der »internen Logik« des Werkes verpflichteten Kunst ist nicht in der Lage, die »Fremdheit« der Kunst außereuropäischer Kulturen zu verstehen und anzuerkennen. Ethnologie und Kunstgeschichte müssen vielmehr eine Art des Sehens aktivieren, die die gängige Alternative von ästhetischer Autonomie vs. Funktion überwindet und die »bildliche Logik nicht von den äußeren Bedingungen ab[trennt]«. G. Boehm hat an einer Schale und dem Männerhaus im Sepikgebiet (Neuguinea) demonstriert, daß »der Kunstcharakter solcher Werke gerade von der Art [ist], daß der äußere Anlaß, die kulturelle Gelegenheit, das Bedeutungssystem eines Stammes usf. die Herstellung des Gebildes [...] stimulieren«.[63] Die Mythologie der Jatmul im Dorf Aibom ist also mit der Ikonographie des Werkes untrennbar verbunden, ohne daß die Dekoration im rituellen Gebrauch völlig aufginge. Feldforschungen haben ergeben, daß sich eine Dorfgemeinschaft tatsächlich ganz bestimmte Vorstellungen über ästhetische Qualitäten macht. Die Afo und viele andere Stämme verwenden für ›schön‹, ›gut‹, und ›wirkungsvoll‹ dasselbe Wort. Sylvia M. Schomburg-Scherffs »Phänomenologie ästhetischen Ausdruckverhaltens unter ›naturvölkischen‹ Lebensbedingungen«[64] deutet darauf hin, daß man in der Tat von einer Universalität der

63 Vgl. den Vortrag von G. Boehm auf dem die Wiener Ausstellung »Kultur-Verwandtschaften in Geist und Form« (Galerie nächst St. Stephan, 1990) begleitenden Kunstgespräch: Das Fremde und das Eigene. In: Ethnologica Helvetica Bd. 15 (1991). Hg. v. M. Schuster.

64 S. M. Schomburg-Scherff: Grundzüge einer Ethnologie der Ästhetik. Frankfurt a. M./New York 1986. 44. – Vgl. die Übersicht in dem Band: Kunst der Naturvölker. Hg. v. E. Leuzinger. Frankfurt a. M./Berlin/Wien 1978. Bildende Kunst, so wird hier deutlich, findet sich in erster Linie bei den seßhaften Ackerbauern; die Nomaden beschränken sich auf die notwendigsten Gebrauchsgüter.

Kunst bzw. von ästhetischen Werten sprechen kann. Menschen, so ihr Ergebnis, »gestalten ihre in ständiger Bewegung befindliche Lebenswelt in räumlicher und zeitlicher Hinsicht zu einfachen und klaren Bild- bzw. Handlungskompositionen und schaffen sich damit künstliche Fixierungen bzw. *Fiktionen*«. Dieses Verhalten dient der Orientierung wie der Kommunikation (durch Mittel wie Reduktion, Kontrastierung, Verschiebung, Wiederholung etc.). »Die Feldstruktur menschlicher Orientierung (oder ›Weltanschauung‹) mit den Hauptgliederungsgrößen Zentrum/Peripherie bildet die Basisstruktur, von der aus räumliche, soziale, körperliche, dingliche und zeitliche Größen bzw. Symbole jeweils Transformationen bzw. spezifische Besonderheiten darstellen.«[65]

Natürlich birgt die prähistorische und ethnologische Sichtweise auch ihre Gefahren: Wir ordnen die Prähistorie wie die Botanik ein in ein ›imaginäres Museum‹, sehen in fremden Völkern nur unsere eigenen Spiegelbilder. Wie können wir überhaupt, so hat Heidegger zu bedenken gegeben, das Vorgriechische erfahren, wenn wir noch nicht einmal in der Lage sind, das Griechische zu erfahren (und das Sophokleische τὸ δεινόν für uns ein Nichts ist[66]). Festzuhalten bleibt gleichwohl, daß der Beginn bei den Griechen dogmatisch und die Idee einer »neuen Mythologie« nur mit vielen Abstrichen realistisch ist. Ob die Kunst entweder schon immer mythisch war und es bis heute geblieben ist oder ob die Kunst älter als der Mythos ist und heute die Mythen hinsichtlich ihrer Orientierungs- und Kommunikationsfunktion abgelöst hat, ist nicht leichthin zu entscheiden. Von einer Einheit von Kunst und Mythos läßt sich frühestens seit dem Neolithikum sprechen; mit den Anfängen der Keramik und Töpferei im 5. Jahrtausend v. Chr. kommt es zu einer

65 S. M. Schomburg-Scherff: Ethnologie der Ästhetik. 240; 254.

66 Vgl. M. Heidegger: Hölderlins Hymne »Der Ister«. (= GA II, 53). 74ff. – Vgl. jetzt auch ders.: Beiträge zur Philosophie. Frankfurt a. M. 1989. (= GA III, 65) 374: Wenn wir mit dem ›Vor-Anfänglichen‹ (z. B. den mythischen Vorstellungen) beginnen, »dann kommt es höchstens zu der ›Trivialität‹, daß hier noch ›irrational‹ erfahren sei, was später ins Licht der ratio gestellt wird«.

großen Verbreitung 5. Jahrtausend v. Chr. kommt es zu einer großen Verbreitung der magisch-mythischen und dekorativen Zeichen und Bilder in allen Hochkulturen: »Das Hauptcharakteristikum dieser Töpferbemalungen ist das oft kunstvolle und vollkommene Zusammenschmelzen von Dekoration und Mythos.«[67]

In der Antike dann waren die mythischen Metaphern dem breiten Publikum hinreichend geläufig. Aber selbst schon im archaischen Griechenland war die Einheit von Mythos und Kunst nicht statisch, vielmehr beobachten wir einen ständigen Wechsel von Ent- und Remythisierungstendenzen. Seit den epischen Gedichten der Homerischen und nachhomerischen Zeit gibt es eine enge Bindung der hohen Dichtung an den Mythos, aber diese ursprüngliche Verbundenheit von Dichtung und Mythos ist gerade das Ergebnis einer Entmythisierung im 6. und 5. Jahrhundert v. Chr. als »Folge der Aufklärung und des theologischen Rationalismus [...]«. Es war paradoxerweise, wie U. Hölscher heraushebt, »gerade der Verlust der Mythen an Glaubwürdigkeit, was schließlich aus ihnen die Qualität des Poetischen entbunden hat. Wir bemerken es in Ansätzen in euripideischen Chorliedern, es ist voll entfaltet in den Metamorphosen Ovids, wo die alten Mythen fast identisch werden mit dem Wesen des Dichterischen.«[68] In Epos und Tragödie ist der Mythos zum hervorragenden Mittel der Menschendarstellung geworden, zur Gestaltung antiker Humanität, ehe Kallimachos die epische Dichtung für tot erklärte. Der Mythos überlebte aber die für seine Existenz bedrohliche Krise des 5. Jahrhunderts und wurde erneut zum Stoff für epische Dichtung, aber die dich-

67 K. Földes-Papp: Vom Felsbild zum Alphabet. 44. Als Beispiel dient hier besonders Frobenius' Deutung einer bemalten Schale aus Susa I (Elam) mit magischer Verzierung aus der Zeit vor der Erfindung der sumerischen Schrift (4. Jahrtausend v. Chr.).

68 U. Hölscher: Die Odyssee. 13. – Zu dem gleichen Ergebnis kommt auch H. Dörrie: Sinn und Funktion des Mythos. 7: »Was ›Mythos‹ ist, (...) muß durch das Erlebnis von Dichtung erfahren werden.« Im Unterschied zu Hölscher zieht Dörrie allerdings nicht die Konsequenz, zwischen Dichtung und Mythos nicht mehr zu unterscheiden.

terische Gestaltung mythischer Themen bot seitdem immer »breite[n] Raum für partielle Mythenkritik«.[69] Ein ähnlicher Prozeß läßt sich im Bereich der bildenden Kunst beobachten. Bereits in der Archaik läuft ein »›Entmythologisierungsprozeß‹«[70] parallel mit Remythisierungstendenzen, ablesbar an der (ionische Gestaltungseinflüsse verarbeitenden) attischen Vasenmalerei des 7./6. Jahrhunderts v. Chr. Im Zuge der betont ornamentaleren Auffassung der Komposition büßen sie ihren mythisch-strengen Zug ein, wie z. B. an der Darstellung der Bewaffnung Achills durch Thetis auf einer Amphora des Amasismalers[71] sinnfällig wird. Die Verschiebung des kultischen Interesses zeigt sich parallel auch in der Etablierung dionysischer Themen auf den Gefäßwänden attischer Vasen. Umgekehrt dienen die mythischen Bildprogramme der Archaik zur Verschlüsselung gesellschaftlicher und politischer Botschaften, etwa mit dem Thema der Götterschlacht oder der Aufwertung des Theseus (gegenüber Herakles) im Zuge der athenischen Tyrannisfeinde beim Übergang zur Demokratie der Klassik. Die Klassik des 5. Jahrhunderts ist dann im Gefolge des Demokratisierungsprozesses in der athenischen Polis gekennzeichnet durch ein »Abrücken von den mythischen Gestalten und ihren kultischen Bezügen« bei gleichzeitiger Kontinuität in der Nutzung der Mythen als »thematische Vorgaben und Verständigungsmodelle«.[72] So ist der Parthenon im Typus zwar ein Sakralbau, in seiner Funktion aber schon kein eigentlicher Tempel mehr. Auch das Standbild der Athena Parthenos ist funktionell kein Kultbild mehr, sondern ein Repräsentations- und Weihebild. In der Skulptur löste sich Polyklets »Speerträger / Doryphoros« von den mythischen Funktionsbezügen, um ein Kunstwerk aus sich zu schaffen. Auf dem Panathenäenfries ist die mythische Sphäre zugunsten der Darstellungen eines Festereignisses verlassen (nur die Außenbildwerke sind mythisch). In der

69 H. Dörrie: Sinn und Funktion des Mythos. 25.
70 W. Schindler: Mythos und Wirklichkeit in der Antike. 32.
71 6. Jh. v. Chr., Staatliche Museen Berlin, Antikensammlung. Vgl. W. Schindler: Mythos und Wirklichkeit in der Antike. 31 f.
72 Vgl. ebd. 100.

Vasenmalerei verdrängen Szenen aus dem alltäglichen Leben der Athener mythische Abbildungen auf der Dekoration der Trinkschale. Zu einem Remythisierungsprozeß kommt es erst, als der Demokratisierungsprozeß um 420 v. Chr. in eine Krise gerät, wie die Folge von Hochzeitsbildern auf dem Epinetron des Eretriamalers deutlich macht.[73]
Daß allerdings eine scharfe Abgrenzung zwischen Mythischem und Nichtmythischem schwierig ist, zeigt sich bei der römischen Kunst. Themen aus dem mythischen Bereich weisen gegenüber der nicht-mythischen Figuration fließende Grenzen auf. Wählt man als Kriterium der Unterscheidung streng ikonographische (etwa figurative Versinnbildlichungen von abstrakten römischen Tugenden oder die Menschengestaltigkeit bei den Verkörperungen von Naturkräften, Gesellschaftsnormen, Göttern, Heroen, Genien und anderen Dämonen), so ergeben sich Schwierigkeiten; eine Ausgrenzung des Mythos geschieht am besten nach den ikonographischen Mustern und Attributen. An der Nahtstelle zwischen mythischer und historischer Darstellung steht z. B. das pompejanische Alexandermosaik aus dem 3. Jahrhundert v. Chr., das zwar auf das historische Ringen um die Weltherrschaft zwischen Makedonien (Alexander) und Persien (Darius) Bezug nimmt, dies aber ins Allgemeingültige erhebt (das dargestellte Kampfgeschehen läßt sich mit keiner der historisch verbürgten Schlachten in Verbindung bringen).[74] Eine unbedenkliche Mischung des griechischen Mythos mit einer Wirklichkeitsdarstellung in Rom zeigt der Fries der Mysterienvilla in Pompeji.[75]
Aufs Ganze gesehen wurde der Mythos von den Römern zur Versinnbildlichung historischer Tatbestände in Anspruch genommen (erinnert sei nur an die Allegorie der Iulia Augusti), d. h. die Mythosgebundenheit der Darstellung wird abgeschwächt und in stärker historisierende Bahnen gelenkt, in-

73 Vgl. ebd. 101.
74 Vgl. B. Andreae: Das Alexandermosaik. Stuttgart 1967.
75 W. Schindler (Mythos und Wirklichkeit in der Antike. 166) spricht von einer »Öffnung des Mythos gegenüber der Lebenswelt der Menschen«.

dem sie mit historischen Gestalten wie Augustus, Marcellus oder Iulia verbunden wird. Im frühen Christentum überlebte dann von den alten Göttern nur, wer in den christlichen Kosmos einging, sonst wurden sie verteufelt – mit der Ausnahme, daß einige Götter sich als Verkörperung der Elementarkräfte (Erdreich, Meer etc.) einrangierten – unter der Oberherrschaft des monotheistischen Gottes. Die christliche Kunst hat erst relativ spät ihre Eigenständigkeit gegenüber der heidnisch-spätantiken Kunst gewonnen und sich anfangs allein durch ihre Themenwahl unterschieden; das Übergewicht gewann sie erst mit der Anerkennung des Christentums durch Konstantin den Großen (im 4. Jahrhundert).[76]

Dieser kurze Überblick macht deutlich, daß der Mythos, wo er uns in der Antike auch begegnet, von Homer bis Vergil, stets künstlerisch gestaltet ist, nicht (mehr) Ausdruck von Unter- oder Unbewußtem ist. Die Gegenstände des Mythos können überhaupt nur in der Kunst ausgesagt werden (Handbücher gibt es allerdings erst seit der hellenistischen Zeit). Mythen kamen als Objekte der menschlichen Phantasie nicht zur Ruhe, weil sie die Jahrhunderte hindurch literarisch und bildkünstlerisch immer neu gestaltet wurden. Blumenberg geht deshalb so weit, den Mythos »als immer schon in Rezeption übergegangen« zu verstehen,[77] Lévi-Strauss hält eine Unterscheidung, ob eine Erzählung noch als Variante des Mythos oder als spätere Rezeption gewertet werden darf, für nicht notwendig (er wertet z. B. auch noch Freuds Theorem des Ödipus-Mythos als echte Variante des mythischen Denkens).[78]

76 Vgl. hierzu den Katalog: Spätantike und frühes Christentum. Ausstellung im Liebighaus Museum alter Plastik Frankfurt a. M. Hg. v. G. Stutzinger. Frankfurt a. M. 1983 (zur Kunst 223 ff.); A. Effenberger: Frühchristliche Kunst und Kultur. Von den Anfängen bis zum 7. Jahrhundert. München 1986.

77 H. Blumenberg: Wirklichkeitsbegriff. In: Terror und Spiel. 28.

78 Vgl. C. Lévi-Strauss: Strukturale Anthropologie I. 238 f.

1. Dichtung

Fragt man nach der Modernität des Mythos, so wird man als erstes des »Bruches« gewahr, der zwischen modernem Denken und dem Mythos als Medium der Darstellung liegt.[79] Der Mythos »ist nicht nur naturwissenschaftlich, sondern ästhetisch entzaubert«.[80] Das entscheidende historische Datum für diesen Entzauberungsprozeß ist gewiß die Aufklärung, in ihrem Gefolge wird das Religiöse als ein ästhetisches Problem begriffen: Der Mythos-Begriff der Goethezeit ist stets ästhetisch vermittelt, die Götter sind Kunst-Götter, der Mythos ist ein rekonstruierter. Selbst Hölderlin, der die Realität der Götter als wirkender Mächte voraussetzt, sieht es als Aufgabe der modernen Dichtung an, »die Mythe [...] beweisbarer dar[zu]stellen«,[81] weil in seiner (naturwissenschaftlich-beweisenden) Zeit mit den Bildern der Griechen Vorstellungen verknüpft würden, die historisch nicht mehr ernstgenommen werden könnten (»Schaal ist Delphi«[82]), da ihnen die Erfahrungsgrundlage fehle. Hölderlin versteht die »neue Mythologie« als eine Aufgabe für die Gestaltung der Sprache: Gerade die Bereiche, die der Aufklärung entgangen waren und hinterrücks um so wirksamer wurden, sind im Zentrum der Aufmerksamkeit, ohne daß allerdings die transzendentale Differenz aufgegeben würde. Die poetische Sprache konstituiert dasjenige, was zuvor bildlich als Mythos oder als Religion entgegenkam.[83] Wer, wie Hübner,[84] die Dichtung

79 Vgl. K. Stierle: Mythos als ›bricolage‹ und zwei Endstufen des Prometheus-Mythos. In: Terror und Spiel. 455-472.

80 D. Borchmeyer: Einleitung. In: Wege des Mythos in der Moderne: Richard Wagners »Der Ring des Nibelungen«. Hg. v. D. B. München 1987. 7-14, hier 8.

81 Kl StA V, 292.

82 FHA VI, 259.

83 Vgl. A. Thomasberger: Von der Poesie der Sprache. Gedanken zum mytho-logischen Charakter der Dichtung Hölderlins. Frankfurt a. M./Bern 1982.

84 Vgl. K. Hübner: Die Wahrheit des Mythos. 21-27; vgl. a. ders.:

Hölderlins einseitig auf die in ihr zum Tragen kommende mythische Naturerfahrung beschränkt und sie von daher vorschnell als Wiederkehr des griechischen Mythos interpretiert und Hölderlins späte Theorie der Tragödie, die die Grundzüge einer »Metaphysik der Mythologie«[85] entwirft, die das Metaphysische selbst noch übersteigt, vernachlässigt – der wird Hölderlin und mit ihm dem Wesen der goethezeitlichen Mythenrezeption insgesamt kaum gerecht.

Umfassender eingelassen auf das Thema der Begegnung mit dem Mythos im aufgeklärten Zeitalter hat sich Blumenberg, und zwar am Beispiel Goethes.[86] Ist Prometheus für Blumenberg der Prototyp dessen, der sich selbst behauptet, so wird in diesem Zusammenhang Goethe für ihn zu einer entscheidenden Leitfigur; an ihm macht er die biographische, psychoanalytische und poetische Dimension des Prometheus-Mythos deutlich. Minutiös erläutert Blumenberg die Geschichte von Goethes *Prometheus*-Hymne und dann die ›Epiphanie‹ Napoleons bei seiner Begegnung mit Goethe am 1. Oktober 1808. Goethe, so die These, habe das ›Prometheische‹ an Napoleon delegiert. Diese Beschränkung auf den Akt ›mythischer‹ Personenüberhöhung wird dem komplexen Thema von Goethes Mythenrezeption aber kaum gerecht. Goethe kann nämlich deshalb für das Verhältnis von Kunst und Mythos in der Moderne paradigmatisch sein, weil er zwar einerseits sein Leben lang seine religiöse Auffassung in Figurationen der griechischen Mythologie auszudrücken gesucht hat, dabei aber andererseits – im Unterschied zu vielen seiner Zeitgenossen – die Überzeugung vom historischen Wesen von Mythos und Mythologie nie aufgegeben hat. Wesentlich

Wissenschaftliche und nichtwissenschaftliche Naturerfahrung. In: Natur als Gegenwelt. Hg. v. G. Großklaus u. E. Oldemeyer. Karlsruhe 1983. 43-58.

85 K. Düsing: Die Theorie der Tragödie bei Hölderlin und Hegel. In: Jenseits des Idealismus. Hölderlins letzte Homburger Jahre (1804-06). Hg. v. C. Jamme u. O. Pöggeler. Bonn 1988. 55-82, hier 69.

86 Vgl. H. Blumenberg: Arbeit am Mythos. 327ff., bes. 433ff. Vgl. zum folgenden meinen Aufsatz: Vom »Garten des Alcinous« zum »Weltgarten«. Goethes Begegnung mit dem Mythos im aufgeklärten Zeitalter. In: Goethe-Jahrbuch 105 (1988), 93-114.

beeinflußt ist er in dieser Sicht von Karl Philipp Moritz' *ästhetischer* Auffassung des antiken Mythos: Mythen sind als bildende Kraft in der Welt, im menschlichen Dasein wirksam und können als Kunstwerke ästhetische Autonomie beanspruchen. Diese Bewußtheit von der antiken Mythologie *als Dichtung*, das Verständnis der Gestalten der Mythologie als die Hervorbringung einer poetischen Operation prägt den distanziert-poetischen, stellenweise spielerischen Umgang mit dem Mythos aus dem Geiste der Aufklärung in den Werken der Goetheschen Klassik *(Iphigenie)* ebenso wie die Mythen des Alterswerks (vor allem im *Faust II*[87]). An den *Römischen Elegien* wird aber auch deutlich, daß Goethe selbst mythisches Empfinden hat: aus einer überlieferten Mythologie wird etwas Mythisches wieder freigesetzt: eine Übersteigerung der Metaphorik bis hin zu einer lyrischen Unmittelbarkeit, zu einer neuen mythischen Erfahrungsweise, die die Kräfte des Lebens (Rom, Kunst, Poesie, Liebe) als göttliche Mächte erfährt.

An Goethe wird deutlich, daß eine Wiederbelebung mythischer Gestalten und Geschehnisse nur auf dem Wege über die dichterische Einbildungskraft möglich ist. Die bei ihm beobachtbare Respontaneisierung des traditionell Mythologischen wird zum Grundcharakteristikum aller künstlerischen Mythenrezeption in der Literatur der Moderne. Der Mythos ist nicht mehr abzutun als pure, durch Aufklärung zu vernichtende Illusion: »Die Mythen«, so heißt es bei Valéry,[88] »sind die Seelen all unseres Tuns und Liebens. Wir können nicht anders handeln als in Richtung auf ein Phantom. Wir können nur lieben, was wir selber erschaffen.« Hier handelt es sich eindeutig um *kognitive* Mythen, die durch eine sich

87 Goethes »Faust« in Beziehung gesetzt zu Wagners »Ring« hat jetzt D. Borchmeyer: ›Faust‹ und ›Der Ring des Nibelungen‹. Der Mythos des 19. Jahrhunderts in zwiefacher Gestalt. In: Wege des Mythos in der Moderne. München 1987. 133-159.

88 P. Valéry: Kleiner Brief über die Mythen. In: Ders.: Zur Philosophie und Wissenschaft. Hg. v. J. Schmidt-Radefeldt. Frankfurt a. M. 1989. (= Werke 4). 248-256, hier 255. – Vgl. dazu die Diskussionsbemerkung von H. R. Jauß, in: Individualität. Hg. v. M. Frank / A. Haverkamp. München 1988. (= Poetik und Hermeneutik. XIII). 635 f.

selbst noch nicht kennende Individualität stärker und immer wieder neu generiert werden. Sprache überhaupt, in jeder ihrer möglichen Formen und Entwicklungsstadien, ist für Valéry nichts anderes als Mythos. Die Literaturwissenschaft hat dies aufgenommen, etwa in der These Lugowskis vom »mythischen Analogon«: Lediglich die formalen Gesetze der Dichtung halten unbewußt die Erinnerung an den Mythos gegenwärtig.[89] Auch Benjamins Essay über Goethes *Wahlverwandtschaften* wie seine (und Adornos) Hölderlin-Analyse gehen von der These aus, daß sich die Restbestände mythischen Denkens auf ästhetische Strukturen zurückgezogen haben, während seine ursprüngliche ›Lebensmacht‹ bereits geschwunden ist.

Seit einigen Jahren gibt es eine literatur-theoretische Debatte über die Neuentdeckung des Mythos und seiner Kraft in einer rationalen (oder rationalisierten) Gegenwart. Ernst Fischer und Lois Aragon deuteten das zuerst an, nicht zufällig bezogen sie sich auf Kafka und Beckett. In Kafkas Erzählung *Prometheus* z. B. erschöpft sich der Mythos in der Zeit, die er zu erklären versucht; am Ende steht eine Selbstdestruktion des Mythos oder eine Wendung ins Änigmatische. Von mythischem Charakter sind auch die Dichtungen S. Becketts (etwa *En attendant Godot*), ohne daß sie ihren prinzipiell aufklärerischen Gehalt preisgäben. Für den »revolutionären Charakter« des Mythos plädierte stets auch Thomas Mann; schon 1929 warnte er vor dem »großen Zurück ins Nächtige, Heilig-Ursprüngliche, Lebensträchtig-Vorbewußte, in den mythisch-historisch-romantischen Mutterschoß« als »Wort der Reaktion« und plädierte für eine Form des »modernen Irrationalismus, die jedem reaktionären Mißbrauch unzweideutig widersteht«[90] – eine angesichts der fatalen Wirkungsgeschichte mythischer Gegenaufklärung in unserem Jahrhun-

89 Vgl. C. Lugowski: Die Form der Individualität im Roman (1932). Frankfurt a. M. 1976. – Der Einfluß der Warburg-Schule ist in den Gegenbegriffen »Mythos« und »Leben / Wirklichkeit« deutlich zu spüren.

90 Th. Mann: Schriften und Reden zur Literatur, Kunst und Philosophie. Bd. 1. Frankfurt a. M. 1968. 367-385, hier 375, 371, 385.

dert nur prophetisch zu nennende Rede. In seiner Josephsroman-Tetralogie, die zurückgeht auf die Einsichten Freuds über den Zusammenhang zwischen dem Seelenleben des Individuums und dem der Völker in *Totem und Tabu,* ›humanisiert‹ er – gegen Rosenberg – den Mythos, indem er ihn ironisch durchschaut. Der Mythos verliert nichts von seiner Verbindlichkeit durch die Relativierung. Es handelt sich in seinem Hauptwerk »um das einzige religiöse Epos des 20. Jahrhunderts, das einen Glauben präsentiert auf dem Stand der Aufklärung, ohne Regression, ohne Flucht vor der Modernität, ohne ›sacrificium intellectus‹, und das dennoch die Verbindlichkeit der religiösen Tradition nicht preisgibt«.[91] Daß man Mythen gerade dann einsetzen kann, um einem billigen gegenaufklärerischen Irrationalismus zu widersprechen, wird auch in der wenig früher entstandenen Dramentrilogie *Die neue Kolonie, Lazarus* und *Die Riesen vom Berge* Pirandellos deutlich, der er selbst den gemeinsamen Untertitel »Mythos« gegeben hat.[92]

Im Schatten der Postmoderne scheint heute wieder eine literarische Mythenrezeption Mode zu werden, die hinter das bei Thomas Mann Erreichte zurückfällt; von einer irgendwie gearteten ironischen Distanz ist weder in Handkes *Über die Dörfer* (1984) noch in Botho Strauß' *Die Fremdenführerin* (1986) etwas zu verspüren.[93] Hier scheint man mehr etwa an Rilke anzuknüpfen, nach dem noch heute all jene Mächte unser Leben bestimmen und steigern, die durch die mythischen Gestalten der griechischen Götterwelt ihren gültigen, bildlichen Ausdruck fanden und ohne die unser Leben verarmen und das Festliche in unserer Umwelt schwinden würde

91 H. Kurzke: Mythos ohne Raunen. Die Frankfurter Ausgabe der Josephsromane Thomas Manns. In: Frankfurter Allgemeine Zeitung v. 30. 7. 1983. – Zur Freud-Rezeption Thomas Manns vgl. H. Blumenberg: Arbeit am Mythos. 561 ff.

92 M. Rössner (Nachwort. In: L. Pirandello: Die Mythen und andere Stücke. Mindelheim 1989. 365-369) spricht von »mythenstürzerische[n] Mythen« bei Pirandello.

93 Zur Neoromantik in der deutschen Gegenwartsliteratur vgl. C. Neubaur: Das neue Heilige und sein Subjekt. In: Merkur 41 (1987), N. 456, 104-120.

(»Keiner der Götter vergeht. Wir brauchen sie alle und jeden, / jedes gelte uns noch, jedes gestaltete Bild.«). Daß das mythologische Thema nicht notwendig ahistorisch zu sein braucht, sondern im Gegenteil »Arsenal des Politischen, Teil der Kontroversen um politische Legitimation«,[94] wird im Kontrast zu weiten Teilen der westdeutschen Literatur an der DDR-Literatur deutlich (erinnert sei nur an Christa Wolf).

2. Bildende Kunst

Auch die bildende Kunst lebt – noch im 20. Jahrhundert – aus mythischen Grunderfahrungen. Blumenberg hat allerdings der bildenden Kunst das Urteil gesprochen, sie habe »im Hinblick auf den urtümlichen Schrecken nur Klägliches zustandegebracht«. Er bezog sich auf die Beobachtung, daß die bildliche Formung gedanklicher, mythischer Bilder notwendig eine Abschwächung des Grauens mit sich brächte, da mit der formvollendeten Gestaltung eine Abmilderung des Schreckens nicht zu vermeiden sei.[95] Die Kunsthistoriker haben dem mit guten Gründen widersprochen, mit dem Hinweis vor allem darauf, daß »in der abbildhaften Umsetzung derartiger Schreckensmotive aus der Welt des Mythos [...] die eigenständige Rolle der Kunst nie bestanden« habe;[96] vielmehr sei sie seit der Renaissance mit dem sprachlich überlieferten Mythos immer auch eigenwillig umgegangen. Die Kunst hat den Stoff stets auch umgewertet, ja, sie hat – ähnlich wie die Literatur – die mythischen Strukturen oft nur um den Preis eines Verzichts auf mythologische Inhalte retten können. So hat sich Cézanne die mythologischen Stoffe früherer Malerei verboten; was er zu Gasquet von der Literatur sagt, gilt auch für die Malerei: »Und ihr in der Literatur,

94 Vgl. M. v. Engelhardt / M. Rohrwasser: Kassandra-Odysseus-Prometheus. Modelle der Mythos-Rezeption in der DDR-Literatur. In: L' 80. H. 34 (Juni 1985), 46-76, hier 47.

95 H. Blumenberg: Arbeit am Mythos. 21, 45, 75.

96 D. Blume / H. Bredekamp: Mythos und Widerspruch. In: Natur und Antike in der Renaissance. Hg. v. H. Beck u. P. C. Bol. Frankfurt a. M. 1985. 130-172, hier 153.

ihr schwatzt, ihr schreit: Venus, Zeus, Apollo, wenn ihr nicht mehr mit tiefer Empfindung sagen könnt: Schaum des Meeres, Wolken des Himmels, Kraft der Sonne. Glaubt ihr denn an diese abgenutzten Olmypier?«[97] Der *Gebrauch des Mythos,* wie er im 19. Jahrhundert üblich ist, ist *unwahrhaftig*; Meer, Himmel, Sonne sind nicht mehr dieselben wie für Rubens, Velazques und die Venezianer, von denen Cézanne sagt: »Sie hatten keine andere Wahrheit. Es war ihre Natur, diese Körper von Göttern und Göttinnen.«[98] Der Verzicht auf den Mythos ist für Cézanne notwendig um der Wahrheit des Mythos willen.

Gleichzeitig blieb die »Entdeckung« fremder Völker und ihrer Kulturen durch das europäische 19. Jahrhundert nicht ohne Rückwirkung auf die Kunst.[99] Die in Völkerkundemuseen und Kuriositäten-Kabinetten gezeigten Werke der Kunst der Naturvölker wurden in ihrem ästhetischen Wert entdeckt; allen voran von Vincent van Gogh und Paul Gauguin, die beide von den exotischen Werken der Pariser Kolonialausstellung von 1888 begeistert waren. Gauguin reiste zum ersten Mal 1891 auf die Marquesas-Inseln, die ihm zum Schicksal werden sollten. Die erste große Ausstellung »Negerkunst« fand 1891 in Leipzig statt; ihr folgten Ausstellungen in Antwerpen, Tervuren, Dresden und Paris (1919). Der eigentliche Durchbruch, die Umwertung des abendländischen Kunstdenkens, vollzog sich unter den Avantgarde-Künstlern zu Beginn unseres Jahrhunderts in Paris und bei

97 P. Cézanne: Über die Kunst. Hg. v. W. Hess. Mittenwald 1980. 19.

98 Ebd.

99 Vgl. F. Kramer: Verkehrte Welten. 93 ff. – Die Stammeskunst der sog. Naturvölker mit ihren klassischen Sammelgebieten Schwarzafrika und Südsee ist seit einigen Jahren wieder zum Thema ästhetischer Diskussion geworden. Die Hinwendung der europäischen Avantgarde zur sog. primitiven Kunst, die nach der Jahrhundertwende so vehement eingesetzt hat, ist in zwei wichtigen Publikationen aufgearbeitet: einmal in dem Standardwerk von W. Rubin zur New Yorker Ausstellung »Primitivism in Twentieth Century Art« im Metropolitan Museum 1984, jetzt in der Studie von K. Bilang: Bild und Gegenbild – Das Ursprüngliche in der Kunst des 20. Jahrhunderts. Stuttgart 1990.

den Mitgliedern der deutschen Künstlergemeinschaft »Brücke« (Maurice de Vlaminck, Matisse, Picasso/E. Nolde, E. L. Kirchner, K. Schmidt-Rottluff, E. Heckel, M. Pechstein). Die Bezeichnung ›Mythos‹ wurde auf die frühesten Überlieferungen alter Völker und die gegenwärtigen Überlieferungen als »primitiv« geltender Völker ausgedehnt. Der Rückgriff auf etwas Elementares, das anthropologisch ›archaisch‹ oder ›mythisch‹ interpretiert wurde, bei Künstlern wie Gauguin (Tahiti), Pechstein (Palau) oder Nolde (Neu-Guinea) und ihre Reisen zu anderen Kulturen sind in vielem denen von Ethnologen (wie Malinowski) vergleichbar. A. Gehlen hat daher den Versuch unternommen, den Aufbruch der modernen Kunst und besonders des deutschen Expressionismus auf den Begriff des »Neu-Primitivismus« zu bringen.[100] Picht sieht im 20. Jahrhundert in allen Künsten »fontänengleich uralte und längst vergessene mythische Bilder und archetypische Konfigurationen« aufsteigen;[101] Hübner zeigt an Beispielen wie dem von Klee, »wie sich das Ringen zwischen dem mythischen und dem wissenschaftlich-technischen Weltverhältnis innerhalb der modernen Malerei spiegelt«.[102]

Kunst hält die Prähistorie mitten unter uns gegenwärtig; sie ist ein Beleg dafür, daß der Mythos unaufhebbar zu unserer Erfahrung gehört. In seiner Charakterisierung einer Folge von 113 Blättern, in denen sich der Maler Werner Scholz mit der griechischen Mythologie auseinandersetzt, vertritt H. G. Gadamer die Überzeugung, der griechische Mythos habe heute »seine bildungsmäßige Wirklichkeit mit einer neuen unheimlichen Wirklichkeit vertauscht. Daß es Erfahrungen sind, die ebenso der heutige Mensch zu machen vermag, in denen das Göttliche seine griechische Gestalt gewann, das lehren uns heute sowohl Mythenforscher [...] wie [...] die Maler, in denen diese mythische Überlieferung des Griechentums einen Widerhall aus ganz anderen, dunklen Tiefen zu

100 A. Gehlen: Zeit-Bilder. Frankfurt a. M. 1965. 144 ff.
101 G. Picht: Kunst und Mythos. 370.
102 K. Hübner: Wahrheit des Mythos. 317.

erwecken vermag.«[103] Auffallend ist in der Malerei des 20. Jahrhunderts aber nicht allein das neu erwachte Interesse an klassischen Mythen (das sich auch etwa bei dem Bildhauer Gerhard Geyer zeigt), sondern überdies das Interesse an der Kunst der Prähistorie und der Naturvölker.

Die vorliegende Arbeit kann und will keine kunstgeschichtliche Spezialforschung ersetzen, deshalb seien hier im folgenden nur einige Exempel gegeben. Tribale Ideogramme und beschwörende magische Zeichen beherrschen die Malerei von P. Klee, W. Kandinsky, J. Pollock, A. Manessier; der Totempfahl der Indianer war als bedeutsame Form des Mythischen von erheblicher Wirkung auf Le Corbusier und Henry Moore. Stilistische Elemente wie die Längung des Gesichts in den Skulpturen A. Modiglianis sind von Stammeskunst (besonders einer Fang-Maske) inspiriert.[104] Baumeister besaß eine kleine Sammlung von Objekten aus Afrika und Südamerika; sein Interesse an steinzeitlicher Kultur (Untersuchungen an den Höhlenmalereien von Altamira), seine Suche nach den Ursprüngen geht in die Frankfurter Jahre zurück. In seinem Werk sind die Spuren davon immer wieder sichtbar, sowohl in bildhafter wie maltechnischer Hinsicht. Urformen und Mythen waren bei Baumeister – darin unterscheidet er sich grundsätzlich von Picasso und anderen Künstlern der 40er und 50er Jahre – keine Themen zur Erklärung unserer eigenen Geschichte. Sie ergaben sich durch sein Interesse für frühe Kulturen; er verhielt sich analog zu den Kubisten, die die Kunst der sogenannten ›Primitiven‹ in ihre Bilder einbezogen und damit eine »Weltkunst« des 20. Jahrhunderts begründet hatten. Mit seinen Bildern (wie *Urformen, Zwei Weltalter* oder der berühmten Serie von Zeichnungen zu Gilgamesch 1943/44) erstrebte er eine Rückeroberung und Aufwertung von Bereichen jenseits des Rationalen, eine Suche nach dem »Unbekannten«.[105]

Die Züge zur Archaisierung und Mythisierung sind auch

103 H. G. Gadamer: Werner Scholz. Recklinghausen 1968.

104 Vgl. E. Leuzinger: Einführung. In: Kunst der Naturvölker. Hg. v. E. L. (vgl. Anm. 63). 11-45, hier 42.

105 Vgl. sein Buch: Das Unbekannte in der Kunst.

innerhalb der Auseinandersetzung der Gegenwartskunst mit dem Thema ›Natur‹ vielfach zu beobachten. Im Versuch, die Natur – wie schon in der Landschaftsmalerei um 1800 – zum Projektionsraum geistiger Vorstellungen zu machen, geht man einmal zurück auf die Uranfänge der Kulturgeschichte (z. B. bei Mario Merz, Emil Schumacher, Georg Baselitz), zum anderen gestaltet man das Geheimnisvolle einer vom Mythos belebten Natur (z. B. bei Per Kirkeby, Arcangelo, Giuseppe Penone, Markus Lüpertz), indem man etwa an die Magie uralter Kultstätten erinnert, in denen die Übermacht der Natur durch religiöse Handlungen bezwungen werden sollte (Felizitas Mentel). Daneben steht die Allegorisierung (so wird bei A. Kiefer die Landschaft zum Projektionsraum von Geschichte).[106]

Daß die Entwicklung der zeitgenössischen Kunst in vielen Aspekten mit bestimmten Strömungen der gegenwärtigen Philosophie parallel läuft, wird an Tendenzen innerhalb der französischen Gegenwartskunst seit 1980 deutlich, in der die Auffassung von Geschichte selbst eine neue Interpretation erfährt. Fragen wie die, ob Geschichte eine teleologische Entwicklung ist oder ein Ablauf, der sich nicht nur an mehreren geographischen Orten, sondern auch auf verschiedenen zeitlichen Ebenen vollzieht, ein Kreisen immer wiederkehrender Phänomene – solche Fragen, von einem Zweig der französischen Geschichtsauffassung, der »Nouvelle Histoire«, angeregt, von Philosophen und Soziologen aufgegriffen, beschäftigen auch Künstler wie François Rouan (der wie Foucault das Subjekt in Frage stellt, wofür er Lob von Lacan erhält) oder Helène Delprat (die zu Mythen und zu [Initiations]-Riten zurückkehrt).[107] Auch Beuys' Umgang mit Mythischem fügt Tradition und Avantgarde zusammen und möchte so die Geschichtlichkeit der uns zur Verfügung ste-

106 Vgl. den Katalog der Ausstellung der Städt. Galerie Karlsruhe: Zurück zur Natur, aber wie? Kunst der letzten 20 Jahre. Karlsruhe 1988. 23, 141, 187, 35, 111, 31, 137, 205, 155, 127, 159, 93.

107 Vgl. den Katalog zur Ausstellung: Geschichte als Widerstand. Aspekte zeitgenössischer Kunst in Frankreich. Städt. Kunsthalle Düsseldorf 14. 12. 1985-12 1. 1986.

henden künstlerischen Sprache thematisieren. All seine Motive (Tiere wie Hirsch oder Hase, Kreuz, Kristall) und Objekte (Fett, Filz) sind direkte oder chiffrierte Symbolzitate, die auf frühe mythische oder magische Vorstellungen und Handlungen verweisen. Dabei geht es nicht »um die Beschwörung kultisch-magischer Vorstellungen [...], sondern letztlich um die Verwindung der [...] Kluft zwischen Ratio und Intuition«.[108] Ein besonders eindrucksvolles Beispiel ist das letzte große Werk von Beuys, das (im Zentrum der Documenta VIII aufgebaut gewesene) Environment *Blitzschlag mit Lichtschein auf Hirsch* (1958-85), das die Erzeugung der Urtiere und die Vorgeschichte des Menschen gestaltet.

H. H. Holz hat zwischen zwei gegensätzlichen Modellen der künstlerischen Mythenaneignung unterschieden: Einmal der Rückgriff auf die historisch fixierten Gestalten des Mythos, die Verarbeitung von Motiven aus griechischer, römischer und biblischer Mythologie. Die Bezugnahme auf die Gestalt des Perseus bei Beckmann, des Minotaurus bei Picasso, der Daphne bei Masson und der Musen bei Chirico wären hier beispielhaft zu nennen. Bei Mythen aber, »deren historischer Kontext uns fremd oder gar verloren gegangen ist [...], bleiben dann nur noch semantische Keime übrig [...], denen das Fruchtfleisch der Fabel fehlt«.[109] Das mythologische Material dient als Spielzeug (in Mirós *Carneval d'Arlequin* [1924] oder als Wegweiser (*Leçon de Ski* [1966]). In jedem Fall ist das Mittel der Aneignung die Metamorphose. Es geht nicht um eine Nacherzählung des Mythos, sondern um eine Freisetzung der in ihm liegenden Erfahrung; ein gutes Beispiel hierfür sind Max Ernsts Bilder *Der große Wald* und *Die ganze Stadt*, bei denen das Gefühl der Unheimlichkeit der Welt und

108 K. Bering: Beuys-Beckmann-Klee. Die Rolle des Mythos in der Kunst des 20. Jahrhunderts. In: Mythos – Realisation von Wirklichkeit? 99-100, hier 101; vgl. a. ders.: Aspekte der Mythosverarbeitung in Malerei und Objektkunst. Ebd. 235-242; R. Wedewer: Joseph Beuys: Tier und Kreuz – Avantgarde und Mythos. In: Wie eindeutig ist ein Kunstwerk? Hg. v. M. Imdahl. Köln 1986. 153-167.

109 Vgl. H. H. Holz. Mirós Welt mythischer Zeichen. In: Juan Miró (vgl. Anm. 55). 78.

einer unerwarteten Bedrohung ihre mythische Qualität ausmacht. Verschiedene mythologische Assoziationsketten lassen sich auch in seinen Collagen aufdecken.[110] Anders ist das Verfahren etwa in Picassos *Trois femmes et le toréro,* wo der Stier als (Gott-)Mensch erscheint. Hier werden mythische Topoi als Kollektivsymbole, Archetypen zitiert; Picasso verleibt sich den Mythos ein. »Die Mytheme sind Chiffren, die nicht dechiffriert werden müssen, weil sie geläufig sind wie oft gelesene Texte, sie stellen uns in eine kulturanthropologische Kontinuität.«[111] Diese Verfahren sind in vielem mit der strukturalen Mythenanalyse verwandt, und nicht von ungefähr hat sich Lévi-Strauss auch zum Einfluß von Max Ernst auf seine Mythendeutung bekannt.[112]

Am engsten ist die Verwandtschaft zum Strukturalismus aber bei jener Variante der metamorphorisierenden Mythen-Aneignung, die nur noch Mytheme, »Wurzel-Zeichen« mythologischer Herkunft zitiert, und in der es ausschließlich um die Syntax der mythischen Beziehungen geht. Holz spricht von einer »nicht historisierende[n], nicht allegorisierende[n], sondern direkt ikonologisch aktualisierte[n] Wendung zum Mythos«.[113] Von allen Künstlern der Moderne sei dies Verfahren am reinsten von Miró praktiziert worden: »Nicht sind seine Bilder Mythologeme, sondern die Elemente seiner Bildsprache sind Mytheme.«[114] Daß der Mythos in der Moderne *strukturell* repräsentiert (nicht illustrativ in Malerei wiedergegeben) wird, läßt sich exemplarisch auch an den Bildern von Cy Twombly illustrieren. Mit Gottfried Boehm hat Richard Hoppe-Sailer anhand von Twomblys Gestaltung des Mythos von der Geburt der Aphrodite die These entwickelt, »daß Twombly gerade unter Anspielung auf überlieferte mythologische Themen mythopoietische Potenzen in seinen Bildern entwickelt«.[115] Das Bild, so hat Roland Barthes herausge-

110 Vgl. W. Spies: Max Ernst – Collagen. Inventar und Widerspruch. Köln 1988. 123ff.

111 H.H. Holz: Mirós Welt mythischer Zeichen. In: Juan Miró. 82f.

112 Vgl. C. Lévi-Strauss: De près et de loin. 54.

113 H. H. Holz: Mirós Welt mythischer Zeichen. In: Juan Miró. 81.

114 Ebd. 83.

115 Vgl. R. Hoppe-Sailer: Aphrodite Anadyomene. In: Modernität und

stellt, wird hier verschriftlicht, und in der Reduktion auf die »Idee einer graphischen Textur«[116] realisiert sich der *Prozeß*, durch den der Mythos entsteht. Der Verweisungsprozeß kontextloser Elemente initiiert einen »Bildprozeß [...], der beim Betrachter eine Fülle [...] nicht abschließbarer momentaner Realisationen dessen auslöst, was Mythos ist«.[117] Mythos und abstrakte Malerei sind somit also sehr wohl zu vereinbaren, womit die These von Klaus Fußmann hinfällig würde, mit der abstrakten Malerei hätten sich Kunst und Mythos endgültig getrennt, weil die Kunst in die Freiheit geraten sei, in der sie der Last von Zwecken ledig wurde, womit sie zugleich sich selber verloren habe.[118] Hat man sich erst einmal von einem *inhaltlichen* Mythos-Verständnis gelöst, dann sieht man, wie das *Zeichen* – z. B. bei Mark Rothko, Barnett Newman oder Adolph Gottlieb – als einfachster Ausdruck mythischer Grundwahrheiten fungiert.

3. Musik und Film

Mehr noch als die bildende Kunst, so Lévi-Strauss, weise die Musik eine strukturelle Verwandtschaft zum Mythos auf. Zudem habe die Musik historisch die Erbschaft des zuneh-

Tradition. Hg. v. G. Boehm, K. Stierle, M. Winter. München 1985. 125-142, hier 132. Von der »mythopoietischen Kraft der Moderne« spricht G. Boehm: »In dem Maße, wie sich die Kunst der Moderne nicht darauf beschränkte, überlieferte mythologische Themen mittels Variation von Aspekten zu bestätigen und zu erneuern, wuchs ihr die Möglichkeit eigener Mythenbilder zu, konnte sie selber mythopoietisch werden. Die Mythopoiesis [...] stammt aus der Reflexion der künstlerischen Selbsterfahrung.« In der Mythopoiese vollzieht sich jener Prozeß einer Übersetzung, bei dem Aporetik und Grenzen unserer eigenen Erfahrung als Bild von etwas erscheinen, das uns übertrifft (G. Boehm: Mythos als bildnerischer Prozeß. In: Mythos und Moderne. 528-544, hier 530f.).

116 R. Barthes: Cy Twombly. Berlin 1983. 14.

117 R. Hoppe-Sailer: Aphrodite Anadyomene. In: Modernität und Tradition. 138.

118 Vgl. K. Fußmann: Die verschwundene Malerei. Berlin 1985.

mend sich entleerenden mythischen Denkens angetreten, und zwar im 17. Jahrhundert: »La naissance de ce qu'on appelle la grande forme musicale qui, me semble-t-ill, récupère les structures de la pensée mythique.«[119] Für seine These von der Verwandtschaft zwischen Musik und Mythos beruft sich Lévi-Strauss vor allem auf Wagner. In der Tat hatte Wagner in seinen Zürcher Kunstschriften, die genau während der Umbruchsphase von den romantischen Opern hin zu den Musikdramen entstanden, die Forderung nach einer neuen Volksmythologie aufgestellt. Das moderne Gesamtkunstwerk solle als Musikdrama den Verlust der Identität von Kunst und Leben – ausgelöst durch die Diffamierung der Sinnlichkeit durch das Christentum und durch die Industrie- und Geldkultur der bürgerlichen Gesellschaftsform – kompensieren und die religiöse Substanz retten: »Man könnte sagen, daß da, wo die Religion künstlerisch wird, der Kunst es vorbehalten sei, den Kern der Religion zu retten, indem sie die mythischen Symbole, welche die erstere im eigentlichen Sinne als wahr geglaubt wissen will, ihrem sinnbildlichen Werte nach erfaßt, um durch die ideale Darstellung derselben die in ihnen verborgene tiefe Wahrheit erkennen zu lassen.«[120] Der Einfluß Nietzsches, der in seiner Jugend Wagner als »Revolutionär der Gesellschaft« feiert, ist hier unverkennbar. Auch Nietzsche geht von einem Zerfall des Mythos in der Gegenwart aus: »Worauf weist das ungeheure historische Bedürfnis der unbefriedeten modernen Kultur, das Umsichsammeln zahlloser anderer Kulturen, das verzehrende Erkennenwollen, wenn nicht auf den Verlust des Mythos, auf den Verlust der mythischen Heimat?« Es gibt aber keine Regression zu den mythischen Ursprüngen, allein die Zukunft bildet den Horizont für die Erweckung mythischer Vergangenheiten, »der Spruch der Vergangenheit ist immer ein Orakelspruch: Nur als Baumeister der Zukunft, als Wissender der Gegenwart werdet ihr ihn verstehen!«[121] Dies ist eine utopische Einstel-

119 C. Lévi-Strauss: De près et de loin. 243.

120 R. Wagner: Sämtliche Schriften und Dichtungen. Bd. 10. 211.

121 F. Nietzsche: Sämtliche Werke. Ed. Colli/Montinari. I; 56, 146, 294. – Die »Wirkungsgeschichte des Wagner-Nietzscheschen Tra-

lung, die sich auf den kommenden Gott richtet und nicht zuletzt durch Hölderlin vermittelt ist. Ein wichtiger Beleg hierfür ist der bedeutende Geburtstagsbrief des jungen Prof. Nietzsche an Wagner vom 24. 5. 1875, wo Nietzsche den von ihm als sein kostbarstes Dichter-Wissen vorgestellten Hölderlin Wagner präsentiert.[122]

Wagners große Musikdramen beruhen allesamt auf mythologischen Stoffen und sind nur verständlich vor dem Hintergrund romantischer Mythenrezeption.[123] Wagner greift dabei zurück auf das Arsenal der nordischen Mythologie, die aber – und das macht gerade der *Ring des Nibelungen* deutlich – nach Strukturen der griechischen (aischyleischen) Tragödie umgestaltet wird.[124] Die mythischen Bilder weisen nicht nur in eine archaische Vergangenheit zurück, sondern werden zu Chiffren moderner Erfahrungen. Doch auch bei Wagner liegt die eigentliche mythische Dimension seines Werks weniger im Inhaltlich-Stofflichen als in der Struktur. Vor allem die *Ring*-Tetralogie weist strukturale Muster auf und läßt sich gut mit dem Lévi-Strauss'schen Terminus des »bricolage« beschreiben, da ein neuer Mythos durch das Freimachen von Mythemen aus verschiedenen Mythen und deren Zusammenschluß und Neukonditionierung entsteht.[125] Somit ist

gödienkults« bis in die kulturpolitischen Debatten des Nationalsozialismus dokumentiert wenigstens ausschnitthaft M. Frank: Gott im Exil. 80ff.

122 Hier wird ein beträchtliches Stück ab »o heilig Herz der Völker« zitiert und die Worte »ein neu Gebild/... wie du, sei« für Wagner unterstrichen. Dieses wichtige Zeugnis (worauf mich K. R. Meist dankenswerterweise aufmerksam gemacht hat) wird von Hübner (vgl. Anm. 123) nicht ausgewertet.

123 Zu Wagner vgl. G. v. Graevenitz: Mythos. 275ff.; K. Hübner: Wahrheit des Mythos. 386ff.; M. Frank: Gott im Exil. 71ff.

124 Vgl. D. Bremer: Vom Mythos zum Musikdrama. Wagner, Nietzsche und die griechische Tragödie. In: Wege des Mythos in der Moderne. 41-63.

125 Einen Versuch, Wagners Operntexte als innovative Ausformungen eines tradierten Mythenkomplexes struktural zu analysieren, unternimmt D. Ingenschay-Goch: Richard Wagners neu entstandener Mythos. Zur Rezeption und Reproduktion des germanischen Mythos in seinen Operntexten. Bonn 1982. – Zu Wagner und Lévi-

Wagners Mythenschöpfung nicht nur reproduzierend, sondern auch und in erster Linie produzierend (indem z. B. Zeitgeschichte monomentalisiert wird, d. h. nationale Bedürfnisse mythisiert werden). Das von Wagner gelieferte Potential der Mythisierung ist bis heute nicht ausgeschöpft.

Auch in der Gegenwart greift die Oper noch auf mythische Stoffe zurück, so Luigi Nonos *Prometeo*. Massimo Cacciari hat Texte von Aischylos, W. Benjamin und vor allem F. Hölderlin kompiliert und den eigentlichen Prometheus-Mythos mit Benjamins Geschichtsphilosophie und Heideggers Zeitbegriff überfrachtet, so daß aus der ursprünglich geplanten Oper »Prometeo« eine »Tragödie des Hörens« geworden ist, die den Mythos in Klang auflösen und durch Raumklang darstellen will. Die Bedeutung des Klanges spielt auch in Pichts Reflexionen über das Verhältnis von Musik und Mythos eine wichtige Rolle: Über eine Analyse des Zusammenhangs von (synästhetischer) Wahrnehmung und Affektivität der Sinnlichkeit gelangt er zu der These, »daß der primäre Erfahrungsbereich der Musik mit dem primären Erfahrungsbereich des Mythos identisch ist«.[126]

Heute gibt es Stimmen, die die Kreation einer innovativen Mythologie (im Sinne Wagners) nur noch dem Medium Film zutrauen. So sieht der Wagnerianer Syberberg im »Gesamtkunstwerk Film [...] die wichtigste Kunsterfindung des 20. Jahrhunderts«; der Film sei die »Musik der Zukunft« und der »Mythos der Seele«.[127] Sein *Hitler*-Film war der Versuch, einen solchen Mythos zu schaffen; nachdem der Nationalsozialismus in Deutschland die öffentliche Repräsentation und die Mythenfähigkeit moralisch diskreditiert hatte, suchte Syberberg gerade zur (ästhetischen) Bewältigung der Figur Hitlers »eine neue Kunsteinheit als Fortsetzung des Lebens,

Strauss vgl. jetzt auch C. Dahlhaus: Musik als strukturale Analyse des Mythos. In: Wege des Mythos in der Moderne. 64-74; ders.: Analyse des Mythos. Claude Lévi-Strauss und »Der Ring des Nibelungen«. In: Zur Kritik der wissenschaftlichen Rationalität. 531-542.

126 G. Picht: Kunst und Mythos. 373.

127 H. J. Syberberg: Der Wald steht schwarz und schweiget. Neue Notizen aus Deutschland. Zürich 1984. 93, 92, 455.

eine neue Metaphysik als Mythos per Film«.[128] In einem Mythos setzt sich Syberberg mit dem Mythos als Faszination des Abgrunds auseinander, der auch Hitler ermöglichte.[129] In Deutschland wurde dies als ästhetischer und politischer Skandal empfunden; positiver war die Reaktion im Ausland, etwa in Frankreich. Was Maurice Blanchot 1984 in einem Interview mit der Zeitschrift *Le débat* über Heidegger und Hitler sagte, trifft sehr genau die Intentionen Syberbergs: am Faschismus habe das fasziniert, was den demokratischen Regimes mit so grausamer Deutlichkeit zu fehlen scheine – eine Befriedigung für das Bedürfnis der Gesellschaft, sich erneut Mythen zu öffnen, das »Heilige«, wenn auch in Bastardformen, zurückzugewinnen.[130]
Unabhängig von diesen (in seinen jüngsten Schriften immer fragwürdiger werdenden) politischen Implikationen ist an Syberbergs These gewiß das haltbar, daß das Kino neue Mythen erzählt. Was im Kino die dem Mythos vergleichbare Qualität ausmacht, ist wiederum – vor allen direkt zitierten mythischen Inhalten (erinnert sei z. B. an Jean Cocteaus *Orphée* [1946], in dem er – wie in seiner Ausmalung des Hochzeitssaales von Menton – am Beispiel der Mythe von Orpheus und Eurydike die Zeitlosigkeit des antiken Mythos demonstrieren wollte) – seine Funktion und Struktur: Schon allein der imaginiert-imaginäre Raum der Leinwand, dem der Zuschauer »verfällt«, ist mythisch.[131] Auf der Inhaltsebene ist der Mythos präsent gerade in seiner Distanz; ein berühmtes Beispiel ist Jean-Luc Godards Meisterwerk *Die Verachtung*, das nicht die *Odyssee* inszeniert, sondern die Suche nach ihr. Gegenüber solchen Filmen, die gerade deutlich machen, aus

128 Ders.: Hitler – ein Film aus Deutschland. Reinbek b. Hamburg 1978. 30.

129 S. Sontag: Syberbergs Hitler. In: Syberbergs Hitler-Film. München / Wien 1980. 7-32.

130 M. Blanchot. Die Intellektuellen im Kreuzfeuer. In: Akzente 31 (1984), 403 ff. – Vgl. a. die Äußerungen zu Syberberg bei Ph. Lacoue-Labarthe: La fiction du politique. 94 ff. Das gesamte Buch ist Blanchot gewidmet!

131 Vgl. H. Th. Lehmann: Die Raumfabrik – Mythos im Kino und Kino-Mythos. In: Mythos und Moderne. 572-609.

welch größten Fernen der Mythos zu den Lebenden kommt, wären aktuelle Versuche der filmischen Kreation einer »neuen Mythologie« wie etwa Wim Wenders' *Der Himmel über Berlin* (in dem Homer selbst auftritt) nicht unkritisch zu beurteilen. Ein wirklicher religiöser Impetus bestimmt dagegen das Werk von Andrej Tarkowskij, besonders dessen letzten Film *Opfer*, dessen Anfangs- und Schlußszene, das Wässern des verdorrten Baumes, ein Sinnbild des Glaubens ist. –

IV. Schlußbetrachtung

Die Beispiele für die Präsenz des Mythischen in der Gegenwartskunst ließen sich beliebig vermehren. Hier soll es aber nur darum gehen, deutlich werden zu lassen, daß wir zur Erkenntnis der eigenen Vorurteilsstruktur des herrschenden Rationalitäts- und Realitätskonzepts des Rückgangs auf den Mythos nicht bedürfen, der sich ohnehin nicht in unsere Gegenwart transponieren läßt. Statt, wie Bohrer, einer Rettung des Mythos durch Hineinbindung in ästhetische Erfahrung das Wort zu reden, sollte man sehen, daß der Mythos in der Moderne ästhetische *Struktur* geworden ist. Mythische Inhalte gehen zwar in ihrer sozial-orientierenden Vorbildlichkeit verloren, aber das eigentlich Mythologische, die Übersetzung des Mythos in Kunst, bleibt virulent. Natürlich ist der Umgang moderner Künstler mit Mythischem »ein *individueller* Prozeß, der im Rückblick auf Vergangenes geistige Motive in unserer Zeit fur eine zukünftige retten will [...] Für das Entstehen eines einenden Mythos in der Gegenwart [...] fehlen die gesellschaftlichen Voraussetzungen.«[132] Gleichwohl wurde der Mythos zu einer latent vorhandenen Möglichkeit künstlerischer Gestaltung, die sich aber nicht in der Rezeption oder Illustration gängiger Mythenstoffe erschöpfte, sondern selbst »neue mythopoietische Kraft«[133]

132 E. Neumann: Künstlermythen (vgl. Anm. 61). 183 f.

133 G. Boehm: Mythos als bildnerischer Prozeß. In: Mythos und Moderne. 534.

angesichts einer immer bedrohlicher werdenden technischen Welt gewann. Anders als in der Kunst der Tradition, wird der Mythos in Bildern nicht einfach nacherzählt, vielmehr werden mythische Erfahrungen in bislang unbekannter Form ausgedeutet und aktualisiert. Cy Twomblys mythische Malerei z. B. sucht nichts als die Erfahrung ihres Entstehens und Erscheinens zu vermitteln; ein Bild wie *Leda and the Swan* von 1961 löst den Mythos auf in Kritzeleien und Krakeluren durch den Bildraum, in Farbe, die in Sprenkeln und Flecken zerstiebt, in ein Cluster von Liniensplittern, die von geheimen Kräften zu Verdichtungen getrieben und von einem Sog verschluckt werden. Der Mythos wird zu einem malerischen Ereignis, wird zu Zeichenbewegungen, die ihr Sujet umspielen – kurz: der Mythos wird zur »Spur«, die Abwesendes präsent hält.[134] In Rom hat sich Twombly das enthüllt, was Ezra Pound in Venedig während der Arbeit an seinen (nie vollendeten) *Cantos* aufging: was in der Moderne von den (europäischen) Mythen geblieben ist, nämlich verwischte Konturen, ein paar Buchstaben, unlesbare Signaturen, Spuren einstiger Anwesenheit. Gleichzeitig macht die Kunst die Wahrheit von Roland Barthes' Theorie der Alltagsmythen deutlich, daß nämlich der Mythos seine Zählebigkeit durch *Neu*-Mythisierung erweist.

Die Einsicht in die nicht endende »mythopoietische Kraft« der Kunst läßt auch die gern bemühte Alternative zwischen Rationalismus und Irrationalismus gegenstandslos werden, ist doch auch die Kunst bzw. die ästhetische Erfahrung eine Form von Rationalität und Erkenntnis, allerdings eine Vernunft, die sich auf »Anschauung« bezieht.[135] Sie dient der Verdeutlichung jener Wahrheiten, für die die logisch-*diskursive* Struktur nicht ausreicht. Eine definitive Weltdeutung ist

134 Zur Geschichte des Begriffs ›Spur‹, der bei Heidegger und in der französischen Gegenwartsphilosophie eine bedeutsame Rolle spielt, vgl. H.J. Gawoll: Spur: Gedächtnis und Andersheit. Teil I und II. In: Archiv für Begriffsgeschichte 30 (1986/87), 44-69; 32 (1989), 269–296. – Es wäre auch höchst reizvoll, den Begriff der ›Spur‹ zur Interpretation der Bilder Twomblys heranzuziehen, was meines Wissens bisher noch niemand versucht hat.

135 Vgl. O. Pöggeler: Rationalität-Mythologie-Kunst. (Vgl. Anm. 48.)

nicht (mehr) möglich; möglich sind aber *symbolische* Weltdeutungen. Die Lebenswelt ist symbolisch strukturiert, weshalb Symbolisierung ein Grundbedürfnis des Menschen ist. Diese ist »vorbegrifflich, aber nicht vorrational«.[136] In Kunstwerken, Riten und Mythen werden mittels eines *nicht-diskursiven* und dennoch *rationalen* Symbolmodus menschliche Vorstellungen und Empfindungen gestaltet, die von der Sprache nicht oder nur unzulänglich ausgedrückt werden können. S. K. Langer unterscheidet deshalb zwischen diskursivem (Sprache) und präsentativem Symbolismus (Ritual, Mythos, Kunst). »Die Anerkennung des präsentativen Symbolismus als eines normalen Bedeutungsvehikels von allgemeiner Gültigkeit erweitert unsere Vorstellung von Rationalität weit über die traditionellen Grenzen hinaus und wird doch der Logik im strengsten Sinne niemals untreu.«[137] Wenn wir bei dem in Kunst prozessual und struktural verflüssigten Mythos beginnen, wäre die Neudefinition der Weltkonzeption der modernen Rationalität zu schreiben als eine Geschichte der Wahrnehmung (αισθεσις).[138] Es gälte, jenseits von Rationalisierung und Irrationalisierung dem Reflexionspotential der Sinne gerecht zu werden und dieses mit Stimmen der Vernunft zu verbinden. Nur in einer solchen Suchbewegung hätte auch eine philosophische Mythentheorie ihren legitimen Sitz.

136 S. K. Langer: Philosophie auf neuem Wege. Das Symbol im Denken, im Ritus und in der Kunst (1942). Frankfurt a. M. 1984. 50.

137 Ebd. 103.

138 Dies haben Adorno/Horkheimer für Kant und W. Welsch jetzt für Aristoteles unternommen; vgl. W. Welsch: Aisthesis. Grundzüge und Perspektiven der Aristotelischen Sinneslehre. Stuttgart 1987. Welsch zeigt besonders, wie bedeutsam für Aristoteles die Beziehung der Aisthesis zum Logos ist.

Nachwort

Vorliegende Studie, die von der Fakultät für Philosophie, Pädagogik und Publizistik der Ruhr-Universität Bochum im Sommer 1990 als Habilitationsschrift angenommen wurde, hätte ohne das Gespräch mit Freunden und Kollegen nicht entstehen können. Leitende Ideen verdanken sich Abendunterhaltungen mit Dieter Henrich; wichtige Anregungen erfuhr sie durch Bernhard Waldenfels und Käte Meyer-Drawe in einem Bochumer Kolloquium über Blumenbergs *Arbeit am Mythos* aus dem Sommer 1985. Besonderen Dank schulde ich dem Ur- und Frühgeschichtler Karl J. Narr, ohne den besonders das dritte Kapitel so nicht hätte geschrieben werden können, auch wenn die dort vertretene Grundthese mit ihm letztlich nicht mehr zu vereinbaren ist. Ermutigung zum letzten Kapitel erhielt ich von Gottfried Boehm.

Der freundschaftlich-geduldigen Unterstützung durch Otto Pöggeler schließlich gilt – wie stets – meine größte Dankbarkeit.

Für die Möglichkeit einer Taschenbuchausgabe und viele Ermutigungen mehr danke ich Friedhelm Herborth.

Literaturverzeichnis

(in Auswahl)

1. Bibliographien, Wörterbücher, Forschungsberichte

Aly, Wolf: Mythos. – In: Paulys Realencyclopädie der classischen Altertumswissenschaft. Neue Bearbeitung begonnen v. Georg Wissowa. Hg. v. W. Kroll. 32. Halbbd. Stuttgart 1935. Sp. 1374-1411.

Betz, Werner: Vom ›Götterwort‹ zum ›Massentraumbild‹. Zur Wortgeschichte von ›Mythos‹. – In: Mythos und Mythologie in der Literatur des 19. Jahrhunderts. Hg. v. H. Koopmann. Frankfurt a. M. 1979. 11-24.

Bibliographie zur Symbolik, Ikonographie und Mythologie. Internationales Referateorgan. Baden-Baden 1967 ff.

Bolle, Kees W.: Myth. In: The Encyclopedia of Religion. Editor in Chief: Mircea Eliade. Vol. 10. New York/London 1988. 261-273.

Burkert, Walter/Axel Horstmann: Mythos, Mythologie. – In: Historisches Wörterbuch der Philosophie. Bd. 6. Darmstadt 1984. Sp. 281 ff.

Cohen, Percy S.: Theories of Myth. – In: Man and World N. S. 4 (1969), 337-353.

Dupré, Wilhelm: Mythos. – In: Handbuch philosophischer Grundbegriffe. Hg. v. Hermann Krings, Hans Michael Baumgartner und Christoph Wild. Studienausgabe Bd. 4. München 1973. 948-956.

Gottschalk, Herbert: Lexikon der Mythologie der europäischen Völker. Götter, Mythen, Kulte und Symbole. Heroen und Sagengestalten der Mythen. Berlin 1973.

Gruppe, Otto: Geschichte der klassischen Mythologie und Religionsgeschichte während des Mittelalters im Abendland und während der Neuzeit. In: Wilhelm Heinrich Roscher: Ausführliches Lexikon der griechischen und römischen Mythologie. 6 Bde. Leipzig 1909-15. Suppl. Bd. IV. Leipzig 1921. Nachdr. Hildesheim 1965.

Hofmann, Erich: Qua ratione, 'επος, μῦθος, αινος, λόγος et vocabula ab eisdem stirpibus derivata in antiquo graecorum sermone (usque ad annum fere 400) adhibita sint. Göttingen 1922.

Horstmann, Axel: Der Mythosbegriff vom frühen Christentum bis zur Gegenwart. – In: Archiv für Begriffsgeschichte 23 (1979), 7-54; 197-245.

Hunger, Herbert: Lexikon der griechischen und römischen Mythologie mit Hinweisen auf das Fortwirken antiker Stoffe und Motive in der bildenden Kunst, Literatur und Musik des Abendlandes bis zur Gegenwart. Reinbek b. Hamburg 1974.

Lanczkowski, Günter/H. Fries/V. H. Elbern: Mythos, Mythologie. – In: Lexikon für Theologie und Kirche. Hg. v. J. Höfer, K. Rahner. Bd. 7. Freiburg i. Brsg. 1962. 746-754.

Slok, J. / J. Haeckel / S. Mowinckel / R. Bultmann / H. Meyer: Mythos und Mythologie. – In: Die Religion in Geschichte und Gegenwart. Handwörterbuch für Theologie und Religionswissenschaft. 3. Aufl. Hg. v. K. Galling. Bd. 4. Tübingen 1960. Sp. 1263-1284.

Stählin, G.: μῦθος. – In: Theologisches Wörterbuch zum Neuen Testament. Hg. v. G. Kittel. Bd. 4. Stuttgart 1966. 769-803.

de Vries, Jan: Forschungsgeschichte der Mythologie. Freiburg i. Brsg./ München 1961 (= Orbis Academicus. I, 7.)

Wipf, Karl A.: Mythos, Mythologie und Religion. – In: Die Psychologie des 20. Jahrhunderts. Bd. XV: Transzendenz, Imagination und Kreativität. Religion, Parapsychologie, Literatur und Kunst. Hg. von Gion Condrau. Zürich 1979. 117-124.

Wörterbuch der Mythologie. Hg. v. E. Schmalzriedt u. H. W. Haussig. VI Bde u. e. Sonderbd. Stuttgart 1965-89.

2. Allgemeine Literatur zum Mythos-Begriff

Albert, Karl: Zum Verhältnis von Religion, Mythos und Philosophie. – In: Philosophischer Literaturanzeiger 35 (1981), 186-196.

Barner, Wilfried: Literaturtheologie oder Literaturmythologie? – In: Theologie und Literatur. Zum Stand des Dialogs. Hg. von Walter Jens, Hans Küng u. Karl-Josef Kuschel. München 1986. 146-163.

Bewegung und Stillstand in Metaphern und Mythen. Fallstudien zum Verhältnis von elementarem Wissen und Literatur im 19. Jahrhundert. Hg. v. J. Link u. W. Wülfing. Stuttgart 1984. (= Sprache und Geschichte. 9.).

Biser, Eugen: Glaube und Mythos. Zur Aktualität eines alten Konflikts. – In: Philosophisches Jahrbuch 91 (1984), 62-81.

von Bormann, Alexander: Mythos und Subjekt-Utopie. Bemerkungen zur gegenwärtigen Mythos-Diskussion. In: L '80. Zeitschrift für Literatur und Politik. H. 34 (Juni 1985), 29-45.

Cencillo, Luis: Mito. Semántica y realidad. Madrid 1970.

Cometa, Michele: Pensiero mitico e filosofia della mitologia. – In: La Politica 1 (1985), N. 3-4, 59-67.

Denken und mythische Bildwelt. Hg. v. A. Portmann u. R. Ritsema. Frankfurt a. M. 1981. (= Eranos-Jahrbuch 48 [1979]).

Dorfles, Gillo: L'Esteca del Mito (da Vico a Wittgenstein). Milano 1968.

Die Eröffnung des Zugangs zum Mythos. Ein Lesebuch. Hg. v. K. Kerényi. Darmstadt 1967, 2. Aufl. 1976. (= Wege der Forschung. 20.).

Drewermann, Eugen: Tiefenpsychologie und Exegese. Bd. 1: Die Wahrheit der Formen. Traum, Mythos, Märchen, Sage und Legende. Olten/Freiburg i. Brsg. 1984, 2. Aufl. 1985.

Faszination des Mythos. Studien zu antiken und modernen Interpretationen. Hg. v. R. Schlesier. Basel/Frankfurt a. M. 1985.

Fellmann, Ferdinand: Von der Sprache des Mythos zum Mythos der Sprache. – In: Sprache, Wirklichkeit, Bewußtsein. Studien zum Sprachproblem in der Phänomenologie. Hg. v. E. W. Orth. Freiburg/München 1988 (= Phänomenologische Forschungen. 21.), 114-132.

Fellmann, Ferdinand: Der Mensch und die Bilder. – In: Mitteilungen der TU Braunschweig 24 (1989), H. 2, 31-34.

Ferraro, Guido: Il linguaggio del mito: valori simbolici e realtà sociale nelle mitologia primitive. Milano 1979.

Geyer, Carl-Friedrich: ›Neue Mythologie‹ und ›Wiederkehr von Religion‹. – In: Wiederkehr von Religion? Perspektiven, Argumente, Fragen. Hg. v. Willi Oelmüller. Paderborn 1984. (Kolloquium: Religion und Philosophie. Bd. 1.) 25-54.

Geyer, Carl-Friedrich: Rationalitätskritik und ›neue Mythologien‹. – In: Philosophische Rundschau 33 (1986), 210-241.

Geyer, Carl-Friedrich: »Neue Mythologie« versus Religion und Wissenschaft. – In: Wovon werden wir morgen geistig leben? Mythos, Religion und Wissenschaft in der ›Postmoderne‹. Hg. v. O. Schatz u. H. Spatzenegger. Salzburg 1986. 99-108.

Gockel, Heinz: Mythos und Angst. – In: Universitas 42 (1987), N. 11, 1142-1150.

Gies, Manfred: Zum mythen-logischen Zeitbegriff. Der Zusammenhang zwischen Ritual und Kosmogonie als archaische Philosophie der Zeit. – In: Zeitbegriffe. Hg. v. G. Heinemann. Freiburg i. Brsg./ München 1986. 301-323.

Graevenitz, Gerhart von: Mythos. Zur Geschichte einer Denkgewohnheit. Stuttgart 1987.

Grassi, Ernesto: Kunst und Mythos. Reinbek b. Hamburg 1957 (= rowohlts deutsche enzyklopädie. 36).

Gulian, C. I.: Mythos und Kultur. Zur Entwicklungsgeschichte des Denkens. (1971) Frankfurt a. M. 1981.

Holz, Hans Heinz: Mirós Welt mythischer Zeichen. – In: Joan Miró. Katalog zur Ausstellung in Zürich und Düsseldorf. Bern 1986. 70-90.

Holz, Harald: Vom Mythos zur Reflexion. Thesen zum Strukturgesetz der Entwicklung des abendländischen Denkens. Freiburg/München 1975.

Jaeschke, Walter: Gnostizismus. Ein Schlagwort zwischen geschichtlicher Aufklärung und Häresomachie. – In: Archiv für Begriffsgeschichte 28 (1984), 269-280.

Jesi, Furio: Il mito. Milano 1973 (= Enciclopedia filosofica ISEDI. 4.).

Kerényi, Karl: Was ist Mythologie? – In: Europäische Revue 15 (1939), 557-572.

Kirk, Geoffrey Stephan: Myth – its meaning and functions in ancient and other cultures. London/Berkeley/Los Angeles 1975 (= Sather classical lectures. 40.).

Koppe, Franz: Mythische Vernunft? – In: Vernünftiges Denken. Studien zur praktischen Philosophie und Wissenschaftstheorie. Hg. v. J. Mittelstraß u. M. Riedel. Berlin/New York 1978. 301-326.

Lanczkowski, Günter: Einführung in die Religionsphänomenologie. Darmstadt 1978.

Meslin, Michel: Pour une science des religions. Paris 1973.

Meslin, Michel: Brèves réflexions sur l'histoire de la recherche mythologique. – In: Cahiers internationaux de symbolisme 1978, N. 35-36, 193-203.

Myth: A Symposium. Ed. by Th. A. Sebeok. Bloomington, Ind. 1955.

Myth and Mythmaking. Ed. by H. A. Murray. New York, N. Y. 1960.

Myth and Reason. A Symposium. Hg. v. W. D. Wetzels. Austin-London 1973.

Myth, Symbol and Reality. Ed. by A. M. Olson. Notre Dame, Ind./London 1980 (= Boston University Studies in Philosophy and Religion. 1.).

Le mythe, son langage et son message. Actes du Colloque de Liège et Louvain-la-Neuve, 1981. Ed. par H. Limet et J. Ries. Louvain-la-Neuve 1983 (= Homo religiosus. 9.).

Mythe, Symbole, Roman. Actes du Colloque d'Amiens, 1979-80. Hg. v. J. Bessière. Paris 1980.

Mythe et Foi. Actes du Colloque organisé par le Centre international d'études humanistes et par l'institut d'études philosophiques de Rome. Rome, 6-12 Janvier 1966, aux soins de E. Castelli. Paris 1966.

Mythe et personnification: actes du Colloque du Grand Palais, Paris 7-8 mai 1977. Centre de recherches mythologiques de l'Université de Paris X. Publiées par J. Duchemin. Paris 1980.

Mythes et représentations du temps. Hg. v. D. Tiffeneau. Paris 1985 (= Phénoménologie et Herméneutique.).

Mythos. Hg. v. R. Schlesier. Mit Beiträgen v. M. Detienne, N. Loreaux,

L. Kahn. R. Schlesier u. J.-P. Vernant. Wien/Berlin 1983 (= Notizbuch. 8.).
Mythos. Erzählende Weltdeutung im Spannungsfeld von Ritual, Geschichte und Rationalität. Hg. v. G. Binder u. B. Effe. Trier 1990. (= Bochumer Altertumswissenschaftliches Colloquium. 2).
Mythos und Moderne. Begriff und Bild einer Rekonstruktion. Hg. v. K. H. Bohrer. Frankfurt a. M. 1983.
Mythos und Rationalität. Hg. v. H. H. Schmid. Gütersloh 1988.
Mythos – Realisation von Wirklichkeit? Hg. v. K. Bering u. W. L. Hohmann. Essen 1988.
Mythos und Religion. Interdisziplinäre Aspekte. Hg. v. O. Bayer. Stuttgart 1990.
Otto, Walter F.: Der Mythos. In: Studium Generale 8 (1955), 263-268.
Pannikar, Raimundo: Myth, Faith and Hermeneutics. New York/Amsay/Toronto 1979. 1. Teil dt. u. d. T.: Rückkehr zum Mythos. Frankfurt a. M. 1985.
Patočka, Jan: Zeit, Mythos und Glaube (1952). – In: J. P.: Kunst und Zeit. Kulturphilosophische Schriften. Hg. v. K. Nellen u. I. Srubar. Stuttgart 1987. 70-84.
Philosophie und Mythos. Ein Kolloquium. Hg. v. H. Poser. Berlin/New York 1979.
Plumpe, Gerhard: Das Interesse am Mythos. Zur gegenwärtigen Konjunktur eines Begriffs. In: Archiv für Begriffsgeschichte 19 (1975), 236-253.
Plumpe, Gerhard: Alfred Schuler. Chaos und Neubeginn. Zur Funktion des Mythos in der Moderne. Berlin 1978 (= Canon. 2.).
Pöggeler, Otto: Rationalität – Mythologie – Kunst. In: Wege zur Kunst und zum Menschen. Festschrift für Heinrich Lützeler zum 85. Geburtstag. Hg. v. F.-L. Kroll. Bonn 1987. 111-126.
Poser, Hans: Mythologie als Logomythie. In: Einheit und Vielheit. XIV. Kongreß für Philosophie, Gießen, 21.-26. Sept. 1987. Hg. v. Odo Marquard in Verb. m. Peter Probst u. Franz-Josef Wetz. Hamburg 1990. 153–169.
Problèmes du mythe et de son interprétation. Hg. v. J. Hani. Paris 1978 (= Actes du Colloque de Chantilly, 24.-25. 4. 1976.)
Ramer, Ulrich: Mythos und Kommunikation. Frankfurt a. M. 1987.
Rationalitätskritik und neue Mythologien/Critique de la rationalité et nouvelles mythologies. Hg. v. H. Holzhey u. J.-P. Leyvraz. Bern/Stuttgart 1984 (= Studia philosophica. 42.).
Die religiöse Dimension der Gesellschaft. Religion und ihre Theorien. Hg. v. P. Koslowski. Tübingen 1985 (= Civitas Resultate. 8.).

Die Restauration der Götter. Antike Religion und Neo-Paganismus. Hg. v. R. Schlesier u. R. Faber. Würzburg 1986.

Schlatter, Gerhard: Mythos. Streifzüge durch Tradition und Gegenwart. München 1989.

Schmidbauer, Wolfgang: Mythos und Psychologie. Methodische Probleme, aufgezeigt an der Ödipus-Sage. München/Basel 1970.

Schmidt, Burghart: Kunst und Mythos. In: Spuren 1983, N. 1, 30a-30d.

Schupp, Franz: Mythos und Religion. Düsseldorf 1976 (= Texte zu Religionswissenschaft und Theologie. Wissenschaftstheoretische Sektion. I 1.).

Das Spiel der Götter und der Menschen. Hg. v. R. Ritsema. Frankfurt a. M. 1983. (= Eranos-Jahrbuch 51 [1982]).

Strich, Fritz: Die Mythologie in der deutschen Literatur von Klopstock bis Wagner. 2 Bde. Halle a. d. Saale 1910. Neudruck Bern/München 1970.

Symbol, Mythos, Sprache. Ein Forschungsgespräch. Hg. v. G. Larcher. Annweiler 1988.

Symphilosophein. Bericht über den 3. deutschen Kongreß für Philosophie 1950. Hg. v. H. Plessner. München 1952.

Terror und Spiel. Probleme der Mythenrezeption. Hg. v. M. Fuhrmann. München 1971 (= Poetik und Hermeneutik. 4.).

The Theory of Myth. Six Studies. Ed. by A. Cunningham. London 1973.

Topitsch, Ernst: Vom Ursprung und Ende der Metaphysik. Eine Studie zur Weltanschauungs-Kritik. (1948) München 1972.

Topitsch, Ernst: Mythos – Philosophie – Politik. Zur Naturgeschichte der Illusion. Freiburg 1969.

Topitsch, Ernst: Erkenntnis und Illusion. Grundstrukturen unserer Weltauffassung. 2. überarb. u. erw. Aufl. Tübingen 1988 (1. Aufl. Hamburg 1979).

Volkmann-Schluck, Karl-Heinz: Ist der Mythos ein Symbol? – In: Symbolon N. F. 1 (1972), 101-111.

Volkmann-Schluck, Karl-Heinz: Das Problem der Sprache. – In: K.-H. V.-S.: Von der Wahrheit der Dichtung. Interpretationen. Hg. v. W. Janke u. R. Weyers. Würzburg/Amsterdam 1984 (= Elementa. 30.) 31-42.

Wiederkehr des Mythos? München 1986. (= Widerspruch. Münchner Zeitschrift für Philosophie Nr. 12/H. 2 [1986]).

Die Wirklichkeit des Mythos. Zehn Vorträge. Hg. u. eingel. v. Kurt Hoffman. München/Zürich 1965.

Wissenschaftliche und nichtwissenschaftliche Rationalität. Ein deutsch-französisches Kolloquium. Hg. v. K. Hübner u. J. Vuillemin. Stuttgart-Bad Cannstatt 1983.

Der Wissenschaftler und das Irrationale. Bd. 2: Beiträge aus Philosophie und Psychologie. Hg. v. H. P. Duerr. Frankfurt a. M. 1981.
Wovon werden wir morgen geistig leben? Mythos, Religion und Wissenschaft in der »Postmoderne«. Hg. v. O. Schatz u. H. Spatzenegger. Salzburg 1986.

3. Zur Entwicklung des Mythosbegriffs seit der Antike

Apel, Karl-Otto: Die Idee der Sprache in der Tradition des Humanismus von Dante bis Vico. Bonn 1963 (= Archiv für Begriffsgeschichte. 8.).
Bacon, Francis: Weisheit der Alten. Hg. u. m. e. Essay v. Philipp Rippel. Aus d. Lat. u. Engl. übertr. u. m. Anm. vers. v. Marina Münkler. Frankfurt a. M. 1990.
Beltz, Walter: Die Schiffe der Götter. Ägyptische Mythologie. Berlin (DDR) 1987.
Berlin, Isaiah: Vico and Herder. Two Studies in the History of Ideas. New York 1977.
Berlin, Isaiah: Against the Current. Essays in the History of Ideas. London 1980. Dt. Übers. u. d. T.: Wider das Geläufige. Aufsätze zur Ideengeschichte. Hg. v. H. Hardy. Frankfurt a. M. 1981 (= Europäische Bibliothek. 10.).
Bohrer, Karl Heinz: Zeit der Revolution – Revolution der Zeit. – In: Merkur 43 (1989), N. 479, 13-28.
Burke, Peter: Vico. Philosoph, Historiker, Denker einer neuen Wissenschaft. Berlin 1987.
Burkert, Walter: Homo necans. Interpretation altgriechischer Opferriten und Mythen. Berlin/New York 1972.
Burkert, Walter: Griechische Religion der archaischen und klassischen Epoche. Stuttgart 1977 (= Die Religionen der Menschheit.).
Cometa, Michele: Iduna. Mitologia della ragione. Il progretto di una »neue Mythologie« nella poetologia preromantica: Friedrich Schlegel e F. W. J. Schelling. Palermo 1984.
Croce, Benedetto: Die Philosophie Giambattista Vicos. Nach der 2. Aufl. übers. v. E. Auerbach u. Th. Lücke. Tübingen 1927 (= Benedetto Croce: Gesammelte Schriften in deutscher Übertragung. II, 1.).
Detienne, Marcel: L'invention de la mythologie. Paris 1981.
Dilthey, Wilhelm: Gesammelte Schriften. Bd. 1: Einleitung in die Geisteswissenschaften. Versuch einer Grundlegung für das Studium der Gesellschaft und der Geschichte. 1. Bd. 8. unv. Aufl. Stuttgart/Göttingen 1979. – Bd. 19: Grundlegung der Wissenschaften vom Menschen, der Gesellschaft und der Geschichte. Ausarbeitung und Ent-

würfe zum zweiten Band der Einleitung in die Geisteswissenschaften. Göttingen 1982.
Dörrie, Heinrich: Sinn und Funktion des Mythos in der griechischen und römischen Dichtung. Opladen 1978. (Rheinisch-Westfälische Akademie der Wissenschaften. Geisteswissenschaften. Vorträge. G 230.).
Engell, James: The Modern Revival of Myth: Its Eighteenth-Century Origins. – In: Harvard English Studies 9 (1981), 245-272.
Feldman, Burton / Robert D. Richardson: The Rise of Modern Mythology 1680-1860. Foreword by Mircea Eliade. Bloomington / London 1972.
Frank, Manfred: Der kommende Gott. Vorlesungen über die Neue Mythologie. I. Teil. Frankfurt a. M. 1982.
Frank, Manfred: Gott im Exil. Vorlesungen über die Neue Mythologie. II. Teil. Frankfurt a. M. 1988.
Freier, Hans: Die Rückkehr der Götter. Von der ästhetischen Überschreitung der Wissensgrenze zur Mythologie der Moderne. Stuttgart 1976.
Fried, Jochen: Die Symbolik des Realen: über alte und neue Mythologie in der Frühromantik. München 1985 (= Literatur in der Gesellschaft. N. F. Bd. 11.).
Fried, Jochen: »umschließende Sfäre«. Frühromantische Mythologie und spätromantische Enttäuschung. – In: Die Aktualität der Frühromantik. Hg. v. E. Behler u. J. Hörisch. Paderborn 1987. 174-190.
Gaskin, J. C. A.: Hume's Philosophy of Religion. London / Basingstoke 1978.
Giambattista Vico – An International Symposium. Hg. v. G. Tagliacozzo in Verb. m. H. V. White. Baltimore 1969.
Gockel, Heinz: Mythos und Poesie. Zum Mythosbegriff in Aufklärung und Frühromantik. Frankfurt a. M. 1981 (= Das Abendland. N. F. 12.).
Graf, Fritz: Griechische Mythologie. Eine Einführung. München / Zürich 1985 (= Artemis-Einführungen, 16.).
Hartlich, Christian / Walter Sachs: Der Ursprung des Mythosbegriffes in der modernen Bibelwissenschaft. Tübingen 1952 (= Schriften der Studiengemeinschaft der evangelischen Akademien. 2.).
Held, Klaus: Heraklit, Parmenides und der Anfang von Philosophie und Wissenschaft. Eine phänomenologische Besinnung. Berlin / New York 1980.
Hölscher, Uvo: Die Odyssee. Epos zwischen Märchen und Roman. München 1988.
Horkheimer, Max: Anfänge der bürgerlichen Geschichtsphilosophie. Stuttgart 1930.

Horstmann, Axel E. A.: Mythologie und Altertumswissenschaft. Der Mythosbegriff bei Chr. G. Heyne. – In: Archiv für Begriffsgeschichte 16 (1972), 60-85.

Hume, David: The Natural History of Religion and Dialogues Concerning Natural Religion. Ed. by A. W. Colver and J. V. Price. Oxford 1976. – Dt. Übers.: Die Naturgeschichte der Religion. Übers. u. hg. v. L. Kreimendahl. Hamburg 1984 (= Philosophische Bibliothek. 341.).

Jamme, Christoph: Kommen die Götter? Kritische Fußnoten zur postmodernen Diskussion um die »Neue Mythologie«. – In: Hegel-Studien 20 (1985), 316-329.

Jamme, Christoph: Aufklärung via Mythologie. Zum Zusammenhang von Naturbeherrschung und Naturfrömmigkeit um 1800. – In: Idealismus und Aufklärung. Kontinuität und Kritik der Aufklärung in Philosophie und Poesie um 1800. Hg. v. C. J. u. G. Kurz. Stuttgart 1988. 35-58.

Jamme, Christoph: Vom »Garten des Alcinous« zum »Weltgarten«. Goethes Begegnung mit dem Mythos im aufgeklärten Zeitalter. – In: Goethe-Jahrbuch 105 (1988), 93-114.

Kempski, Jürgen von: Die Wahrheit des weiblichen Blicks. Erwägungen zur Urheberschaft an der »Odyssee«. – In: Neue Rundschau 98 (1987), N. 1, 103-120.

Kirk, Geoffrey Stephan: Griechische Mythen. Ihre Bedeutung und Funktion (1974). Wien/Berlin 1980.

Liebrucks, Bruno: »Und«. Die Sprache Hölderlins in der Spannweite von Mythos und Logos, Wirklichkeit und Realität. Bern, Frankfurt a. M./Las Vegas 1979 (= Sprache und Bewußtsein. 7.).

Manuel, Frank Edward: The Eighteenth Century Confronts the Gods. Cambridge, Mass. 1959.

Meier, Christian: Die politische Kunst der griechischen Tragödie. München 1988.

Meier, Christian: Zur Funktion der Feste in Athen im 5. Jahrhundert v. Chr. In: Das Fest. Hg. v. W. Haug u. R. Warning. München 1989 (= Poetik und Hermeneutik. XIV.) 569-591.

Menze, Clemens: Metaphysik, Geschichte, Bildung bei Giambattista Vico. Ein Kapitel aus der Geschichte der Pädagogik der Urteilskraft. – In: Vierteljahrsschrift für wissenschaftliche Pädagogik 61 (1985), 16-63.

Mitologie della ragione. A cura di Michele Cometa. Pordenone 1989.

Muth, Robert: Einführung in die griechische und römische Religion. Darmstadt 1988.

Mythographie der frühen Neuzeit. Ihre Anwendung in den Künsten.

Hg. v. W. Killy. Wiesbaden 1974 (= Wolfenbütteler Forschungen. 27.).

La Mythologie au XVIIe siècle. Onzième colloque du Centre Méridional de Rencontres sur le XVIIe siècle (Nice, janvier 1981). Actes recueillis et publiés par Louise Godard de Donville. Marseille 1982 (= Colloques du C. M. R. 17.).

Mythologie der Vernunft. Hegels »ältestes Systemprogramm des deutschen Idealismus«. Hg. v. Ch. Jamme u. H. Schneider. Frankfurt a. M. 1984.

Mythos und Mythologie in der Literatur des 19. Jahrhunderts. Hg. v. H. Koopmann. Frankfurt a. M. 1979 (= Studien zur Philosophie und Literatur des 19. Jahrhunderts. 36.).

Nestle, Wilhelm: Von Mythos zum Logos. Die Selbstentfaltung des griechischen Denkens von Homer bis auf die Sophistik und Sokrates. Stuttgart 1940. Repr. d. 2. Aufl. 1941: Stuttgart 1975.

Nietzsche, Friedrich: Werke. Kritische Gesamtausgabe. Hg. v. G. Colli u. M. Montinari. Berlin 1967 ff.

Nilsson, Martin P.: Geschichte der griechischen Religion. 2 Bde. München 1941 (4. Aufl. 1976) und 1950 (3. Aufl. 1974) (= Handbuch der Altertumswissenschaft. 5.2.1 und 5.2.2.).

Otto, Walter F.: Die Götter Griechenlands. Das Bild des Göttlichen im Spiegel des griechischen Geistes. 8. Aufl. Frankfurt a. M. 1987.

Otto, Stephan: Giambattista Vico. Grundzüge seiner Philosophie. Stuttgart/Berlin/Köln 1989.

Pöggeler, Otto: Die neue Mythologie. Grenzen der Brauchbarkeit des deutschen Romantik-Begriffs. – In: Romantik in Deutschland: ein interdisziplinäres Symposion. Hg. v. Richard Brinkmann. Stuttgart 1978 (= Deutsche Vierteljahrsschrift für Literaturwissenschaft und Geistesgeschichte. Sonderbd.) 341-354.

Pöggeler, Otto: Topik und Philosophie. – In: Topik. Hg. v. D. Breuer u. H. Schanze. München 1981. 95-123.

Pöggeler, Otto: Idealismus und Neue Mythologie. In: Europäische Romantik I. Hg. v. Karl Robert Mandelkow. Wiesbaden 1982 (= Neues Handbuch der Literaturwissenschaft. 14.) 179-204.

Pöggeler, Otto: Die neue Mythologie. – In: O. P.: Die Frage nach der Kunst. Freiburg/München 1984. 39-111.

Pöggeler, Otto: Vico und die humanistische Tradition. – In: Humanität und Bildung. Festschrift für Clemens Menze zum 60. Geburtstag. Hg. v. J. Schurr, K. H. Broecken und R. Broecken. Hildesheim/Zürich/New York 1988. 46-61.

Rose, Herbert J.: Griechische Mythologie. Ein Handbuch. (1928) München 1982.

Schelling, Friedrich Wilhelm Joseph von: Sämmtliche Werke. Hg. v. K. F. A. Schelling. 1. Abt.: 10 Bde, 2. Abt.: 4 Bde. Stuttgart/Augsburg 1856-61.

Schindler, Wolfgang: Mythos und Wirklichkeit in der Antike. Berlin 1988.

Schlagel, Richard: From Myth to Modern Mind. A Study of the Origins and Growth of Scientific Thought. Vol. I: Animism to Archimedes. New York/Bern/Frankfurt a. M. 1985 (= American University Studies. Series V, vol. 12.).

Schmidt, Richard Wilhelm: Die Geschichtsphilosophie G. B. Vicos. Mit einem Anhang zu Hegel. Geleitwort von Odo Marquard. Würzburg 1982 (Epistemata. 9.).

Starobinski, Jean: Le mythe au XVIIIe siècle. (Rez. v.) B. Feldman/R. D. Richardson: The Rise of Modern Mythology 1680-1860. – In: Critiques. Paris. 33 (1977), 975-997.

Starobinski, Jean: Fable et mythologie aux XVIIe et XVIIIe siècles. Dans la littérature et la réflexion théorique. – In: Dictionnaire des mythologies et des religions, des sociétés traditionelles et du monde antique. Sous la direction de Y. Bonnefoy. Bd. 1: Paris 1981. 390-400.

Tilliette, Xavier: La mythologie comprise. L'interprétation schellingienne du paganisme. Napoli 1984 (= Istituto italiano per gli studi filosofici. Lezioni della Scuola di Studi Superiori in Napoli. 4.).

Usener, Hermann: Götternamen. Versuch einer Lehre von der religiösen Begriffsbildung. Bonn 1896.

Verene, Donald Phillip: Vicos neue Wissenschaft der Imagination. Theorie und Reflexion der Barbarei. München 1987.

Vernant, Jean-Pierre u. a.: Divination et Rationalité. Paris 1974.

Vernant, Jean-Pierre: Les origines de la pensée grecque. Paris 1962. Dt. Übers.: Die Entstehung des griechischen Denkens. Frankfurt a. M. 1982.

Vernant, Jean-Pierre: Mythe et société en Grèce ancienne. Paris 1981. – Dt. Übers.: Mythos und Gesellschaft im alten Griechenland. Frankfurt a. M. 1987.

Veyne, Paul: Les Grecs ont-ils cru à leurs mythes? Paris 1983. – Dt. Übers.: Glaubten die Griechen an ihre Mythen? Ein Versuch über die konstitutive Einbildungskraft. Frankfurt a. M. 1987.

Vico, Giambattista: Die neue Wissenschaft über die gemeinschaftliche Natur der Völker. Nach d. Ausg. v. 1744 übers. u. eingel. v. E. Auerbach. München 1924. Fotomechan. Nachdr. Berlin/New York 1965.

Vico, Giovanni Battista: Prinzipien einer neuen Wissenschaft über die gemeinsame Natur der Völker. Übers. v. Vittorio Hösle u. Christoph Jermann u. m. Textverweisen v. Christoph Jermann. Mit einer Einlei-

tung »Vico und die Idee der Kulturwissenschaft« v. Vittorio Hösle. 2 Teilbde. Hamburg 1990.
Vico, Giambattista: Principi di scienza nuova. A cura di Fausto Nicolini. 3 Bde. Torino 1976.
Vico, Gian Battista: De nostri temporis studiorum ratione. Darmstadt 1974.
Vico – Past and Present. Ed. by G. Tagliacozzo. 2 vol. Atlantic Highlands, N.J. 1981.
Volkmann-Schluck, Karl-Heinz: Mythos und Logos. Interpretationen zu Schellings Philosophie der Mythologie. Berlin/New York 1969.
Wege des Mythos in der Moderne. Richard Wagner: »Der Ring des Nibelungen«. Eine Münchner Ringvorlesung. Hg. v. D. Borchmeyer. München 1987.
Wilamowitz-Moellendorf, Ulrich von: Der Glaube der Hellenen. 2 Bde. Berlin 1931/32.

4. Zur Mythendeutung im 20. Jahrhundert

Adorno, Theodor W./Max Horkheimer: Dialektik der Aufklärung. (1947) Frankfurt a. M. 1971.
Die Aktualität der »Dialektik der Aufklärung«. Zwischen Moderne und Postmoderne. Hg. v. H. Kunnemann u. H. de Vries. Frankfurt a. M./New York 1989.
alcheringa oder die beginnende Zeit. Studien zu Mythologie, Schamanismus und Religion. (Mircea Eliade zum 75. Geburtstag.) Hg. v. H. P. Duerr. Frankfurt a. M./Paris 1983.
Almond, Philip C.: Rudolf Otto. An Introduction to His Philosophical Theology. Chapel Hill/London 1984. (= Studies in Religion.).
Baruzzi, Arno: Säkularisierung. Ein Problem von Enteignung und Besitz. – In: Philosophisches Jahrbuch 85 (1978), 301-316.
Becher, Martin Roda: Eine andere Moderne. Anmerkungen zu Mircea Eliade. – In: Merkur 40 (1986), Nr. 447, 443-446.
Blumenberg, Hans: Arbeit am Mythos. Frankfurt a. M. 1979.
Blumenberg, Hans: Ernst Cassirers gedenkend bei Entgegennahme des Kuno-Fischer-Preises der Universität Heidelberg 1974. – In: Revue Internationale de Philosophie 28 (1974), 456-463. Wiederabdr. in: H. B.: Wirklichkeiten in denen wir leben. Aufsätze und eine Rede. Stuttgart 1981. 163-172.
Blumenberg, Hans: Höhlenausgänge. Frankfurt a. M. 1989.
Bogner, Artur: Zivilisation und Rationalisierung. Die Zivilisationstheorien Max Webers, Norbert Elias' und der Frankfurter Schule im

Vergleich. Wiesbaden 1989. (= Beiträge zur sozialwissenschaftlichen Forschung. 103.).

Bultmann, Rudolf: Neues Testament und Mythologie. Das Problem der Entmythologisierung der neutestamentlichen Verkündigung. Neudr. d. 1941 ersch. Fassung hg. v. E. Jüngel. München 1985.

Caillois, Roger: L'homme et le sacré. Paris 1950. Dt. Übers. Der Mensch und das Heilige. Durch drei Anhänge über den Sexus, das Spiel und den Krieg in ihren Beziehungen zum Heiligen erw. Ausg. Mit e. Nachw. v. P. Geble. München/Wien 1988.

Caillois, Roger: Le mythe et l'homme (1938). Paris '1972, 1987.

Cambell, Joseph: The Masks of God: Creative Mythology. New York 1968, 8. Aufl. 1985.

Cassirer, Ernst: Die Begriffsform im mythischen Denken. Leipzig/Berlin 1922 (= Studien der Bibliothek Warburg. 1.).

Cassirer, Ernst: Philosophie der symbolischen Formen. 3 Bde. Nachdr. d. 2. Aufl. 1953: 7. Aufl. Darmstadt 1977.

Cassirer, Ernst: Sprache und Mythos. Ein Beitrag zum Problem der Götternamen. Leipzig/Berlin 1925 (= Studien der Bibliothek Warburg. 6.) – Jetzt in: E. C. Wesen und Wirkung des Symbolbegriffs. Darmstadt 7. Aufl. 1983. 71-158.

Cassirer, Ernst: Symbol, Technik, Sprache. Aufsatze aus den Jahren 1927-1933. Hg. v. E.-W. Orth u. J. M. Krois unter Mitw. v. J. M. Wehrle. Hamburg 1985 (= Philosophische Bibliothek. 372.)

Cassirer, Ernst: Der Mythus des Staates. Philosophische Grundlagen politischen Verhaltens (1949). Frankfurt a. M. 1985.

Claude Lévi-Strauss. Textes de et sur Claude Lévi-Strauss. Hg. v. R. Bellour u. C. Clément. Paris 1979.

Cochetti, Stefano: Mythos und »Dialektik der Aufklärung«. Königstein/Ts. 1985 (= Monographien zur philosophischen Forschung. 229.).

Derrida, Jacques: Die Struktur, das Zeichen und das Spiel im Diskurs der Wissenschaften vom Menschen. – In: J. D.: Die Schrift und die Differenz. 2. Aufl. Frankfurt a. M. 1985. 422-442.

Die Diskussion um das »Heilige«. Hg. v. C. Colpe. Darmstadt 1977 (= Wege der Forschung. CCCV.).

Douglas, Mary: Implicit Meanings. Essays in Anthropology. London/Boston 1975.

Durkheim, Emile: Les formes élémentaires de la vie religieuse. Le système totémique en Australie. Paris 1912. – Dt. Übers.: Die elementaren Formen des religiösen Lebens. 2. Aufl. Frankfurt a. M. 1984.

Dux, Günter: Die Logik der Weltbilder. Sinnstrukturen im Wandel der Geschichte. Frankfurt a. M. 1982.

Dux, Günter: Die Zeit in der Geschichte. Ihre Entwicklungslogik vom Mythos zur Weltzeit. Frankfurt a. M. 1989.

Eliade, Mircea: Le mythe de l'éternel retour: Archetypes et répétition. Paris 1949. – Dt. Übers.: Kosmos und Geschichte. Der Mythos der ewigen Wiederkehr. Frankfurt a. M. 1984.

Eliade, Mircea: Traité d'histoire des religions. Paris 1949. – Dt. Übers.: Die Religionen und das Heilige. Elemente der Religionsgeschichte. Frankfurt a. M. 1986.

Eliade, Mircea: Images et symboles. Essais sur le symbolisme magico-religieuse. Paris 1952. – Dt. Übers.: Ewige Bilder und Sinnbilder. Vom unvergänglichen menschlichen Seelenraum. Olten/Freiburg i. Brsg. 1958. Rev. Übers. Frankfurt a. M. 1986.

Eliade, Mircea: Le sacré et le profane. Paris 1965. – Dt. Übers.: Das Heilige und das Profane. Frankfurt a. M. 1984.

Eliade, Mircea: Birth and Rebirth. 1958. – Dt. Übers.: Das Mysterium der Wiedergeburt. Versuch über einige Initiationstypen. Frankfurt a. M. 1988.

Eliade, Mircea: Aspects du mythe. Paris 1963. – Dt. Übers.: Mythos und Wirklichkeit. Frankfurt a. M. 1988.

Eliade, Mircea: Geschichte der religiösen Ideen. Bd. 2: Von Gautama Buddha bis zu den Anfängen des Christentums. Freiburg i. Brsg. 1979. Bd. 3/1: Von Mohammed bis zum Beginn der Neuzeit. Freiburg i. Brsg. 1983.

Eliade, Mircea: Die Prüfung des Labyrinths. Gespräche mit Claude-Henri Rocquet. Frankfurt a. M. 1987.

Enderwitz, Ulrich: Schamanismus und Psychoanalyse. Zum Problem mythologischer Rationalität in der Struktur der Anthropologie von Claude Lévi-Strauss. Wiesbaden 1977 (= Studien und Materialien der anthropologischen Forschung. III/3-4.).

Faber, Richard: Der Prometheus-Komplex. Zur Kritik der Politheologie Eric Voegelins und Hans Blumenbergs. Würzburg 1984.

Frank, Manfred: Was ist Neostrukturalismus? Frankfurt am Main 1983.

Gadamer, Hans-Georg: Wahrheit und Methode. Grundzüge einer philosophischen Hermeneutik. 3., erw. Aufl. Tübingen 1972.

Gadamer, Hans-Georg: Mythos und Vernunft. – In: H.-G. G.: Kleine Schriften IV: Variationen. Tübingen 1977. 48-53.

Gebser, Jean: Ursprung und Gegenwart. Bd. 1: Die Fundamente der aperspektivischen Welt. Beitrag zu einer Geschichte der Bewußtwerdung. Stuttgart 1949.

Gehlen, Arnold: Urmensch und Spätkultur. Philosophische Ergebnisse und Aussagen. 3., verb. Aufl. Frankfurt a. M. 1975.

Girard, René: La Violence et le Sacré. Paris 1972. – Dt. Übers.: Das Heilige und die Gewalt. Zürich 1987.

Gniffke, Franz: (Rezension von:) Kurt Hübner, Die Wahrheit des Mythos. – In: Philosophisches Jahrbuch 96 (1989), 186-191.

Gusdorff, Georges: Mythe et métaphysique. Introduction à la philosophie. Paris 1953 (= Bibliothèque de Philosophie Scientifique.).

Habermas, Jürgen: Theorie des kommunikativen Handelns. 2 Bde. Frankfurt a. M. 1981.

Habermas, Jürgen: Der philosophische Diskurs der Moderne. Zwölf Vorlesungen. Frankfurt a. M. 1985.

Habermas, Jürgen: Der Eintritt in die Postmoderne. – In: Merkur 37 (1983), H. 5, 752-761.

Habermas, Jürgen: Die Einheit der Vernunft in der Vielheit ihrer Stimmen. – In: Merkur 42 (1988), H. 1, 1-14.

Heidegger, Martin: (Rezension von:) E. Cassirer, Philosophie der symbolischen Formen. 2. Teil: Das mythische Denken. Berlin 1925. – In: Deutsche Literaturzeitung für Kritik der Internationalen Wissenschaft N. F. 5 (1928), Sp. 1000-1012.

Heinrich, Klaus: Parmenides und Jona. Vier Studien über das Verhältnis von Philosophie und Mythologie. Frankfurt a. M. 1966. Verb. Neuaufl. Frankfurt a. M. 1982.

Heinrich, Klaus: Vernunft und Mythos. Ausgewählte Texte. Frankfurt a. M. 1983 (fischer alternativ.).

Heinrich, Klaus: anthropomorphe. Zum Problem des Anthropomorphismus in der Religionsphilosophie. Frankfurt a. M. 1986 (= Dahlemer Vorlesungen. 2.).

Heinrichs, Hans-Jürgen: Sprachkörper. Zu Claude Lévi-Strauss und Jacques Lacan. Frankfurt a. M./Paris 1983 (= Portrait. 10.).

Henry, Barbara: Libertà e mito in Cassirer. Napoli 1986.

Hochgesang, Michael: Mythos und Logik im 20. Jahrhundert. Eine Auseinandersetzung mit der neuen Naturwissenschaft, Literatur, Kunst und Philosophie. München 1965.

Holl, Hans Günther: Über die Macht, das Heilige und das Profane. Mircea Eliade und die Religionsgeschichte heute. – In: Neue Zürcher Zeitung Fernausgabe Nr. 215 v. 18. 9. 1987, 39f.

Honneth, Axel: Ein strukturalistischer Rousseau. Zur Anthropologie von Claude Lévi-Strauss. – In: Merkur 41 (1987), H. 9/10, N. 463/464, 819-833.

Horkheimer, Max: Nachgelassene Schriften 1931-1949. Hg. v. G. Schmid-Noerr. Frankfurt a. M. 1985 (= Gesammelte Schriften. 12.).

Hoven, Arno: (Rezension von:) Kurt Hübner, Die Wahrheit des Mythos. – In: Zeitschrift für allgemeine Wissenschaftstheorie 18 (1987), N. 2/2, 331-336.

Hübner, Kurt: Kritik der wissenschaftlichen Vernunft. Freiburg/München [2]1979.

Hübner, Kurt: Rationalität im mythischen Denken. – In: Wissenschaftliche und nichtwissenschaftliche Rationalität. Ein deutsch-französisches Kolloquium. Hg. v. K. H. u. J. Vuillemin. Stuttgart-Bad Cannstatt 1983. 49-68.

Hübner, Kurt: Wissenschaftliche und nicht-wissenschaftliche Naturerfahrung. – In: Natur als Gegenwelt. Beiträge zur Kulturgeschichte der Natur. Hg. v. G. Großklaus u. E. Oldemeyer. Karlsruhe 1983 (= Karlsruher kulturwissenschaftliche Arbeiten.) 43-57.

Hübner, Kurt: Die Wahrheit des Mythos. München 1985.

Hübner, Kurt: Wissenschaftliche Vernunft und Post-Moderne. – In: Moderne oder Postmoderne? Zur Signatur des gegenwärtigen Zeitalters. Hg. v. P. Koslowski, R. Spaemann, R. Löw. Weinheim 1986 (= Civitas-Resultate. 10.) 63-78; 87-91 (Diskussion).

Hübner, Kurt: Die nicht endende Geschichte des Mythischen. – In: Scheidewege 16 (1986/87), 16-29.

Jamme, Christoph: Art. »Ernst Cassirer«. – In: Metzler Philosophenlexikon. Hg. v. B. Lutz. Stuttgart 1989. 147-149.

Jamme, Christoph: Überrationalismus gegen Irrationalismus. Husserls Sicht der mythischen Lebenswelt. – In: Phänomenologie im Widerstreit. Zum 50. Todestag Edmund Husserls. Hg. v. C. Jamme u. O. Pöggeler. Frankfurt a. M. 1989. 65-80.

Jonas, Hans: Gnosis und spätantiker Geist. Zweiter Teil, erste Hälfte: Von der Mythologie zur mystischen Philosophie. Göttingen 1954, 2. durchges. Aufl. 1966 (= Forschungen zur Religion und Literatur des Alten und Neuen Testaments N. F. Heft 45.).

Klein, Alois: Glaube und Mythos. Eine kritische, religionsphilosophisch-theologische Untersuchung des Mythos-Begriffs bei Karl Jaspers. Paderborn 1973 (= Abhandlungen zur Philosophie, Psychologie und Soziologie der Religion und Ökumenik. 26.).

Kodalle, Klaus M.: Versprachlichung des Sakralen? Zur religionsphilosophischen Auseinandersetzung mit Jürgen Habermas' »Theorie des kommunikativen Handelns«. – In: Allgemeine Zeitschrift für Philosophie 12 (1987), N. 1, 39-66.

Kolakowski, Leszek: Die Gegenwärtigkeit des Mythos. München 1973.

Kommunikatives Handeln. Beiträge zu Jürgen Habermas' »Theorie des kommunikativen Handelns«. Hg. v. A. Honneth u. H. Joas. Frankfurt a. M. 1986.

Krois, John Michael: Cassirer: Symbolic Forms and History. Hamburg 1987.
Kuhlmann, Andreas: Der Geisteswissenschaftler als Geschichtenerzähler. Über Odo Marquards »Beitrag zur Analyse der Gegenwart«. – In: Merkur 41 (1987), H. 9/10, N. 463/464, 907-913.
Lacoue-Labarthe, Philippe: La Fiction du Politique. Heidegger, l'art et la politique. Paris 1987.
Langer, Susanne K.: Philosophie auf neuem Wege. Das Symbol im Denken, im Ritus und in der Kunst. (1942) Frankfurt a. M. 1984 (= Fischer Wissenschaft. 7344.).
Leibhaftige Vernunft. Spuren von Merleau-Pontys Denken. Hg. v. A. Métraux u. B. Waldenfels. München 1986 (= Übergänge. 15.).
Leiris, Michel: Die eigene und die fremde Kultur. Hg. und mit e. Einl. v. H.-J. Heinrichs. Frankfurt a. M. 1985 (= Ethnologische Schriften. 1.).
Leiris, Michel/Madeleine Chapsal: Das Horn des Stieres. Ein Gespräch über Literatur, Wahrhaftigkeit und Gefahr. – In: Merkur 41 (1987), H. 9/10, N. 463/464, 850-858.
Lévi-Strauss, Claude: Les structures élémentaires de la parenté. Paris 1949 (= Bibliothèque de Philosophie Contemporaine.) – Dt. Übers.: Die elementaren Strukturen der Verwandtschaft. Frankfurt a. M. 1984.
Lévi-Strauss, Claude: Introduction à l'œuvre de Marcel Mauss. – In: Marcel Mauss: Sociologie et Anthropologie. Paris 1950. – Dt. Übers.: Einleitung in das Werk von Marcel Mauss. – In: Marcel Mauss: Soziologie und Anthropologie. Bd. 1. Berlin 1978. 7-41.
Lévi-Strauss, Claude: Anthropologie structurale. Paris 1958. – Dt. Übers.: Strukturale Anthropologie I. Frankfurt a. M. (1967) 1977.
Lévi-Strauss, Claude: La pensée sauvage. Paris 1962. – Dt. Übers.: Das wilde Denken. Frankfurt a. M. 1973.
Lévi-Strauss, Claude: Mythologiques I-IV. Paris 1964-1971. – Dt. Übers.: Mythologica I-IV. 5 Bde. 2. Aufl. Frankfurt a. M. 1980.
Lévi-Strauss, Claude: How myths die. – In: New Literary History 5 (1974), 269-281.
Lévi-Strauss, Claude: Le regard éloigné. Paris 1983. – Dt. Übers.: Der Blick aus der Ferne. München 1985 (= Supplemente. 3.).
Lévi-Strauss, Claude: Paroles données. Paris 1984. – Dt. Übers.: Eingelöste Versprechen. Wortmeldungen aus dreißig Jahren. München 1985 (= Supplemente. 2.).
Lévi-Strauss, Claude/Jean-Pierre Vernant u. a.: Mythos ohne Illusion. Frankfurt a. M. 1984.
Lévi-Strauss, Claude: La potière jalouse. Paris 1985. – Dt. Übers.: Die eifersüchtige Töpferin. Nördlingen 1987 (= Die andere Bibliothek.).

Lévi-Strauss, Claude: Widersprüchliche Kulturen. Gespräch mit Olaf Arndt und Frank Raddatz. – In: Spuren 1986, N. 17, 5-6.
Lévi-Strauss, Claude / Didier Eribon: De près et de loin. Paris 1988.
Lévy-Bruhl, Lucien: Das Denken der Naturvölker. In dt. Übers. hg. u. eingel. v. W. Jerusalem. Wien / Leipzig 1921.
Lévy-Bruhl, Lucien: Die Seele der Primitiven. Repr. d. Ausg. Wien 1930: Darmstadt 1956.
Liebrucks, Bruno: Sprache und Mythos. – In: Konkrete Vernunft. Festschrift für Erich Rothacker. Hg. v. G. Funke. Bonn 1958. 253-280.
Liebrucks, Bruno: Sprache und Bewußtsein. Bd. 7: »Und«. Die Sprache Hölderlins in der Spannweite von Mythos und Logos, Wirklichkeit und Realität. Bern 1979.
Liebrucks, Bruno: Irrationaler Logos und rationaler Mythos. Würzburg 1982.
Linkenbach, Antje: Opake Gestalten des Denkens: Jürgen Habermas und die Rationalität fremder Lebensformen. München 1986.
Lipps, F. G.: Mythenbildung und Erkenntnis. Eine Abhandlung über die Grundlagen der Philosophie. Leipzig 1907.
Lübbe, Hermann: Cassirer und die Mythen des 20. Jahrhunderts. Göttingen 1975.
Marc-Lipiansky, Mireille: Le structuralisme de Lévi-Strauss. Paris 1973 (= Bibliothèque Scientifique.).
Marquard, Odo: Lob des Polytheismus. Über Monomythie und Polymythie. – In: O. M.: Abschied vom Prinzipiellen. Philosophische Studien. Stuttgart 1981. 91-116.
Die Mitte der Welt. Aufsätze zu Mircea Eliade. Hg. v. H. P. Duerr. Frankfurt a. M. 1984.
Müller, Rudolf: Heil und Unheil von Leitbildern – Gottesbild im Wandel. – In: Analytische Psychologie 16 (1985), 132-156.
Mythos und Totemismus. Beiträge zur Kritik der strukturalen Analyse. Hg. v. E. Leach. Frankfurt a. M. 1973.
Nancy, Jean-Luc: Der unterbrochene Mythos. Stuttgart 1985.
Neschke-Hentschke, Ada: Griechischer Mythos und strukturale Anthropologie. Kritische Bemerkungen zu Claude Lévi-Strauss' Methode der Mythendeutung. – In: Poetica 10 (1978), 135-153.
Oppitz, Michael: Notwendige Beziehungen. Abriß der strukturalen Anthropologie. Frankfurt a. M. 1975.
Oppitz, Michael: Verwandtschaft im Mythos. – In: Ethnologie als Sozialwissenschaft. Hg. v. E.-W. Müller, R. König, K. P. Koepping u. R. Drechsel. Opladen 1984. 255-296.
Orte des wilden Denkens. Zur Anthropologie von Claude Lévi-Strauss. Hg. v. W. Lepenies u. H. H. Ritter. Frankfurt a. M. 1970 (= Theorie.).

Otto, Rudolf: Das Heilige. Über das Irrationale in der Idee des Göttlichen und sein Verhältnis zum Rationalen. (1917) München 1979.

Otto, Walter F.: Gesetz, Urbild und Mythos. Stuttgart 1951.

Otto, Walter F.: Die Gestalt und das Sein. Gesammelte Abhandlungen über den Mythos und seine Bedeutung für die Menschheit. 2. unv. Aufl. Darmstadt 1959.

Paul Ricœur. Hg. v. O. Mongin, J. Roman. Paris 1988 (= Esprit No. 140-141/Juillet-Août 1988.).

Pettazzoni, Raffaele: Essays on the History of Religions. Authorized Translation by H. J. Rose. Repr. d. Ausg. 1953. Leiden 1967 (= Studies in the History of Religions. 1.).

Pöggeler, Otto: (Rezension von:) Mircea Eliade, Ewige Bilder und Sinnbilder. – In: Philosophischer Literaturanzeiger 13 (1960), 246-249.

Picht, Georg: Kunst und Mythos. Eingel. v. C. F. v. Weizsäcker. Stuttgart 1986.

Ricœur, Paul: Finitude et Culpabilité. II. La Symbolique du Mal. Paris 1960. – Dt. Übers.: Symbolik des Bösen. Phänomenologie der Schuld II. Freiburg i. Brsg./München 1971.

Ricœur, Paul: Structure et herméneutique. – In: Esprit 31 (1963), N. 319, 596-627.

Ricœur, Paul: Symbolique et temporalité. – In: Archivio di filosofia 32 (1963), N. 1-2, 5-31.

Ricœur, Paul: Myth and History. In: The Encyclopedia of Religion. Vol. 10. New York/London 1988. 273-282.

Salamun, Kurt: Zum Mythosbegriff bei Karl Jaspers. – In: Archiv für Begriffsgeschichte 29 (1985), 204-217.

Schmid, Wilhelm: Im Banne der Bilder. Die Philosophie Hans Blumenbergs. – In: Süddeutsche Zeitung Nr. 227 v. 1./2. Okt. 1988, 148.

Schmid-Noerr, Gunzelin: Das Eingedenken der Natur im Subjekt: Jenseits der Aufklärung? Zu Horkheimers und Adornos Dialektik der Aufklärung. – In: Metamorphosen der Aufklärung. Vernunftkritik heute. Hg. v. G. S. N. Tübingen 1988. 68-98.

Schmidt, Alfred: Aufklärung und Mythos im Werk Max Horkheimers. – In: Max Horkheimer heute: Werk und Wirkung. Hg. v. A. S. u. N. Altwicker. Frankfurt a. M. 1986. 180-243.

Schmidt, Alfred: Lévi-Strauss versus Sartre. – In: Sartre. Ein Kongreß. Hg. v. T. König. Reinbek b. Hamburg 1988. 297-333.

Schmidt-Biggemann, Wilhelm: Diesseits namenlosen Entsetzens. – In: Neue Deutsche Hefte 28 (1981), H. 3, 570-579.

Sehnsucht nach dem Ursprung. Zu Mircea Eliade. Hg. v. H. P. Duerr. Frankfurt a. M. 1983.

Splett, Jörg: Die Rede vom Heiligen. Über ein religionsphilosophisches Grundwort. 2. Aufl. Freiburg i. Brsg. 1985.
Über Ernst Cassirers Philosophie der symbolischen Formen. Hg. v. H.-J. Braun, H. Holzhey u. E.-W. Orth. Frankfurt a. M. 1988.
Unger, Erich: Wirklichkeit – Mythos – Erkenntnis. München/Berlin 1930.
Vahland, Joachim: Die Quellen des Mythos. Ein Bericht. – In: Zeno. Heidelberg. 1986, H. 9, 53-60.
Vierzig Jahre Flaschenpost: »Dialektik der Aufklärung« 1947 bis 1987. Hg. v. W. van Reijen u. G. Schmid-Noerr. Frankfurt a. M. 1987.
Villwock, Jörg: Mythos und Rhetorik. Zum inneren Zusammenhang zwischen Mythologie und Metaphorologie in der Philosophie Hans Blumenbergs. – In: Philosophische Rundschau 32 (1985), H. 1/2, 68-91.
Villwock, Jörg: Welt und Mythos. Das Mythische in Heideggers Seinsdenken. – In: Zeitschrift für philosophische Forschung 38 (1984), 608-629.
Vonessen, Franz: Mythos und Wahrheit. Bultmanns »Entmythologisierung« und die Philosophie der Mythologie. 2. erw. Aufl. Frankfurt a. M. 1972.
Waldenfels, Bernhard: Phänomenologie in Frankreich. Frankfurt a. M. 1983.
Waldenfels, Bernhard: Ordnung im Zwielicht. Frankfurt a. M. 1987.
Zinser, Hartmut: (Rezension von:) H. Blumenberg, Arbeit am Mythos. – In: Das Argument 22 (1980), N. 124, 883-84.
Zur Kritik der wissenschaftlichen Rationalität. Zum 65. Geburtstag von Kurt Hübner. Hg. v. H. Lenk. Freiburg i. Brsg./München 1986.
Zwischenbetrachtungen. Im Prozeß der Aufklärung. Hg. v. A. Honneth, Th. McCarthy, C. Offe, A. Wellmer. Frankfurt a. M. 1989.

5. Ethnologie; Vor- und Frühgeschichte

Baumann, Hermann: Das doppelte Geschlecht. Ethnologische Studien zur Bisexualität in Ritus und Mythos. 2. Aufl. Berlin 1980.
Baumann, Hermann: Mythos in ethnologischer Sicht. – In: Studium generale 12 (1959), N. 1, 1-17.
Boehm, Gottfried: Das Fremde und das Eigene. In: Ethnologica Helvetica Bd. 15 (1991). Hg. v. M. Schuster.
Borkenau, Franz: Ende und Anfang. Von den Generationen der Hochkulturen und von der Entstehung des Abendlandes. Hg. u. eingel. von R. Löwenthal. Stuttgart 1984.

Duerr, Hans Peter: Traumzeit. Über die Grenze zwischen Wildnis und Zivilisation. Frankfurt a. M. 1978.

Duerr, Hans Peter: Sedna oder Die Liebe zum Leben. Frankfurt a. M. 1984.

Ehrenreich, Paul: Die allgemeine Mythologie und ihre ethnologischen Grundlagen. Leipzig 1910.

Evans-Pritchard, Edward E.: Witchcraft, Oracles and Magic Among the Azande. Oxford 1937. – Dt. Übers.: Hexerei, Orakel und Magie bei den Zande. Von E. Gillies gekürzte u. eingel. Ausg. Frankfurt a. M. 1988.

Földes-Papp, Károly: Vom Felsbild zum Alphabet. Die Geschichte der Schrift von ihren frühesten Vorstufen bis zur modernen lateinischen Schreibschrift. Stuttgart/Zürich 1987.

Frazer, James George: The Golden Bough. A Study in Magic and Religion. London 1890. – Dt. Übers.: Der goldene Zweig. Das Geheimnis von Glauben und Sitten der Völker. Abgek. Ausg. Leipzig 1928. Nachdr. Reinbek b. Hamburg 1989.

Geertz, Clifford: Dichte Beschreibung. Beiträge zum Verstehen kultureller Systeme. Frankfurt a. M. (1983) 1987.

Geertz, Clifford: Die künstlichen Wilden. Anthropologen als Schriftsteller. München/Wien 1990.

Gennep, Arnold van: Übergangsriten (Les rites de passage). Frankfurt a. M./New York 1986.

Der gläserne Zaun. Aufsätze zu Hans Peter Duerrs »Traumzeit«. Hg. v. R. Gehlen u. B. Wolf. Frankfurt a. M. 1983.

Goody, Jack/Ian Watt/Kathleen Gough: Entstehung und Folgen der Schriftkultur. Mit e. Einl. v. H. Schlaffer. Frankfurt a. M. 1986.

Grundfragen der Ethnologie. Beiträge zur gegenwärtigen Theorie-Diskussion. Hg. v. Wolfdietrich Schmied-Kowarzik u. Justin Stagl. Berlin 1981.

Hallpike, Christopher Robert: Die Grundlagen primitiven Denkens. Stuttgart 1984.

Handbuch der Urgeschichte. Hg. v. K. J. Narr. 2 Bde. Bern/München 1966/1975.

Havelock, Eric A.: Aux origines de la civilisation écrite en Occident. Paris 1981.

Helbling, Jürg: Theorie der Wildbeutergesellschaft. Eine ethnosoziologische Studie. Frankfurt a. M./New York 1987.

Jensen, Adolf Ellegaard: Mythos und Kult bei den Naturvölkern. Religionswissenschaftliche Betrachtungen (1951). 2., bearb. Aufl. Wiesbaden 1960 (= Studien zur Kulturkunde. 10.).

Kohl, Karl-Heinz: Abwehr und Verlangen. Zur Geschichte der Ethnologie. Frankfurt a. M./New York 1987.

Kramer, Fritz: Verkehrte Welten. Zur imaginären Ethnographie des 19. Jahrhunderts. Frankfurt a. M. 1977.

Kulturen der Achsenzeit. Ihre Ursprünge und ihre Vielfalt. 2 Teile. Hg. v. S. N. Eisenstadt. Frankfurt a. M. 1987.

Lang, Andrew: Custom and Myth. London 1901.

Leroi-Gourhan, André: Hand und Wort. Die Evolution von Technik, Sprache und Kunst (1964/65). Frankfurt a. M. 1988.

Magie. Die sozialwissenschaftliche Kontroverse über das Verstehen fremden Denkens. Hg. v. H. G. Kippenberg u. B. Luchesi. Frankfurt a. M. 1987.

Magie und Religion. Beiträge zu einer Theorie der Magie. Hg. v. L. Petzold. Darmstadt 1978.

Malinowski, Bronislaw: Schriften in vier Bänden. Hg. v. F. W. Kramer. Frankfurt a. M. 1979-1986.

Mauss, Marcel: Die Gabe. Form und Funktion des Austauschs in archaischen Gesellschaften. Mit e. Vorw. v. E. E. Evans-Pritchard. (1925) Frankfurt a. M. 1988.

Narr, Karl J.: Kultur, Umwelt und Leiblichkeit des Eiszeitmenschen. Stuttgart 1963.

Narr, Karl J.: Beiträge der Urgeschichte zur Kenntnis der Menschennatur. – In: Neue Anthropologie. Hg. v. H.-G. Gadamer/P. Vogler. Bd. 4: Kulturanthropologie. Stuttgart 1973. 3-62.

Narr, Karl J.: Zum Sinngehalt der altsteinzeitlichen Höhlenbilder. – In: Symbolon. Jb. für Symbolforschung N. F. 2 (1974), 105-122.

Narr, Karl J.: Zeitmaße in der Urgeschichte. Opladen 1978 (= Rhein.-Westfäl. Akad. d. Wiss. Vorträge G 224.).

Narr, Karl J.: Mythos und Logos bei »Primitiven«. – In: Rationalität. Ihre Entwicklung und ihre Grenzen. Hg. v. L. Scheffczyk. Freiburg/München 1989. 13-44.

Pager, Harald: Ndedema. A documentation of the rock paintings of the Ndedema Gorge. Graz 1971.

Pager, Harald: Stone Age Myth and Magic as documented in the rock paintings of South Africa. Graz 1975.

Patočka, Jan: Ketzerische Essais zur Philosophie der Geschichte und ergänzende Schriften. Hg. v. Klaus Nellen u. Jiří Němec. Stuttgart 1988 (= Ausgew. Schriften.).

Rationality. Ed. by B. R. Wilson. Oxford 1974 (= Key Concepts in the Social Sciences.).

Schott, Rüdiger: Das Geschichtsbewußtsein schriftloser Völker. – In: Archiv für Begriffsgeschichte 12 (1968), 166-205.

Stagl, Justin: Kulturanthropologie und Gesellschaft. Eine wissenschaftssoziologische Darstellung der Kulturanthropologie und Ethnologie. Zweite, durchges., verb. u. um e. Nachw. vers. Aufl. Berlin 1981.

Sperber, Dan: Das Wissen des Ethnologen. Frankfurt a. M./New York 1989 (= Edition Qumran-Editions de la Maison des Sciences de l'homme.).

Weiss, Gabriele: Elementarreligionen. Eine Einführung in die Religionsethnologie. Wien/New York 1987.

Personenregister

suhrkamp taschenbücher wissenschaft
Wissenschaftsforschung

Bachelard: Die Bildung des wissenschaftlichen Geistes. stw 668
– Die Philosophie des Nein. stw 325
Becker: Grundlagen der Mathematik. stw 114
Böhme, G.: Alternativen der Wissenschaft. stw 334
Böhme, G./Daele/Krohn: Experimentelle Philosophie. stw 205
Böhme, G./Engelhardt (Hg.): Entfremdete Wissenschaft. stw 278
Canguilhem: Wissenschaftsgeschichte und Epistemologie. stw 286
Cicourel: Methode und Messung in der Soziologie. stw 99
Dahms: Positivismusstreit. stw 1058
Daele/Krohn/Weingart (Hg.): Geplante Forschung. stw 229
Dubiel: Wissenschaftsorganisation und politische Erfahrung. stw 258
Fleck: Entstehung und Entwicklung einer wissenschaftlichen Tatsache. stw 312
– Erfahrung und Tatsache. stw 404
Frühwald/Jauß/Koselleck u.a.: Geisteswissenschaften heute. stw 973
Galilei: Sidereus Nuncius (Nachricht von neuen Sternen). stw 337
Gould: Der Daumen des Panda. stw 789
– Der falsch vermessene Mensch. stw 583
– Wie das Zebra zu seinen Streifen kommt. stw 919
Hausen/Nowotny (Hg.): Wie männlich ist die Wissenschaft? stw 590
Helms: Die Militarisierung der Gesellschaft. stw 988
Holton: Thematische Analyse der Wissenschaft. stw 293
Jokisch (Hg.): Techniksoziologie. stw 379
Knorr-Cetina: Die Fabrikation von Erkenntnis. stw 959
Kocka (Hg.): Interdisziplinarität. stw 671
Koyré: Von der geschlossenen Welt zum unendlichen Universum. stw 320
Krohn/Küppers: Die Selbstorganisation der Wissenschaft. stw 776
Krohn/Küppers (Hg.): Emergenz. stw 984
Küppers/Lundgreen/Weingart: Umweltforschung – die gesteuerte Wissenschaft? stw 215
Kuhn: Die Entstehung des Neuen. stw 236
– Die Struktur wissenschaftlicher Revolutionen. stw 25
Maturana: *siehe Riegas/Vetter*
Mehrtens/Richter (Hg.): Naturwissenschaft, Technik und NS-Ideologie. stw 303
Mittelstraß: Die Möglichkeit von Wissenschaft. stw 62
– Wissenschaft als Lebensform. stw 376

202/1/8.92

202/2/8.92

204/1/8.92

suhrkamp taschenbücher wissenschaft
Ästhetik, theoretische Texte zur Literatur, zur Kunst, zum Film und zum Theater

Grimminger: Die Ordnung, das Chaos und die Kunst. stw 885
Gumbrecht/Link-Heer (Hg.): Epochenschwellen und Epochenstrukturen im Diskurs der Literatur- und Sprachhistorie. stw 486
Gumbrecht/Pfeiffer (Hg.): Materialität der Kommunikation. stw 750
– Paradoxien, Dissonanzen, Zusammenbrüche. stw 925
– Stil. stw 633
– *siehe auch Cerquiglini/Gumbrecht*
Hahn/Kapp (Hg.): Selbstthematisierung und Selbstzeugnis: Bekenntnis und Geständnis. stw 643
Hausen/Nowotny (Hg.): Wie männlich ist die Wissenschaft? stw 590
Henrich/Iser (Hg.): Theorien der Kunst. stw 1012
Hörisch (Hg.): Ich möchte ein solcher werden wie ... stw 283
Jakobson: Hölderlin - Klee - Brecht. stw 162
– Poetik. stw 262
– Semiotik. stw 1007
– *siehe auch Schnelle*
Jakobson/Pomorska: Poesie und Grammatik. Dialoge. stw 386
Jauß: Ästhetische Erfahrung und literarische Hermeneutik. stw 955
– Studien zum Epochenwandel der ästhetischen Moderne. stw 864
– Zeit und Erinnerung in Marcel Prousts »A la recherche du temps perdu«. stw 587
Klibansky/Panofsky/Saxl: Saturn und Melancholie. stw 1010
Koppe (Hg.): Perspektiven der Kunstphilosophie. stw 951
Kracauer: Der Detektiv-Roman. stw 297
– Von Caligari zu Hitler. stw 479
Löwenthal: Schriften. stw 901-905
– Literatur und Massenkultur. stw 901
– Das bürgerliche Bewußtsein in der Literatur. stw 902
– Falsche Propheten. stw 903
– Judaica, Vorträge, Briefe. stw 904
– Philosophische Frühschriften. stw 905
Lugowski: Die Form der Individualität im Roman. stw 151
Menke: Die Souveränität der Kunst. stw 958
Meyer: Das Stilgesetz der Poesie. stw 790
Minder: Glaube, Skepsis und Rationalismus. stw 43
Panofsky: Die Renaissancen der europäischen Kunst. stw 883
Pothast: Die eigentlich metaphysische Tätigkeit. stw 787
Raphael: Werkausgabe. stw 831-841
– Marx Picasso. Die Renaissance des Mythos in der bürgerlichen Gesellschaft. stw 831

204/2/8.92

204/3/8.92